Xuquuqda Daabacaadda (*Copyright*)

Copyright © 2024, Dr Nur Dirie Hersi Fuursade. All rights reserved

Lama daabici karo qayb ka mid ah ama nooc kasta ee buuggaan ilaa laga helo oggolaashaaha qoraaga buugga

La Xiriirka Qoraaga:

Email: Nur.Hersi@Gmail.com
Cinwaanka X (Twitter): @EngFuursade

Xuquuqda Daabacaadda (*Copyright*)

Copyright © 2024, Dr Nur Dirie Hersi Fuursade. All rights reserved

Lama daabici karo qayb ka mid ah ama nooc kasta ee buuggaan ilaa laga helo oggolaashaaha qoraaga buugga

La Xiriirka Qoraaga:

Email: Nur.Hersi@Gmail.com
Cinwaanka X (Twitter): @EngFuursade

CUTUBYADA BUUGGA

MAHADNAQ IYO CUDURDAAR 4
HORDHAC GUUD 5
HORDHAC KOOBAN EE HABABKA ERAYADA LOO TARJUMO 8
SOO BANDHIGGA QAAB-DHISMEED ERAY-TARJUMID 12
TIRADA ERAYADA BUUGGA IYO NIDAAMKA ISKU-XIGGOODA 18
UJEEDDOOYINKA BUUGGA 19
UNUGYADA BUUGGA IYO JADWALKA BARASHADA ERAYADA 20
BOG-DHIGGA ERAYADA TEKNOLOJI 38
LIFAAQA 1aad: Liiska Erayada 16-ka Cashar ee Buugga ee Tarjuman 256
LIFAAQA 2aad: Liiska Erayada Guud ee Tarjuman (English – Somali) 272
LIFAAQA 3aad: Liiska Erayada Guud ee Tarjuman (Soomaali – English) .. 279
LIFAAQA 4aad: Qoraal Kooban ee Taariikhda Teknolojiyada Soomaaliya .. 286
LIFAAQA 5aad: Muhiimadda Kobcinta Tacliinta & Teknolojiyada Soomaaliya .. 289

MAHADNAQ IYO CUDUR-DAAR

Waxaan marka hore u mahadnaqayaa Ilaaheey oo i siiyeey *awoodda, cimriga, caafimaadka, fursadaha, iyo waqtiga* aan wax ku soo bartay iyo aan ku diyaariyey buuggaan. Waxaana caddaynayaa in erayadaa mahadnaqa ah ee kooban, iyo si kasta oo aan u faah-faahiyo, ay cabbiri karin hantidaa iyo nimcadaa Ilaaheey i siiyey.

Waxaan kalee u mahadnaqayaa jaamacadihii, dugsiyadii, macalimiintii, hay'adihii, iyo dawladihii Soomaaliyeed ee aqoon ahaan i soo taakulaynayey muddo ku dhow rubac-qarni ah ee aan ku hawlanaa *waxbarasho dugsi hoose ilaa heer jaamacadeed oo ahayd ilaa PhD.*, anigoo wax kharaj ah aan bixin. Waxaan kalee caddaynayaa in wixii waxtar leh ee ka soo baxa buuggaan ay qayb weyn mahaddeeda leeyihiin, Ilaaheey ka sakoow, xubnihii iyo hay'adihii aan soo xusay. Hasa-yeeshee, waxaan sidoo kale caddeeynayaa in qaybihii iyo erayadii aan si habboon u bandhignayn aan anigu shaqsi ahaan leeyahay mas'uuliyaddeeda, laakin, ay ujeeddadaydu ahayd wax wanaagsan soo bandhig. Sidaa darteed, waxaan akhristayaasha, gaar ahaan kuwa aqoonta buuxda u leh mawduucyada teknoloji, ka codsanayaa in ay ila soo wadaagaan qaybahaa ama erayada buuggaan ee u baahan hagaajin, si aan uga saxo Inshallah daabacaadda dambe.

Waxaan kalee duco iyo mahad gaar ah u soo gudbinayaa waalidkeey iyo walaalaheey oo si buuxda ii soo taageeray muddo dheer, arrintaa oo fursad iyo awood ii siisay in aan galo waxbarasho waqti dheer socotay. Ugu dambayn, waxaan mahad gaar ah, oo aad u mug weyn, u soo jeedinayaa xaaskayga oo oo runtii ahaantii qaadday culayska ugu weyn muddadii dheereed ee aan ku jiray hawsha diyaarinta buuggaan, cilmi baarisyada la xariirey, iyo guud ahaan aqoon-kororsigayga joogtada ah. Waxaana caddaynayaa in aan siinin waqtiyo badan ay mudnayd. Hasa-yeeshee, waxaan rajaynayaa in uu buuggan dhaliya miro waxtar leh oo lagu wada qanco. Mahadsanidiin

HORDHAC GUUD

Teknolojiyada dijitaalka[1] (*Digital technology*) iyo adeegsiyada la xariira waxay waayahaan si xawli ah oo baaxad weyn ugu sii baahayaan caalamka oo idil. Waxayna saamayn weyn ku yeesheen qayb walba ee nolosha caalamka maanta. Waxaana arrimahaa marag u ah is-beddelada ay maanta teknolojiyada ku soo kordhisay hababka *loo xiriiro, loo shaqeeyo, loo ganacsado, wax loo barto, wax loo farsameeyo, wax loo daaweeyo, loo dhaqmo, loo maddadaasho,* iwm. Waxaana sii akidaya qaybaha cusub ee teknolojiyada ee soo ifbaxaya sanad walba sanadka ka sii dambeeya, kuwaa oo xambaarsan *aalado* iyo *nidaamyo* cusub ee si xoog leh u sii saamaynaya *hababka* iyo *xaaladaha* nolosha caalamka maanta.

Tusaalooyinka cad-cad ee la xariira adeegsiga iyo saamaynta teknolojiyada waxaa ka mid ah hababka ay waayahaan dambe teknolojiyada isugu soo dhaweeysay bulshooyinka ku kala nool daafaha kala duwan ee caalamka, khaas ahaan dhinacyada *shaqo, adeeg, ganacsi, waxbarasho, maddadaalo, dhaqan, isu-gudbinta wararka iyo xogta, wada xiriirka,* iwm. Waxaana teknolojiyadaa cusub awgeed maanta mooddaa in qaaradihii kala duwanaa ee caalamka isu beddeleen sida *xaafado yar yar ee daris ah* oo ay bulshooyinka ku nool si *fool-ka-fool* ah u wada xariirayaan, una wada shaqaynayaan ganacsi iyo dhaqaale ahaanba. *Xiriirkaa* iyo *isku-tiirsanaantaa,* ee lagu tilmaamo "Is-dhexgalka caalamka" (*Globalization*), waa mid sii fidaya; waxaana dowr weyn ku leh aalado ay ka mid yihiin *kuwa jeebabka* lagu sito iyo *internet* ku baahay goob walba ee caalamka.

Is-dhexgalkaa caalamka, isbeddelada la xariira ee la soo xusay, iyo sidoo kale xawliga ay ku socdaan awgood waxaan shaki ku jirin in mustaqbalka dhow caalamka ku soo kordhi doonaan aalaado iyo habab nololeedyo ay badiba jiilalka maanta nool maskaxdooda qiyaasi karin. Waxaana arrimahaa tusaale iyo marag u ah isbeddelada iyo hab-nololeedyada ay teknolojiyadu ku soo kordhisay dunida 40kii sanoo ugu dambeeyey keliya, arrimahaa oo ay jilalkaa iyo kuwii ka horeeyey ay saadalin karayn.

Dhinaca kale, hab nololeedyada cusub ee soo ifbaxay iyo kuwa la filayo mustaqbalka dhow awgood, waxaan teknolojiyada iyo aaladaha la xariira maanta looga maarmin hawlo ay ka mid yihiin:

a) Fulinta adeegyada, ganacsiyada, farsamada, iyo sancada
b) Tacliinta, aqoon-kororsiga, iyo cilmi-baariisyada
c) Adeegyada dhaqaale (*Financial services*), khaas ahaan bangiyada iyo xawiladaha (*Remittances*)
d) Wada xiriirka dadweynaha caalamka ee sita *maqal* iyo *muqaal* ee goob iyo waqti walba
e) La socodka *deg-degga ah* ee wararka iyo dhacdooyinka gudaha iyo caalamka
f) Diyaarinta, maamulidda, iyo keydinta *qoraalada, dokumentiyada, xisaabaadka, tiro-koobyada,* iwm
g) Daawashada *ciyaaraha, heesaha, filimada,* iwm,
h) Barashada iyo baahinta *diinta,* iyo tiro kaloo aan halkaan lagu soo koobi karin

Hasa-yeeshee, inkastoo la qirsan yahay horumarka ay teknolojiyada soo kordhisay, waxaa dhinaca kale jira in adeegsiga buuxa ee teknolojiyadu u baahan yahay *aqoon iyo aalado teknoloji*. Waxaana arrimahaa iyaguna sal u sii ah *erayo teknoloji* ee loo bahaan yahay in si buuxda loo fahmo. Nasiib darro, waxay erayadaa ku bandhigan yihiin luqado qalaad, gaar ahaan Luqadda Ingiriiska ee maanta lagu tilmaamo *Luqadda Hooyo* ee teknolojiyada.

---

[1] Wixii qaybtaan ka dambeeya mar kasta ee la soo xuso erayga "*Teknolojiyada*", waxaan gaar ahaan loola jeedaa "*Teknolojiyada dijitaalka ah*" (*Digital technology*)

Waxaa kalee intaa dheer in xawliga uu horumarka teknoloji ku socdo awgii ay si joogta ah oo xawli ah u soo ifbaxayaan _erayo cusub_ iyo _aqoon_ la xariirta oo run ahaantii ay sahlanayn si loola jaanqaado. Hasa-yeeshee, waxaa waddamada kala duwan ee caalamka ka jira nidaamyo joogtaysan ee _loola socdo, loo tarjumo, looguna bandhigo_ luqadahooda erayadaa cusub ee soo ifbaxaya, talaabooyinkaa oo ummadaha ku nool waddamadaa u fududeeynaya la qabsiga teknolojiyada cusub.

Nasiib darro, duruufo badan ee ka jira dalka awgood, Luqadda Soomaaliga lama jaanqaadin kobaca _aqoonta_ iyo _erayada_ teknoloji ee ku soo kordhaya luqadaha caalamka. Waxaana dhib-u-dhacaa loo aanaynayaa tiro qodobo ah oo ay ka mid yihiin:

a) Soomaaliya, oo dagaaladii sokeeyee iyo khilaafaadkii siyaasadeed ee ka dhashay awgood, aan weli helin _xal_ iyo _xasil_ siyaasadeed, arrimahaa oo saamayn weyn ku yeeshay helitaanka nabad-gelyo baahsan ee lagu hirgaliyei _cilmi baarisyo, daraasado_, iyo _aqoon is-weeydaarsiyo_ mug weyn
b) Qoraalka Luqadda Soomaaliga oo ah _mid aan da'weeynayn_, lana hirgaliyey sanadka markuu ahaa 1972, walina _qabyo_ ah una baahan _daryeel_ iyo _kobcin xoog leh_ oo aan maanta awood loo hayn
c) Luqadda Soomaaliga oo aan weli lahayn nidaamyo iyo habab qeexan ee sal adag ee dhinacyada qoralada farsamo iyo cilmiga (_Technical and scientific writing_)
d) Mas'uuliyiinta qaran ee aan _waqti, maskax_, iyo _awood_ u hayn mawduucaan, culeysyada kale ee dalka haysta awgood iyo
e) Iyadoo aan waqtiga xaadirka ah uu jirin, culeesyada la soo xusay awgood, _guddi qaran_ ee Luqadda Soomaaliga ee dhinaca _farsamada iyo teknolojiyada_ ee _leh aqoon sare_ isla markaana _si waqti buuxa ee joogtaysan u darsa erayada qalaad ee teknolojiyada ee soo ifbaxaya_, uguna soo bandhiga Luqadda Soomaaliga

Waxay culaysyadaa kor ku xusan iyo tiro kale, ee aan soo xusin, sababeen in ay soo ifbaxaan kuna sii baahaaan Luqadda Soomaaliga erayo teknoloji ee aan si cilmiyeeysan loo darsin, loona tarjumin. Waxaana dhab ah in ay arrimahaa keeni karaan in si qaldan loo fahmo qaybo ka mid ah teknolojiyada. Tusaale yar ee la xariira arrimahaa waxaa ka mid ah sida warbaahinta iyo guud ahaan dadweynaha Soomaaliyeed weli ugu kala saari karin Luqadda Soomaaliga erayada qalaad ee aasaaska u ah teknolojiyada ee kala ah: _Information_ iyo _Data_

Labadaa eray waa labo eray ee macno ahaan aad u kala duwan dowr weyn-na ku leh teknolojiyada, hasa-yeeshee, ilaa maanta aan ku kala saarnayn Luqadda Soomaaliga. Waxaana labadaa eray badiba loo wada tarjumaa "**Xog**" (Ama mararka qaarkood "**Macluumaad**"); wuxuu tusaalaha yar, laakiin muhiimka ah, muujinayaa in ay jiraan _duleelo, culeesyo_, iyo _caqabado_ dhinaca fahamka iyo _la qabsiga_ teknolojiyada oo ay sal u yihiin faham iyo tarjumaad la'aanta cilmiyeeysnayn ee erayada teknoloji.

Dhinaca kale, waxaa intaa dheer in ardayda Soomaaliyeed ee dhigata Jaamacadaha dalka ay waqti badan ka qaadato fahamka mawduucyo ka mid ah teknolojiyada ee la xariira casharadooda, maaddaama ay si buuxda u fahmi karayn erayada teknoloji ee luqadaha qalaad iyo mawduucyada la xariira, kuwaa oo iyaguna tiir u sii ah qaybaha cusub ee teknoloji ee soo ifbaxaya. Waxayna culaysyadaa ee sida kooban loo soo xusay ay sababi karaan in tiro badan ee ka mid ah bulshada Soomaaliyeed caqabad ku noqoto _fahamka, la qabsiga, iyo la jaanqaadka teknolojiyada_ sida xawliga ugu sii baahaysa caalamka; arrimahaa oo ugu dambayn sababi kara in ay dhalinyarada Soomaaliyeed si buuxda ula jaanqaadiwaayaan teknolojiyada cusub ee ku sii baahaysa caalamka, halkaana hakad ku galo _kobaca_ iyo _horumarka_ dalka.

Sidaa darteed, u tarjumidda iyo ku fasiridda Luqadda Soomaaliga, iyo la qabsiga erayada teknoloji ee caalamka ku sii baahaya, waa laga maarmaan. Hasa-yeeshee, si guul weyn looga gaaro, waxaa loo baahan yahay *dadaal dheer* khaas ahaan iyo wadar ahaan macalimiinta, aqoonyahaanada, jaamacadaha, hay'adaha, wasaaradaha, iyo mas'uuliyiinta qaran.

Ugu dambayn, xawliga horumarka teknoloji uu ku socdo iyo xaaladaha adag ee ka jira dalka awgood, waqtiga nooma saamaxayo in la sugo ilaa laga helo *siyaasad midaysan, Soomaali is-wadaraacsan,* iyo *guddi qaran* ee aqoon sare u leh teknolojiyada ee bilaaba *daraasado* iyo *cilmi-baarisyo* dhinaca erayada teknoloji, si joogta ahna ugu soo bandhiga erayadaa Luqadda Soomaaliga.

Sidaa darteed, buuggaan waa buug aas-aas u ah bandhigga erayada teknoloji ee Luqadda Soomaaliga, fursadna u siinaya dadweynaha in ay u fududaato barashada iyo fahamka erayada aasaasiga ee teknolojiyada cusub iyo aqoonta la xariirta. Waxaa intaa dheer oo xusid mudan in buuggaan lagu soo bandhigayo *qaab-dhismeed* loogu magac-daray "*Bog-dhig*" ee u sahlaya aqoonyahaanada Soomaaliyeed in ay soo saaraan buugaag kale ee dhinaca *farsamada, cilmiga, caafimaadka, dhaqaalaha, isboortiga, iwm,* ee ku qoran Luqadda Soomaaliga. Ugu dambayn, waxaan rajaynayaa in buuggaan iyo hawshaan ay aas-aas u noqdaan hawlaha la fulin doono markuu dalka xasilo lana dhiso *guddi tejnoloji* ee heer qaran ee dhinaca *tarjumidda erayada teknoloji*, aqoon sarena u leh teknolojiyada oo ay taakulaynayaan guddiga qaran ee Afka Soomaaliga.

Sababaha Igu Dhiiri-geliyey Diyaarinta Buuggaan

Waxaan ku soo gaba-gabaynayaa hordhacaan warbixin kooban ee la xariirta taariikhda iyo goobta aan ka bilaabay fikirka la xariira *uruurinta, tarjumidda,* iyo *eraybixinta* erayada teknoloji ee Luqadda Soomaaliga iyo sababaha salka u ah diyaarinta buuggaan. Taariikh ahaan, wuxuu waqtiga aan bilaabay fikirka hawshaan ahayd sanadihii u dhaxeeyey 1987 ilaa 1990 oo aan madax ka noqday **Waaxda Teknolojiyada** ee *Kulliyadda Injineeriya* ee *Jaamacadda Ummadda Soomaaliyeed*, kaddib markii aan ka soo laabtay USA oo aan soo dhamaystirtay waxbarashadaydi MS iyo PhD-ga. Waxaan sidoo kale xilligaa ahaa aasasihii iyo xubin ka mid ah milkilayaashii mid ka mid shirkadihii ugu horeeyey ee teknolojiyada ee laga hirgaliyey dalka, shirkaddaa oo lagu magacaabi jiray "*Fursade Engineering & Computer Services*" oo ay xaruunteedu ahayd *Tahliil Warsame Building ee Km4 (Ama nambar afar)*, Muqdisho, oo ay waayahaa wax ku baran jireen arday iyo shaqaale fara badan.

Sababaha gaar ahaan igu dhiirigeliyey in aan waagaa ka fikiro muhiimadda tarjumidda erayada teknoloji, waxaa ka mid ahaa dareenkayga xilligaa oo ahaa in ardaydaa Soomaaliyeed ay si buuxda u fahmi karayn erayada teknoloji ee ku xusan luqadaha qalaad; iyo in arrintaa ay sababi karaysay in jiilalka Soomaaliyeed ee soo kobcaya ay si buuxda ula qabsan waayaan teknolojiyada ku sii baahaysay caalamka. Sidaa darteed, anoo fikirkaa ku haya **maanka hoose** ee maskaxdayda (*Subconscious mind*), waxaan sanooyin kaddib si tartiib ah u bilaabay *baaris* iyo *hawlo* la xariirta *uruurinta* iyo *tarjumidda* erayada teknoloji ee dhinaca Luqadda Soomaaliga, inkastoo aan ku hawlanaa shaqooyin waqti buuxa ahaa (*Full time jobs*). Ugu dambayn, muddo aad u dheer kaddib markii aan uruurshay macluumaad ku filan, waxaan bartamihii sanadkii 2020 Ilaahey fursad ii siiyey in aan si waqti buuxa ah (*Full-time*) ugu guda galo *diyaarinta* iyo *qoridda* buuggaan, hawshaa iyo dadaalkaa oo afar sano kaddib ay ka dhasheen buuggaan aad hadda akhrinaysaan.

HORDHAC KOOBAN EE HABABKA ERAYADA LOO TARJUMO

Waxaa qaybtaan si guud oo kooban loogu dulmarayaa hababka erayada loo tarjumo. Waxaana gaar ahaan lagu soo bandhigayaa tiro ka mid ah *xaaladaha lala kulmo, nidaamyada la adeegsado, iyo tusaalooyin la xariira* markii la tarjumayo erayo qalaad, lagana soo tarjumayo *Luqadda Ingiriiska*, loona soo tarjumayo *Luqadda Soomaaliga* iyadoo gaar ahaan xoogga la saarayo erayada teknoloji. Inta lagu guda jiro bandhigga *xaaladahaa, nidaamyadaa, iyo tusaalooyinkaa*, waxaa Luqadda Ingiriiska lagu tilmaami *Luqadda Qalaad*, halka Luqadda Soomaaligana lagu tilmaami *Luqadda Hooyo*.

Ugu horeyn, waxaa dhinaca xaaladaha xusid mudan in markii erayo teknoloji la tarjumayo ay dhici karaan tiro xaalado kala duwan oo ay ka mid yihiin in:

a) Erayga qalaad oo macnaha uu xambaarsan yahay aan weli laga aqoonin *Luqadda Hooyo*; waxaana tusaale u soo qaadanaynaa erayga teknolji ee lagu tilmaamo "*Data*" ee hore loo soo xusay. Eraygaa iyo macnahiisaba way ku wada cusub yihiin *Luqadda Hooyo* inkastoo ay dad badan *si qaldan* ugu tarjumaan "*Xog*"; hasa-yeeshee, erayga "*Xog*" wuxuu u taagan tahay "*Information*"; waana eray ka macno duwan erayga "*Data*". Sidaa darteed, markii erayga qalaad iyo macnahiisaba ku wada cusub yihiin *Luqadda Hooyo* waa in si cad oo aan mugdi ku jirin loogu soo wada gudbiyo *Luqadda Hooyo* tarjumidda iyo macnaha eraygaa oo isku lamaanan. Mararkaa, tarjumid kaliya kuma filna maddaama ay arrintaa keeni karto "*Eray tarjuman laakiin aan macnahiisa dhabta ah la fahamsanayn*", taa oo sababi karta in ay adkaato fahamka buuxa ee eraygaa iyo mawduucyada la xariira.

b) Erayga qalaad ee la tarjumayo ee aan weli la hayn eray u dhigma ee dhinaca *Luqadda Hooyo* inkastoo macnaha eraygaa laga fahmayo *Luqadda Hooyo*; tusaale, erayga teknoloji ee "*Input*" ee *Luqadda Qalaad*. Waa eray tilmaamaya tusaale ahaan *xisaabaad* la soo dhigayo gudaha faayil ama kombiyuutar; waana macno si cad looga fahmayo *Luqadda Hooyo* inkastoo aan weli la qeexin "*eray teknoloji ee u dhigma*" ee dhinaca *Luqadda Hooyo* iyo

c) Erayga qalaad iyo macnaha uu xambaarsan yahay laga wada yaqaano *Luqadda Hooyo*, laakiin uu macnaha erayga ee dhinaca teknoloji ku cusub yahay *Luqadda Hooyo*. Waxaana tusaale u soo qaadanaynaa erayga teknoloji ee "*Cloud*". Eraygaa tarjumiddiisu *Luqadda Hooyo* waa "*Daruur*"; waana eray macno ahaan tilmaamaya uumiga biyaha ee sabaynaya hawada sare (*Daruuruhu waa mug aad u fara badan ee biyo qaboobay ee maraya hawada sare*); hasa-yeeshee, eraygaa macno kale ee cusub ayuu ka leeyahay dhinaca teknolojiyada. Waana eray tilmaamaya *kombiyuutaro* isku wada xiran ee looga xirmo dhinaca *internet*-ka iyo sidoo kale *softaweero* iyo *xog-dhigyo* (*Databases*) ku sii keydsan *kombiyuutaradaa*. Macnaha eraygaa ee dhinaca teknoloji waa mid aan laga aqoonin *Luqadda Hooyo*. Sidaa awgeed, markii ay xaaladahaa oo kale ay jiraan, waa muhiim in iyaduna si cad loogu soo bandhigo *Luqadda Hooyo* macnaha *cusub* ee erayga ee dhinaca teknoloji si ay tarjumidda u noqoto mid dhamaystiran, maaddaama ay tarjumid keliya mararkaa ku filnayn.

Haddii laga soo tago dhinaca *xaaladaha* dhici kara markii eray teknoloji la tarjumayo, loona gudbo dhinaca nidaamyada tarjumidda erayada, waxaa iyaduna jira tiro nidaamyo ah ee la adeegsado oo ay ka mid yihiin:

1) **Eray-amaahid** (*Loanword*): Waa nidaam badiba la adeegsado markii erayga la tarjumayo u xambaarsan yahay aqoon iyo macno ku cusub *Luqadda Hooyo*. Markii ay arrimahaa oo kale

dhacaan, caadiyan erayga iyo macnihiisuba waa la soo wada amaahdaa. Hasa-yeeshee, waxaa iyaduna mararkaa dhici kara arrimo ay ka mid yihiin in:

a) Erayga, macnahiisa, iyo hingaaddiisuba (*Spelling*) sidooda loo soo wada amaahdo; waxaan tusaale u soo qaadanaynaa erayga qalaad ee *Internet*, oo ah *eray xambaarsan aqoon iyo macno ku cusub Luqadda Hooyo*. Sidaa darteed, waxaa eraygaa loo tarjumay, loona qoray *Internet* maaddaama ay dhawaaqii iyo hingaaddii iskeeneen iyo

b) Erayga, macnahiisa, iyo dhawaaqiisa la soo wada amaahdo, hasa-yeeshee, erayga loo qoro iyadoo la tixgalinayo hingaadda *Luqadda Hooyo*; waxaana tusaale la xariira arrinkaan u soo qaadanaynaa erayga qalaad ee "**Computer**" oo ah eray xambaarsan macno iyo aqoon ku cusub *Luqadda Hooyo*. Sidaa darteed, erayga iyo macnahiisa waa la soo wada amaahday, hasa-yeeshee, waxaa loo qoray "**Kombiyuutar**" iyadoo la tixgalinayo hingaadda eraygaa ee dhinaca *Luqadda Hooyo*.

Faa'iidooyinka la xariira eray-amaahidda waxaa ka mid ah in uu nidaamkaa fududeeyo fahamka, adeegsiga, iyo aqbalaadda erayga maaddaama ay u badan tahay in ay dad badan hore eraygaa ugu yaqaanaan *Luqadda Qalaad*, uguna adeegsadeen *Luqadda Hooyo*; tusaale, labadaa eray ee "*Internet*" iyo "*Kombiyuutar*" ee ah erayo dhaqan galay ee aan u baahnayn in erayo cusub loo raadiyo.

2) **Amaahid erayeeysan** (*Calque or Loan-translation*): Waa nidaam macnaha erayga ama erayada laga soo amaahanayo *Luqadda Qalaad* maaddaama aan macnahaa laga aqoonin *Luqadda Hooyo*; hasa-yeeshee, waxaa erayga ama erayada loo tarjumaya hab erayeeysan (*Literal translation*). Waxaan tusaale ahaan u soo qaadanaynaa tarjumidda erayada ku xusan aruurka hoose (*Below table*):

ENGLISH WORDS	TARJUMIDDA SOOMAALIGA
Hotspot	Barkulul
Hard disk	Keyd adag

Iyadoo la adeegsanayo "*Amaahid Erayeeysan*", waxaa erayada ee uu "**Hotspot**" ka kooban yahay ee kala "*Hot*" iyo "*Spot*" loo tarjumay eray-eray, inkastoo macnaha erayada laga soo amaahday *Luqadda Qalaad*. Waxaana halkaa ka dhashay erayada kala ah: "*Bar*" (Spot) iyo "*kulul*" (Hot), kaddibna la isku lamaaniyey sidaana ay tarjumidda ku noqotay "**Barkulul**". (F.G.: Dhinaca teknolojiyada, erayga "*Hotspot*" waa **goob xaddidan** ee ka tirsan *xafiis, guri, maqaayad*, iwm, oo ay dadku kaga xirmi karaan **internet**-ka (*WiFi*) iyagoo adeegsanayo **qalabyada xarig-la'aanta** ah ee loo yaqaano "*wireless devices*", sida *telefoonka gacanta, iPad, kombiyuutarada dhab-saarka, iwm*).

Sidoo kale, erayada "**Hard disk**" waxaa loo tarjumay "**Keyd adag**" iyadoo eray-eray loo tarjumay erayada "*Hard*" (Adag) iyo "*Disk*" (Keyd), kaddibna la isku lamaaniyey. Waxaana halkaa ka dhashay tarjumid erayeeysan inkastoo macnaha erayada laga soo amaahday *Luqadda Qalaad* (F.G.: "*Hard disk*" waa aalad caadiyan ku rakiban gudaha kombiyuutarada ee **si joogta** ah u keydisa *barnaamijyada, faayilalka, iyo daatada* la geliyo gudaha kombiyuutarka).

Dhinaca kale, waxaa nidaamka *amaahidda erayeeysan* mararka qaarkood ka dhalan kara tarjumid ilaa xad ay maskaxda ku adkaan karto aqbalaaddeeda. Waxaana tusaale u soo qaadanaynaa tarjumidda "*Computer Mouse*". Haddii la adeegsado *amaahid erayeeysan* (*Calque or Loan-translation*), waxay tarjumiddaa noqoni sida ku xusan qaybtaan hoose:

- Computer Mouse (*English*) ➔ Jiirka Kombiyuutarka (*Soomaali*)

Sida muuqata, waxaa halkaa ku xusan tarjumid aan macno weyn samaynayn. Sidaa darteed, adeegsiga *amaahidda erayeeysan* wuxuu ilaa xad u baahan yahay taxaddir (F.G.: Dhinaca *teknolojiyada*, waxaa erayada "*Computer mouse*" loo adeegsaday maaddaama qalabka "*Mouse*"-ka ee kombiyuutarku lagu rakibo uu muuqaal ahaan u qaab eg yahay "*jiir*" ama "*dooli*").

3) **Tarjumid u-yaal** (*Loan-rendition*): Waa nidaam tarjumid oo macnaha erayga laga soo amaahanayo *Luqadda Qalaad*, hasa-yeeshee, la adeegsanayo eray *Luqadda Hooyo*, oo aan hore loo adeegsan jirin, macno ahaanna si guud u tilmaamaya ama u dhigma erayga qalaad. Waxaana tusaale u soo qaadanaynaa erayada iyo tarjumidda ka xusan aruurkaan hoose (*Below table*):

ENGLISH WORD	TARJUMIDDA SOOMAALIGA
Cursor	Bartuse
Post (Online)	Qad-dhig

Erayga "*Bartuse*" waa eray aan aad looga adeegsan *Luqadda Hooyo*. Hasa-yeeshee, waa eray si guud u tilmaamaya macnaha erayga qalaad ee "*Cursor*" (F.G.: Dhinaca kombiyuutarada, "*Cursor*" waa **bar** ama **sumad dhaq-dhaqaaqda** ee ka soo muuqata shaashadaha kombiyuutar, ee **tusaysa** ama u muujinaysa adeegsadaha **barta** ama **goobta** markaa wax lagu **qorayo**)

Sidoo kale erayga "*Qad-dhig*" ma'aha eray caadiyan hore loo adeegsan jiray; hasa-yeeshee, wuxuu si guud u tilmaamaya macnaha erayga qalaad ee "*Post (Online)*" (F.G.: Dhinaca teknolojiyada, "*Post*" waa soo **dhigidda** fariin elektaroonik ah goob ka tirsan **qadka** internet-ka oo ay dadweynaha isku weeydaarsadaan fikradaha, sida tusaale ahaan *Twitar-ka ama Facebook-ga*)

4) **Macno amaahid** (*Semantic loan*): Waa nidaam macnaha erayga ama erayada laga soo amaahanayo *Luqadda Qalaad*, laakiin, la adeegsanayo eray *Luqadda Hooyo* ah ee hore u jiray ee la siinayo macno labaad. Waxaan tusaale u soo qaadanaynaa tarjumidda erayada teknoloji ee ka muuqda aruurka hoose (*Below table*):

ENGLISH WORD	TARJUMIDDA SOOMAALIGA
Format	Habayn
Password	Fure

Erayga "*Habayn*" waa eray macno ahaan tilmaamaya shay ama arrimo la nidaaminayo; tusaale, kuraas saf-saf loo *nidaaminayo*. Hasa-yeeshee, waxaa dhinaca barnaamijyada kombiyuutar, khaas ahaan kuwa maamula erayada (*Word processing*), erayga "*Habayn*" la siiyey macno labaad ee muujinaya habka erayada qoraalada loo nidaamiyo (F.G.: Dhinaca barnaamijyada maamula erayada, "*Format*" waa eray tilmaamaya hawlaha la xariira *wax ka beddelka muuqaalka, aragtida, qaabka, midabka, iyo cabbirka* **erayada** ka soo muuqda **shaashadaha** iyo warqadaha la **daabaco**)

Dhinaca kale, erayga labaad ee "*Fure*" waa eray, dhinaca *Luqadda Hooyo*, tilmaamaya qalab caadiyan ka samaysan "*bir*" (*Metal*) ee loo adeegsado furidda albaabada, sanduuqyada, qasnadaha, iwm. Hasa-yeeshee, waxaa dhinaca teknolojiyada erayga "*fure*" la siiyey macno labaad (F.G.: "*Password*", dhinaca teknolojiyada, waa *tiro xarfo, nambaro,* iyo *sumado*, mararka qaarkoodna isku shaandaysan, ee qarsoon loona adeegsado **hubinta** aqoonsiga adeegsadaha markii tusaale ahaan lagu *xirmayo* qalab elektaroonik ah, sida kombiyuutar ama lagu *xirmayo* xog-dhig ama "*Database*")

5) **Amaahidda isku-milman** (*Loan-blend*): Waa markii erayo is-raacsan (*Compound word*) la tarjumayo oo mid ka mid ah erayada la soo amaahdo, halka erayga kalena la tarjumo; tusaale, eega tarjumidda erayada ka muuqda aruurkaan hoose (*Below table*) ee ku saleeysan amaahidda isku-milman (*Loan-blend*):

ENGLISH WORDS	TARJUMIDDA SOOMAALIGA
Digital footprint	Raadka dijitaalka
Data Broker	Dilaalka Daatada

Erayada safka koowaad ee *Luqadda Qalaad* waxay ka kooban yihiin *"Digital"* iyo *"footprint"*. Sida ka muuqata tarjumidda kore, erayga *"Digital"* waa la soo amaahday inkastoo loo hingaadiyey habka *Luqadda Hooyo*, halka erayga *"footprint"* la tarjumay, sidaane ay tarjumiddu ku noqotay *"Raadka dijitaalka"* (F.G.: Macno ahaan, *"Digital footprint"* waa *daatada* ama *raadka* uu reebayo shaqsi markuu *adeegsanayo* **internet**-ka)

Erayada safka labaad ee aruurka kore (*Above table*) waxay ka kooban yihiin *"Data"* iyo *"broker"*. Sida ka muuqata tarjumiddaa, erayga *"Data"* waa la soo amaahday inkastoo loo hingaadiyey habka looga dhawaaqo *Luqadda Hooyo*. Dhinaca kale, erayga *"Broker"* waa la tarjumay, sidaane ay tarjumiddu ku noqotay *"Dilaalka daatada"* (F.G.: *"Data broker"* waa *shaqsi* ama *hay'ad ganacsi* ee la soo wareegta *daato* la xariirta *adeegsadayaal, qalab, hawlo*, iwm, kaddibna habeeya daatadaa, siina *iibisa* iyadoo laga raadinayo *faa'iido dhaqaale*)

6) **Tarjumidda xarfo lamaaninta** (*Translation with the use of prefix and suffix*): Waa nidaam tarjumid ee la xariira adeegsiga tiro xarfo ah ee lagu kala tilmaamo **hor-gale** (*Prefix*) iyo **dib-gale** (*Suffix*) ah (**Hor-gale** waa tiro xarfo ah ee lagu *hor-qoro* eray, halka **dib-gale** uu yahay tiro xarfo ah ee gadaal looga *lamaaniyo* eray). Waxaan tusaale u soo qaadanaynaa tarjumidda erayada *"Login"* and *"Database"* ee ku xusan aruurka hoose (*Below table*):

ENGLISH WORDS	TARJUMIDDA SOOMAALIGA
Login	*Ku*-xirmid
Database	Xog-*dhig*

Erayga hore ee *"Login"* waxaa loo tarjumay *"Ku-xirmid"* iyadoo la isku-lamaaniyey erayga **hor-galaha** ah (*Prefix*) ee *"Ku"* iyo erayga *"Xirmid"* (F.G.: *"Login"* waa tiro **caddaymo** ah ee loo adeegsado si loogu **xirmo** tusaale ahaan qalab elektaroonika ah ee u baahan **oggolaasho ku xirmid**).

Dhinaca kale, erayga labaad ee **"Database"** waxaa loo tarjumay *"Xog-dhig"* iyadoo la isku lamaaniyey erayga *"Xog"* iyo **dib-galaha** (*Suffix*) **"dhig"**, sidaa darteedna ay tarjumiddii ku noqotay *"Xog-***dhig***"*. (F.G.: *"Database"* waa keyd **"daato"** ama **"xog"** ah ee ku keydsan goob, una habaysan hab fududeeynaysa *xulidda, wax-ka-beddelka, iyo maareynta* **daatadaa** keydsan).

Guud ahaan, tarjumidda erayada ee ku xusan buuggaan waxay badiba ku saleeysan yihiin *lixdaa nidaam* ee kor lagu soo xusay

SOO BANDHIGGA QAAB-DHISMEED ERAY-TARJUMID

Erayada teknoloji waxay xambaarsan yihiin <u>aqoon</u> iyo <u>macno</u> ku cusub *Luqadda Hooyo*. Sidaa darteed, markii erayadaa loo soo gudbinayo *Luqadda Hooyo*, waa muhiim in aan lagu ekaanin tarjumidda erayada keliya. Waxaana loo baahan yahay in *tarjumidda erayada iyo macnahahooda buuxa* oo isku lamaanan loo soo wada **raro** *Luqadda Hooyo* si erayadaa, macnahooda buuxa, iyo aqoonta ku heerarsan looga hantiyo *Luqadda Hooyo*.

Sababaha keenay baahida *"raridda erayada"* (*Erayga oo tarjuman iyo macnahiisa buuxa oo isku lamaanan*) waa ka fogaasha u gudbinta *Luqadda Hooyo* **erayo maran** (*Erayo tarjuman, hasa-yeeshee, ay macnahooda caddayn*), maddaama ay aqoonta teknoloji ku cusub tahay *Luqadda Hooyo*. Sidaa awgeed, haddii aan si dhamaystiran loo hirgalin arrimahaa, waxaa dhab ah in ay adkaanayso fahamka buuxa ee erayada teknoloji ee loo soo tarjumayo *Luqadda Hooyo* iyo sidoo kale aqoonta ku heerarsan erayadaa.

Iyadoo laga sal duulayo baahida *naqshadaynta eray-tarjumid dhamaystiran*, waxaa buuggaan lagu soo bandhigayaa *qaab-dhismeed tarjumid* ee u soo wada **rarayo** *Luqadda Hooyo* **erayga qalaad** ee tarjuman iyo **macnahiisa buuxa** oo **isku lamaanan**. Wuxuuna **qaab-dhismeedkaa** fududeynaya *fahamka, tarjumidda, eraybixinta, iyo bandhigga* erayada teknoloji, *macnaha* ay erayadaa xambaarsan yihiin, iyo sidoo kale *aqoonta* ku heerarsan ee loo soo gudbinayo *Luqadda Hooyo*. Waxaana qaybaha ugu muhiimsan ee qaab-dhismeedkaa ka mid ah: a) *Tarjumidda erayga qalaad,* b) *Macnaha buuxa ee eraygaa iyo hababka loo adeegsado,* c) *Mawduucyada teknoloji u eraygaa quseeyo,* iyo d) *Tusaalooyin iyo farsawiro* (*Sketches*) *fududeynaya fahamka eraygaa iyo aqoonta ku heerarsan*. Waxaa qaab-dhismeedkaa lagu qeexayaa **"eray-rarid"** maaddaama *erayga* iyo *macnahisa* buuxa loo soo wada **rarayo** *Luqadda Hooyo*. Waxaa qaybtaan hoose ku bandhigan farsawir (*Sketch*) *hab muuqaal* ah u muujiinaya *ujeeddada* iyo *macnaha* **eray-raridda**:

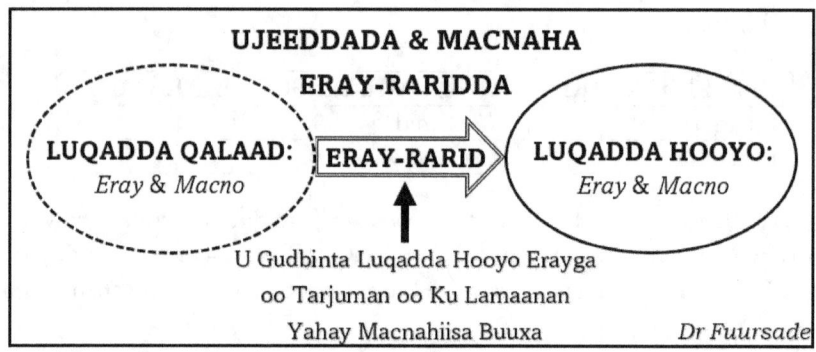

Waxaa qaybaha soo socda lagu faah-faahinayo nidaam lagu hirgaliyo *eray-raridda* erayada teknoloji.

Soo Bandhigga Nidaam Lagu Hirgalinayo Eray-Raridda Erayada Teknoloji:

Si loo hirgaliyo **eray-raridda erayada teknoloji**, ee kor lagu soo xusay, waxaa buuggaan lagu soo bandhigayaa **nidaam matalaad** (*Modelling Approach*) ee ku saleeysan **saddexda talaabo** ee ku xusan qaybtaan hoose:

1) Qeexidda sifooyinka (*Attributes*) tilmaamaya macnaha *eray-raridda* (*Logical Model*)
2) U Rogidda sifooyinkaa "*qaab-dhismeed muuqaal ah*" (*Visual View of the Attributes*) iyo
3) Ugu dambayn, nidaam *macno-tarjumid* ee matalaya qaab-dhismeedka muuqaalka ah (*Physical Model*)

Waxaa qaybahaan hoose lagu faah-faahinayaa saddexdaa talaabo ee *nidaamka matalaynta* la soo xusay ee ugu dambayn soo saaraya qaab-dhismeed lagu hirgalinayo *eray-raridda erayada teknoloji*:

1) Qeexidda Sifooyinka Tilmaamaya Macnaha Eray-raridda (*Logical Model*):

Si loo qeexo macnaha *eray-raridda*, waxaa la soo bandhigayaa tiro sifooyin ah ee muujinaya nuxurka *macnaha eray-raridda*. Sidaa darteed, waxaa qaybtaan hoose lagu soo bandhigayaa *shan sifo* oo wadar-ahaan fududeeynaya *tarjumidda, macnaha, fahamka, iyo adeegsiga* erayada qalaad ee la soo tarjumayo iyo sidoo kale aqoonta ku heerarsan. Waxaana *shantaa sifo*, ee hoos ku xusan, lagu lamaaninayaa eray kasta ee loo soo <u>rarayo</u> Luqadda Hooyo:

1) *U tarjumidda* erayga qalaad *Luqadda Hooyo* (*Tarjumidda Erayga*)
2) *Macnaha* erayga qalaad ee ku tarjuman *Luqadda Hooyo* (*Macnaha Erayga oo Tarjuman*)
3) *Macnaha* erayga ee ku bandhigan *Luqadda Qalaad* (*Macnhaha Asalka Ah ee Erayga*)
4) *Tusaalooyin, farsawiro* (*Sketches*), *iyo sawiro ifinaya macnaha iyo adeegsiga* erayga, iyo ugu dambayn
5) *Faah-faahino dheeri ah ee la xariira macnaha iyo adeegsiga erayga qalaad* ee la soo rarayo

2) U Rogidda Sifooyinkaa Qaab-dhismeed Muuqaal Ah (*Visual View of the Attributes*):

Si loo fududeeyo fahamka iyo hirgalinta sifooyinka *eray-raridda*, waxaa shanta sifo loo soo bandhigayaa hab muuqaal ah ee u qaabaysan **xiddig 5-geesood ah** (*Five-pointed star*). Unugga (*Unit*) salka u ah xiddiggaa waa **erayga qalaad** ee la soo tarjumayo ee lagu xusayo bartamaha xiddigga, halka **shanta geesood** ee xiddigga ay matalayaan *shanta sifo* ee erayga. Waxayna shantaa gees u kala habaysan yihiin qaabkaan hoose:

- Geeska 1aad: Erayga qalaad ee ku tarjuman *Luqadda Hooyo*
- Geeska 2aad: *Macnaha* erayga ee ku bandhigan *Luqadda Hooyo*
- Geeska 3aad: *Macnhaha* erayga ee ku bandhigan *Luqadda Qalaad*
- Geeska 4aad: *Tusaalooyin iyo farsawiro ifinaya macnaha iyo adeegsiga* erayga ee *Luqadda Hooyo* iyo
- Geeska 5aad: *Faah-faahino dheeri ah ee la xariira macnaha iyo adeegsiga* erayga ee *Luqadda Hooyo*

Waxaa qaybtaan hoose ku bandhigan farsawir (*Sketch*) muujinaya qaab-dhismeedka **xiddigga 5-geesoodka** ee soo bandhigayaa *sifooyinkii eray-raridda*. Waxaana bartamaha xiddiggaa ku xusan erayga qalaad ee la tarjumayo halka shanta geesood ay muujinayaan *shanta sifood ee eray-raridda*.

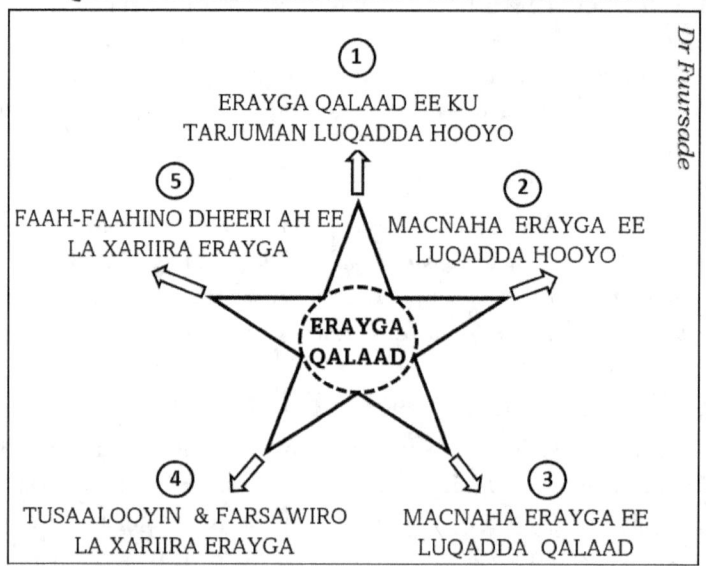

3) <u>Nidaam Macno-Tarjumid ee Matalaya Sifooyinka Eray-Raridda</u> (*Physical Model*)

Ugu dambayn, waxaa erayga qalaad iyo faah-faahinta shantiisa sifo, ee ku bandhigan xiddigga 5-geesoodka, loo rogayaa **hal bog** oo uu **cinwaankiisu** yahay **erayga qalaad** ee la tarjumayo, halka <u>shanta sifo</u> noqonayaan shan **cinwaan-hoosaadyo** (*Subtitles*). Waxaana cinwaan-hoosaadyadaa lagu muujinayaa faah-faahino la xariira sifooyinka. Waxaa qaab-dhismeedka halkaa ka dhashay ee *halka bog* ah, oo ay ku xusan yihiin <u>shanta sifo</u>, loogu magac daray **bog-dhig**[2]. Wuxuuna **bog-dhiggaa** ugu dambayn u taagan yahay qaab-dhismeed hirgalinaya **eray-raridda** (*Physical model*) erayada teknoloji.

Shanta cinwaan-hoosaad ee ku xusan **bog-dhigga** waxay u kala horeeyaan habka ay ugu tiraysan yihiin **xiddigga 5-geesoodka**, kuna xusan qaybtaan hoose:

- Cinwaan-hoosaadka 1aad (*Geeska 1aad ee Xiddigga*): *Tarjumidda* erayga *ee Luqadda Hooyo*
- Cinwaan-hoosaadka 2aad (*Geeska 2aad ee Xiddigga*): *Macnaha* erayga *ee Luqadda Hooyo*
- Cinwaan-hoosaadka 3aad (*Geeska 3aad ee Xiddigga*): *Macnaha asalaka ah ee* erayga kuna bandhiggan *Luqadda Qalaad*
- Cinwaan-hoosaadka 4aad (*Geeska 4aad ee Xiddigga*): *Tusaalooyin, farsawiro (Sketches) ama sawiro (Pictures) ifinaya macnaha iyo adeegsiga* erayga laguna faah-faahinayo *Luqadda Hooyo* iyo
- Cinwaan-hoosaadka 5aad (*Geeska 5aad ee Xiddigga*): *Faah-faahino dheeri ah ee la xariira macnaha, adeegsiga, iyo qaybaha teknoloji uu* erayga la tarjumaya quseeyo, kuna bandhigan *Luqadda Hooyo*, muujinayana aqoonta ku heerarsan eraygaa

---

[2] <u>Bog-dhig</u> waa eray cusub ee Luqadda Soomaaliga ee guud ahaan tilmaamaya hab *erayo qalaad loo soo raro, loona soo bandhigo*. Inkastoo <u>bog-dhigga</u> kore lagu xusay *5 sifo*, wuxuu guud ahaan <u>bog-dhig</u> yeelan karaa <u>tirada sifooyinka</u> lagu qanacsan yahay ee si dhamaystiran u qeexi kara erayada la soo *rarayo*

Farsawir Soo Koobaya Hirgalinta Eray-raridda:

Waxaa qaybtaan hoose ku bandhigan farsawir (*Sketch*) si muuqaal ah u soo wada koobaya *saddexda talaabo* ee tiirka u ah *fikirka* iyo *hirgalinta* **eray-raridda** erayada teknoloji ee lagu soo bandhigayo buuggaan iyo *habka* ay saddexdaa talaabo ay isugu xiran yihiin:

HIRGALINTA ERAY-RARIDDA ERAYDA TEKNOLOJI

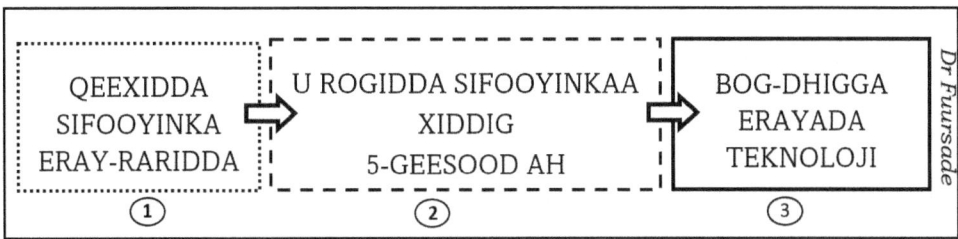

Sida hore loo soo xusay, kuna bandhigan farsawirka kore, **bog-dhiggu** waa qaab-dhismeed matalaya hirgalinta **eray-raridda** erayada teknoloji, kana dhashay qeexidda *sifooyinka eray-raridda* iyo u rogidda *sifooyinkaa xiddig 5-geesood* ah.

Ugu dambayn, inkastoo erayga **bog-dhig** lagu qeexay *bog* lagu soo bandhigayo *tarjumidda* iyo *macnaha* buuxa ee eray teknoloji ee loo soo tarjumayo *Luqadda Hooyo*, erayga **bog-dhig** waa eray cusub ee *Luqadda Hooyo*, ee buuggaan lagu qeexay, guud ahaana tilmaamaya qaab *hal bog* loogu soo bandhigayo *tarjumidda*, *macnaha*, iyo *faah-faahinta sifooyinka* erayo ka tirsan *mawduuc*, ee la soo tarjumayo.

Sidaa darteed, waxaa guud-ahaan **bog-dhig** loo adeegsan karaa, ka sakoow *tarjumidda iyo fasiraadda* erayada teknoloji, soo bandhigga erayada mawduuc kasta ee loo soo rarayo *Luqadda Hooyo* ama luqad kale, tusaale:

1) *Bog-dhigga erayada farsamada koronto*
2) *Bog-dhigga erayada unugyada gaadiidka dhulka iyo cirka*
3) *Bog-dhigga erayada cimilada*
4) *Bog-dhigga erayada cilmiga dhaqaalaha*
5) *Bog-dhigga erayada unugyada jirka aadanaha*
6) *Bog-dhigga erayada unugyada jirka xoolaha*
7) *Bog-dhigga erayada cudurada faafa*
8) *Bog-dhigga erayada warbaahinta*
9) *Bog-dhigga erayada kubadda cagta* iyo
10) *Tiro kale*

Dhinaca u tarjumidda Luqadda Ingiriiska, erayga "**bog-dhig**" wuxuu u macno dhow yahay erayga "***Page-based Translation***", gaar ahaan markii la tilmaamaya maclumaad loo soo bandhigayo **bog-bog**, oo ay bogaggu yihiin isku qaab-dhismeed (*Structured pages*). Iyadoo lagu saleeynayo macnahaa, cinwaanka buuggaan wuxuu dhinaca Luqadda Ingiriiska u dhigmaa "**Page-based Translation of Technology Terms (English-Somali)**".

Waxaa bogagga soo socda ku xusan faah-faahino dheeri ah iyo tusaale la xariira macnaha **bog-dhigga erayada teknoloji**.

Soo Koobid Qaybaha Qaab-dhismeedka Bog-dhigga:

Waxaa qaybtaan hoose lagu soo koobayaa *geesaha* ama *qaybaha* qaab-dhismeedka **bog-dhigga**, *macnahooda* iyo *dowrkooda*:

Cinwaanka Bog-Dhigga *(Title)*

Cinwaanka **bog-dhigga** waxaa lagu soo bandhigayaa erayga qalaad ee la tarjumayo, kaa oo matalaya erayga ku bandhigan bartamaha "**Xiddigga 5-Geesoodka**".

Cinwaanka ka sakoow, wuxuu bog-dhiggu ka kooban yahay, sidii hore loo soo xusay, shan qaybood ee kala matalaya shanta gees, ama sifo, ee "**Xiddigga 5-Geesoodka**". Waxaana shanta geesood loo soo bandhigayaa **cinwaan-hoosaadyo** u kala horeeya qaabkaan hoose:

1) **Geeska 1aad** *(Tarjumidda erayga ee Luqadda Soomaaliga)*: Waxaa lagu soo bandhigayaa **tarjumidda Luqadda Soomaaliga** ee erayga ku xusan cinwaanka *(Translation in Somali Language of the word presented in the title)*

2) **Geeska 2aad** *(Macnaha erayga ee Luqadda Soomaaliga)*: Waxaa lagu faah-faahinayaa **macnaha** erayga ku xusan cinwaanka, laguna soo bandhigayo *Luqadda Hooyo* *(Meaning of the word presented in the title in Somali Language)*

3) **Geeska 3aad** *(Macnaha erayga ee Luqadda Qalaad)*: Waxaa lagu faah-faahinayaa **macnaha** erayga ku xusan cinwaanka, laguna soo bandhigayo *Luqadda Qalaad* *(Meaning of the word presented in the title in English Language)*

4) **Geeska 4aad** *(Tusaalooyin iyo farsawiro ifinaya macnaha erayga ee Luqadd Hooyo)*: Waxaa lagu soo bandhigayaa **tusaalooyin** la xariira erayga ku **xusan cinwaanka** ee uu la socdo farsawir *(Sketch)* ama sawir, laguna bandhigaya *Luqadda Hooyo* *(Example about the word in the title in Somali Language coupled with a sketch)*

5) **Geeska 5aad** *(Faah-faahino dheeri ah ee erayga)*: Waxaa lagu soo bandhigayaa **faah-faahino** dheeri ah ee erayga la tarjumayo iyo aqoonta ku heerarsan eraygaa, kuna xusan *Luqadda Hooyo* *(Further details concerning the word presented in the title in Somali Language)*

Tusaale Bog-Dhig

Waxaa bogga soo socda lagu soo bandhigayaa tusaale "**bog-dhig**", ee matalaya erayga qalaad ee "**Hacker**", kana mid ah erayada ku xusan buuggaan. Waxaana erayga kasta ee buuggaan loo soo bandhigayaa, sida hore loo soo xusay, qaabkaa **bog-dhigga** ah. Waana sababta buuggaan loogu magac daray *"Bog-dhigga Erayada Teknoloji"*.

HACKER

> Erayga la tarjumaya oo ku bandhighan **cinwaanka bog-dhigga**, kuna xusan bartamaha **xiddigga 5-geesoodka**

ENGLISH **SOOMAALI**

Hacker → Qad-Jabsade

> **Geeska 1aad**: U Tarjumidda Erayga ee **Luqadda Hooyo**

> **Geeska 2aad**: Macnaha erayga ee **Luqadda Hooyo**

MACNAHA ERAYGA EE LUQADDA SOOMAALIGA:

Qad-jabsade waa xirfadle dhinaca teknolojiyada dijitaalka ee u adeegsada xirfaddiisa ama xirfaddeeda si uu u **weeraro** goobaha kombiyuutar.

> **Geeska 3aad**: Macnaha erayga ee **Luqadda Qalaad**

MEANING IN ENGLISH (*Macnaha Erayga ee Luqadda Qalaad*):

A **hacker** is a skilled professional in digital technology who uses his/her computer skills to **attack** computer systems.

> **Geeska 4aad**: Tusaale waata farsawir (*Sketch*) ama sawir

TUSAALE (Example):

Waxaa farsawirka hoose (*Below sketch*) ka muuqda **qad-jabsade** (*Hacker*) u dhacaya serfer (*Server*) ay ku keydsan yhiin xog xasaasi ah:

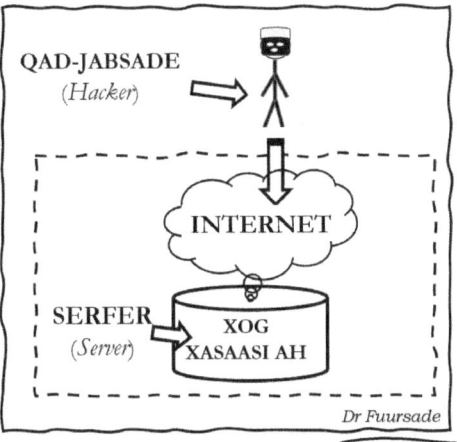

> **Geeska 5aad**: Faah-faahino dheeri ah ee la xariira erayga

FAAH-FAAHIN DHEERI AH (Further details):

Qad-jabsade (*Hacker*) iyo **qad-dambiile** (*Cybercriminal*) waa labo **cinwaan** (*Title*) oo kala duwan inkastoo dad aan yareyn ay *isku macno* u haystaan. Waxaa keliya ee ka dhaxeeya waa arrinta ah in ay **labaa eray wada** tilmaamayaan shaqsiyaad **u dhaca goobaha kombiyuutar**. Hasa-yeeshee, **qad-dambiilahu** mar walba waa **dambiile**, ujeeddadiisuna tahay **dhac**. Dhinaca kale, **qad-jabsaduhu** ma'aha mar walba **dambiile**. Mararka qaarkood, **qad-jabsadahu** waa *xirfadle* hawshiisu tahay **tijaabinta** in *goob kombiyuutar* ay shirkad leedahay loo **dhici karo** iyo in kale, iyo sidoo kale baaridda qaybaha **shirkad** laga soo **hujuumi** karo; marar kalena, **qad-jabsaduhu** waa **dambiile** (*Criminal*) jabsada goobaha kombiyuutar.

TIRADA ERAYADA BUUGGA IYO NIDAAMKA ISKU-XIGGOODA

Tirada guud ee erayada lagu soo bandhigayo buuggaan waa 217[3]. Waxayna dhamaan erayadaa u naqshadeysan yihiin **bog-dhig** ahaan. Waxayna kala horeynta **bog-dhig**-yadaa ku saleeysan yihiin nidaamka ALIFBA'da ee *xarfaha Laatiinka* ee erayada *Luqadda Qalaad* ee loo soo rarayo *Luqadda Hooyo*, kuwaa oo u kala horeeya sida ku xusan aruurkaan hoose (*Below table*):

HEERKA KALA HOREYNTA XARFAHA	XARAFKA
1	A
2	B
3	C
4	D
5	E
6	F
7	G
8	H
9	I
10	J
11	K
12	L
13	M
14	N
15	O
16	P
17	Q
18	R
19	S
20	T
21	U
22	V
23	W
24	X
25	Y
26	Z

Sidaa darteed, iyadoo la adeegsanayo nidaamka kala horeynta ALIFBA'da ee xarfaha Laatiinka, erayga ugu horeeya ee buuggaan ee lagu soo bandhigayo *bog-dhigga 1aad* waa erayga "**Abstract**", halka erayga **217aad** ee ku xusan *bog-dhigga* ugu dambeeyana uu yahay "**World Wide Web**".

---

[3] Tirada ah **217** eray waa erayada tarjuman ee u bandhiggan **bog-dhig** ahaan. Hasa-yeeshee, tirada erayada tarjuman ee ku xusan buuggaan way ka badan yihiin tiradaa

UJEEDDOOYINKA BUUGGA

Sidii hore loo soo xusay, wuxuu buuggaan quseeyaa *tarjumidda, eray-bixinta, iyo barashada* erayada teknoloji ee aasaasiga ah ee laga soo rarayo **Luqadda Ingiriiska** (*Luqadda Qalaad*), loona soo rarayo **Luqadda Soomaaliga** (*Luqadda Hooyo*), arrintaa oo lagu qeexay **eray-rarid**. Waxaana buuggaan loogu talagalay in uu dadweynaha Soomaaliyeed, gaar ahaan ardayda, shaqaalaha, bahda warbaahinta, iyo guud ahaan dadka xiiseeya teknolojiyada in u fududeeyo *tarjumidda, barashada, la qabsiga, iyo la socodka erayada teknoloji iyo teknolojiyada* ku sii baahaysa caalamka.

Sida darteed, <u>*ujeeddada koowaad*</u> ee buuggaan waa soo bandhigga buug laga tixraaco tarjumidda erayada aasaasiga ee teknolojiyada (*Reference book*), iyadoo erayadaa loo soo bandhigayo qaab-dhismeed lagu qeexay **bog-dhig**. Tirada guud ee erayada aasaasiga ee **bog-dhig**-yadu waa, sida hore loogu xusay, **217** eray. Waana erayada aasaasiga ah ay guud ahaan *dadweynaha Soomaaliyeed*, ee xiiseeya teknolojiyada, ay maanta aad ugu baahan yihiin si ay ugu fududaato *la qabsiga iyo adeegsiga* qaybaha kala duwan ee teknolojiyada.

Dhinaca kale, waxaa maanta la wada qirsan yahay in ay teknolojiyadu sal u noqotay kobcinta aqoonta iyo maaddo kasta ee laga dhigo dugsiyada iyo jaamacadaha. Hasa-yeeshee, maaddaama ay ardayda Soomaaliyeed ay ku xoogganayn *Luqadaha Qalaad* isla markaana manhajyada waxbarasho ee jaamacadaha dalka ay badiba ku saleeysan yihiin *Luqado Qalaad*, waa muhiim haysashada iyo adeegsiga buug si sahlan ugu soo bandhiga *Luqadda Hooyo* erayada iyo mawduucyada aasaasiga ee teknolojiyada. Waxayna arrintaa fududeeynaysaa ku baahinta aqoonta jiilalka cusub ee Soomaaliyeed. Sidaa darteed, <u>*ujeeddada labaad*</u> ee buuggaan waa soo bandhigga buug sal u noqda barashada mawduucyada aasaasiga ee teknolojiyada ee ku qoran *Luqadda Hooyo* (*Introductory Technology textbook for begginers*).

Inkastoo uu buuggan quseeyo erayada teknoloji, *eray-raridda* iyo *bog-dhiggu* waa qaab-dhismeedyo loo adeegsan karo erayo kasta ee la *rarayo*. Waana nidaam ay aqoonyahaanada Soomaaliyeed ee qaybaha kala duwan ee farsamada iyo cilmiga u adeegsan *karaan tarjumidda, eraybixinta, iyo fasiraadda erayada* loo baahan yahay in loo soo raro *Luqadda Hooyo*. Sidaa darteed, <u>*ujeeddada saddexaad*</u> ee buuggaan waa soo bandhigga iyo faah-faahinta qaab-dhismeed lagu qeexo "**Bog-dhig**", oo ay aqoonyahaanda Soomaaliyeed u adeegsan karaan **sal-raac** ahaan (*As a template*) si ay u soo bandhigaan *tarjumidda, eraybixinta, iyo macnaha erayada* la xariira mawduucyada kale ee *farsamada, cilmiga, dhaqaalaha, caafimaadka, cilmiga bulshada, sharciga, isboortiga*, iwm.

Gabo-gabo ahaan, waxaa buuggaan loo adeegsan karaa ugu yaraan <u>*saddex ujeeddo*</u> oo kala ah:

1) Buug tixraac ah ee dhinaca "*Tarjumidda, eraybixinta, iyo fasiraadda erayada aasaasiga ee teknolojiyada*", una bandhigan *bog-dhig* ahaan (*Reference book for the translation of technology terms*)
2) Buug ay bahweynta ku hadasha Luqadda Soomaaliga ee ku cusub teknolojiyada u adeegsan karaan "*Barashada mawduucyada aasaasiga ee teknolojiyada*" (*Technology textbook for beginners*) iyo
3) Buug qaab-dhismeedkiisu *sal-raac* (*Template*) u noqdo soo saaridda buugaag quseeya qaybaha kala duwan ee *farsamada, cilmiga, caafimaadka, dhaqaalaha, cilmiga bulshada, isboortiga*, iwm, ee ku qoran *Luqadda Soomaaliga*, iyadoo la adeegsanayo nidaamka "**Bog-dhigga**" ee ku qeexan buuggaan, arrintaa oo dowr weyn ku yeelanayso baahinta aqoonta iyo guud ahaan horumarka dalka.

UNUGYADA BUUGGA IYO JADWALKA BARASHADA ERAYADA

Erayada teknoloji ee ku bandhigan buuggaan waa erayo quseeya *mawduucyo kala duwan* ee teknolojiyada dijitaalka ee maanta aad loo adeegsado. Waxayna *mawduucyadaa* u sii kala qaybsan yihiin *qaybo aasaasi ah* iyo *qaybo ku tiirsan kuwa aasaasiga ah*. Waxaa intaa dheer in ay *qaybahaa kala duwan* ee *mawduucyada* ay ka kooban yihiin *erayo isku tiirsan*. Sidaa darteed, waa muhiim markii buuggaan loo adeegsanayo buug laga barto **qaybaha aasaasiga ee teknolojiyada** in la tixgaliyo *isku-tiirsanaanta* iyo *kala horeynta mawduucyada* iyo sidoo kale *isku-tiirsanaanta* iyo *kala horeynta* erayada isku *mawduuca* ah si ay u fududaato barashada iyo fahamka erayadaa.

Iyadoo laga duulayo fikirka ah in mid ka mid ah ujeeddooyinka buuggaan uu yahay soo bandhigga buug loo adeegsado *"Barashada Aasaasiga ee Teknolojiyada"*, waxaa **217ka eray** ee u bandhigan **bog-dhig** ahaan loo kala qaybiyey *xirmooyin* kala duwan ee matalaya *mawduucyo* kala duwan. Erayadii ilaa xad isku mawduuc ah waxaa la isugu uruuriyey *xirmo gaar ah*. Waxaana intaa dheer in *erayada isku xirmada ah* loo kala horumariyey hab lagu tixgalinayo *isku tiirsanaanta erayada* ku xusan *xirmadaa*. Waxaana ugu dambayn *xirmooyinkaa* kala duwan ee ka dhashay habaynta erayadaa lagu qeexay **unugyo**. Waxayna *unugyadaa* kala duwan matalayaan *qaab-dhismeed maan-aragtiyeed ah (Logical structure)* ee erayada buugga. Sidaa darteed, waxaa **unug** kasta ku xusan tiro **erayo** ama **bog-dhigyo** ah ee buugga gudahiisa *jismi-ahaan (Physically)* ugu habaysan nidaamka ALIFBA'da ee xarfaha Laatiinka.

Sababaha la soo xusay awgood, waxaa ugu dambayn **217ka eray** loo qaybiyey **16 unug** iyadoo la tixgalinayey *isku tiirsananta mawduucyada iyo erayada* ee kor lagu soo xusay. Wuxuuna unug walba ka kooban yahay qiyaas ahaan **11 ilaa 16 eray** inkastoo eray walba ku bandhigan yahay **bog-dhig** uu gaar ah ee lagu faah-faahinaya eraygaa. Waxaana unugyada loo naqshadeeyey qaab uu shaqsiga iskiis isku bari karo erayadaa maaddaama la tixgaliyey kala *horeynta mawduucyada iyo isku-tiirsanaanta erayada* ka wada tirsan *mawduuc* kasta. Hasa-yeeshee, haddii uu macalin bixinayo, waxaa ardayga u fududaanaya barashada iyo fahamka erayadaa iyo sidoo kale muddada ay qaadanayso barashadaa.

Dhinaca muddada barashada erayada ku xusan unugyada, waxaa shaqsiyaadka ku cusub teknolojiyada oo *iskood u baranaya erayadaa* lagula talinayaa in ay raacaan mid ka mid ah *labadaan jadwal* ee hoose iyadoo ay ku xiran tahay *heerka tacliineed* ee shaqsiga baranayo erayada:

1) In unug walba, ee ka kooban 11 ilaa 16 bog-dhig, lagu dhamaystiro *hal maalin* haddii ay tahay *barasho deg-deg ah (Crash course)* laakiin uu shaqsigane aqoon u leeyahay cilmi kale, ama
2) In unug walba lagu dhamaystiro *hal usbuuc* haddii shaqsiga ku cusub yahay teknolojiyada ama uu rabo in uu sii buuxda oo deggan u darso erayadaa iyo mawduucyada la xariira.

Sidaa darteed, wuxuu *dhamaystirka iyo fahamka buuxa* ee erayada iyo aqoonta ku xusan buuggaan qaadan karaan qiyaas ahaan *16 maalmood ilaa 16 usbuuc (Afar bilood)*, iyadoo ay ku xiran tahay jadwalka la xusho. Waxayna barashada dhamaystiran ee 16kaa unug siini shaqsiga awood uu si buuxda ugu fahmo qaybaha aasaasiga ah ee teknolojiyada iyo sidoo kale erayada teknoloji ee *Luqadda Hooyo*.

Waxaa qaybaha soo socda lagu soo bandhigayaa faah-faahino kooban ee unug kasta ee 16kaa unug ee uu buugggaan ka kooban yahay, oo ay ka mid yihiin:

1) Tirada iyo erayada unug kasta
2) Hababka ay erayada isku unugga ah u kala horeeyaan iyo
3) Ujeeddada unugga iyo faah-faahino dheeri ah

Tirada Erayada Unugyada:

Waxaa qaybtaan hoose ku bandhigan aruur (*Table*) soo koobaya tirada *erayada* ama *bog-dhigyada* unug kasta ee 16ka unug ee ku xusan buuggan:

UNUGYADA BUUGGA IYO TIRADA ERAYADA

UNUGGA	TIRADA ERAYADA
1aad	13
2aad	12
3aad	14
4aad	14
5aad	11
6aad	12
7aad	16
8aad	15
9aad	15
10aad	12
11aad	15
12aad	13
13aad	15
14aad	14
15aad	13
16aad	13
Wadarta Erayada	**217**

F.G.:

Maaddaama ay bog-dhigyada lagu soo bandhigayo buugaan ay u habaysan yihiin nidaamka ALIFBA'da, waxay erayada ku xusan unugyada kore ka tirsan yihiin bogag kala duwan oo aan isku xigin. Sidaa darteed, markii buugaan loo adeegsanayo unug-unug waa in uu akhristuhu mar walba eegaa bogga uu erayga uu doonayo ku xusan yahay, xogtaa oo ku faah-faahsan qaybaha soo socda.

Tusaale, erayga 1aad ee unugga koowaad waa "**Computer**". Hasa-yeeshee, wuxuu eraygaa ku bandhigan yahay bogga 67aad ee buugga, sida ku faah-faahsan qaybaha soo socda. Sidoo kale, erayga labaad ee unugga 1aad waa "**Hardware**"; laakiin, wuxuu isaguna eraygaa ku xusan yahay bogga 133aad. Sidaa darteed, markii la darsayo unugyada ama casharada buuggaan waa in uu akhristuhu mar walba eegaa boggaa uu erayga uu doonayo ku xusan yahay.

Waxaa bogagga soo socda mid mid loogu soo bandhigayaa erayada unug kasta ee 16 unug, kala horeynta erayada unuggaa, bogga uu eray kasta ku xusan yahay, iyo ujeeddooyinka unugga.

Faah-faahinta Erayada Unugga Koowaad

Waxaa unuggaan koowaad lagu soo bandhigayaa 13 eray ee ka mid ah erayada aasaasiga ee teknolojiyada xogta (*Information technology*). Waxayna sidoo kale erayadaa sal u yihiin erayada unugyada kale ee buugaan. Sidaa darteed, fahamka buuxa ee 13-kaan eray waa lama huraan. Wuxuuna eray walba u bandhigan yahay "**bog-dhig**"-ahaan, iyadoo gudaha *bog-dhiggaa* lagu faah-faahinayo 5tii qayb ee xiddigga 5-geesoodka.

Dhinaca kale, iyadoo la tixgalinayo isku-tiirsanaanta erayada, waxaa 13-ka eray ee unuggaan loo kala horumariyey habka ay isugu tiirsan yihiin, iyadoo loo soo horumariyey erayada salka u ah erayada unugga. Waxaa lagu talinayaa in erayada loo darso habka ay ugu bandhigan yihiin qaybtaan hoose.

Saddex iyo tobanka eray ee unuggaan waxay kala yihiin loona kala horumariyey habkaan hoose:

KALA HOREYNTA ERAYADA UNUGGA 1aad & BOGAGGA AY KU XUSAN YIHIIN

ISKU-XIGGA ERAYADA UNUGGA	ERAYGA	KA EEG BOGGA
1	Computer	67
2	Hardware	133
3	Software	218
4	Keyboard	154
5	Monitor	173
6	Printer	194
7	Mouse	175
8	Peripheral	190
9	Desktop Computer	95
10	Laptop Computer	157
11	Stand-Alone Computer	222
12	Mainframe Computer	164
13	Technology	227

Markii la dhamaystiro 13ka eray ee unuggaan, waxaa si buuxda loo fahmayaa:

- Tarjumidda iyo macnaha erayga "*Computer*", iyo faah-faahino la xariira
- Tarjumidda iyo macnaha erayada "*Hardware*" iyo "*Software*" iyo farqiga u dhaxeeya labadaa eray
- Tarjumidda, macnaha, iyo faah-faahino la xariira tiro ka mid ah qalabyada kombiyuutarka looga rakibo banaanka ee lagu tilmaamo "*Peripherals*"
- Tarjumidda iyo faah-faahino la xariira noocyo ka mid ah kombiyuutarada la adeegsado
- Tarjumidda, macnaha, iyo faah-faahino la xariira erayga "*Technology*" iyo
- Guud ahaan 13ka eray ee aasaaska u ah erayada unugyada buuggaan iyo sidoo kale teknolojiyada maanta la adeegsado

Faah-faahinta Erayada Unugga Labaad

Waxaa unuggaan lagu soo bandhigayaa 12 eray oo ay ugu horeeyaan *tarjumidda, macnaha,* iyo *farqiga* erayada kala ah *"Computer Science"* iyo *"Information Technology"*. Waxaana kaddib la sii guda galayaa *tarjumidda iyo macnaha* noocyada guud ee *"Software"*-da iyo dowrkooda, iyo sidoo kale erayga qeexa shaqsiga qora barnaamijyada kombiyuutar ee loo yaqaano *"Computer programmer"*. Waxaa kalee la soo bandhigayaa erayo la xariira qaybo ay ka mid yihiin: a) Erayada quseeya habka daatada loo guda-dhigo gudaha kombiyuutarada (*Input*) iyo habka loo soo dibad-dhigo (*Output*), b) Qalabka loo yaqaano *"Motherboard"* ee isku xira ama isku haya qalabyada muhiimka ee ku rakiban gudaha kombiyuutarka, c) Qalabka mas'uulka ka ah hawlaha uu kombiyuutarka fuliyo ee lagu tilmaamo maskaxda kombiyuutarka loona yaqaano *"CPU"* iyo d) Ugu dambayn, faah-faahino la xariira *dowrka* iyo *tarjumidda* qalabka sida joogta ah u keydiya *daatada* iyo *barnaamijyada* kombiyuutarka ee loo yaqaano *"Hard Disk"*

Labo iyo tobanka eray ee unuggaan waxay kala yihiin una kala horeeyaan habka hoos ku xusan:

KALA HOREYNTA ERAYADA UNUGGA 2aad & BOGGAGA AY KU XUSAN YIHIIN

ISKU-XIGGA ERAYADA UNUGGA	ERAYGA	KA EEG BOGGA
1	Computer Science	70
2	Information Technology	146
3	Operating System	184
4	Application Program	44
5	Computer Programmer	69
6	Motherboard	174
7	CPU	74
8	RAM	197
9	ROM	204
10	Input	147
11	Output	185
12	Hard Disk	132

Markii la dhamaystiro 12ka eray ee unuggaan, waxaa si buuxda loo fahmayaa:

- Tarjumidda, macnaha, iyo faah-faahinta erayada *"Computer science"* iyo *"Information technology"*, iyo *farqiga* u dhaxeeya labadaa eray
- Tarjumidd iyo faah-faahino la xariira erayga qeexa xirfadlaha qora barnaamijyada kombiyuutar
- Tarjumidda, macnaha, iyo faah-faahino la xariira erayga *"Motherboard"*-ka
- Tarjumidda, macnaha, iyo faah-faahino la xariiraa erayada qeexa *qaybaha* kala duwan ee ku rakiban gudaha *"Motherboard"*-ka, qalabka mas'uulka ka ah hawlaha uu kombiyuutarka fuliyo, iyo unugyada daatada sida ku-meelgaarka iyo sida joogta ah u keydiya iyo
- Ugu dambayn, tarjumidda, macnaha, iyo faah-faahino la xariira erayada qeexa hababka *"Data"*-da loo guda-dhigo (*Input*) kombiyuutarka, loogana soo dibad-dhigo (*Output*)

Faah-faahinta Erayada Unugga Saddexaad

Waxaa unuggaan lagu soo bandhigayaa 14 eray oo ay ugu horeeyaan *tarjumidda, macnaha,* iyo *farqiga* u dhaxeeya goobaha daatada si joogta ah loogu keydiyo ee gudaha kombiyuutarka iyo sifooyinkooda, sida *files, file type, file extension, folders, iyo subfolders*. Waxaana kaddib la sii guda galayaa faah-faahino la xariira kombiyuutarada maamula daatada goobaha shaqo ee lagu tilmaamo *servers*.

Erayada kale ee lagu guda-galayo unuggaan waxaa ka mid ah erayada la xariira habka looga taxaddiro in daatada la keydiyo ay dhumin, nidaamkaa ee loo yaqaano *backup*. Waxaana ugu dambayn la soo bandhigayaa faah-faahinada erayo la xariira adeegsadaha kombiyuutarka (*Computer user*), hababka loogu xirmo kombiyuutarka, iyo habka loo xaqiijiyo in adeegsadaha ku xirmaya kombiyuutarku yahay kii saxda ahaa (*User, username, password, access code, login, authentication,* & *two-factor authentication*).

Afar iyo tobanka eray ee unuggaan waxay kala yihiin una kala horeeyaan habka hoos ku xusan:

KALA HOREYNTA ERAYADA UNUGGA 3aad & BOGAGGA AY KU XUSAN YIHIIN

ISKU-XIGGA ERAYADA UNUGGA	ERAYGA	KA EEG BOGGA
1	File	112
2	File Type	114
3	File Extenstion	113
4	Folder	118
5	Subfolder	223
6	Server	214
7	Backup	48
8	User	239
9	Username	241
10	Password	188
11	Login	161
12	Access Code	40
13	Authentication	46
14	Two-Factor Authentication	233

Markii la dhamaystiro unuggaan, waxaa si buuxda loo fahmayaa:

- Tarjumidda, macnaha, iyo faah-faahino la xariira goobaha gudaha kombiyuutarka looga keydiya daatada iyo barnaamijyada kombiyuutar, iyo sifooyinka la xariira
- Tarjumidda, macnaha, iyo faah-faahino la xariira kombiyuutarada salka u ah keydinta daatada iyo barnaamijyada goobaha shaqo iyo hawlaha la xariira ee loo yaqaano "*Servers*" iyo habka loo ilaaliyo in "*Data*"-da ku keydsan gudaha kombiyuutarka ay dhumin (*Backup*) iyo
- Tarjumidda, macnaha, iyo faah-faahino la xariira adeegsadaha kombiyuutarka (*Computer user*), habka loogu xirmo kombiyuutarka, iyo hababka loo xaqiijiyo in *adeegsadaha* ku xirmayo kombiyuutarku yahay kii saxda ahaa

Faah-faahinta Erayada Unugga Afaraad

Waxaa qaybtaan lagu soo bandhigayaa 14 eray oo ay ugu horeeyaan *tarjumidda, macnaha,* iyo *farqiga* u dhaxeeya *hababka* kombiyuutarka loo kiciyo ee loo kala yaqaano "*Cold* & *Warm booting*" iyo *xaaladaha* dhaca markii dabka koronto ka *go'o* kombiyuutarka (*Blackout situations*) iyo habka loo xaliyo. Waxaa kale la guda-galayaa hababka dokumentiyada ku keydsan gudaha kombiyuutarada loo soo dibad dhigo (*Output*) iyo noocyadooda sida "*Hard Copy*" iyo "*Soft Copy*".

Waxaa kaddib la sii guda galayaa qaabka ay kombiyuutarada daatada ugu rogaan nidaamkaa loo yaqaano "*Binary System*" iyo qaybahooda sida "*Bits*" iyo "*Bytes*". Waxaa kale la soo bandhigayaa faah-fahino la xariira aaladaha loo adeegsado hirgalinta nidaamkaa "*Binary*"-ga, kuwaa oo loo yaqaano "*Transistors*" iyo maaddada laga farsameeyo aaladahaa ee lagu tilmaamo "*Semi-conductors*". Waxaa kalee la soo bandhigayaa godadka loo adeegsado isku xirka "*Computer*"-ka, kuwaa oo loo yaqaano "*Computer ports*" iyo farqikooda (*Parallel, Serial, iyo USB Ports*), iyo unugyada lagu rakibo godadkaa, sida "*Printer*" & "*Mouse*". Afar iyo tobanka eray ee unuggaan waxay kala yihiin una kala horeeyaan habkaan hoose:

KALA HOREYNTA ERAYADA UNUGGA 4aad & BOGAGGA AY KU XUSAN YIHIIN

ISKU-XIGGA ERAYADA UNUGGA	ERAYGA	KA EEG BOGGA
1	Cold Boot	64
2	Warm Boot	243
3	Blackout	55
4	Hard Copy	131
5	Soft Copy	217
6	Semi-Conductor	212
7	Transistor	231
8	Binary	52
9	Bit	54
10	Byte	60
11	Computer Ports	68
12	Serial Ports	213
13	Parallel Ports	187
14	USB Ports	238

Markii la dhamaystiro unuggaan, waxaa si buuxda loo fahmayaa:

- Tarjumidda, macnaha, iyo faah-faahino la xariira hababka loo kiciyo kombiyuutarada (*Types of booting*) iyo hababka loo difaaco "*Data*"-da markii ay korontada ka *go'do* kombiyuutarka
- Tarjumidda, macnaha, iyo faah-faahinta erayada la xariira hababka loo soo dibad-dhigo dokumentiyada ku keydsan gudaha kombiyuutarada, sida *hard copy iyo soft copy*
- Tarjumidda, macnaha, iyo faah-faahino la xariira habka ay kombiyuutarada u maamulaan daatada (*Bit, byte, iyo binary system*) iyo unugyada loo adeegsado hirgalinta nidaamkaa ee lagu tilmaamo *Transistors*. Waxaa kale la faah-faahinayaa maaddada laga farsameeyo *Transistors*-ka
- Iyo ugu dambayn, tarjumidda, macnaha, iyo faah-faahino la xariira godad-ka (*Ports*) ku rakiban kombiyuutarada ee loo yaqaano "*Computer Ports*" iyo noocyadooda kala duwan

Faah-faahinta Erayada Unugga Shanaad

Waxaa unuggaan lagu soo bandhigayaa *tarjumidda* iyo *macnhaha* 11 eray ee la xariira *diyaarinta iyo habaynta erayada ku xusan qoraalada iyo dokumentiyada*. Waxaana ugu horeyn la soo bandhigayaa faah-faahinta erayga "*Word Processor*", ee ah eray qeexa barnaamijyada loo adeegsado diyaarinta iyo habaynta *erayada, qoraaladaa, iyo dokumentiyadaa*. Waana barnaamijyo muhiim u ah adeegsadayaasha teknolojiyada (*Technology users*). Waxaa kalee unuggaan lagu xusayaa erayo muhiim ah ee tilmaama qaybaha ay ka kooban yihiin barnaamjyadaa, sida *Menu, Menu Bar, Toolbar, Cursor, Dropdown menu, Font, iyo Format*. Waxaa kalee ugu dambayn la soo bandhigayaa erayga qeexa habka dokumentiyada loogu rogo kuwa "**la akhrin keliya ah**" (*Read-only documents*), sifadaa oo keenaysa in dokumentiyadaa aan wax laga beddeli karin oo ay noqonayaan kuwa "*la akhrin karo keliya*" (*Read-only documents*).

Koow iyo tobanka eray ee unuggaan waxay kala yihiin una kala horeeyaan habka hoos ku xusan:

KALA HOREYNTA ERAYADA UNUGGA 5aad & BOGAGGA AY KU XUSAN YIHIIN

ISKU-XIGGA ERAYADA UNUGGA	ERAYGA	KA EEG BOGGA
1	Word processor	254
2	Cursor	75
3	Icon	141
4	Menu	166
5	Menu Bar	167
6	Submenu	224
7	Toolbar	229
8	Drop-Down Menu	108
9	Font	119
10	Format	123
11	Read-Only	198

Markii la dhamaystiro unuggaan, waxaa si buuxda loo fahmayaa:

- Tarjumidda, macnaha, iyo faah-faahino la xariira erayada quseeya adeegsiga barnaamijyada habeeya *qoraalada iyo dokumentiyada* ee loo yaqaano *Word processors*
- Tarjumidda, macnaha, iyo faah-faahino la xariira unugyada aasaasiga ay ka kooban yihiin barnaamijyadaa, sida *cursor, icon, menu, menu bar, submenu, toolbaar, fonts, format*, iwm, iyo
- Tarjumidda, macnaha, iyo faah-faahin la xariirta erayga qeexa sifada markii dokumenti loo rogayo mid *aan wax laga beddeli karin* (*Read-Only feature*)

Faah-faahinta Erayada Unugga Lixaad

Waxaa unuggaan lagu sii guda galayaa erayada la xariira adeegsiga barnaamijyada maamula *qoraalada iyo dokumeentiyada* ee lagu tilmaamo *Word processors,* laguna soo xusay unugga 5aad. Waxaana khaas ahaan lagu soo bandhigayaa *tarjumidda* iyo *macnaha* 12 eray oo ay ugu horeeyaan erayada quseeya hababka qaybo ka mid ah dokumentiyada loo yare-iftiimiyo (*How to highlight*), loo muuq-weyneeyo (*How to bold*), loo hoos-xariiqo (*How to underline*), loo jaleeciyo (*How to italicize*), loo bartameeyo cinwaanada iyo erayada (*How to center titles and words*) iyo habka erayo cusub loogu kor-qoro (*How to overwrite*) erayo hore u qornaa.

Waxaa sidoo kale unuggaan lagu faah-faahinayaa *macnaha* iyo *tarjumidda* erayada la xariira hababka qaybo ka mid ah qoraalada loo dhaqaajiyo (*How to cut and paste*), loo koobigareeyo (*How to copy and paste*), iyo tarjumidda iyo faah-faahinta unugga loo adeegsado hawlaha *dhaqaajinta* iyo *koobigaraynta* erayada, sawirada, faayilalka, iwm, ee lagu magacaabo "*Clipboard*". Waxaa ugu dambayn la soo bandhigayaa tarjumidda iyo macnaha erayada qeexa qoraalada lagu qoro goobaha ugu sareeya iyo kuwa ugu hooseeya ee bogagga dokumentiyada ee lagu tilmaamo *header, footer,* & *footnote*

Labo iyo tobanka eray ee unuggaan waxay kala yihiin una kala horeeyaan habka hoos ku xusan:

KALA HOREYNTA ERAYADA UNUGGA 6aad & BOGAGGA AY KU XUSAN YIHIIN

ISKU-XIGGA ERAYADA UNUGGA	ERAYGA	KA EEG BOGGA
1	Highlight	137
2	Select	211
3	Bold	56
4	Underline	234
5	Italic	153
6	Overwrite	186
7	Clipboard	61
8	Copy & Paste	73
9	Cut & Paste	76
10	Footer	120
11	Header	134
12	Footnote	121

Markii la dhamaystiro unuggaan, waxaa si buuxda loo fahmayaa:
- Tarjumidda, macnaha, iyo faah-faahino la xariira erayada badiba loo adeegsado *maamulidda* iyo *habaynta* qoraalada iyo dokumentiyada
- Tarjumidda, macnaha, iyo faah-faahino la xariira hababka loo adeegsado unugga loo yaqaano "*Clipboard*"-ka, iyo hababka erayada *loo dhaqaajiyo, loo koobigareeyo, loo hoos-xariiqo, loo midabeeyo, loo jaleeciyo, loogu kor-qoro erayo cusub, iwm,* iyo
- Tarjumidda, macnaha, iyo faah-faahino la xariira qaababka loo habeeyo qoraalada lagu qoro qaybaha ugu sareeya iyo kuwa ugu hooseeya ee dokumentiyada (*Footer, Header, Footnote*)

Faah-faahinta Erayada Unugga Todobaad

Waxaa unuggaan lagu soo bandhigayaa macnaha iyo tarjumidda erayada la xariira unugyada ay ka kooban yihiin *"Databases"*-yada. Waxaana ka mid ah erayga loo yaqaano *"Table"* iyo qaab-dhismeedkiisa. Sidoo kale, waxaa la faah-faahinayaa sifooyinka la xariira *"Data"*-da ku keydsan gudaha *"Tables"*-ka oo ay ka mid yihiin *"Primary key"*, *"Foreign key"*, *"Unique"*, *"NULL"*, *"ID Number"*, *"Constraint"*, *"Misinformation"*, iyo *"Disinformation"*. Waxaa kalee la soo bandhigayaa erayo qeexa kombiyuutarada keydiya ee maamula *"Databases"*-yada, laguna tilmaamo *"Database servers"* iyo daatada ku keydsan gudahooda ee goobaha shaqo looga yaqaano *"Production data"*.

Lix iyo tobanka eray ee lagu soo bandhigaya unuggaan waxay kala yihiin, una kala horeeyaan habka hoos ku xusan:

KALA HOREYNTA ERAYADA UNUGGA 7aad & BOGAGGA AY KU XUSAN YIHIIN

ISKU-XIGGA ERAYADA UNUGGA	ERAYGA	KA EEG BOGGA
1	Data	82
2	Data Type	91
3	Table	226
4	Column	65
5	Information	145
6	Database	93
7	Unique	235
8	NULL	179
9	Primary Key	193
10	Id Number	142
11	Foreign Key	122
12	Database Server	94
13	Production Data	195
14	Misinformation	170
15	Disinformation	106
16	Constraint	71

Markii la dhamaystiro unuggaan, waxaa si buuxda loo fahmayaa:

- Tarjumidda, macnaha, farqiga, iyo faah-faahino la xariira erayada kala ah *"Data"* iyo *"Database"*, erayadaa oo dowr weyn ku leh *keydinta* iyo *maareynta* daatada iyo xogta
- Tarjumidda, macnaha, iyo faah-faahino la xariira unugyada gudaha *"Database"*-yada looga keydiyo *daatada* ee loo yaqaano *"Tables"*, iyo *qaybaha* iyo *sifooyinka* la xariira unugyadaa
- Tarjumidda iyo faah-faahino la xariira aaladaha keydiya *"Database"*-yada, iyo ugu dambayn
- Tarjumidda, macnaha, iyo faah-faahino la xariira erayada kala ah *"Information"*, *"Misinformation"*, iyo *"Disinformation"* iyo farqiqa u dhaxeeya, iyo sidoo kale erayga tilmaama habka loo xaddido *"Data"*-da lagu keydiyo gudaha *"Database"*-ka ee lagu qeexo *"Constraint"*

Faah-faahinta Erayada Unugga Siddeedaad

Waxaa unuggaan lagu sii guda galayaa *qaybaha*, *macnaha*, *iyo tarjumidda* erayo sii faah-faahinaya *maamulidda daatada* iyo erayada lagu lamaaniyo erayga *"Data"*. Waxayna fahamka erayadaa siinayaan shaqsiga aqoon dheeri ah ee macnaha erayga *"Data"* iyo sifooyinka la xariira. Gaar ahaan, waxay erayadaa dowr weyn ku leeyihiin keydinta iyo maareynta *daatada* iyo *xogta*, iyo hababka daatada loo adeegsado, loogana ilaaliyo in ay dhunto.

Shan iyo tobanka eray ee unuggaan waxay kala yihiin una kala horeeyaan habka hoos ku xusan:

KALA HOREYNTA ERAYADA UNUGGA 8aad & BOGAGGA AY KU XUSAN YIHIIN

ISKU-XIGGA ERAYADA UNUGGA	ERAYGA	KA EEG BOGGA
1	Data Management	85
2	Data Center	84
3	Model	171
4	Data Model	87
5	Data Protection	88
6	Data Quality	89
7	Data Broker	83
8	Data Mining	86
9	Flat File	116
10	Transaction	230
11	Business Transaction	59
12	Quality Assurance	196
13	User Acceptance Testing (UAT)	240
14	Big Data	51
15	Data Science	90

Markii la dhamaystiro unuggaan, waxaa si buuxda loo fahmayaa tarjumidda iyo macnaha erayo mug weyn ee la xariira *keydinta* iyo *maamulidda* daatada. Waxaan gaar ahaan la soo bandhigayaa:

- Tarjumidda, macnaha, iyo faah-faahino la xariira *maamulidda, ilaalinta, keydinta,* iyo *tayada* *"Data"*-da, habka daatada loo matalo (*Modelling*), iyo sidoo kale unugyada la xariira
- Tarjumidda, macnaha, iyo faah-faahino la xariira erayada quseeya xirfadleyda iyo hay'adaha ka ganacsada daatada la xariirta *macaamiisha* iyo *adeegyada*, kuwaa oo loo yaqaano *data brokers*, habka *xog* looga soo miiro *daataadaa*, iyo *is-weeydaarsiga* iyo *tijaabooyinka "Data"*-da oo ay ka mid yihiin *Transactions, Business Transactions, Quality Assurance, and User Acceptance Testing,* iyo ugu dambayn
- Tarjumidda, macnaha, iyo faah-faahino la xariira farqiga u dhaxeeya mawduucyada kala ah *"Data Science"* iyo *"Big data"* ee maanta loo baahan yahay in si buuxda loo fahmo

Faah-faahinta Erayada Unugga Sagaalaad

Waxaa unuggaan lagu faah-faahinayaa tarjumidda iyo macnaha erayo hordhac u ah *fahamka iyo adeegsiga internet*-ka, iyo *qaab-dhismeedyada* la xariira. Waxaa kale unuggaan lagu guda galayaa faah-faahinta noocyada *cudurada* ku faafa kombiyuutarada (*Viruses*) iyo hababka la isaga ilaaliyo

Shan iyo tobanka eray ee unuggaan waxay kala yihiin una kala horeeyaan habka hoos ku xusan:

KALA HOREYNTA ERAYADA UNUGGA 9aad & BOGAGGA AY KU XUSAN YIHIIN

ISKU-XIGGA ERAYADA UNUGGA	ERAYGA	KA EEG BOGGA
1	Internet	150
2	Intranet	152
3	Address Bar	41
4	Remote Access	199
5	Cloud	62
6	Cloud Computing	63
7	SaaS	209
8	Download	107
9	Upload	236
10	Help Desk	135
11	Log File	160
12	Device Driver	96
13	Malware	165
14	Trojan Horse	232
15	Antivirus	43

Markii la dhamaystiro unuggaan, waxaa si buuxda loo fahmayaa:

- Tarjumidda, macnaha, iyo faah-faahino la xariira erayo quseeya *adeegsiga internet-ka, farqiga internet-ka iyo Intranet*-ka, iyo hababka ay macaamiisha ugu xirmaan barnaamijyada ku keydsan internet-ka iyo sidoo kale qalabyada ku rakiban goobaha fog ee internet-ka (*Remote Access*)
- Tarjumidda iyo faah-faahino la xariira macnaha erayga "*Cloud*" markii la adeegsanayo internet-ka iyo hababka loo adeegsado "*Data*"-da ku keydsan "*Cloud*"-ka
- Tarjumidda, macnaha, iyo faah-faahino tiro erayo ah ee la xariira adeegsiga daatada iyo internet-ka oo ay ka mid yihiin *SaaS, Download, Upload, Log file, Device driver*, iwm, iyo
- Ugu dambayn, tarjumidda, macnaha, iyo faah-faahino la xariira erayo tilmaamaya *cudurada* ku faafa kombiyuutarada iyo hababka la isaga difaaco

Faah-faahinta Erayada Unugga Tobanaad

Waxaa unuggaan lagu sii guda-galayaa *macnhaha* iyo *tarjumidda* erayo tilmaamaya qaybaha, aaladaha, iyo hababka kala duwan ee quseeya *adeegsiga* iyo *ku-xirmidda* internet-ka, habka *loo cabiro daatada* ku ququlaysa gudaha xargaha internet-ka, habka *xog* looga baarto *internet*-ka, iyo sidoo kale habka la isugu gudbiyo *fariimaha* markii la adeegsanayo *internet*-ka.

Labo iyo tobanka eray ee unuggaan waxay kala yihiin una kala horeeyaan habka hoos ku xusan:

KALA HOREYNTA ERAYADA UNUGGA 10aad & BOGAGGA AY KU XUSAN YIHIIN

ISKU-XIGGA ERAYADA UNUGGA	ERAYGA	KA EEG BOGGA
1	Service Provider	215
2	Modem	172
3	Router	205
4	Firewall	115
5	Wifi	252
6	Wireless	253
7	Hotspot	139
8	Handshaking	130
9	Bandwidth	49
10	Search Engine	210
11	Google (As a verb)	125
12	Email	110

Markii la dhamaystiro unuggaan, waxaa si buuxda loo fahmayaa:

- Tarjumidda, macnaha, iyo faah-faahinta erayo quseeya bixinta *adeeg-yada* la xariira *daatada iyo xogta*
- Tarjumidda, macnaha, iyo faah-faahino la xariira *aaladaha* loo adeegsado *ku-xirmidda internet*-ka
- Tarjumidda, macnaha, iyo faah-faahino la xariira erayada quseeya nidaamka *internet*-ka loo keeno gudaha guryaha iyo goobaha shaqo iyo
- Ugu dambayn, tarjumidda, macnaha, iyo faah-faahino la xariira erayo khaas ahaan quseeya *isu gudbinta fariimaha elektaroonikada ah*, hababka *xogta* looga *baarto internet*-ka, iyo unugga *xogta ka baara internet*-ka

Faah-faahinta Erayada Unugga Koow iyo Tobanaad

Waxaa unuggaan lagu sii guda-galayaa erayo la xariira *noocyada, qaab-dhismeedyada, cinwaanada, unugyada, iyo adeegyada* la xariira *shabakadaha iyo internet*-ka. Waxaa kalee la soo bandhigayaa erayo quseeya qaybaha kala duwan ay ka kooban yihiin shabakadaha internet-ka.

Shan iyo tobanka eray ee unuggaan waxay kala yihiin una kala horeeyaan habka hoos ku xusan:

KALA HOREYNTA ERAYADA UNUGGA 11aad & BOGAGGA AY KU XUSAN YIHIIN

ISKU-XIGGA ERAYADA UNUGGA	ERAYGA	KA EEG BOGGA
1	Network	176
2	Network Topology	177
3	Local Area Network	159
4	World Wide Web	255
5	Web	244
6	Hyperlink	140
7	Home Page	138
8	Web Page	247
9	URL	237
10	Web Browser	245
11	Web Server	248
12	Website	251
13	Web Hits	246
14	Web Traffic	250
15	Web Surfing	249

Markii la dhamaystiro unuggaan, waxaa si buuxda loo fahmayaa:

- Tarjumidda, macnaha, iyo faah-faahinada erayo la xariira *noocyada iyo qaab-dhismeedyada kala duwan* ee *shabakadaha*
- Tarjumidda, macnaha, iyo faah-faahinada erayo qeexa unugyo ka mid ah qaab-dhismeedka *internet-ka*
- Tarjumidda, macnaha, iyo faah-faahinada erayo la xariira hababka ay u shaqeeyaan *cinwaanada iyo shabakadaha internet-ka* iyo
- Ugu dambayn, tarjumidda, macnaha, iyo faah-faahino quseeya erayo qeexaya hababka loo dulmaro shabakadaha *internet*-ka (*How to browse the internet*)

Faah-faahinta Erayada Unugga Labo iyo Tobanaad

Waxaa unuggaan lagu sii guda-galayaa erayo la xariira tarjumidda, macnaha, iyo adeegsiga *shabakadaha* kombiyuutar. Waxaana sidoo kale la faah-faahinayaa tarjumidda iyo macnaha *labada waji* ee shabakadahaa, kuwaa oo la kala yiraahdo "*Frontend*" iyo "*Backend*", iyo qaababka ay isugu xiran yihiin labadaa waji. Waxaa kaddib loo sii gudbayaa tarjumidda iyo macnaha erayo la xarira adeegsiga *qadka internet*-ka ee dhinacyada *waxbarashada*, *tacliinta*, iyo *ganacsiga*.

Saddex iyo tobanka eray ee unuggaan waxay kala yihiin una kala horeeyaan habka ku xusan aruurkaan hoose

KALA HOREYNTA ERAYADA UNUGGA 12aad & BOGAGGA AY KU XUSAN YIHIIN

ISKU-XIGGA ERAYADA UNUGGA	ERAYGA	KA EEG BOGGA
1	Cookie	72
2	Interface	149
3	Front-end	124
4	Backend	47
5	Graphical User Interface	127
6	End User	111
7	Online	180
8	Online Education	181
9	Online Learning	182
10	Post (Online)	192
11	Remote Education	200
12	Remote Learning	201
13	E-Commerce	109

Markii la dhamaystiro unuggaan, waxaa si buuxda loo fahmayaa:

- Tarjumidda, macnaha, iyo faah-faahino la xariira wajiyada kala duwan ee *shabakadaha internet*-ka, sida *Interface, Frontend, Backend*, iyo qaybaha la xariira
- Tarjumidda, macnaha, iyo faah-faahino la xariira adeegsadaha loogu talagalo barnaamijyada kombiyuutar ee loo yaqaano "*End user*"
- Tarjumidda, macnaha, iyo faah-faahino la xariira erayada quseeya adeegsiga *qadka internet*-ka ee dhinaca *tacliinta, waxbarashada*, iyo soo-dhigidda fariimaha ee dhinaca qad-ka
- Tarjumidda, macnaha, iyo faah-faahino la xariira farqiga u dhaxeeya erayada "*Online*" iyo "*Remote*" ee khaas ahaan dhinacyada *waxbarashada* iyo *tacliinta qad*-ka iyo sidoo kale erayada lagu lamaaniyo, iyo
- Ugu dambayn, tarjumidda, macnaha, iyo faah-faahino quseeya hababka ganacsi looga fuliyo *internet*-ka

Faah-faahinta Erayada Unugga Saddex iyo Tobanaad

Waxaa unuggaan marka hore lagu soo bandhigayaa tarjumidda iyo macnaha erayo quseeya habka ay adeegsadayaasha aaladaha elektaroonikada (*Electronic equipment users*) u adeegsadaan xubno ka mid ah jirkooda si ay u *guda-galaan* ama *furtaan* aaladahaa, nidaamkaa ee loo yaqaano "*Biometric identification*". Waxaa kale la soo bandhigayaa tarjumidda iyo macnaha erayga "*Digital*"-ka iyo tiro erayo muhiim ah ee lagu lamaaniyo eraygaa. Waxaa ugu dambayn la soo bandhigayaa tarjumidda, macnaha, iyo farqiga u dhaxeeya tiro erayo ah ee la xariira *amniga, ilaalinta, iyo adeegsiga internet*-ka (*Internet security*) iyo *xogta* ku keydsan, sida erayada "*Cybercriminal*", "*Hacker*", "*Cyberattack*", "*Cybersecurity*", "*Cyberbullying*", iyo "*Cyberspace*"

Shan iyo tobanka eray ee unuggaan waxay kala yihiin una kala horeeyaan habka hoos ku xusan:

KALA HOREYNTA ERAYADA UNUGGA 13aad & BOGAGGA AY KU XUSAN YIHIIN

ISKU-XIGGA ERAYADA UNUGGA	ERAYGA	KA EEG BOGGA
1	Biometric	53
2	Digital	97
3	Digital Identity	102
4	Digital Literacy	103
5	Digital Divide	99
6	Digital Economy	100
7	Digital Footprints	101
8	Digital Citizen	98
9	Digital Nomad	104
10	Cybercriminal	79
11	Hacker	129
12	Cyberattack	77
13	Cybersecurity	80
14	Cyberbullying	78
15	Cyberspace	81

Markii la dhamaystiro unuggaan, waxaa si buuxda loo fahmayaa:

- Tarjumidda, macnaha, iyo faah-faahino erayada la xariira hab ka mid ah hababka loo hirgaliyo *aqoonsiga shaqsiga* iyadoo la adeegsanayo aalado *elektaroonik* ah iyo *xogta* sida dabiiciga ah Ilaahey ugu keydiyey jirka aadanaha (*Biometric data*).
- Tarjumidda, macnaha, iyo faah-faahino dheeri ah ee la xariira erayga "*Digital*" ee ah eray sal u ah fahamka habka ay kombiyuutarada u shaqeeyaan iyo sidoo kale tiro erayo ah ee lagu lamaaniyo eraygaa sida "*Digital identity*", "*Digital literacy*", "*Digital divide*", iwm, iyo
- Ugu dambayn, tarjumidda, macnaha, iyo faah-faahino erayo la xariira amniga, adeegsida, iyo adeegsadaha internet-ka sida "*Cybercriminal*", "*Hacker*", "*Cyberattack*", "*Cybersecurity*", "*Cyberbullying*", iyo "*Cyberspace*"

Faah-faahinta Erayada Unugga Afar iyo Tobanaad

Waxaa unuggaan lagu soo bandhigayaa tarjumidda iyo macnaha erayada quseeya habka aqoonta goobaha shaqo *loo keydiyo, loona maamulo*, iyo sidoo kale erayo la xariira adeegsiga *aqoonta* ku keydsan *maskaxda bani'aadamka* iyo *caqliga macmalka* (*Intellectual property* iyo *Artificial intelligence*). Waxaa sidoo kale la tarjumayaa lana fasirayaa erayada loo adeegsado *qiimaynta* iyo *cabbiridda* hawlaha iyo adeegyada goobaha shaqo (*Baseline* & *metrics*). Waxaa kalee unuggaan lagu qeexayaa, laguna faah-faahinayaa erayga "*Brain drain*". Waxaa ugu dambayn la soo bandhigayaa erayada quseeya habka loo qiimeeyo qatarta la xariirta *ciladaha* qabsan kara "*Data*"-da ku keydsan "*Database*"-yada, iyo habka daatadaa loo soo celiyo markii ay *musiibooyin* qabsadaan goobaha ay ku keydsan yihiin.

Afar iyo tobanka eray ee unuggaan waxay kala yihiin una kala horeeyaan habka hoos ku xusan:

KALA HOREYNTA ERAYADA UNUGGA 14aad & BOGAGGA AY KU XUSAN YIHIIN

ISKU-XIGGA ERAYADA UNUGGA	ERAYGA	KA EEG BOGGA
1	Knowledge Base	155
2	Knowledge Management	156
3	Brain Drain	57
4	Intellectual Property	148
5	Artificial Intelligence	45
6	Baseline	50
7	Metrics	169
8	Abstract	39
9	Metadata	168
10	Risk Assessment	202
11	Risk Management	203
12	Incident	143
13	Incident Management	144
14	Disaster Recovery	105

Markii la dhamaystiro unuggaan, waxaa si buuxda loo fahmayaa:

- Tarjumidda, macnaha, iyo faah-faahino la xariira "*Brain drain, Intellectual property, Knowledge management, iyo Artificial intelligence*"
- Tarjumidda, macnaha, iyo faah-faahino quseeya erayada la xariira habka loo *cabbiro hawlaha* iyo *adeegyada*, iyo sidoo kale ciladaha ku dhici kara "*Data*"-da
- Tarjumidda, macnaha, iyo faah-faahino la xariira erayga "*Abstract*" oo ah eray dowr weyn ku leh fahamka buuxa iyo adeegsida daatada ku keydsan kombiyuutarada iyo
- Tarjumidda, macnaha, iyo faah-faahino la xariira erayo quseeya *musiibooyinka* qabsada *daatada* ku keydsan kombiyuutarada ee ciladayn kara hantida iyo adeegyada goobaha shaqo, iyo hababka *daatada loo soo celiyo* markii ay *musiibooyinkaa* dhacaan.

Faah-faahinta Erayada Unugga Shan iyo Tobanaad

Waxaa unuggaan lagu guda galayaa *macnaha* iyo *tarjumidda* erayada quseeya *qorista barnaamijyada* kombiyuutar, iyo noocyada iyo hababka kala duwan ay u shaqeeyaan *barnaamijyadaa*. Waxaa kalee la soo bandhigayaa talaabooyinka aasaaska u ah *diyaarinta* iyo *qoridda barnaamijyada kombiyuutar*. Waxaana ugu dambayn la sii guda-galayaa qaybaha kala duwan ee *barnaamijyada kombiyuutar*, hababka *loo socodsiiyo* (*How to run computer programs*), iyo hababka *loo farsameeyo* ama *loo kabo* (*Patching*).

Saddex iyo tobanka eray ee unuggaan waxay kala yihiin una kala horeeyaan habka hoos ku xusan:

KALA HOREYNTA ERAYADA UNUGGA 15aad & BOGAGGA AY KU XUSAN YIHIIN

ISKU-XIGGA ERAYADA UNUGGA	ERAYGA	KA EEG BOGGA
1	Variable	242
2	Algorithm	42
3	Flowchart	117
4	High Level Language	136
5	Low Level Language	162
6	Syntax	225
7	Source Code	220
8	Interpreter	151
9	Compiler	66
10	Running A Program	206
11	Runtime	207
12	Runtime Error	208
13	Patch	189

Markii la dhamaystiro unuggaan, waxaa si buuxda loo fahmayaa:

- Tarjumidda, macnaha, iyo faah-faahino la xariira habka daatada barnaamijyada kombiyuutar loogu keydiyo goobta xasuusta (*Computer memory*), iyo nidaamyada salka u ah diyaarinta iyo qoridda barnaamijyada kombiyuutar (*Algorithm and flowcharts*)
- Tarjumidda, macnaha, iyo faah-faahino la xariira noocyada kala duwan ee *luqadaha kombiyuutar* (*High Level Language and Low Level Language*)
- Tarjumidda, macnaha, iyo faah-faahino quseeya qaababka loo *socod-siiyo barnaamijyada* kombiyuutar (*Run computer programs*), talaabooyinka la xariira iyo ciladaha kala duwan ee lala kulmo iyo
- Ugu dambayn, tarjumidda, macnaha, iyo faah-faahino la xariira sababta iyo hababka *loo kabo* ama *loo farsameeyo* barnaamijyada kombiyuutar (*Patching computer programs*)

Faah-faahinta Erayada Unugga Lix iyo Tobanaad

Unuggaan, ee ah unugga ugu dambeeya ee buuggaan, waxaa lagu soo bandhigayaa *macnaha* iyo *tarjumidda* erayo kala duwan ee la xariira nooca barnaamij ee loo yaqaano *"Open-Source Software"*, tijaabada barnaamijyada kombiyuutar, noocyada kala duwan ee adeegsadayaasha barnaamijyadaa iyo sidoo kale bakhaarada daatada lagu keydiyo. Waxaa kalee la soo bandhigayaa macnaha iyo tarjumidda erayo qeexa habka loo hirgaliyo sawirada ka soo muuqda shaashadaha kombiyuutar (*"Sketches"*, *"Pixel"*, *"Computer graphics"*), iyo tarjumidda iyo macnaha erayga *"GPS"* ee maanta loo adeegsado.

Waxaa kalee la faah-faahinayaa *"Data"*-da lagu soo yaaciyo kombiyuutarada ee loo yaqaano *"Spam"*, hababka ay aaladaha elektaroonikada ah wax u bartaan (*Machine Learning*), faah-faahino quseeya adeegsadayaasha *ku cusub* iyo kuwa *xariifka ku ah* adeegsiga kombiyuutarada, iyo ugu dambayn *akoontiyada* adeegsadayaasha is-qariya ee loo yaqaano *"Burner accounts"*.

Saddex iyo tobanka eray ee unuggaan waxay kala yihiin una kala horeeyaan habka hoos ku xusan:

KALA HOREYNTA ERAYADA UNUGGA 16aad & BOGAGGA AY KU XUSAN YIHIIN

ISKU-XIGGA ERAYADA UNUGGA	ERAYGA	KA EEG BOGGA
1	Open-Source Software	183
2	Software Tester	219
3	Load Testing	158
4	Data Warehouse	92
5	Tech-savvy	228
6	Newbie	178
7	Pixel	191
8	Sketch	216
9	Graphics	128
10	Machine Learning	163
11	GPS	126
12	Spam	221
13	Burner Account	58

Markii la dhamaystiro unuggaan, waxaa si buuxda loo fahmayaa:

- Tarjumidda, macnaha, iyo faah-faahino la xariira barnaamijyada kombiyuutar ee lagu tilmaamo *"Open-Source Software"*, iyo *xirfadleeyda tijaabisa* barnaamijyada kombiyuutar, iwm
- Tarjumidda, macnaha, iyo faah-faahinta erayo ay ka mid yihiin *"Pixel"*, *"Newbie"*, *"Tech-savvy"*, *"GPS"*, *"Machine Learning"*, iyo *"Data Warehouse"* ee dowr ku leh fahamka teknolojiyada cusub
- Tarjumidda, macnaha, iyo faah-faahino quseeya erayada tilmaama farsamada salka u ah diyaarinta *"Computer graphics"* iyo ugu dambayn
- Tarjumidda, macnaha, iyo faah-faahinta erayo la xariira *fariimaha* kombiyuutarada lagu soo *yaaciyo*, ee loo yaqaan *"Spam"*, iyo sidoo kale adeegsadayaasha *is-qariya*, iwm

BOG-DHIGGA ERAYADA TEKNOLOJI

Waxaa qaybtaan ka bilaabanaysa bandhigga bog-dhigga erayada teknoloji, oo ah nuxurka buuggaan. Sida hore loo soo xusay, **bog-dhiggu** waa hab erayada loogu soo bandhigayo **bog-bog**. Waxaana bog-dhiggaa sal u ah erayga la tarjumayo ee lagu xusayaa **cinwaanka bog-dhigga**. Cinwaanka ka sakoow, waxaa bog-dhigga lagu soo bandhigayaa faah-faahinta shantii gees ee qaab-dhismeedka **xiddigga 5-geesoodka**, kuwaa oo u habaysan **cinwaan-hoosaadyo** kala ah:

1) U tarjumidda *Luqadda Hooyo* erayga ku xusan cinwaanka bog-dhigga (*Geeska 1aad*)

2) Macnaha erayga ku xusan cinwaanka bog-dhigga ee ku faah-faahsan *Luqadda Hooyo* (*Geeska 2aad*)

3) Macnaha eraygaa ku xusan cinwaanka bog-dhigga ee ku faah-faahsan *Luqadda Qalaad* (*Geeska 3aad*)

4) Tusaalooyin iyo farsawiro (*Sketches*) la xariira erayga ku xusan cinwaanka bog-dhigga kuna bandhigan *Luqadda Hooyo (Geeska 4aad)*, iyo ugu dambayn

5) Faah-faahin dheeri ah ee eraygaa (*Geeska 5aad*), kuna faah-faahsan *Luqadda Hooyo*

Sida hore loo soo xusay, tirada erayada loo soo bandhigayo bog-dhig ahaan waa **217 eray**. Waxayna kala horeynta *bog-dhigyadaa* ku saleeysan yihiin nidaamka ALIFBA'da, ee xarfaha Laatiinka. Sidaa awgeed, erayga 1aad ee lagu soo bandhigayo *bog-dhig koowaad* waa erayga "**Abstract**", halka erayga ugu dambeeyana uu yahay "**World Wide Web**".

Waxaa bogga soo socda ka bilaabanaya *bog-dhigga erayada teknoloji*.

ABSTRACT

ENGLISH	SOOMAALI
Abstract ➜	Maanjiraal

MACNAHA ERAYGA EE LUQADDA SOOMAALIGA:

Dhinaca teknolojiyada, **maanjiraal** waa eray tilmaamaya *shay* ama *xaalad* ka jirta **maskaxda**, hasa-yeeshee, aan lahayn jismi muuqda ama jiritaan **la-taabtaan** ah (*No physical existence*)

MEANING IN ENGLISH (*Macnaha Erayga ee Luqadda Qalaad*):

In technology, **abstract** is a word that refers *thing* or *situation* that **exists** in the **mind** but does **not have physical** existences

TUSAALE (*Example*):

Waxaa farsawirka hoose ka muuqda afar tusaale ee wada tilmaamaya arrimo ka mid ah nolol-maalmeedkeena, hasa-yeeshee, wada ah **fikrado maskaxeed** (*Mental concepts*). Arrimaha ay tilmaamayaan afartaa eray waa arrimo aan lahayn wax **jismi ah** (*Not a physical entity*) oo **la taaban karo**, isla markaana aan lahayn wax **muuqaal** ah oo isha lagu arki karo (*Not visible with the eyes*). Hasa-yeeshee, waa arrimo u wada jira maskaxiyan. Waxaa arrimahaa lagu qeexaa "*maanjiraal*" (*Abstract*).

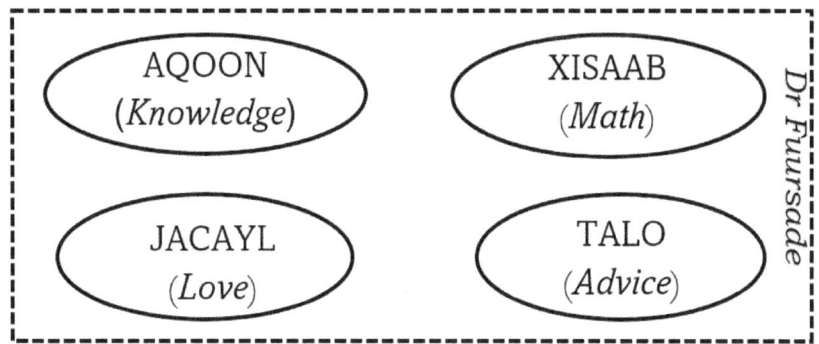

FAAH-FAAHIN DHEERI AH (*Further details*):

Fikir kasta ay bani'aadamka hirgalinayaan waxaa marka hore laga bilaabaa ama lagu dhisaa **maskaxda**. Si loo hirgaliyo fikirkaa, waxaa la dejiyaa qorsho, kuwaasoo ah talaabooyin la qeexo si loo fuliyo hawlaha la xariira. Fikirkaa iyo qorshahaa waa tusaalooyin muujinaya arrimaha lagu tilmaamo **maanjiraal** (*Arrimo ka jira maanka keliya, laakiin, aan lahayn jismi la taabtaan ah ama indhaha lagu arki karo*).

Dhinaca teknolojiyadu, **maanjiraalnimadu** (*Abstraction*) waa talaabo laga maarmaan u ah shay kasta ee la doonaayo in la **naqshadeeyo** ama **la sanceeyo**. Waana in marka hore maskax-ahaan loo naqshadeeyo *qaabka* iyo *muuqaalka* uu yeelan doono shaygaa iyo habka uu u shaqayn doono, kaddibna la sanceeyo iyadoo la adeegsanayo naqshaddaa. Tusaale ahaan, *kombiyuutarka* ama *telefoonka* aad adeegsatid, intii aan la farsamayn, waxaa marka hore la fuliyey *daraasado, cilmibaarisyo, iyo qorsho*, kaddibna waa la *naqshadeeyey*. Iyadoo la adeegsanayo *naqshaddaa* ayaa la *farsameeyey* kombiyuutarkaa. Waxaana *daraasadahaa, cilmibaarisyadaa, qorshahaa iyo naqshadayntaa* fududeeyey sifooyinka la xariira **maanjiraalnimada** (*Abstraction*).

ACCESS CODE

ENGLISH	SOOMAALI
Access Code ➔	Koodka Oggolaashaha

MACNAHA ERAYGA EE LUQADDA SOOMAALIGA:

Koodka oggolaashaha waa tixane *nambaro* ama *nambaro* iyo *xarfo* isku dhafan ee loo adeegsado **si loo helo fasaxa ku xirmidda** qalab elektaroonik ah ama **gelidda** goob **xaddidan**

MEANING IN ENGLISH (*Macnaha Erayga ee Luqadda Qalaad*):

An **access code** is a series of *numbers* or combination of *numbers* and *letters* used to gain **access** into an electronic device or a **restricted** area

TUSAALE (*Example*):

Waxaa farsawirka hoose ka muuqda tusaale goob **geliddeedu xaddidan** tahay (*Restricted Access*) oo loo baahan yahay **fasax oggolaasho** (*Access code*) si loo galo. Waxaana albaabka goobtaa ku rakiban qalab elektaroonik ah ee loo adeegsado furidda albaabka. Shaqsi kasta ee raba in uu galo goobtaa waa in uu haystaa **koodka oggolaashaha** (*Access code*), uuna geliyaa koodkaa **qalabka** (*Device*) ku rakiban albaabka. **Shaqsigu** uma baahna in uu leeyahay **magac adeegsade** (*Username*), sida kombiyuutarada oo kale. Waxa kaliya ee loo bahaan yahay waa **koodka oggolaashaha** ee hore loo siiyey. Dhinaca kale, haddii uu shaqsiga qaldo **koodka oggolaashaha** caadiyan **saddex jeer** ee isku xigta markuu gelinayo koodkaa, qalabku badiba wuu **is-xiraa**. Kaddibna, waa in uu shaqsigaa la xariiraa xafiiska maamuula **koodadka** si markale loogu fasaxo

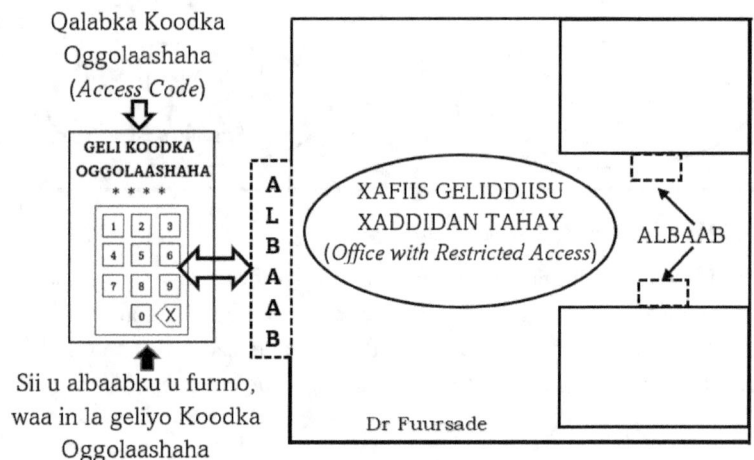

FAAH-FAAHIN DHEERI AH (*Further details*):

Koodka oggolaashaha (*Access code*) waa tiro **nambaro ah** ee caadiyan u dhaxeeya **4** ilaa **8** (Ama *nambaro* iyo *xarfo isku dhafan*). Wuxuuna koodkaa u taagan yihiin **furihii birta** ahaa ee loo adeegsan jiray furidda albaabada. Waxaana sidoo kale **koodka oggolaashaha** aad looga adeegsadaa, tusaale ahaan, ku xirmidda aaladaha elektaroonikada (*Electronic devices*), sida **telefoonka casriga**, **iPads**-ka, iwm. Waxaa kalee koodkaa loo adeegsadaa ku xirmidda *akoontiyada bangiyada* iyo *gelidda xafiisyo gaar ah*. Waxaana mararkaa **koodkaa** loo yaqaana **PIN** oo u taagan "*Personal Identification Number*".

ADDRESS BAR

ENGLISH   **SOOMAALI**

Address Bar ➔ Looxa Cinwaanka

MACNAHA ERAYGA EE LUQADDA SOOMAALIGA:

Looxa cinwaanka (*Address bar*) waa **loox** ku rakiban goobta sare ee **dulmaraha weebka** (*Web browser*) kaasoo tilmaamaya **cinwaanka** bogga weebka (*Address of the Web page*) markaa la eegayo

MEANING IN ENGLISH (*Macnaha Erayga ee Luqadda Qalaad*):

Address bar refers to the bar on the top section in a **web browser** that identifies the **address** of the web page that is currently being viewed

TUSAALE (*Example*):

Farsawirka hoose waxaa ka muuqda bogga weebka **Jaamacadda Ummadda Soomaaliyeed** (*Web Page of the Somali National University*). Waxanaa qaybtaa sare, ee lagu magaacaabo "**Looxa Cinwaanka**" (*Address Bar*), ka muuqda ciwaanka **bogga hooyga** (*Home page*) ee Jaamacadda Ummadda Soomaaliyeed. Wuxuuna adeegsadaha (*User*) goobtaa uga sii gudbi kara **bogagga** kala duwan ee uu ka kooban yahay **goobta weebka** (*Website*) Jaamacadda Ummadda Soomaaliyeed (*Somali National University Website*)

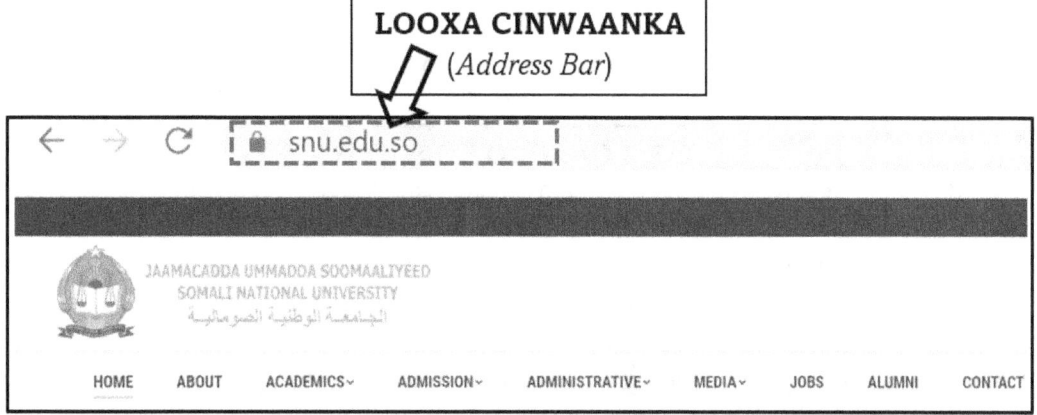

FAAH-FAAHIN DHEERI AH (*Further details*):

Looxa cinwaanka (*Address bar*) waa qayb ka mid ah **dulmaraha weebka** (*Web browsers*) ee lagu qoro **cinwaanka** bogga weebka uu adeegsadaha markaa doonaya in uu dulmaro. Wuxuu kalee looxaa muujiyaa **cinwaanka goobta weebka** (*Address of web sites*) ee markaa la joogo. Goobtaa waxaa kalee lagu tilmaamaa **URL** (*Uniform Resource Locator*).

Cinwaanka lagu qoraya **looxaa** waa in uu noqdaa *cinwaan jira* ee sax ah. Haddii uu cinwankaa qalad noqdo, waxaa soo qormaysa fariinta ah:

"**THE SITE CAN'T BE REACHED**" oo macnaheedu yahay:

"*Goobtaa lama tagi karo*"

ALGORITHM

ENGLISH	SOOMAALI
Algorithm ➔	Habxal

MACNAHA ERAYGA EE LUQADDA SOOMAALIGA:

Habxalku (*Agoritbm*) waa tiro fariimo ama talaabooyin ah ee loo adeegsado xalinta **mas'alo** (*Problem*) ama fulinta **hawl**. Kombiyuutarada iyo barnaamijyada kombiyuutar waxay adeegsadaan **habxaladaa** si ay u fuliyaan hawlahooda

MEANING IN ENGLISH (*Macnaha Erayga ee Luqadda Qalaad*):

An **algorithm** is a set of instructions or steps for solving a problem or accomplishing a task. Computers and computer programs use **algorithms** to perform their tasks

TUSAALE (*Example*):

Lixda talaabo ee ka muuqda farsawirka hoose waa **tusaale habxal** (*Example of an algoritm*) loo soo bandhigay *si muuqaal ah*, lana xariira diyaarinta **2 koob** oo **shaah** ah (*Tusaalahaan wuxuu kuu muujini in habxaladu aan loo adeegsanin kombiyuutarada keliya*).

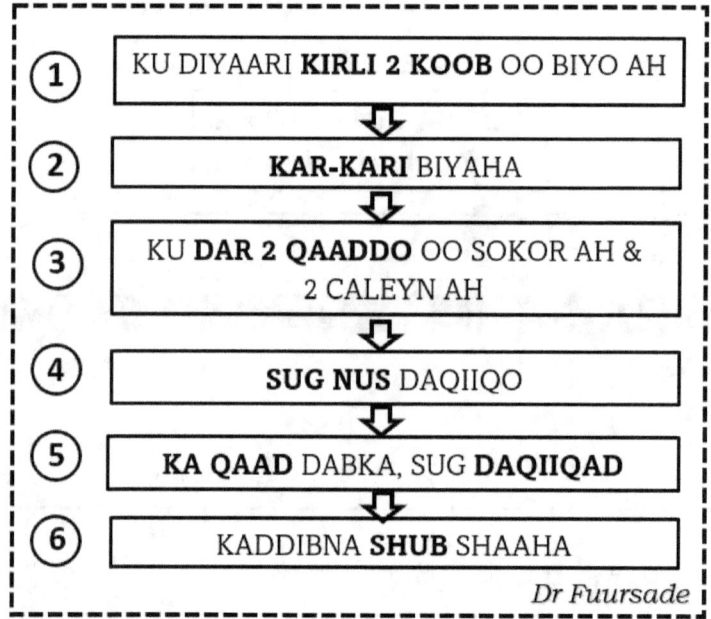

FAAH-FAAHIN DHEERI AH (*Further details*):

Habxaladu waxay ka mid yihiin talaabooyinka ay bani'aadamka adeegsadaan markii ay arrin xalinayaan ama fulinayaan. Dhinaca **kombiyuutarada**, tusaalooyin ku saleeysan adeegsiga **habxalada** waxaa ka mid ah:

a) Habka uu **Matoorka Xog-baarista ee Guugul** (*Google search engine*) u baaro xogta
b) Talaabooyinka uu **telefoonka casriga** adeegsado markii la baarayo magac keydsan
c) Talaabooyinka uu **kombiyuutarka** raacayo markaa uu *kacayo* (*When booting*) ama *damayo* (*When shutting down*), iwm.

ANTIVIRUS

ENGLISH	**SOOMAALI**
Antivirus ➔	Cudur-dile

MACNAHA ERAYGA EE LUQADDA SOOMAALIGA:

Dhinaca kombiyuutarada, **cudur-dile** waa **barnaamij kombiyuutar** (Ama *softaweer*) ee si gaar ah loogu naqshadeeyey *baaridda, ogaaanshaha jiritaanka*, iyo *ciribtirka* **cudurada** ku dhaca kombiyuutarada

MEANING IN ENGLISH (*Macnaha Erayga ee Luqadda Qalaad*):

In computers, **antivirus** is a **computer program** designed specifically to *search*, *detect*, and *destroy* computer viruses

TUSAALE (*Example*):

Waxaa qaybtaan hoose ku bandhigan farsawir si muqaal ah u muujinaya tiro ka mid ah hababka lagu dareemo jiritaanka faayruusyada

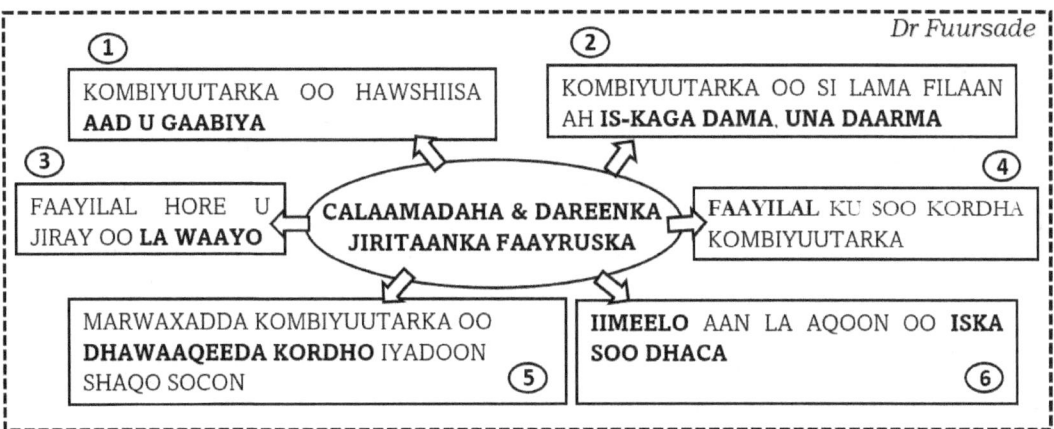

FAAH-FAAHIN DHEERI AH (*Further details*):

Fayruusyada kombiyuutar (*Computer viruses*) waa barnaamijyo kombiyuutar ee *dhib u geysta* aaladaha elektaroonikada. Waxayna u naqshadaysan yihiin in ay wax ka beddelaan qaabka ay u shaqeeyaan aaladahaa iyo in ay sii faafiyaan cuduro iyo dhibaatooyin ku lamaanan.

Dhinaca kale, **cudur-dile** (*Anti-virus*) iyaguna waa barnaamijyo kombiyuutar ee loo naqshadeeyo ka hor tagga cudurada ku faafa kombiyuutarada, loona baahan yahay in lagu duubo kombiyuutar kasta. Waana in ay **barnaamijyadaa** mar walba noqdaan kuwa ugu dambeeya maaddaama ay cuduradu yihiin kuwa waqti walba cusub. Guud ahaan, barnaamijyada **cudur dilayaasha** (*Anti-virus programs*) ee soo jireenka ah, aadna loo adeegsado ilaa maanta, waxaa ka mid ah:

a) **Norton** iyo
b) **McAfee**

APPLICATION PROGRAM

ENGLISH	SOOMAALI
Application Program ➔	Barnaamij Hawlfuliye

1MACNAHA ERAYGA EE LUQADDA SOOMAALIGA:

Barnaamij hawlfuliye (*Application program*) waa **barnaamij kombiyuutar** ee loo adeegsado fulinta hawlo cayiman. Wuxuuna dul saaran yahay lana shaqeeyaa **Barnaamijka maamulaha** (*Operating system*) oo ah barnaamij haga hawlaha iyo hardaweerka kombiyuutarka (*Unugyada kombiyuutarka*)

MEANING IN ENGLISH (*Macnaha Erayga ee Luqadda Qalaad*):

An **application program** is a **computer program** designed to carry out specific tasks. It works on top of the **Operating system** (**OS**), which is a program used to manage computer tasks and the hardware too

TUSAALE (*Example*):

Waxaa farsawirka hoose ku bandhigan habka ay barnaamijyada hawlfuliyaasha (*Application Programs*) ula shaqeeyaan qaybaha kalee kombiyuutarka, iyo sida ay isugu xiran yihiin. Waxayna qaybahaa ay la shaqeeyaan ka mid ah: 1) *Barnaamijka maamulaha*, iyo 2) *Hardaweerka uu kombiyuutarka ka kooban yahay*

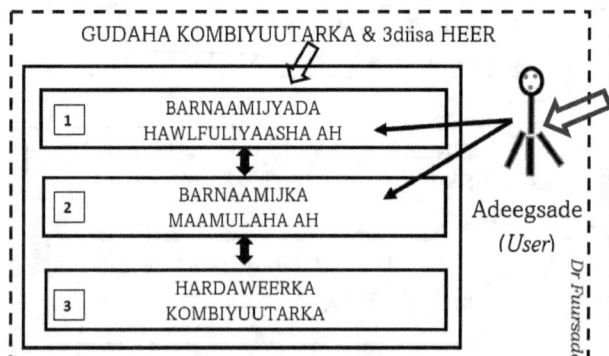

Adeegsadayaasha kombiyuutar, ee loo yaqaano *Users*, waxay badiba adeegsadaan barnaamijyada hawlfuliyaasha (*Application Programs*), halka maamulaha kombiyuutarka (*Computer Administarator*) uu badiba adeegsado barnaamijka maamulaha ah ee loo yaqaano *Operating System*

Liiska hoose waxaa ku xusan tusaale saddex ka mid ah **barnaamijyada hawlfuliyaasha** (*Application programs*) ee Shirkadda Microsoft ee maanta aad loo adeegsado, kuwaa oo kala ah:

1) **MS Word**: Barnaamij loogu tala galay maareynta *erayada, qoraalada, iyo dokumentiyada*
2) **MS Excel**: Barnaamij loogu tala galay **maareynta** *xisaabaadka*
3) **MS Access**: Barnaamij loogu tala galay **maareynta** xog-dhigyada (*Databasse*) iyo daatada (*Data*) ku keydsan gudaha xog-dhigyada

FAAH-FAAHIN DHEERI AH (*Further details*):

Qaab-dhismeed ahaan, waxaa guud ahaan kombiyuutarada loo qaybiyaa ilaa **3 qayb** ama **heer** oo is dul saaran. **Heerka ugu hooseeya** waa heerka *hardaweerka* ama *unugyada* uu kombiyuutarka jismi ahaan ka kooban yahay. **Heerka dhexe** waa goobta uu ku shaqeeyo *barnaamijka maamulaha* (*Operating System*), sida MS Windows, halka **heerka kore** uu yahay goobta ay barnaamijyada hawlfuliyaasha (*Application Programs*) iyo *adeegsadayaasha* (*Users*) ku shaqeeyaan. Waxaana farsawirka kore ka muuqda 3 tusaale ee *barnaamijyada hawlfuliyaasha* ee maanta aad loo adeegsado, kuwaa oo aan shaqayn karin la'aanta *barnaamijka maamulaha*, sida tusaale ahaan MS Windows, Unix, iwm.

ARTIFICIAL INTELLIGENCE

ENGLISH	SOOMAALI
Artificial Intelligence ➔	Caqliga Macmalka

MACNAHA ERAYGA EE LUQADDA SOOMAALIGA:

Caqliga macmalka waa *kartida kombiyuutar*, ama *roboot* uu kombiyuutar hagayo, ee loo naqshadeeyey fulinta *hawlo* ama *ficilo* caadiyan u baahan **caqli bani'aadam**

MEANING IN ENGLISH (*Macnaha Erayga ee Luqadda Qalaad*):

Artificial intelligence, or simply **AI**, is the *ability* of a *computer*, or a *robot* controlled by a computer, designed to perform *tasks* or *actions* that typically require **human intelligence**

TUSAALE (*Example*):

Farsawirka hoose wuxuu muujinayaa tusaale qalab uu ku rakiban yahay **caqli macmalka**, sida qalabka ku haga *gaadiidka* iyo *dadweynaha cinwaanada* ama *goobaha* ay doonayaan. Qalabkaa wuxuu u dhaqmayaa sidii shaqsi bani'aadam ah ee kugu hagaya cinwaanka goob, sida guri ama xafiis, laga codsaday. Waxaa kartidaa lagu tilmaamaa **caqliga macmalka** (*Artificial intelligence*)

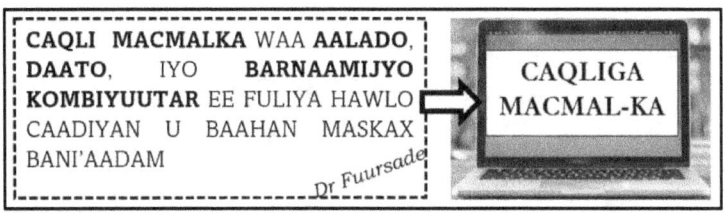

FAAH-FAAHIN DHEERI AH (*Further details*):

Caqliga macmalka wuxuu guud ahaan ka kooban yahay isku dhafka *habxalo* (*Algorithm*), *barnaamijyo kombiyuutar, iyo daato mug weyn*. Waxayna arrintaa aad u soo xoogaysatay waayahaan dambe. Waxaana sababay arrimo ay ka mid yihiin: a) Mugga daatada (*Data volume*) ay kombiyuutarada keydiyaan oo aad u korortay taa oo keentay awoodda in **xog waxtar leh** laga soo dhuuxo **daatadaa keydsan**, b) Horumar saa'id ah ee laga gaaray dhinaca **habxalada** (*Algorithm*), iyo c) **Quwadda** kombiyuutarada (*Computer power*) ee sare martay. Arrimahaa waxay suura geliyeen in qalabyada ay ku rakiban yihiin **caqliga macmalka** ay wax ka bartaan **daatadaa** la keydiyey (*Machine learning*) oo ay hirgaliyaan tiro ka mid ah hawlaha ay caadiyan **maskax bani'aadam** fuliso.

Caqliga macmalka waxaa maanta aad looga adeegsadaa qaybo badan oo ay ka mid yihiin:

1) Isku rakibka **gabal-gabalka** qalabyada ee dhinaca warshadaha (*Assembling parts in factories*)
2) Bixinta **duruus** iyadoo ay jiraan macalimiin **robootyo** ama **kombiyuutaro** ah ee dadka wax bara, tusaale barashada *Luqadda Ingiriiska*
3) **Gudbinta fariimo** dadka ku haga *dariiqyada* iyo *cinwaanada* markii gaadiid la wado
4) **Qaybo bixiya talooyin** sida dhinaca caafimaad iyo tiro kale

F.G.: Waxaa **caqliga macmalka** ka sii cajiibsan *awoodda* hirgalisay *farsamadaa*, taa oo ah **maskaxda** Ilaahey ku rakibay bani'aadamka; waxaana dhab ah w*ax kasta u bani'aadam farsameeyo in ay ka cajiibsanaan karin maskaxdaa aliftay*, oo Ilaahey bani'aadamka ku deeqay.

AUTHENTICATION

ENGLISH	SOOMAALI
Authentication ➜	Xaqiijin

MACNAHA ERAYGA EE LUQADDA SOOMAALIGA:

Dhinaca kombiyuutarada, **xaqiijin** waa nidaamka lagu **xaqiijiyo** in adeegsade (*User*) uu yahay shaqsiga uu sheeganayo in uu run ahaantii yahay

MEANING IN ENGLISH (*Macnaha Erayga ee Luqadda Qalaad*):

In computers, **authentication** is the process of **verifying** whether a user is, in fact, who he/she claims to be

TUSAALE (*Example*):

Waxaa farsawirka (*Sketch*) hoose ka muuqda adeegsade (*User*) doonaya in uu kombiyuutar ku **xirmo** (*Login to a computer*). Kombiyuutarku ma oggolaanayo in lagu xirmo ilaa uu adeegsadahu ka **xaqiijiyo** in uu yahay adeegsadaha uu sheeganayo. Waxaa arrintaa lagu tilmaamaa **nidaamka xaqiijinta** (*Authentication process*); wuxuuna caadiyan nidaamkaa ku saleeysan yahay, sida ku xusan farsawirka hoose, labada talaabo ee kala ah: 1) *Codsi* iyo 2) *Jawaab*.

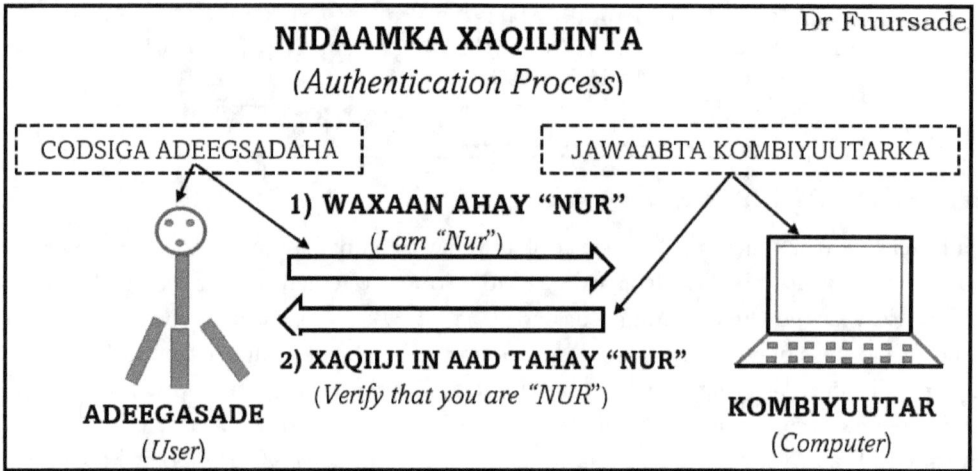

FAAH-FAAHIN DHEERI AH (*Further details*):

Xaqiijin (*Authentication*) waa nidaam lagu hubinayo in **adeegsade** (*User*) ku xirmayo aalad elektaroonik ah uu yahay shaqsiga uu **sheeganayo** in uu yahay. Wuxuu **adeegsadaha** marka hore aaladdaa u gudbinaya **magaciisa** (*Username*). Gudbinta magacaa kaddib, wuxuu **kombiyuutarka** mar kale ka codsani adeegsadaha in uu **xaqiijiyo** in uu yahay adeegsadaha uu sheegaanayo in uu yahay. Waxaana jira nidaamyo badan ee loo adeegsado xaqiijintaa oo ay ka mid yihiin:

1) **Gudbinta fure** (*Provide a password*) oo ah *xarfo* iyo *nambaro* uu shaqsiga ku qoraya kiiboorka ama
2) Adeegsiga nidaamka "**Xog-dhalyada**" (*Biometric system*) oo uu adeegsadaha gudbinaya **xog** la xariirta *qaab-dhismeedka* qayb ka mid ah jirka *sida sawirka far ka mid ah faraha gacanta, sawirka shanta farood, sawirka wajiga, nooca baraha indhaha,* iwm

BACKEND

ENGLISH	SOOMAALI
Backend ➔	Wajiga Dambe

MACNAHA ERAYGA EE LUQADDA SOOMAALIGA:

Wajiga dambe (*Backend*) waa eray guud ee tilmaamaya goobta ay **xog-dhigyada** (*Databases*) iyo **barnaamijyada** la xariira ay kaga keydsan yihiin **shabakadaha** kombiyuutarada (*Computer networks*) ama **internet**-ka

MEANING IN ENGLISH (*Macnaha Erayga ee Luqadda Qalaad*):

The **backend** is a general term used to describe the area where the **databases** and related **programs** reside within **computer network** or the **internet**

TUSAALE (*Example*):

Farsawirkaan hoose waxaa ku bandhigan qaabka ay u wada shaqeeyaan 3da qayb ee ugu muhiimsan oo ay *shabakadaha* ama *internet*-ka guud ahaan ka kooban yihiin, kuwaa oo kala ah: 1) **Adeegsadaha** (*User*) ama **Macaamilaha** (*Client*), 2) **Wajiga hore** (*Frontend*), iyo 3) **Wajiga dambe** (*Backend*)

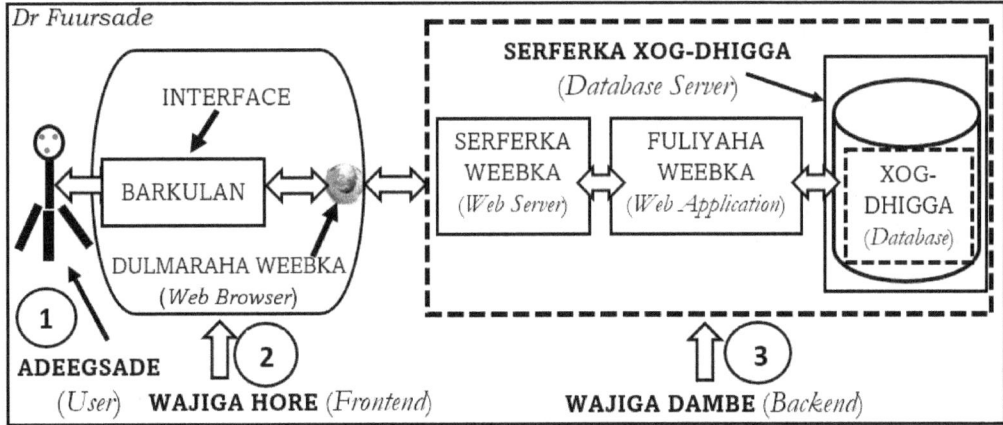

FAAH-FAAHIN DHEERI AH (*Further details*):

Wajiga dambe (*Backend*) waa hooyga **serferka weebka** (*Web servers*), **hawl-fuliyaha weebka** (*Web applications*), **serferka xog-dhigga** (*Database server*), iyo **xog-dhigyada** (*Databases*). Dhinaca kale, wajiga hore (*Frontend*) waa barkulanka (*Interface*) iyo dulmaraha weebka (*Web browsers*), sida tusaale ahaan *Google Chrome, Mozilla Firefox*, iwm.

Caadiyan adeegsadaha (*User*) lama yeelan karo xiriir toos ah **wajiga dambe**. Adeegsadahu wuxuu *codsiyada* ka gudbinayaa **barkulanka** (*Interface*). Markii la adeegsanayo qaab-dhismeedka farsawirka ku xusan, waxaa *codsiyada* sii gudbinaya **dulmaraha weebka** (*Web browser*) oo la xariiraya **serferka weebka** (*Web server*) kaa oo la sii xariiraya **hawl-fuliyaha weebka** (*Web application*), oo codsiyada u sii gudbinaya **serferka xog-dhigga** (*Database server*) oo hawsha ka fulinaya dhinaca **xog-dhigga**. Kaddibna waxay jawaabuhu ugu soo laabani adeegsadaha qaabka farsawirka ka muuqda. Qaab-dhismeedka waxaa lagu qeexaa **nidaamka 3da waji** (*Three tier-system*). **Barkulanka** iyo **dulmaraha weebka** waxay ka wada tirsan yihiin **wajiga hore** (*Frontend*), sida ku xusan farsawirka kore.

BACKUP

ENGLISH	SOOMAALI
Backup ➔	Baakab

MACNAHA ERAYGA EE LUQADDA SOOMAALIGA:

Dhinaca teknolojiyada dijitaalka, **baakab** (*Ama keyd-side*) waa **koobi daatada** ama **barnaamijyada** ku keydsan **kombiyuutar**

MEANING IN ENGLISH (*Macnaha Erayga ee Luqadda Qalaad*):

In digital technology, a **backup** is a **copy** of the **data** or **programs** stored in a **computer**

TUSAALE (*Example*):

Farsawirka hoose wuxuu muujinayaa tusaale baakab lagu samaynayo labo faayil ee ku keydsan **kombiyuutar** yaala **goob shaqo** (**Goobta A**), laguna soo keydinayo kombiyuutar yaala **goobta keydka** (**Goobta B**) ee loo yaqaano **Goobta Baakab**-ka (*Backup location*). Daatada asliga ah (*Original data*) ah ee labada **faayil** ee kala ah **Magac.doc** iyo **Mushaar.xlsx** waxay ku keydsan yihiin **kombiyuutarka Goobta A**. Waxaana koobiyo baakab ah ee faayilalkaa lagu keydiyey **kombiyuutarka Goobta B**. Hasa-yeeshee, haddii wax laga beddelo **faayilalka** ku keydsan goobta shaqo, waa in la sameeyo **baakab** kale si daatada cusub ugu keydsanaato goobta baakab-ka.

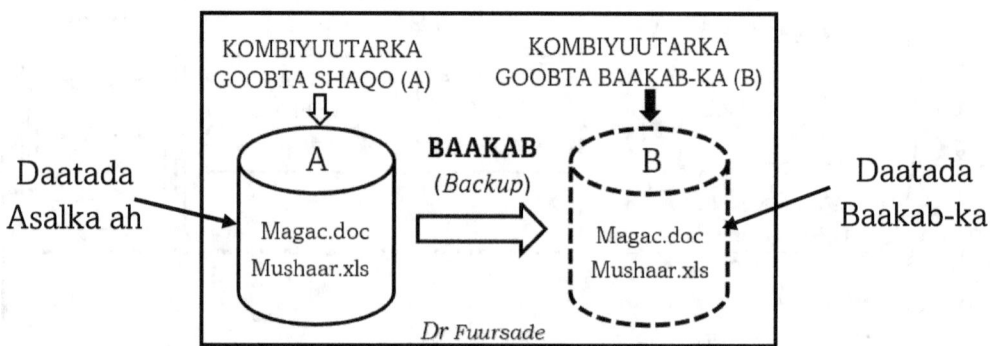

FAAH-FAAHIN DHEERI AH (*Further details*):

Hawsha **baakab-ka** waa hawl muhiim ka ah goobaha shaqo. Maaddaama ay **daatadu** tahay halboowlaha hawlaha goobaha shaqo, sida tusaale ahaan *bangiyada*, waa muhiim in si joogta ah **daatada** loogu keydiyo goob kale si loo haysto daato keyd ah, hawlahane curyaamin haddii daatada asalka ah ciladoowdo ama dhunto. Markii la naqshadaynayo **baakab**, waxaa la tixgaliyaa **tiro qodobo** ah ay sal u yihiin: **baaxadda** iyo **muuhiimadda** daatada asalka ah, **goobta** la dhigayo **baakab**-ka, *imisa jeer* ayaa la samaynayaa **baakab**-ka (*Daqiiqadle, saacadle, maalme, usbuucle, iwm*), **tiijaabo** ma lagu samaynayaa **baakab**-ka si loo hubiyo in uu shaqaynayo markii loo baahdo, iwm.

Sida la soo xusay, ujeeddada loo sameeyo **baakab-ka** waa ilaalinta in *daatada lagu shaqeeyo ay dhumin*. Haddii ay daatada asalka ah ciladoowdo, waxaa **daatada** dib looga soo celinayaa goobta **baakab**-ka. Dhinaca kale, kombiyuutarka *keydiya baakab-ka* wuxuu ku rakibnaan karaa *goobta shaqo* ama *goob ka fog*, inkastoo ay habboon tahay in uu ku rakiban yahay *goob fog*; sababtu waa haddii uu dhib ka dhaco *goobta shaqo*, sida dab, waa in ay arrintaa saamayn ku yeelan *daatada* iyo *kombiyuutarada baakab-ka*.

BANDWIDTH

ENGLISH	SOOMAALI
Bandwidth ➔	Mugballac

MACNAHA ERAYGA EE LUQADDA SOOMAALIGA:

Dhinaca maareynta daatada, **mugballac** waa **cabbirka caddadka daatada** ugu badan ee lagu gudbin karo **xarig**, **shabakad**, ama **internet**-ka muddo cayiman, sida *hal ilbiriqsi*.

MEANING IN ENGLISH (*Macnaha Erayga ee Luqadda Qalaad*):

In data management, **bandwidth** is the **measurement** of the maximum amount of **data** that can be transmitted over a **cable** or **network** or **internet** at a specified time, such as *one second*.

TUSAALE (*Example*):

Si loo fududeeyo fahamka **mugballaca** (*Bandwidth*), waxaa tusaale ahaan lagu soo bandhigayaa farsawirka (*Sketch*) hoose **labo xarig** (*Cables*) ay ku qulqulayaan *daato*. Sida ka muuqaata farsawirkaa, **Xarigga A** wuxuu qaadi karaa *laba jibbaar cabirka caddadka daatada* **Xarigga B**. Sidaa darteed, **Xarigga A** wuu ka **mugballac** (*Bandwidh*) weyn yahay **Xarigga B**

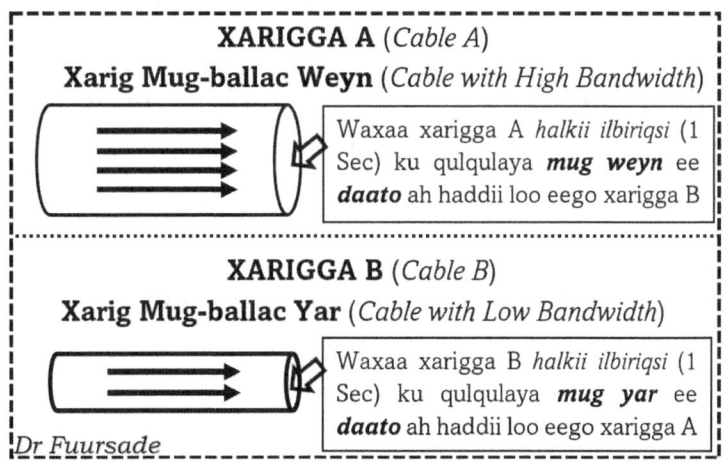

FAAH-FAAHIN DHEERI AH (*Further details*):

Shabakadaha **internet**-ka waxay soo bandhigaan **mugballaca** (*Bandwidth*) ay awoodda u leeyihiin in ay soo gudbiyaan. Waxaana **mugballacaa** lagu qeexaa cabbiro sida **megabyte/sec** ama **gigabyte/sec**. Tusale ahaan, cabbirka **1 megabyte/sec** wuxuu tilmaamayaa in uu gudbin karo qiyaas ahaan **mugballac** ah **1** (**hal**) **malyan** oo **byte** halkii **ilbiriqsi**. Macno ahaan, haddii shabakaddu **mugballaceedu** weyn yahay, waxaa daatada **internet**-ka looga soo degsan karaa ama loo gudbin karaa si dhaqso ah.

Laakiin, waxaa xusid mudan haddii *xitaa mugballaca goobtaada aad u weyn yahay*, in ay mararka qaarkood dhici karto in internet-ka goobtaada *xawligiisa gaabiyo* (*Low speed*), tusale ahaan markii qalab aad u fara badan ku xirmaan ama la soo degsanayo faayilal ay ku keydsan yihiin muuqaalo dhaadheer (*Huge video*). Sidaa darteed, waa muhiim in ay *adeegsadayaasha internet-ka* fahmaan *dowrka* iyo *cabbirka* mugballaca internet-ka ay ku xiran yihiin iyo sababaha keena in uu internet-kaada mararka qaarkood gaabiyo.

BASELINE

ENGLISH	SOOMAALI
Baseline ➔	Bar-hoosaad

MACNAHA ERAYGA EE LUQADDA SOOMAALIGA:

Bar-hoosaad (*Baseline*) waa **cabbir muuqda** ama xaalad **la cabbiri** karo ee loo adeegsado tilmaanta **bar** ay *arrimo* ama *hawlo* ka bilaabmaan, bar-bardhig ama qiimayn awgeed

MEANING IN ENGLISH (*Macnaha Erayga ee Luqadda Qalaad*):

A **baseline** is a visible **measure** or **measurable** condition which is used as a starting point for comparison or evaluation purposes

TUSAALE (*Example*):

Tusaale, shirkad iibisa kombiyuutarada ayaa qorshaynaysa **tirada** kombiyuutarada ay doonayso in ay iibiso sanadkaan cusub. Waxay shirkaddaa **go'aansatay** in **tirada guud** ee kombiyuutaradii ay **iibisay sanadkii hore**, ee ah tirada ka muuqata farsawirka hoose, u adeegsato **tirada** kombiyuutarada la doonayo in ugu yaraan la iibiyo sanadka cusub; sidaa darteed, tiradaa la xusay waxay tahay **bar-hoosaad** (*Baseline*) ama *barta la doonayo* in tirada sanadkaan ay ugu yaraan noqoto.

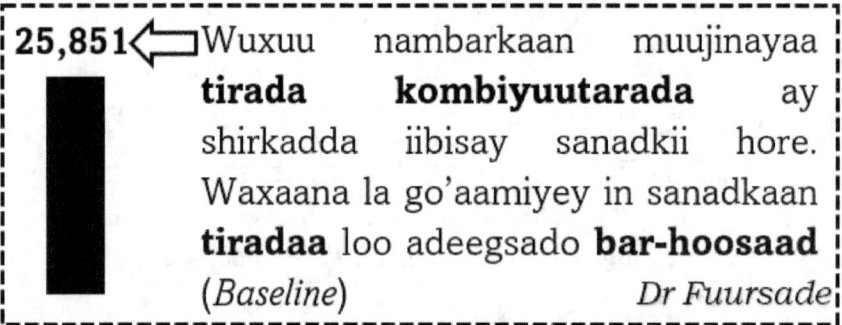

FAAH-FAAHIN DHEERI AH (*Further details*):

Bar-hoosaad (*Baseline*) waa **bar** tilmaamaysa tusaale ahaan **heerka** la doonayo in hawl cusub ee la rabo in la fuliyo ay ugu yaraan la mid noqoto ama ka bilaabato. Hasa-yeeshee, waa in ay *bartaa* ama *arrintaa* noqotaa mid la **cabbiri** karo ee muuqata. Waana arrin dowr weyn ku leh qorshaha iyo qiimaynta hawlaha markaa socda iyo kuwa la doonayo in la fuliyo waqtiyada dhow.

Guud-ahaan, **bar-hoosaadku** (*Baseline*) waa bar la cabbiri karo ee loo adeegsado bartilmaamidda ama ogaashaha heerka hawlaha la fuliyey ama la fulin doono, tusaale:

- *Heerka hawl, la doonayo in la fuliyo, ay ka bilaabato ama ugu yaraan la mid noqoto*
- *Qiyaasta heerka ay hawl maanta marayso*
- *Qiyaasta hawlaha la fuliyey iyo*
- *Qiyaasta hawlaha dhiman,*
- *iwm*

BIG DATA

ENGLISH	SOOMAALI
Big Data ➔	Daatada Mugga-Weyn

MACNAHA ERAYGA EE LUQADDA SOOMAALIGA:

Daatada mugga-weyn waa **daato aad u fara badan** ee ka kooban isku-dhafka **daato** *habaysan* iyo *daato aan habaysanayn* (*Structured and unstructured data*) lagana soo kala uruuriyey **goobo** kala duwan, **muggeeduna** si xawli ah u sii **kordhaya** maalinba maalinta ka sii dambaysa

MEANING IN ENGLISH (*Macnaha Erayga ee Luqadda Qalaad*):

Big data is a combination of **large amount** of *structured* and *unstructured* **data** collected from different **sources** which **grows** rapidly day by day

TUSAALE (*Example*):

Waxaa qaybta hoose ka bandhigan farsawir si guud u muujinaya tiro ka mid ah **sifooyinka** qeexa **daatada mugga weyn** (*Attributes of big data*):

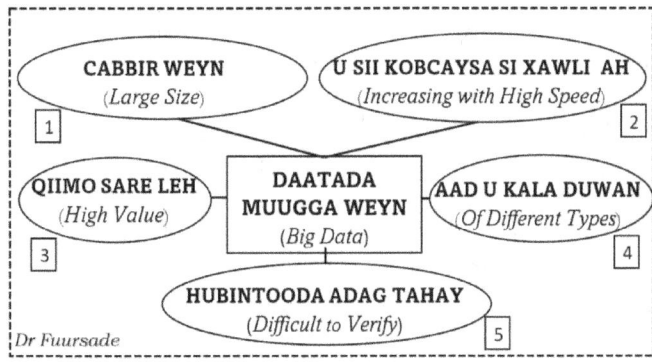

FAAH-FAAHIN DHEERI AH (*Further details*):

Tusaale ahaan, marka kasta aad ku xirantid **internet**-ka oo aad dulmartid goobaha kala duwan ee **internet**-ka ama markii aad **TV** daaratid, oo aad beddashid *kanaalka* TV-ga, waxaa lagaa uruurinaya **daato**. Waxaana daatadaa lagu keydiyaa kombiyuutaro gaar ah. Tusaalooyinkaa la soo xusay waa kuwa quseeya hal shaqsi keliya, waqti ahaana ah tiro daqiiqado kooban gudahood. Hasa-yeeshee, sidaa oo kale, in ka badan boqolaalo milyan oo macaamiil ah ayaa si joogtaysan looga uruuriyaa saacad iyo maalin walba daato la mid ah daatadaa la soo xusay, iyo daato noocyo kale ah. Isugeynta daatadaa waxaa lagu qeexaa **daatada mugga weyn**; waxaana uruuriya *barnaamijyo kombiyuutar ee khaas ah*.

Sanadihii *labada kun* ka hor waxaa daatada mugga weyn loo tixgalin jiray *cabbirka ah qiyaas ahaan 1 GB*; laakiin, waxaa maanta *daatada muugga* weyn lagu qiyaasaa *wixii ka weyn 1,024 terabytes ama 1 milyan oo GB*, taa oo muujini kororka cabbirka daatada caalamka. Cabbirkaana waa mid si xawli ah u sii kordhaya sanad walba. Waxaa **daatada mugga weyn** laga soo saaraa tusaale ahaan xog la xariirta *dabeecadaha macaamiisha, sida waxa ay iibsadaan, tirada iyo qiimahooda, waqtiyada iyo goobaha ay wax ka iibsadaan,* iwm. Xogtaa waa hanti qiima weyn leh ee kor loogu qaadi karo **tayada** iyo **dakhliga** ganacsiga. Waxaana **daatada mugga weyn** loo tixgeliyaa sida **badeeco** oo kale iyadoo laga sii iibiyo kooxo ama shirkado loo yaqaano **dilaalinta daatada** (*Data brokers*) ee ka dhaliya *faa'iido dhaqaale*.

BINARY

ENGLISH	SOOMAALI
Binary ➔	Labaale

MACNAHA ERAYGA EE LUQADDA SOOMAALIGA:

Labaale (*Binary*) waa nidaam xisaabeed **sal labood** ah (*Base 2*), oo ay kombiyuutarada adeegsadaan, kuna saleeysan **labo nambar** oo keliya ee kala ah: **eber** (0) iyo **hal** (1). Dhinaca kale, **nidaamka sal-tobanlaha** (*Decimal system*), ee aan caadiyan adeegsano, waxay ku saleeysan yihiin **10ka** nambar ee u dhaxeeya **0** ilaa **9**

MEANING IN ENGLISH (*Macnaha Erayga ee Luqadda Qalaad*):

Binary describes a numbering system, used by computers, which is based on **two digits**: 0 and 1. On the other hand, the **decimal system**, which are the numbers we normally use, are based on the **10** numbers between **0** and **9**

TUSAALE (*Example*):

Ka eeg aruurka hoose tusaalooyin muujinaya qaybo ka mid ah nidaamka **tobanlaha** (*Decimal*) iyo xarfaha **ALIFBA**'da ee loo wada rogay **nidaamka labaalaha** (*Binary*) oo ay kombiyuutarada adeegsadaan. Halkii nambar ee nidaamka tobanlaha, ama xarfaha ALIFBA, waxaa matala **8 nambar** ee dhinaca labaalaha kuwaa oo ka kooban isku dhafka **0** iyo **1**. Ka tixraac aruurka hoose u beddelka qaybo tirooyinka *sal-tobanlaha* ah iyo xarfaha **ALIFBA** ee loo rogay dhiggooda labaalaha.

NAMBARADA TOBANLAHA	DHIGOODA LABAALAHA	XARFAHA ALIFBA	DHIGOODA LABAALAHA
0	00000000	A	01000001
1	00000001	B	01000010
2	00000010	C	01000011
3	00000011	D	01000100
4	00000100	E	01000101
5	00000101	F	01000110
6	00000110	G	01000111
7	00000111	H	01001000
8	00001000	I	01001001
9	00001001	J	01001010
10	00001010	K	01001011

FAAH-FAAHIN DHEERI AH (*Further details*):

Si loogu rogo **xarfaha** iyo **nambarada**, ee aan adeegsano, nidaamka **labaalaha** wuxuu kombiyuutarka adeegsadaa **aalado** elektaroonik ah ee la yiraahdo "**Taraansistaris**". Farsawirka hoose wuxuu muujinayaa tusaale habka xarafka "A" loogu rogo nidaamka labaalaha. Sida ka muuqata aruurka kore, xarfka **A** wuxuu u dhigmaa dhinaca nidaamka **labaalaha** ah nambarka: **01000001** (*Binary number*). Si loogu rogo xarafka "**A**" nidaamka labaalaha ah, wuxuu kombiyuutarku adeegsani **8 taraansistar** (*Dhinaca taraansistarka, xarafka "0" waxaa u taagan OFF, xarafka "1" waxaa u taagan ON*). Wuxuuna farsawirka hoose muujinayaa taraansistaro **ON** iyo **OFF** ah oo matalaya xarafka **A** ama nambarka **01000001**. (*Taraansistarka 2aad iyo kan 8aad ee ugu dambeeya waa ON oo u taagan "1", halka taraansistarada kale ay wada yihiin OFF oo u taagan "0"*):

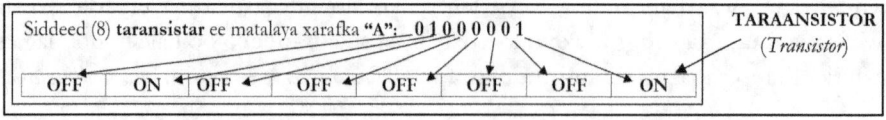

Bog-dhigga Erayada Teknoloji

BIOMETRICS

ENGLISH	SOOMAALI
Biometrics ➔	Xog-dhalyo

MACNAHA ERAYGA EE LUQADDA SOOMAALIGA:

Xog-dhalyadu waa xog si dabiici ah ugu keydsan jirka aadanaha loona adeegsan karo aqoonsiga shaqsiga; tusaalooyin xog-dhalyo waxaa ka mid ah xogta ku keydsan: *Sawirka faraha, qaab-dhismeedka wajiga, nooca iyo cabbirada baraha indhaha, nooca iyo hirarka dhawaaqa codadka*, iwm

MEANING IN ENGLISH (*Macnaha Erayga ee Luqadda Qalaad*):`

Biometrics refer to information that is naturally stored in human body that can be used to identify an individual. Examples of such information include: *Fingerprints, face structure recognition, iris scanning, voice recognition*, etc.

TUSAALE (*Example*):

Farsawirka hoose waxaa ku bandhigan tusaaloyin kala duwan ee ka mid ah **xog-dhalyada**. Waxaa xogtaa loo rogi kara daato dijitaal (*Digital data*) ee lagu keydiyo kombiyuutaro, kaddibna loo adeegsan karo aqoonsiga shaqsiga (*As Digital ID*)

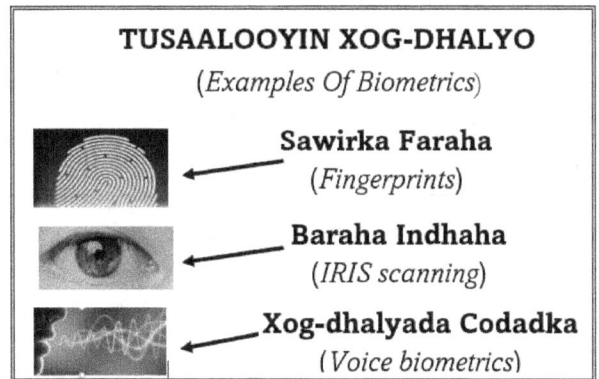

TUSAALOOYIN XOG-DHALYO
(*Examples Of Biometrics*)

- **Sawirka Faraha** (*Fingerprints*)
- **Baraha Indhaha** (*IRIS scanning*)
- **Xog-dhalyada Codadka** (*Voice biometrics*)

FAAH-FAAHIN DHEERI AH (*Further details*):

Xog-dhalyadu waa xog dabiici ah ee lagu aqoonsan karo shaqsiga, kuna keydsan qaybo ka mid ah jirka aadanaha, laguna keydin karo kombiyuutarada. Noocyo ka mid ah **xog-dhalyada** ee maanta aad loo adeegsado, ee si dabiici ah u bartilmaamta shaqsi kasta, waxaa ka mid ah:

1) **Sawirka faraha** (*Fingerprints*) ee ah noocyadii ugu horeeyey ee dhinaca **xog-dhalyada** ee la hirgaliyey, loona adeegsado aqoonsiga shaqsiyaadka; tusaale, adeegsiga dhinaca hawlaha *dambi baarista, furidda albaabada iyo kombiyuutarada*, iwm. Waana cabbir si gaar ah u muujinaya xariiqimaha kala duwan ee ka muuqda gudaha **faraha** iyo **calaacalaha** gacanta shaqsiga
2) **Nooca** iyo **cabbirka** baraha indhaha (*IRIS*) ee muujinaya *astaamaha* iyo *cabbirada* qaab-dhismeedka indhaha gudahooda iyo
3) **Nooca** iyo **cabbirka** mowjadaha hirarka dhawaqa codadka oo ah cabbiro hab dabiici ah u bartilmaamaya codka shaqsi kasta (*Voice recognition*)

BIT

ENGLISH		SOOMAALI
Bit	➔	Bit

MACNAHA ERAYGA EE LUQADDA SOOMAALIGA:

Bit waa cabbirka ugu yar ay aaladaha **elektaroonikada** ah, sida kombiyuutarada, u adeegsadaan keydinta iyo maareynta daatada. Wuxuuna halkii **bit** noqon karaa oo keliya: **0** (**Eber**) ama **1** (**hal**). Xaraf ama nambar kasta ee la gelinayo kombiyuutar wuxuu ka kooban yahay "**8 bitis**" ee la isugeeyey oo la mid ah "**1 baayit**"

MEANING IN ENGLISH (*Macnaha Erayga ee Luqadda Qalaad*):

A **bit** (*Abbreviation of binary digit*) is the smallest unit of data used by **electronic** equipment such as computers to store and manage data. And the value of each bit could be either **0** or **1**. Every character or number we enter into a computer consists of **8 bits** which is equal to **1 byte**

TUSAALE (*Example*):

Kombiyuutaradu waxay adeegsadaan **taraansistaro** si ay u matalaan xarfaha iyo namabarada lagu keydiyo. Waxaa qaybtaan hoose ka muuqda farsawir muujinaya **taraansistar** mar "**ON**" ah oo u dhigma "**1**', marna **OFF** oo u dhigma "**0**". Markay calaamaddu (*Signal*) tahay **ON**, wuuxuu matalayaa "**1**" (**Hal**). Dhinaca kale, markay calaamaddu (*Signal*) tahay **OFF**, wuxuu matalayaa "**0**" (**eber**)

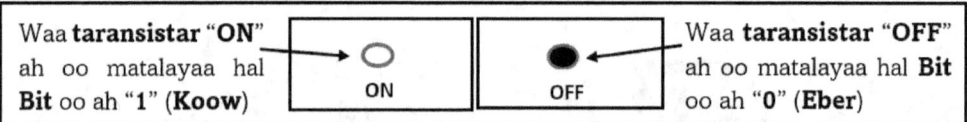

Dhinaca kale, waxaa halkaan hoose ka muuqda **8 taraansistar** ee la isu geeyey oo matalaya **8 bit** oo **4** ay "**ON**" yihiin, 4na "**OFF**"; waxay 8*dooda* u taagan yihiin xarafka "**N**" oo nidaamka **labaalaha** ka ah **01001110**. Eeg qaabka ay u kala horeeyaan "**OFF**" iyo "**ON**"-ka ee ka dhigaya xarafka **N**

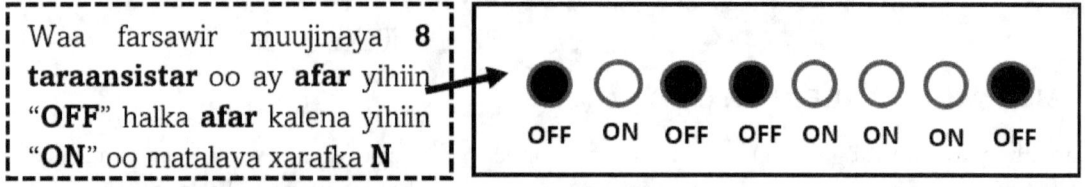

FAAH-FAAHIN DHEERI AH (*Further details*):

Bit wuxuu noqon karaa **eber** ama **koow** keliya; waana nambarka aas-aaska u ah nidaamka **labaalaha** (*Binary system*) oo ay kombiyuutarada adeegsadaan. Wax kasta ee lagu keydinayo gudaha qalabyada elektaroonikada ah, ha ahaadeen *xisaab, qoraal, sawiro, codad, muuqaal*, iwm, waxay ka kooban yihiin tirooyinka **0** (*Eber*) iyo **1** (*Koow*) oo la isu geeyey ee loo yaqaano **bitis**. Dhinaca kombiyuutarada, waxaa **bit**-ka matala **qalabka elektaroonikada** ah ee la yiraahdo **taraansistar** ee markuu **OFF** yahay u dhigma nambarka **0** (*Eber*), markuu **ON** yahayna u dhigma nambarka **1** (*Koow*). Isugeynta taraansistaro **ON** iyo **OFF** ayaa dhaliyaa *xarfaha, nambarada, sawirada, codadka*, iyo *muuqaalada* ay kombiyuutarada soo saaraan (*Xusuusin:* maaddaama ay xarfaha luqadaha caalamka ee la matalaya bateen, waxaa halkii **xaraf** loo qoondeeyaa ilaa **16 bitis** ama **labo baayit** halkii markii hore ka ahaa **8 bitis**).

BLACKOUT

ENGLISH   **SOOMAALI**

Blackout   ➔   Madoobaad

MACNAHA ERAYGA EE LUQADDA SOOMAALIGA:

Dhinaca teknolojiyada, **madoobaad** waa **xaalad** tilmaamaysa marxalad ay *awoodda koronto go'do*

MEANING IN ENGLISH (*Macnaha Erayga ee Luqadda Qalaad*):

In technology, **blackout** refers to a situation where the *power goes off*

TUSAALE (*Example*):

Farsawirka (*Sketch*) hoose waxaa ka muuqda **saddex kombiyuutar** ee kala matalaya saddex **xaaladood** ee kala duwan ee kala ah: 1) **Xaalad ay awoodda koronto joogto** (*Eeg kombiyuutarka sawirka 1aad*), 2) **Xaalad ay awoodda koronto go'day** oo uu dhacay **madoobaad** ama *Blackout* oo uu kombiyuutarka damay (*Eeg kombiyuutarka sawirka 2aad*), iyo 3) **Xaalad uu kombiyuutarka ku xiran yahay qalabka awoodda aan kala go'a lahayn** (**U**ninterruptable **P**ower **S**upply ama **UPS**) oo uu kombiyuutarka damayn haddii xitaa awoodda **koronto ay go'do** (*Eeg kombiyuutarka sawirka 3aad*)

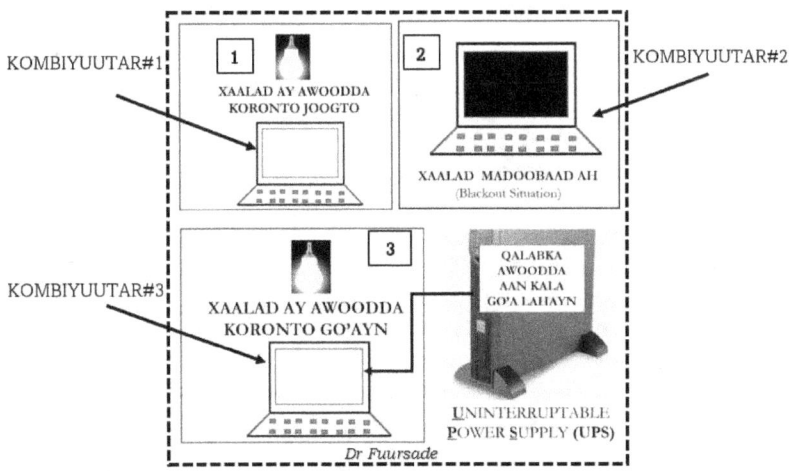

FAAH-FAAHIN DHEERI AH (*Further details*):

Markii ay awoodda koronto **go'do** oo uu **madoobaad** (*Blackout*) dhaco, kombiyuutarada serferada ah ee goobaha shaqo caadiyan way wada damaan (*Kombiyuutarada dhab-saarka ah, ama laptops, waxaa ku wada rakiban batari soo gudbiyo awood koronto ilaa in muddo ah haddi xitaa ay korontada go'do*). Markii ay xaaladdaa **awood la'aan ah** ay dhacdo, **daatada** markaa lagu shaqaynaya way dhumi. Hasa-yeeshee, daatadii **madoobaadka** ka hor la keydiyey ma dhumayso. Waxaa **madoobaadka** caadiyan la isaga difaacaa *adeegsiga qalab la yiraahdo* "**qalabka awoodda aan kala go'a lahayn**" (*Uninterruptable Power Supply ama* **UPS**), kaa oo ku rakiban yahay **batari** soo gudbiya, ilaa in muddo ah, koronto **xaddidan**.

Haddii ay serferada mar walba fulinayaan hawlo muhiim ah oo waliba xasaasi ah, sida hawlaha bangiyada, waa muhiim in ay serferadaa (*Servers*) ku wada xiran yihiin "**qalabka awoodda aan kala go'a lahayn**". Taa waxay keeni in daatada muhiimka ah ee markaa lagu shaqaynayo ayna dhumayn, isla markaana kombiyuutarkaada u sii hubaal ah u dhamaystirayo hawsha markaa la fulinayo "**qalabka awoodda aan kala go'a lahayn**" awgeed, kaa oo kombiyuutarka siinay koronto ilaa xad.

BOLD

ENGLISH   **SOOMAALI**

Bold   ➔   Muuq-weyne

MACNAHA ERAYGA EE LUQADDA SOOMAALIGA:

Muuq-weyne (*Bold*), ama *jismi-weyne*, waa **hab** ka mid ah hababka erayada qoraalada loo **habeeyo** (*Format words*) oo xarfaha laga dhigayo kuwa ka **muuqaal** iyo **jismi weyn** xarfaha caadiga ah

MEANING IN ENGLISH (*Macnaha Erayga ee Luqadda Qalaad*):

Bold is one of the ways of **formatting** words in a text where the letters are made **more visible** and **heavier** than normal letters

TUSAALE (*Example*):

Barnaamijka MicroSoft Word wuxuu leeyahay qayb la yiraahdo **looxa astaamaha** (*Toolbar*) oo laga xusho **farmuuqaalada** (*Fonts*) iyo **qaabka qoraalka** loo habeeyo sida **muuq-weyne** (*Bold*), **jaleece** (*Italic*), hoos-xariiq (*Underline*), iwm. Wuxuu farsawirkaan hoose muujinayaa qayb ka mid ah **looxa astaamaha** (*Toolbar*) ee MS Word ee laga xusho nooca **farmuuqaalka** (*Font*) iyo **midabkiisa** (*Font color*), **muuq-weynaynta** (*Bold*), **jaleecinta** (*Italics*), **hoos-xariiqa** (*Underline*), iwm

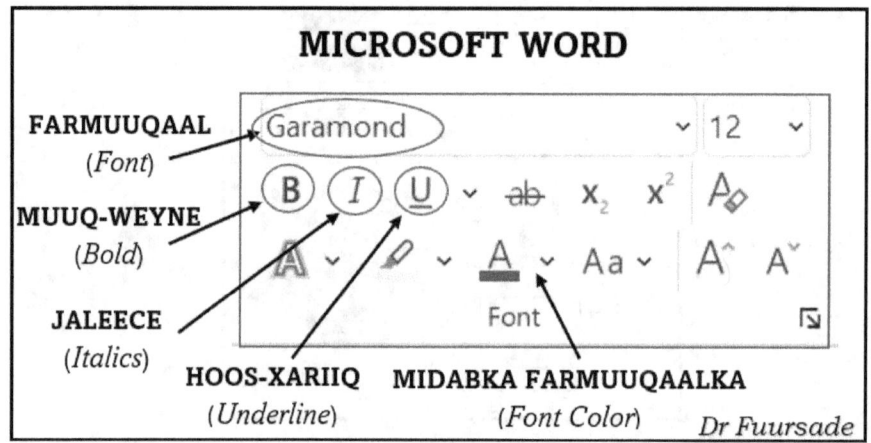

Waxaa qaybtaan **hoose** ka muuqda tusaale jumlo labo sadar ah ee cabbirku (*Size*) yahay **14**, **farmuuqaalkuna** (*Font*) yahay "*Amasis MT Pro*" oo ay qaybta dambe **muuq-weyne** (*Bold*) tahay:

> Qofka bani'aadamka wuu heli karaa wuxuu qalbiga gashto haddii uu **dadaalo**, **Ilaaheyna talada saarto** ⬅ ─── **Erayo Muuq-weyne ah (*Bold*)**

FAAH-FAAHIN DHEERI AH (*Further details*):

Markii muqaalka erayada laga dhigo "**muuq-weyne**" (*Bold*), waxay erayadaa noqdaan kuwa aad uga **muuqaal** iyo **jismi weyn** qoraalka kale sida ku cad tusaalaha kore. Sababaha loo **muuq-weyneeyo** qaybo ka mid ah erayada waxay tahay in la doonayo in la soo **jiito isha akhristaha**, inkastoo markaa iyaduna la adeegsan karo noocyo kale, sida **jaleece** ah (*Italic*). Markii aad adeegsanaysid *Microsoft Word*, waxaa eray ama erayo loo **muuq-weyneeyaa** (*To make it bold*) habkaan: Marka hore xulo erayga ama erayadaa, kaddibna riix batanaka **B** (Bold) ee ka muuqda **Looxa Astaamaha**.

BRAIN DRAIN

ENGLISH	SOOMAALI
Brain Drain ➔	Maanguur

MACNAHA ERAYGA EE LUQADDA SOOMAALIGA:

Maanguurku waa ka *guuridda* **aqoonyahaanada**, **xirfadleeyda**, iyo **waxgaradka** dalkooda, ama dal fursado yar, una *guuraan* dalal ka mushaar, fursado, iyo nolol wanaagsan.

MEANING IN ENGLISH (*Macnaha Erayga ee Luqadda Qalaad*):

Brain drain is the *departure* of **educated**, **highly skilled** individuals, and **intellectuals** from their countries or countries with limited opportunities and *move* to countries with better pay, opportunities, and life conditions

TUSAALE (*Example*):

Farsawirka hoose wuxuu muujinayaa macnaha **maanguurka** (*Brain drain model*): **Aqoonyahaanada** iyo **waayo-aragga** (*oo ah maskaxdii*) ayaa sanad walba ka taga dalalka dhaqaalaha hooseeya iyagoo *fursado shaqo, dhaqaale, iyo nolol wanaagsan* u raadsada dalalka kobcay.

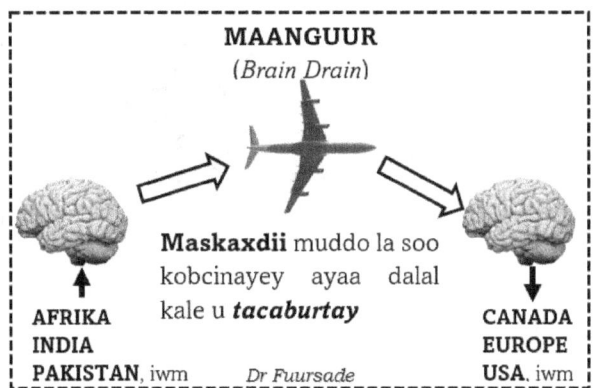

FAAH-FAAHIN DHEERI AH (*Further details*):

Sida la wada ogyahay, **heerka, tayada,** iyo **fursadaha** nolosha **dalalka caalamka** ma dheelitirna. Waxaa jira *dalal maamul ahaan, aqoon ahaan, iyo siyaasad ahaanba* maanta soo kobcaya oo aan **awoodin** in ay ka **faa'iidaystaan** hantidooda laguna tilmaamo **dalalka soo kobcaya** (*Developing countries*). Sidoo kale, waxaa jira dalal aad uga faa'iidaysta **hantidooda** iyo waliba **hantida dalalka soo kobcaya,** laguna tilmaamo **dalalka kobcay.** Waxaana dalalkaa kobcay maanta ka jira **fursado shaqo** iyo **tacliimeed, ganacsi,** iyo **dhaqaale** ee aad uga tayo sareeya fursadaha ka jira dalalka soo kobcaya.

Dheelitir la'aantaa, la soo xusay, waxay keentaa in **aqoonyahaanada, xirfadleeyda,** iyo **waxgaradka dalalka soo kobcayo** ay *shaqo, ganacsi, aqoon, dhaqaale, fursado, iyo nolol* u raadsadaan dalalka maanta fursadahaa haysta. Waxayna sidaa dalalka soo kobcaya sanad walba ku waayaan xirfado iyo hanti maskaxeed oo *muddo dheer si dhib iyo rafaat leh* lo soo kobcinayey. Arrintaa waxaa lagu qeexaa "**Maanguur**" (*Brain Drain*) maaddaama dadkii "*waaya-aragga iyo aqoonta lahaa*" ay u guuraan dalalkaa maanta ladan. **Maanguurkaa** wuxuu keenaa in *kobaca dalalka soo koraya ay hagato ama dib u dhac ku yimaado.* Su'aal: *Sidee lagu xalin karaa arrimahaa? Maxaana noqon kara xal waara?*

BURNER ACCOUNT

ENGLISH	SOOMAALI
Burner Account ➔	Akoonti Daahsoon

MACNAHA ERAYGA EE LUQADDA SOOMAALIGA:

Akoonti daahsoon waa akoonti qarsoodi ah ay adeegsadaan **dadka qariya aqoonsigooda** (*Ama is-qariya*), badina laga adeegsado *baraha bulshada* (*Social media*)

MEANING IN ENGLISH (*Macnaha Erayga ee Luqadda Qalaad*):

A **burner account** is an anonymous account used by **people** who are hiding their **identity** and used mainly in *social media*

TUSAALE (*Example*):

Waxaa qaybtaan hoose ka muuqda farsawir matalaya **akoonti daahsoon**:

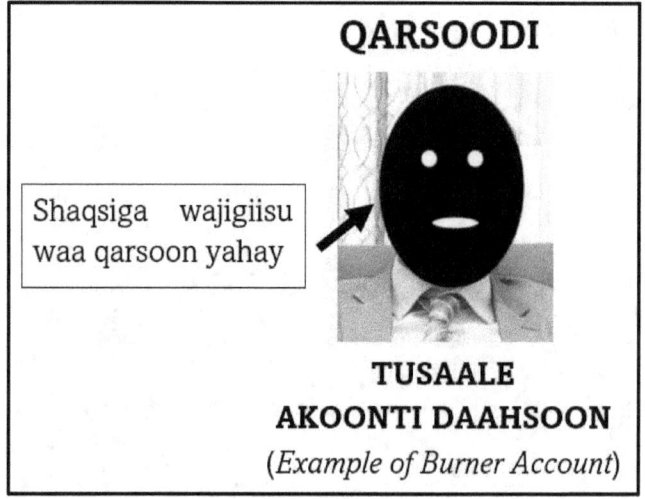

FAAH-FAAHIN DHEERI AH (*Further details*):

Akoontiga daahsoon waa akoonti *qarsoodi* ah oo ay caadiyan adeegsadaan dadka madaxda ah ama caanka ku ah *siyaasadda, fanka, ciyaaraha, iwm*; waxay akoontiyadaa ka abuurtaan dhinacyada **baraha bulshada**, sida *Twitter-ka, Facebook-ka, imeelada*, iwm, iyagoo sheeganayo **magac kale**. Waxayna **akoontiga daahsoon** u adeegsadaan si ay iskaga dhigaan shaqsi kale oo ay u fuliyaan ficilo ay ka mid yihiin: a) *Amaanidda shaqsiga uu run ahaan yahay,* b) S*oo bandhigga ceebo aan jirin ee la xariira shaqsiyaad ay isku xun yihiin ama u jeclayn,* c) *U hanjabaadda qaybo ka mid ah bulshada,* d) *iwm*. Hasa-yeeshee, haddii la ogaado, waxay dadkaa la kulmaan *cawaaqib xumo, fadeexo, dacwo, xarig*, iwm.

Waxaad ka heli kartaa internet-ka tusaalooyin fara badan ee la xariira dhibka qabsada dadka adeegsada **akoontiyada daahsoon.** Tusaale ahaan, haddii aad furatid mid ka mid ah **matoorada xog-baarista** (*Search engines*) sida *Google,* kaddibna aad ku qortid qaybta codsiga erayada: "**Burner account cases**", oo aad riixdid batanka kiiboorka ee "**ENTER**", waxaa kuu soo baxaya **bogag** aad u fara badan ay ku xusan yihiin dhacdooyin badan ee la xariira **akoontiyada daahsoon.**

BUSINESS TRANSACTION

ENGLISH	SOOMAALI
Business Transaction ➔	Hawldhac Ganacsi

MACNAHA ERAYGA EE LUQADDA SOOMAALIGA:

Hawldhaca ganacsi (*Business Transaction*) waa **isweydaarsi** la xariira *qalab, adeegyo, dhaqaale,* iwm, ee ka dhex dhaca labo gees ama ka badan

MEANING IN ENGLISH (*Macnaha Erayga ee Luqadda Qalaad*):

A **business transaction** is an **interaction** involving *goods, services, money*, etc., which occurs between two or more parties

TUSAALE (*Example*):

Waxaa qaybtaan hoose ka muuqda farsawir (*Sketch*) muujinaya tusaale **hawldhac ganacsi** (*Business transaction*) ee ka dhex dhacay **adeeg bixiye** (*Service provider*) iyo **macaamile** (*Customer*). Wuxuu tusaalahaa *adeeg bixiyahu* siinaya adeeg *macaamilaha*, kaa oo bixinaya qidhmo heshiis lagu yahay. Adeeggaa ka dhex dhacaya labadaa unug ayaa lagu tilmaamaa "**hawldhac ganacsi**". Wuxuu sidoo kale **hawldhac ganacsi** ka dhex dhici karaa labo **ganacsi** inkastoo markaa mid ka mid ah matalaya **macaamile** (*Customer*)

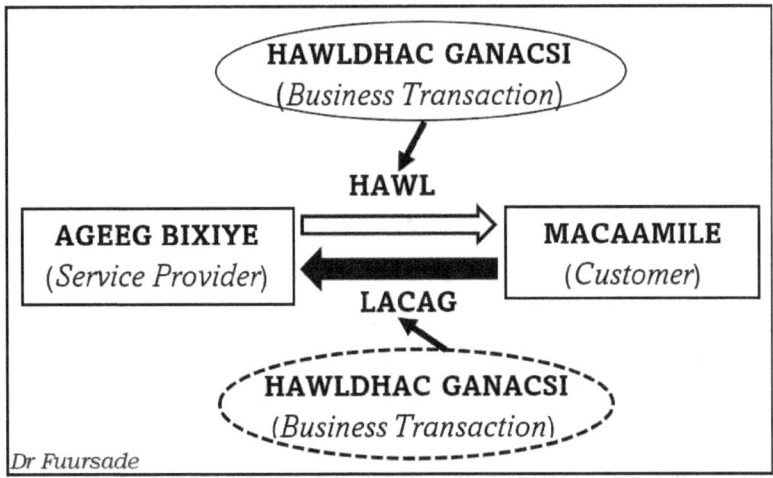

FAAH-FAAHIN DHEERI AH (*Further details*):

Hawldhac ganacsi (*Business transaction*) wuxuu cadiyaan ka dhex dhacaa **goob ganacsi** iyo **shaqsi**, ama **labo goobood oo ganacsi**, halkaa oo la isku **weeydaarsado** tusaale ahaan shay. Waxaana arrintaa la xariirta isweydaarsi **dhaqaale**. Tusaale ahaan, wuxuu shayga la is-weeydaarsanyo noqon karaa *qalab, hawlo, xog, lacag*, iwm. Sidoo kale, markuu shaqsi akoontigiisa bangi dhigo lacag ama kala baxo, waxaa halkaa ka dhacaya "*hawldhac lacageed*" (*Financial Transaction*).

Hawldhacyada ganacsi waxay reeban raad dhaliya **daato** la **cabbiri** karo. Waxaana **daatadaa** lagu keydiyaa **xog-dhigyo** (*Databases*) ku sii keydsan **kombiyuutaro**. **Hawldhacyadaa** waxay saameeyn weyn ku leeyihiin **xalaadaha dhaqaale** ee dadweynaha, shirkadaha, iyo waddamada caalamka.

BYTE

ENGLISH	SOOMAALI
Byte ➔	Baayit

MACNAHA ERAYGA EE LUQADDA SOOMAALIGA:

Baayit waa tiro nambaro ah ee ku saleeysan nidaamka **labaalaha** (*Binary system*), ee caadiyan ka kooban **8 bitis** (*8 bits*), una shaqeeya unug ahaan loona adeegsado keydinta iyo maareynta *xarfaha, nambarada, sumadaha, sawirada, codadka, muqaalada*, iwm, ee alaadaha elektaroonikada ah.

MEANING IN ENGLISH (*Macnaha Erayga ee Luqadda Qalaad*):

Byte is a group of **binary digits** or **bits**, usually **eight bits**, operating as a unit and used to store and manage *text, numbers, symbols, pictures, sound, videos*, etc, in electronic devices.

TUSAALE (*Example*):

Tusaale, waxaan soo qaadanaynaa xarafka "**N**". Markii loo tarjumo nidaamka **labaalaha** (*Binary system*) ee ay kombiyuutarada adeegsadaan, wuxuu xarafka "**N**" loo tarjumaa: **01001110**. Hasa-yeshee, kombiyuutarka gudahiisa nambarka **eber** ee labaalaha waxaa loo sii tarjumaa taraansistar "**OFF**" ah, halka nambarka **koow** loo sii tarjumo taraansistar "**ON**" ah. Sidaa darteed, xarafka **N** wuxuu ka noqoni nidaamka labaalaha nambarada hoos ku xusan iyadoo la adeegsanayo **8 taraansistar**:

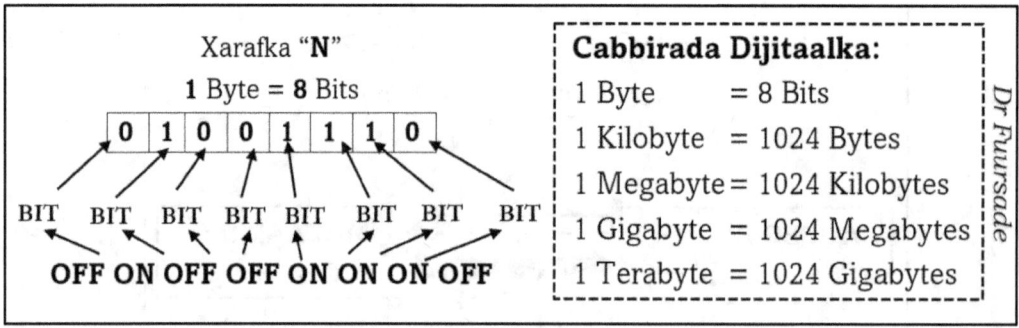

Sida ka muuqata farsawirka kore ee dhinaca bidix, waxaa kombiyuutarka gudahiisa xarafka "**N**" loo adeegsani 8 taraansistar oo u habaysan isku dhafka **ON** (oo u taagan 1) iyo **OFF** (oo u taagan 0):

OFF ON OFF OFF ON ON ON OFF oo matalaya nambarka labaalaha ee **01001110**

FAAH-FAAHIN DHEERI AH (*Further details*):

Waayihii ugu horeeyey waxaa **kombiyuutarada** lagu bilaabay naqshad ku saleeysan **8 bitis** ama **1 baayit**. Caqadaha la xariiray **8da bitis** waxay ahaayeen in ay keydin kareen ilaa **256 xarfood** keliya. Awooddooda waxay ku filnaayeen oo keliya nambarada iyo xarfaha luqadaha **Waddamada Reer Galbeedka** (*Alphabet and numbers of Western Country Languages*). Hasa-yeeshe, maaddaama luqadaha kale ee caalamka leeyihiin xarfo kale, waxay noqotay in loo baahdo in halkii xaraf loo adeegsado **2 baayit** oo *isku dheggan* taasoo keentay in uu halkii **xaraf** loo qoondeeyo **16 bitis** halka uu markii hore ka ahaa **8 bitis**. Sidaa darteed, adeegsiga **2 baayit** ama **16 bit**, wuxuu suurta geliyey in **kombiyuutarada** matali karaan **ilaa 65,536 xaraf**, taasoo ka badan mataalaadda xarfaha luqadaha caalamka oo idil. Waxaa bitis-kaa sii matalaya taraansistaro **OFF** (*Eber*) iyo **ON** (*Hal*) ah.

CLIPBOARD

ENGLISH	SOOMAALI
Clipboard ➜	Sii-haye

MACNAHA ERAYGA EE LUQADDA SOOMAALIGA:

Sii-haye (*Clipboard*) waa **keyd ku-meelgaar ah** ee ka tirsan **keydka xasuusta ku-meelgaarka kombiyuuarada** (*Computer memory*), ee loo yaqaano **RAM**, oo ay kombiyuutaradu si **ku-meel gaar ah** ugu keydiyaan daatada markaa la koobigareeyo iyo tan la dhaqaajiyo (*Copied and moved data*)

MEANING IN ENGLISH (*Macnaha Erayga ee Luqadda Qalaad*):

A **clipboard** is a **temporary storage** area within the temporary memory storage, known as **RAM**, where computers store *copied* and *moved* data

TUSAALE (*Example*):

Waxaa farsawirka hoose ka muuqda qayb ka mid ah "**Looxa Astaamaha**" (*Toolbar*) ee barnaamijka **MS Word** oo ay ku xusan yihiin:

a) Astaamo muujinaya amarada "**Cut**" (*Gooy*) iyo "**Copy**" (*Koobi*) ee ah amaro si ku-meel gaar ah daato ugu keydiya **sii-hayaha**" (*Clipboard*) iyo amarka "**Paste**" (*Dhaji* ama *dhig*) oo ah amarka daatada ku keydsan **sii-hayaha** ku soo qora goobta uu markaa **bartusaha** (*Cursor*) ka taagan yahay shaashadda ama dokumentiga

b) Astaan kale ee lagu magaacaadbo **Clipboard** (*Sii-haye*) ee soo bandhigta, haddii aad riixdid, **daatada** markaa ku keydsan "**Sii-hayaha**" (*Clipboard*); haddii ay wax soo bixi waayaan, macnaheedu waa "**daato markaa ku ma keydsana sii-hayaha**"

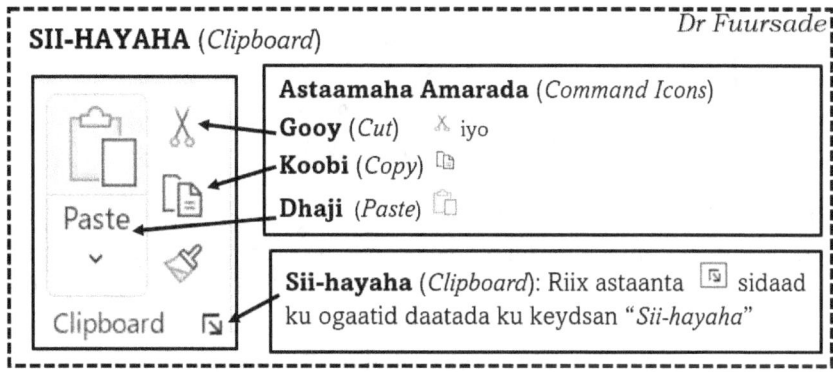

FAAH-FAAHIN DHEERI AH (*Further details*):

Sii-hayaha (*Clipboard*) waa goob ka tirsan **keydka xasuusta** (RAM) oo ay kombiyuutaradu sii ku meel gaar ah ugu keydiyaan **daato**, mar kasta ee la adeegsado amarada "**Copy**" (*Koobi*) ama "**Cut**" (*Gooy*). Waxaana daatadaa, ee sida *ku meel-gaarka ah* ugu keydsan **sii-hayaha**, lagu **koobi-garayn karaa** (*Copy*) ama loo **dhaqaajin** karaa (*Cut*) goobo kale ee shaashadda ama dokumenti iyadoo la adeegsanayo amarka **Paste** (*Dhaji*). Daatadaa waxay noqon kartaa *qoraal, nambaro, sawiro, faayilal, cod* (*Sound*), *muuqaal* (*Video*), iwm. Dhinaca kale, haddii laakiin kombiyuutarka la **damiyo**, daatada ku keydsan **sii-hayaha** (*Clipboard*) way **tirmi** oo way dhumi (*Kombiyuutarku si joogta ah uma keydiyo daatada ku keydsan* **sii-hayaha**)

CLOUD

ENGLISH	SOOMAALI
Cloud ➔	Daruuraha

MACNAHA ERAYGA EE LUQADDA SOOMAALIGA:

Dhinaca teknolojiyada dijitaalka, **daruuraha** (*Cloud*) waa eray tilmaamaya serfaro looga xirmo dhinaca **internet**-ka, halkaa oo ay ku keydsan yihiin *softaweero* iyo *xog-dhigyo* (*Databases*)

MEANING IN ENGLISH (*Macnaha Erayga ee Luqadda Qalaad*):

In digital technology, **cloud** refers to servers that are accessed over the **internet** as well as *software* and *databases* that run on those servers

TUSAALE (*Example*):

Waxaa farsawirka (*Sketch*) hoose ka muuqda adeegsade (*User*) ku xiran isla markaana adeegsanaya **serfer** ka mid ah **serfero** ku rakiban goob ka mid ah **internet-ka** iyo *softaweero* iyo *xog-dhigyo* ku sii keydsan serferkaa. Waxaa goobtaa ee ka tirsan internet-ka lagu tilmaamaa "**Daruuraha**" (*Cloud*).

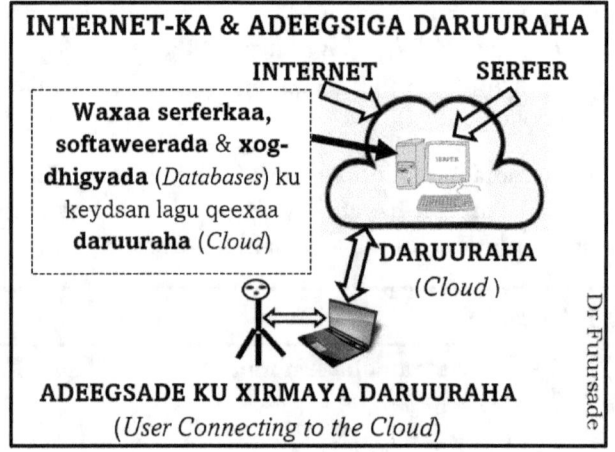

FAAH-FAAHIN DHEERI AH (*Further details*):

Adeegsiga daruuraha waxay awood u siisay **adeegsadayaasha** (*Users*) iyo **shirkadaha** in ay isticmaalaan oo ay ka faa'iidaystaan *qalab* iyo *barnaamijyo* kombiyuutar aan goobahooda ku rakibnayn. Waxaa intaa dheer in ay ka wal-walayn *dayactirka* iyo *maareynta* **serferadaa** iyo **softaweerada** ay adeegsanayaan. Tusaale la xariira ka faa'iidaysiga **daruuraha** waxaa ka mid ah adeegsiga **xogta bangiyada** iyo **iimeelada** (*Kuma quseeyso goobaha ay ku keydsan yihiin daatada bangiyada iyo iimeeladaa*).

Qalabyadaa, daatadaa, iyo softaweerada laga adeegsado daruuraha waxay run ahaantii ku rakiban yihiin badiba "**Xaruumo daato**" (*Data centers*) ee ku ooli kara geeska kale ee caalamka ama goob ka tirsan magaaladaada. Goobta, magaalada, iyo dalka ay serferadaa ku rakiban yihiin ma aha hawl qusaysa adeegsadaha oo u arkaya in ay aaladahaa, iyo daatada, ay ku keydsan yihiin isla markaana sabaynayaan **hawada sare** ama **daruuraha**; wuxuuna adeegsadaha kaga xirmi karaa daruurahaa goob kasta ee uu ka joogo caalamka mar haddii uu haysto *internet* iyo *xogta* looga baahan yahay ku xirmidda aaladahaa (*Access code*).

CLOUD COMPUTING

ENGLISH	SOOMAALI
Cloud Computing ➔	Adeegsiga Daruuraha

MACNAHA ERAYGA EE LUQADDA SOOMAALIGA:

Adeegsiga daruuraha (*Cloud computing*) waa ku **keydinta** iyo kala soo **bixidda** *daato* iyo *barnaamijyo* goob ka mid ah daruuraha, halkii aad ka adeegsan lahayd kombiyuutaro goobtaada yaala

MEANING IN ENGLISH (*Macnaha Erayga ee Luqadda Qalaad*):

Cloud computing refers to the **storage** and **access** of *data* and *programs* from somewhere in the cloud, rather than using computers in your location

TUSAALE (*Example*):

Farsawirka (*Sketch*) hoose waxaa ku bandhigan adeegsadayaal (*Users*) kala jooga magaaalooyin kala duwan ee caalamka ee adeegsanayo *qalab, barnaamijyo*, iyo *daato* ku keydsan goob ay ka **warhayn**. Goobtaa waxaa lagu tilmaamaa **daruuraha** ama **hawada sare**. Waxaa arrinkaa tusaale u ah **iimeelada** iyo fariimaha **WhatsApp**-ka ah ee aad *qortid, akhrisid*, ama aad *keydisid*, iyo *wararka* internet-ka ee aad *akhrisid*, iwm. **Adeegsigaa** waxaa fududeeyey **internet**-ka. **Daatadaa** kuma keydsana qalabyo goobtaada ku rakiban, hasa-yeeshee, waxaa la yiraahdaa waxay ku keydsan yihiin **daruuraha** (*Cloud*). Waxaana isticmaalkaa lagu qeexaa "**Adeegsiga Daruuraha**" (*Cloud Computing*)

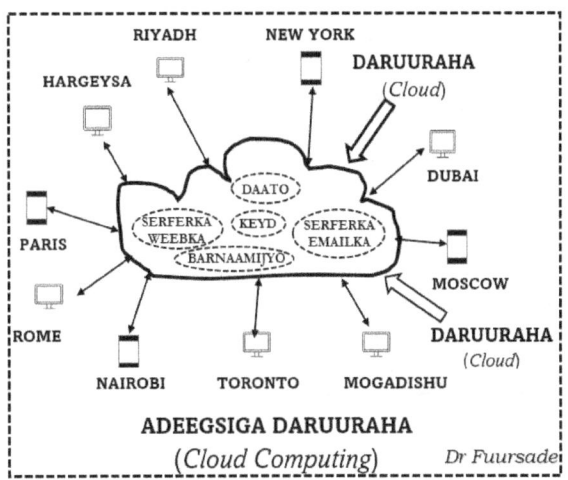

FAAH-FAAHIN DHEERI AH (*Further details*):

Adeegsiga daruuraha (*Cloud computing*) waa erayo u taagan adeegsiga *daato, kombiyuutaro, barnaamijyo kombiyuutar*, iyo *qalabyo kale* ee ku rakiban goobo kala duwan ee caalamka. Sida looga faa'iidaysan karana waa u adeegsiga **internet**-ka. Erayga **daruuraha** (*Cloud*) waa eray tilmaamaya in **daatadaa, barnaamijyadaa**, iyo **qalabkaa** ay sabeeynayaan **hawada sare** ama **daruuraha**. Adeegsaduhu (*User*) kama war qabo umana baahna in uu ogaado magaalada iyo xafiiska ay ku keydsan yihiin *barnaamijyadaa, qalabyadaa* iyo *daatadaa*. Sababtaa ayaa loogu tilmaamay "**Adeegsiga daruuraha**". Tusaale, marka aad ku xirantid **internet**-ka, ma is-weeydiisaa magaalada ay ku keydsan tahay **xogta** aad markaa eegaysid. Jawaabtu waa **maya**. Sabab? **Goobtaa waa mid ka mid ah daruuraha** (*Cloud*).

COLD BOOT

ENGLISH	SOOMAALI
Cold Boot ➔	Kicin Qaboow

MACNAHA ERAYGA EE LUQADDA SOOMAALIGA:

Kicinta qaboow (*Cold booting*) ee kombiyuutarada waa riixidda **batanka awoodda** (*Power button*) kombiyuutarka oo **dansan**, si uu kombiyuutarka uga soo kaco **xaalad dansanaan** ah (*OFF State*) una tago **xaalad daarnaan** ah (*ON State*), **diyaarna** ugu noqdo fulinta hawlo cusub

MEANING IN ENGLISH (*Macnaha Erayga ee Luqadda Qalaad*):

Cold booting means pressing the **power button** while the computer is **off**, so that the computer goes from "**OFF**" to "**ON**" state and ready to perform new tasks

TUSAALE (*Example*):

Waxaa farsawirka (*Sketch*) hoose ku xusan adeegsade (*User*) riixaya **batanka awoodda** (*Power button*) kombiyuutarka oo **dansan**. Arrintaa waxaa lagu tilmaamaa "**Kicin qaboow**" (*Cold boot*)

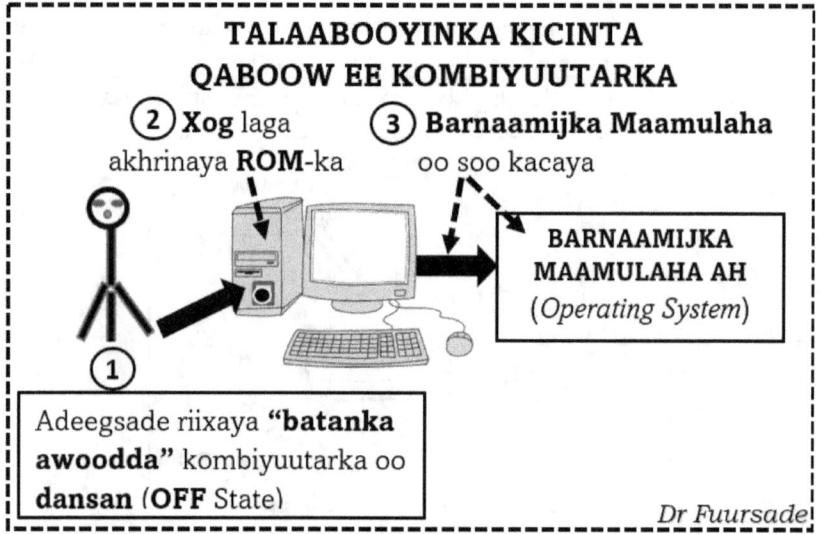

FAAH-FAAHIN DHEERI AH (*Further details*):

Kicinta qaboow (*Cold boot*) ee kombiyuutarka waa riixidda **batanka awoodda** (*Power button*) iyadoo uu kombiyuutarka dansan yahay. Waxaana markaa gudaha kombiyuutarka ka dhacaya tiro hawlo cayiman oo ay ka mid yihiin:

a) Ugu horeyn akhrinta *barnaamij kombiyuutar* ee la yirahdo **BIOS** ee ku keydsan **keydka xasuusta joogtada ah** (*Non-volatile memory*) ee kombiyuutarka, ee loo yaqaano **ROM**, oo ay ku diyaarsan yihiin tiro **fariimo** ah ay ka mid yihiin hawlaha la fulinaya inta ay kicintaa socoto

b) Hubinta in unugyadaa muhiimka ah ee kombiyuutarka ay cilad qabin iyo diyaar-garoowgooda,

c) Iyo, ugu dambayn, kicinta **Barnaamijka maamulaha** (*Operating system*) oo muujinaysa in kombiyuutarka diyaar u yahay hawlaha adeegsadaha iyo barnaamijyada kale

COLUMN

ENGLISH	SOOMAALI
Column ➔	Taag

MACNAHA ERAYGA EE LUQADDA SOOMAALIGA:

Dhinaca **xisaabaadka** iyo **xog-dhigyada**, **taag** waa tiro "goobo 4-geyso" ah (*Cells*) ee isi saaran ee taagan, kuna dhisan gudaha aruur (*Table*); waxayna keydiyaan daatada sifo gaar ah ee aruur.

MEANING IN ENGLISH (*Macnaha Erayga ee Luqadda Qalaad*):

In **spreadsheets** and **databases**, a **column** is a vertical group of cells within a table which stores data of specific attribute.

TUSAALE (*Example*):

Farsawirka (*Sketch*) hoose waxaa ku bandhigan **aruur** (*Table*) lagu magacaabo **QALAB** ee ka kooban **saddex taag** (*Three columns*) iyo **afar saf** (*Four rows*) oo daato ah. Safka koowaad ee aruurka ma aha saf keydiya daato; wuxuu safkaa qeexa magacyada taagagga. Waxaana saddexdaa **taag** (*3 columns*) la kala yiraahdaa **TIRSI, NOOC,** iyo **MAGAC**; safafka (*Rows*) ka hooseeya safka magacyada taagagga waxay yihiin safafka keydiya daatada aruurka. Sida muuqata, taag walba wuxuu ka kooban yahay tiro **goobo** daato ah ee **isi saaran** (*Group of cells*). Tusaale taagga **TIRSI** (*Column*), ee kalee loo yaqaano "*Field*", wuxuu ka kooban yahay *afar goobood* (*Four cells*) ee isi-saaran ee sita nambarada *1001, 1002, 1003, iyo 1004*. Sidoo kale, labada taag ee kale ee lagu kala magacaabo **NOOC** iyo **MAGAC** waxay iyaguna mid walba ka kooban yahay min *afar goobood* (*Each has four cells*).

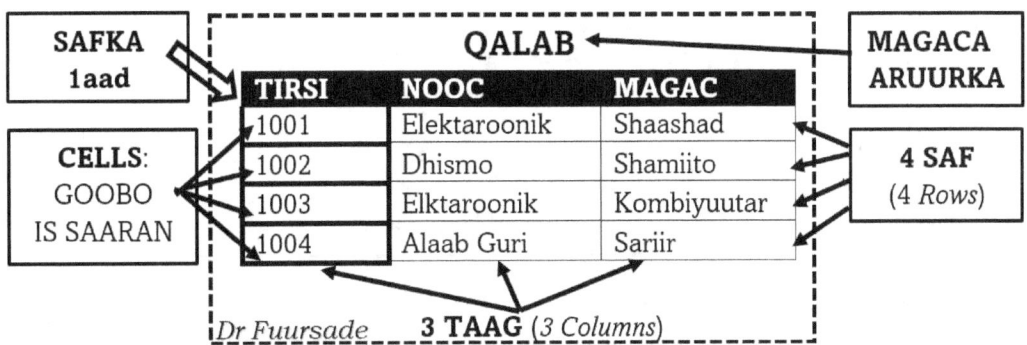

FAAH-FAAHIN DHEERI AH (*Further details*):

Taagyada (*Columns*), **safafka** (*Rows or records*), iyo **aruurada** (*Tables*) waa qaab-dhismeedyo loo adeegsado keydinta daatada **xisaabaadka** (*Spreadsheets*) iyo **xog-dhigyada** (*Databases*). Daatadaa waxay gudaha **aruurka** ugu habaysan tahay nidaam *saf saf* ah (*Rows or records*).

Dhinaca **xog-dhigyada** iyo **xisaabaadka**, markii la naqshadaynayo **aruurada**, waxaa marka hore la qeexaa *magaca aruurka* iyo *taagyada*, iyo *nooca* iyo *cabbirka* **daatada** lagu keydinayo taagagga. Mar haddii la naqshadeeyo, **taagaggu** (*Columns*) caadiyan isma beddelaan; laakiin tirada **safafka daatada** (*Number of records*) **aruurada** way sii kordhayaan mar kasta ee daato lagu keydiyo aruurka; dhinaca kalena, markii daato laga tirana, tirada safafka way sii yaraanayaan.

COMPILER

ENGLISH	SOOMAALI
Compiler ➔	Wadar-Tarjume

MACNAHA ERAYGA EE LUQADDA SOOMAALIGA:

Wadar-tarjume (*Compiler*) waa barnaamij kombiyuutar ee u **tarjuma** barnaamijyada ay qoraan qorayaasha (*Programmers*) barnaamijyo ay kombiyuutaradu si toos ah u **socod siin** karaan ama **u hawl gelin** karaan (*Programs that computers could directly run*)

MEANING IN ENGLISH (*Macnaha Erayga ee Luqadda Qalaad*):

A **compiler** is a software program that translates programs written by programmers into programs that computers **can** directly **run**

TUSAALE (*Example*):

Waxaa farsawirka hoose ka muuqda **saddexda talaabo** ee caadiyan la mariyo barnaamijyada kombiyuutar ee ku saleeysan wadar tarjumaha. **Talaabada 1aad** waa diyaarinta barnaamijka **asalka ah** (*Source code*). **Talaabada 2aad** waa **tarjumidda** barnaamijka **asalka ah** (*Compile*). **Talaabada 3aad** waa soo saaridda **barnaamij la socodsiin karo** (*Executable program*) ee soo bandhiga *natiijada*

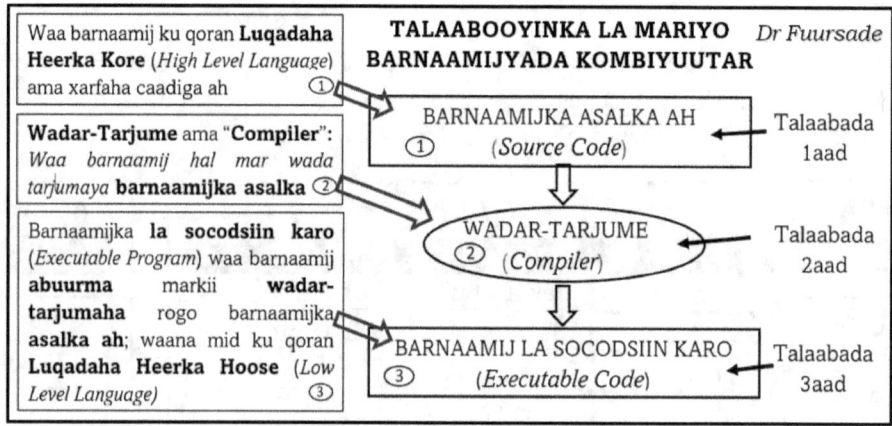

FAAH-FAAHIN DHEERI AH (*Further details*):

Barnaamijka asalka waa faariimo muujinaya talaabooyinka la doonayo in la hirgaliyo. Wuxuuna ku qoran yahay xarfaha caadiga ee **ALIFBA**, **nambaro**, iyo **sumadaha xisaabta** ("+", "-", "/", iwm). Waxaa kaddib barnaamijkaa asalka ah loo tarjumaa luqad uu kombiyuutarku fahmi karo.

Waxaa jira labo nooc ee tarjumayaal ah oo kala ah: "**Wadar-tarjume**" (*Compiler*) iyo "**Sadar-tarjume**" (*Interpreter*). **Wadar-tarjumaha** waa mid *barnaamijka asalka* ah oo idil hal mar u wada rogayo *Luqadda Heerka Hoose* (*Low Level Language*). Waxaana halkaa ka dhalanaya barnaamij lagu magaacaabo **barnaamijka la socod-siin karo** (*Executable Program*) oo uu kombiyuutarka kaliya fulin karo, kaa oo markii la socodsiiyo soo saarayo natiijooyinka barnaamijka. Tusaale barnaamijyada adeegsada **wadar-tarjumaha** waxaa ka mid ah: *C, C++, C#, Fortran, Cobol, iwm*. Dhinaca kale, **sadar-tarjumuhu** (*Interpreter*) waa barnaamij u tarjumaya barnaamijka asalka *sadar-sadar*, sadarkii la tarjumana hore laga socod-siinayo; waxaana barnaamijyadaa ka mid ah: *Python, Ruby, JavaScript*, iwm

COMPUTER

ENGLISH   **SOOMAALI**

Computer   ➔   Kombiyuutar

MACNAHA ERAYGA EE LUQADDA SOOMAALIGA:

Kombiyuutar waa aalad **elektaroonik** ah oo *keydisa, soo saarta, maamushana* **daato** iyo **xog**

MEANING IN ENGLISH (*Macnaha Erayga ee Luqadda Qalaad*):

A **computer** is an **electronic** device that *stores, generates, and manipulates* **data** and **information**.

TUSAALE (*Example*):

Waxaa qaybtaan hoose ka muuqda tusaale sawirada **labo nooc** ee ka mid ah **kombiyuutarada shaqsiyaadka** (*Personal computers*) ee waayahaan aad loo adeegsado ee kala ah: 1) **Kombiyuutarka miis-saarka** (*Desktop computer*) iyo 2) **Kombiyuutarka dhab-saarka** (*Laptop*)

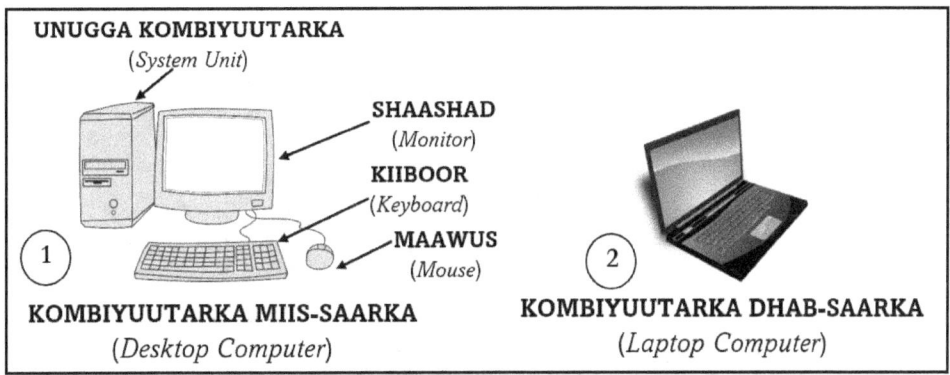

FAAH-FAAHIN DHEERI AH (*Further details*):

Kombiyuutaradu waa aalado laga maarmaan ka ah caalamka maanta ee: 1) *Lagu shaqeeyo,* 2) *Lagu maamulo xog iyo daato,* 3) *Wax lagu barto,* 4) *Lagu wada xariiro,* 5) *Lagu dulmaro internet-ka,* 6) *Lagu daawado ciyaaro iyo filimo, iwm.* Wuxuuna kombiyuutarka maanta beddelay *buuggi* iyo *qalinkii* shalay la adeegsan jiray. Waxaana dhab ah in shaqsigii aan maanta adeegsan karin <u>*aaladaha elektaroonikada*</u>, tusaale kombiyuutarka, uu la mid yahay sidii u ahaa shalay <u>*shaqsigii aan wax akhrin karin, waxna qori karin*</u>.

Kombiyuutaradu waxay guud ahaan ka kooban yihiin labada qaybood ee loo kala yaqaano **hardaweer** iyo **softaweer**. **Hardaweerku** waa unugyada uu jismi ahaan (*Physically*) kombiyuutarka ka kooban yahay. Tiro ka mid ah **hardaweerka** waxay ka muuqdaan farsawirka kore. Dhinaca kale, **softaweerada** waa barnaamijyada ka shaqeeysiiya qalabyada uu **kombiyuutarka** ka kooban yahay laguna diyaariyo amarada kombiyuutarka la siiyo (*Computer commands*), hawlahane lagu fuliyo. Waxaa dhab ah in **softaweer** la'aantii uu kombiyuutarku noqon lahaa <u>*qolof meel iska yaala*</u>.

Tusaale dhinaca **softaweerada**, waxaa ka mid ah: a) *Barnaamijyada maamula* kana *shaqaysiiya* kombiyuutarada ee loo yaqaano *Operating Systems,* sida *MS Windows* iyo *UNIX,* b) *Barnaamijyada hawlfuliyayaasha* ah (*Application Programs*) ee loo adeegsado fulinta hawlaha gaarka ah, sida *MS Word, MS Excel, MS Power Point,* iyo c) Kuwa loo adeegsado qorista *barnaamijyada kombiyuutar* (*Programming languages*), sida *C, C++, Python, Java,* iwm.

COMPUTER PORTS

ENGLISH   **SOOMAALI**

Computer Ports → Godad-ka Kombiyuutarada

MACNAHA ERAYGA EE LUQADDA SOOMAALIGA:

Godad-ka kombiyuutarada ama *daloolada Kombiyuutarada* (*Computer ports*) waa godad caadiyan loo adeegsado **isku xirka** kombiyuutarada (*Connection point*) iyo **qalabyada hareeraha** (*Peripherals*) sida *daabecaha, maawuska, shaashadda*, iwm

MEANING IN ENGLISH (*Macnaha Erayga ee Luqadda Qalaad*):

A **computer port** is a **connection point** between usually a **computer** and an **external device** or **peripheral** such as *printer, mouse, monitor*, etc.

TUSAALE (*Example*):

Sawirka hoose waxaa ka muuqda **godad-ka** (*Ports*) ku rakiban wajiga dambe ee **kombiyuutar miissaar ah** (*Ports of a Desktop computer*)

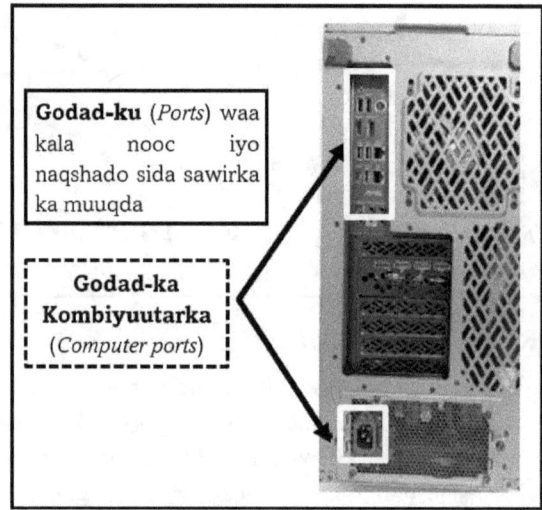

FAAH-FAAHIN DHEERI AH (*Further details*):

Godad-ka kombiyuutarada (*Computer ports*) waxay fududeeyaan *hawlaha isku xirka* ama *wada-xiriirka* **hooyga unugyada** (*Motherboard*) kombiyuutarka iyo **qalabyada kombiyuutarka** dibadda looga soo xiro ee lagu magacaabo "**hareeraha**" (*Peripherals*), sida **daabecaha** (*Printer*), **maawuska** (*Mouse*), **shaashadda** (*Monitor* or *screen*), iwm. Waxaana jira **xargo** (*Cables*) isku xira **kombiyuutarada** iyo **qalabyadaa hareeraha ah** inkastoo waayahaan dambe la adeegsado qalabyo xarig la'aan

Godad-ka kombiyuutarada waa kala nooc, sida kuwa gudbiya *daatada* iyo kuwa gudbiya *awoodda koronto* (*Electric power*). Kuwa *daatada* gudbiya waxay u qaybsan yihiin: **godad-ka taxanaha** (*Serial ports*) iyo **godad-ka is-bar-bar socda** (*Parallel ports*). Hasa-yeeshee, waxaa waayahaan dambe la soo saaray **godad** cusub ee lagu magacaabo "**USB Ports**" (***Universal Serial Bus*** ama **USB**) oo maanta aad loo adeegsado, godadkaa oo soo wada gudbiya daatada iyo awoodda koronto.

COMPUTER PROGRAMMER

ENGLISH	SOOMAALI
Computer Programmer ➔	Barnaamij Qore Kombiyuutar

MACNAHA SOOMALIGA:

Barnaamij qore kombiyuutar waa xirfadle sare ee *qora, tijabiya, cilad-bixiya, gacantane ku haya barnaamijyada kombiyuutar* ee hirgaliya hawlaha ay kombiyuutarada fuliyaan

MEANING IN ENGLISH (*Macnaha Erayga ee Luqadda Qalaad*):

A **computer programmer** is a skilled professional who *writes, tests, debugs, and maintains computer programs* that implement the tasks that computers execute

TUSAALE (*Example*):

Waxaa qaybtaan hoose ka muuqda farsawir (*Sketch*) muujinaya tusaale **barnaamij-qore kombiyuutar** (*Computer programmer*) iyo **barnaamij kombiyuutar** uu qoray ee ku qoran luqadda kombiyuutar ee lagu magacaabo *Python*

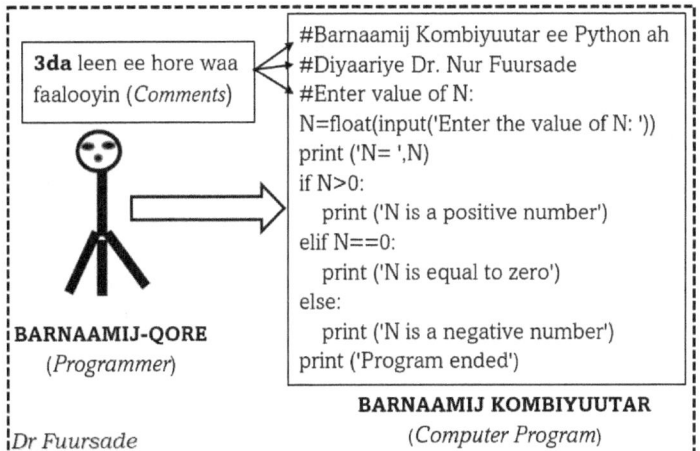

FAAH-FAAHIN DHEERI AH (*Further details*):

Kombiyuutaradu waxay fuliyaan hawlo muhiim ah ee quseeya qaybo badan ee nolosha caalamka maanta. Hasa-yeeshee, **kombiyuutarada** iskood hawl uma fulin karaan ilaa *talaabo-talaabo* loogu *qeexo hawlahaa iyo habka ay u fulinayaan*. Waxaana *talaabooyinkaa* iyo *fariimaaha* lagu tilmaamaa "**Barnaamijyo kombiyuutar**" (*Computer programs*); waxaana barnaamijyadaa diyaariya *xirfadleey* loo yaqaano "**Barnaamij-qoreyaal kombiyuutar**" (*Computer programmers*).

Inta uu **qoraaga** qorin barnaamijka, wuxuu waqti geliyaa fahamka hawlaha la doonayo in uu barnaamijka fuliyo iyo habka hawlahaa loo fulinayo. Kaddib markuu qoro, waa in uu hubiyaa in uu barnaamijka *qaladaad lahayn* iyo in uu *si sax ah u fulinayo* hawlihii barnaamijka loogu talagalay. Sidaa darteed, waxaa barnaamijka la mariyaa tijaabooyin badan ee kala nooc ah. Dhinaca kale, waxaa jira tiro aan yareyn ee *luqado kombiyuutar* ah (*Computer languages*) ee lagu qoro *barnaamijyada kombiyuutar*. Wuxuuna barnaamij kasta caadiyan ku habboon yahay hawlo gaar ah. Waxaana luqadaha kombiyuutar ee maanta aad loo adeegsado ka mid ah: *Python, C, C#, C++, Java, JavaScript*, iwm

COMPUTER SCIENCE

ENGLISH   **SOOMAALI**

Computer Science → Cilmiga Kombiyuutarka

MACNAHA ERAYGA EE LUQADDA SOOMAALIGA:

Cilmiga kombiyuutarka waa daraasadaha iyo naqshadaynta *softaweerada, hardaweerada, shabakadaha, hab-xaladaha* (*Algorithms*), iwm, iyo hababka ay u shaqeeyaan

MEANING IN ENGLISH (*Macnaha Erayga ee Luqadda Qalaad*):

Computer science is the study and design of *software, hardware, networks, algorithms*, etc., and how they work

TUSAALE (*Example*):

Waxaa hoos ka muuqda farsawir (*Sketch*) muujinaya qaybo ka mid ah **cilmiga kombiyuutarka**:

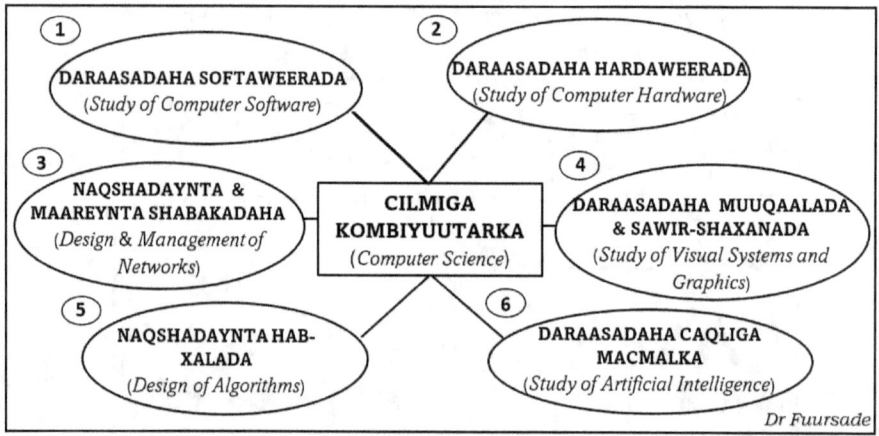

FAAH-FAAHIN DHEERI AH (*Further details*):

Cilmiga kombiyuutarada (*Computer science*) waa cilmi muhiim ah ee dowr weyn ku leh horumarka naqshadaha, adeegyada, sancadaha, & nolosha. Qaybaha ugu muhiimsan cilmigaa waxaa ka mid ah:

1) **Daraasadaha softaweerada** (*Study of Software*): Waa qaybaha guud ahaan quseeya *naqshadaynta* iyo *qoridda luqadaha iyo barnaamijyada* kala duwan ee kombiyuutarada
2) **Daraasadaha hardaweerada**: Waa qaybaha quseeya *naqshadaynta* alaadaha elektaroonikada ah (*Design of Computer Hardware*)
3) **Naqshadaynta shabakadaha** (*Design of Computer networks*): Waa qaybaha quseeya *naqshadaynta* shabakadaha kombiyuutar
4) **Daraasadaha & naqshadaynta muuqaalada** (*Video*), **sawir-shaxanada** (*Study of Computer Graphics*), & **codadka**: Waa qaybaha quseeya daraasadaha iyo naqshadaynta *sawir-shaxanka* (*Design of Graphics*), *muuqaalada,* iyo *codadka* (*Study and design of graphics, video, and audio systems*)
5) **Naqshadaynta habxalada** (*Design of Algorithm*): Waa naqshadaynta *talaabooyinka* la raaco si lagu xaliyo mas'alooyinka (*Problems*). Waana cilmi quseeya *daraasadaha* iyo *soo bandhigga* nidaamyada ugu wanaagsan uu *barnaamij ama qalab kombiyuutar* u shaqayn karo iyo
6) **Daraasadaha caqliga macmalka** (*Artificial intelligence*): Waa daraasadaha *qaabka* ay kombiyuutarada ugu *dhaqmi* karaan sida *bani'aadamka oo kale*

CONSTRAINT

ENGLISH	SOOMAALI
Constraint ➔	Xaddide

MACNAHA ERAYGA EE LUQADDA SOOMAALIGA:

Dhinaca maaraynta daatada, **xaddide** (*Constraint*) waa **xeer** qeexaya *noocyada* iyo *xadadka* daatada lagu keydin karo gudaha **taagagga aruurada** xog-dhigyada (*Columns of database tables*)

MEANING IN ENGLISH (*Macnaha Erayga ee Luqadda Qalaad*):

In data management, a **constraint** is a **rule** that defines the *types* and *limits* of the **data** that can be stored inside a **column** of a database **table**.

TUSAALE (*Example*):

Farsawirka hoose waxaa ku xusan **aruur** (*table*) lagu magacaabo **IIBKA** ee ka tirsan **xog-dhig** dukaan. Wuxuu qaab-dhismeedka aruurkaa ka kooban yahay **3 taag** (*Columns*) ee kala ah: **TIRSI, NOOCA,** iyo **QIIMAHA**. Waxaana ku keydsan **4 saf** (rows) ee **daato** la xariirta qalabka dukaanka lagu iibiyo. Waxaana qeexan **xeerar xaddidaya daatada** la gelin karo **taagagga aruurkaa** (*Column constraints*). Tusaale xeerarka **xaddidaya** daatadaa waxaa ka mid ah in: 1) **Daatada** la gelin karo taagga **TIRSI**-ga ay noqdaan **nambaro** keliya iyo 2) In **qiimaha** qalabka ee la gelin karo taagga **QIIMAHA** ay noqdaan ugu yaraan **$1**, ugu badnanana **$1,200**. Waxay labadaa xeer ka mid yihiin tusaaloyin muujinaya macnaha "**xaddididda taagagga**" (*Column constraints*) oo ah xeerar xaddidaya *nooca* iyo *qiimaha* daatada la gelin karo taagaggaa. Sidaa darteed laguma keydin karo taagaggaa daato ka baxsan xadka ku xusan **xaddidaha**, <u>*xeerka xaddidaadda*</u> awgii. Barnaamijka maamula daatadaa sida tusaale ahaan *Oracle* ama *MS Access* ma aqbalayo daato ka baxsan xadkaa haddii lagu dayo in la geliyo aruurka.

IIBKA (*Sales*)

TIRSI	NOOCA	QIIMAHA
5001	Kombiyuutar	$1,200.00
5002	Kursi	$25.00
5003	Miis	$150.00
5004	Daabece (Printer)	$250.00

XEERKA XADDIDIDDA TAAGAGGA ARUURKA
(*Column constraint rules*)

1) **Daatada** la gelin karo **taagga TIRSI**-ga waa in ay noqdaan **nambaro**
2) Qiimaha qalabka waa in **uu dhaxeeyo $1.00 iyo $1,200**

FAAH-FAAHIN DHEERI AH (*Further details*):

Xaddide (*Constraint*) waa *xeer* ka ilaalinayaan **taagagga aruurada** xog-dhigyada (*Databases*) in la geliyo **daato qaldan** ama mid aan waafaqsanayn **xeerka xaddididda**. Waxaana **xeeraarka** la qeexaa markii la **naqshadaynayo** aruurada xog-dhigga (*Database tables*). Waxayna xeerarkaa dowr weyn ka cayaaraan sare u qaadidda **tayada xogta** oo ay soo saarayaan **xog-dhigyada**, taa oo keenayso in la helo **xog** lagu kalsoonaan karo ee lagu gaaro **go'aamo** waxtar leh, laguna horumariyo hawlaha.

COOKIE

ENGLISH	SOOMAALI
Cookie ➔	Xog-yare

MACNAHA ERAYGA EE LUQADDA SOOMAALIGA:

Dhinaca kombiyuutarada, **xog-yare** (*Cookie*) waa *qaybo yar-yar ee xog ah* oo uu barnaamijka **dulmaraha weeb-ka** (*Web browser*) ku keydiyo qalabyada **adeegsadayaasha weebka** (*Web users*).

MEANING IN ENGLISH (*Macnaha Erayga ee Luqadda Qalaad*):

In computers, **cookies** are *pieces of information* that a **web browser** program saves in the devices of **web users**.

TUSAALE (*Example*):

Marka ugu horeeysa ee **macaamile** (*Client*) booqdo **goob weeb** (*Website*) ee dhinaca internet-ka waxay *goobta weebkaa* u soo dhiibaysaa **dulmaraha weebka** (*Web browser*) **xog kooban** ee la xariirta goobta **la booqday** iyo **dalabka macaamilaha** (*Client Request*). Waxayna **xogtaa** ku keydsami **faayil** ku xusan qalabka macaamilaha. Waxaana **xogtaa** iyo **faayilkaa** lagu tilmaamaa **xog-yare** (*Cookie*). Ka eega farsawirka hoose habka **xog-yaraha** (*Cookie*) ugu soo degayo (*Download*) kombiyuutarka macaamilaha.

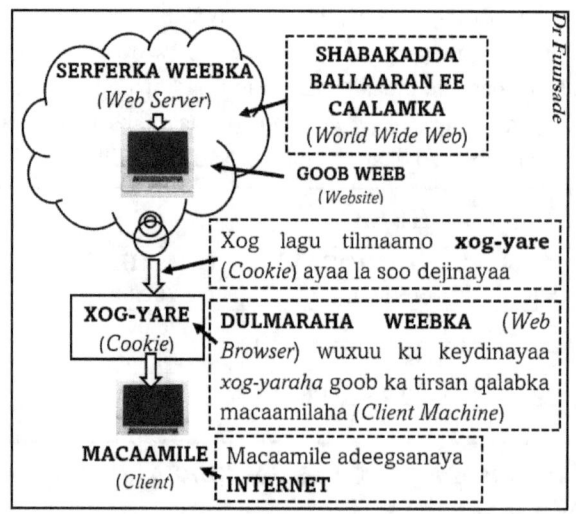

FAAH-FAAHIN DHEERI AH (*Further details*):

Marka ugu horeeysa ee uu macaamile ku xirmo goob ka mid ah weebka (*Website*), wuxuu **serferka weebka** (*Web server*) ee ka hawl gala dhinaca serferka u soo dhiibayaa **dulmaraha weebka** (*Web brower*) xog kooban oo loogu talagalay *is-aqoonsi iyo xiriirada* dambe. Wuxuuna xogtaa, ee lagu qeexo **xog-yare** (*Cookie*), dulmaraha weebka ku keydinayaa qalabka uu *macaamilaha* u adeegsanayo ku xirmidda internet-ka. Ujeeddada *xog-yaruhu* waa ogaashaha baahida adeegsadaha iyo codsiyadiisi hore, si loogu dedejiyo codsiyada dambe. Hasa-yeeshee, xogta ku keydsan *xog-yaraha* waa <u>xog u gaar ah</u> macaamilaha, sida *aqoonsigiisa, goobtiisa, waxa uu internet-ka ka baaray, iwm*, loona baahan yahay in *la asturo*. Sidaa darteed, inkastoo *xog-yaruhu loogu talagalay fududeeynta xiriirada dambe*, waxaa *suuragal* ah in shirkadaha internet-ka ay xogtaa u gaarka macaamilaha la wadaagaan *qolo 3aad* faa'iidoon awgeed.

COPY & PASTE

ENGLISH   **SOOMAALI**

Copy & Paste   ➜   Koobi & Dhaji (*Guuri & Dhaji*)

MACNAHA ERAYGA EE LUQADDA SOOMAALIGA:

Koobi & Dhaji (*Copy & Paste*) waa ficil muujinaya **koobigaraynta** (Soo guurinta) *daato, faayil,* ama *gal* ku keydsan **goob**, kaddibna lagu dhajinayo (*Ama la dhigayo, ama la geynayo*) **goob kale**

MEANING IN ENGLISH (*Macnaha Erayga ee Luqadda Qalaad*):

Copy & Paste is an action that copies *data, file,* or *folder* from one **location**, and then pasting it into **another location**

TUSAALE (*Example*):

Waxaa qaybtaan hoose ka muuqda labo farsawir ee lagu kala magacaabo: 1) **Xaaladdii Hore** (*Farsawirka 1aad*) iyo 2) **Xaaladda Dambe** (*Farsawirka 2aad*). Waxaa farsawirka **Xaaladdii Hore** ku xusan **labo gal** ee lagu kala magacaabo **ABC** iyo **XYZ**. Galka **ABC** waxaa ku keydsan **saddex faayil**, halka galka **XYZ** uu ku keydsan yahay **hal faayil**. Waxaa la codsaday in la fuliyo amarka ah: **Koobigareey** faayilka **Test#1.doc** ee galka **ABC** ee **Xaaladdii Hore**, kaddibna ku **dhaji** ama **dhig** (*Paste*) galka **XYZ** ee isla **Xaaladdii Hore**. Sidaa darteed, amarkaa ah **Koobi & Dhaji** (*Copy & Paste*) ee la soo xusay wuxuu dhalini **natiijada** ka muuqata farsawirka **Xaaladda Dambe** (*Farsawirka 2aad*)

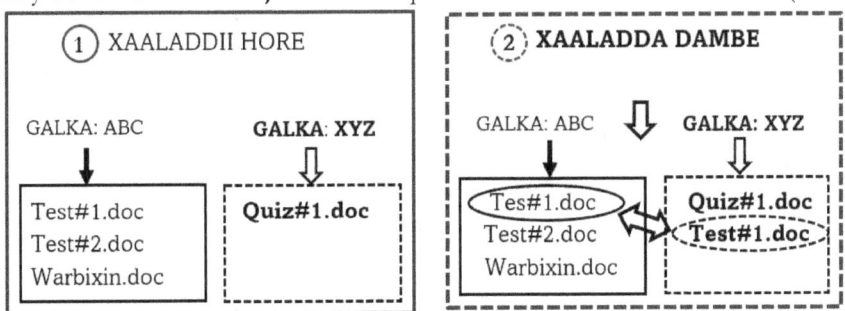

Sida ku xusan farsawirka 2aad (*Xaaladda Dambe*), faayilka **Test#1.doc** wuxuu ka muuqdaa labada gal maaddaama la fuliyey amarka **Copy & Paste** (*Koobi & Dhaji*). Hasa-yeeshee, haddii la fulin lahaa amarka **Cut & Paste** (*Gooy & Dhaji*), faayilkaa wuxuu ka muuqan lahaa oo keliya galka **XYZ** ee Xaaladda Dambe (*Farsawirka 2aad*), maddaama macnaha "**Cut**" uu yahay *dhaqaaji* ama *wareeji* faayilka.

FAAH-FAAHIN DHEERI AH (*Further details*):

Si loo **koobigareeyo** *faayil* ama *eray*, looguna **dhajiyo** (Ama la *dhigo*) goob kale, raac talaabooyinkaan soo socda: 1) Ku xulo (*Select*) maawuska erayga ama riix (*Click*) *faayilka* aad rabtid, 2) Kaddibna, adoo fiiqaha maawuska (*Mouse pointer*) weli ku haya qaybtaad xulatay, farta ku **riix** (*Click*) **batanka midig**, 3) Ka xulo **xulsidaha** (*Menu*) soo baxa amarka ah "**Copy**", 4) U gudub goobta ama galka aad rabtid in aad geeysid eraygaa ama faayilkaa, 5) Mar labaad, riix **batanka midig** ee maawuska, kana xulo amarka **Paste**, oo macnaheedi yahay *Dhig* ama ku *Dhaji*. Natiijada *shantaa* talaabo ee lagu soo xusay goobta sare waa **koobi** ee **dhaji**. Ficilkaa waa mid aan ka *dhaqaajinayn* faayilka ama erayada goobtii hore. Laakiin haddii la adeegsan lahaa amarka **Cut & Paste**, faayilka ama erayga wuxuu ka muuqani lahaa oo keliya goobta lagu *dhajinayo* keliya (*Paste area*), wuuna ka tirmi lahaa goobtii hore.

CPU

ENGLISH	SOOMAALI
CPU ➔	Maskaxda Kombiyuutarka

MACNAHA ERAYGA EE LUQADDA SOOMAALIGA:

Maskaxda kombiyuutarka (CPU) waa eray la soo gaabiyey ee u taagan "**C**entral **P**rocessing **U**nit" (**CPU**) oo macnaheedu yahay *Unugga Hawlfulinta Dhexe*. Waana **unugga** haga dhamaan hawlaha ka socda gudaha kombiyuutarka

MEANING IN ENGLISH (*Macnaha Erayga ee Luqadda Qalaad*):

CPU stands for "**Central Processing Unit**" (**CPU**) and it is the component that controls all the functions or activities happening in the computer

TUSAALE (*Example*):

CPU-da (*oo loogu dhawaaqo Sii Bii Yuu*) waa **maskaxda kombiyuutarka** ee hagta hawl kasta ee uu **kombiyuutar** fulinayo. Wuxuuna ku rakiban yahay gudaha **hooyga unugyada** (*Motherboard*). Falaarta ka muuqata sawirkaa hoose waxay bartilmaami **CPU**-da ku rakiban gudaha **hooyga unugyda** (*CPU installed inside the motherboard*)

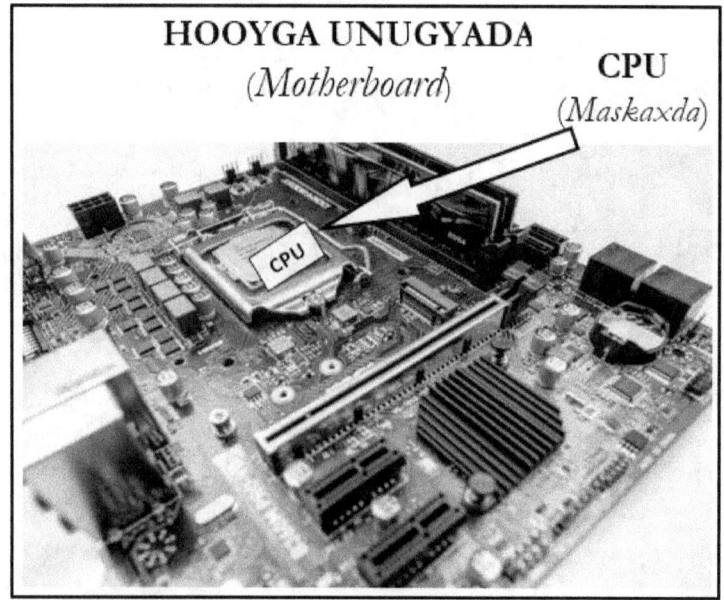

FAAH-FAAHIN DHEERI AH (*Further details*):

CPU-yadu waa aalado **elektaroonik** ah ee ku rakiban gudaha *kombiyuutarada, telefoonada gacanta* gaar ahaan "*smart phones*", *saacadaha dijitaal* ah, *iPads*, iwm. Waana maskaxda hagta hawlaha ka socda gudaha qalabyadaa elektaroonikada ah. Naqshad ahaan, **CPU**-yadu waxay ka kooban yihiin *tiro aad iyo aad u fara badan ee taraansistaro ah*. Wuxuuna qalabkaa dhinaca kombiyuutarada kaga rakiban yahay gudaha hooyga unugyada (*Installed inside the motherboard*).

CURSOR

ENGLISH	SOOMAALI
Cursor ➔	Bartuse

MACNAHA ERAYGA EE LUQADDA SOOMAALIGA:

Dhinaca kombiyuutarada, **bartuse** (*Cursor*) waa **sumad dhaq-dhaqaaqda** ee caadiyan u muuqal eg *xariiqin taagan* (*Sida* I), kana soo muuqata **shaashadaha** una muujisa adeegsadaha **barta** la rabo in wax lagu **qoro**

MEANING IN ENGLISH (*Macnaha Erayga ee Luqadda Qalaad*):

In computers, **cursor** is a **movable symbol** on **screens** usually with the shape of a vertical line (*Like* I) that shows the user the **position** where to **enter** data

TUSAALE (*Example*):

Farsawirada hoose waxaa ku xusan: a) Qayb qoraal ah ay ka muuqato **sumad** tilmaamaysa **barta** uu markaa ku abbaaran yahay **bartusaha** (*Cursor*) iyo b) Faah-faahin la xariirta fiiqaha maawuska:

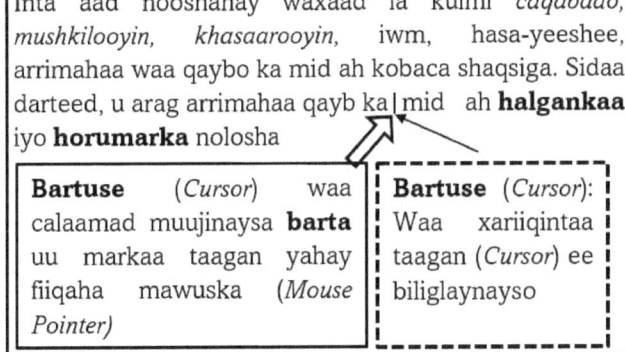

Waxaa qaybtaan hoose ka muuqda **sumado** ku rakiban **kiiboorada** ee u fududeeynaya adeegsadaha in uu **bartusaha** (*Cursor*) u dhaqaajiyo barta uu rabo in uu wax **ku qoro** ama **wax ka beddelo**:

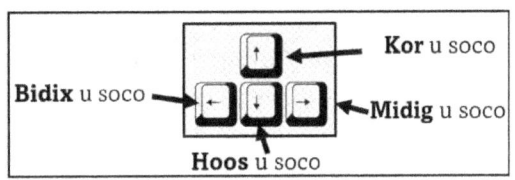

FAAH-FAAHIN DHEERI AH (*Further details*):

Markii tusaale ahaan la adeegsanayo barnaamijka **MS Word** ee **bartusaha** (*Cursor*) lagu **abbaaro** qayb ka mid qoraalka ka muuqda **shaashadda**, uu kaddibna adeegsadahu **bidix-riixo maawuska** (*Click or left-click*), bartaa way **biliglayni**, oo *way dami oo daarmi* (*Blinking cursor*); waxayna *biliglayntaa* muujini barta **bartusaha** (*Position of the cursor*) uu markaa joogo. Haddii adeegsaduhu markaa xaraf qoro, wuxuu xarafkaa ku qormi bartaa. Dhinaca kale, goobta **shaashadda** ee aad doonaysid in aad wax ku **qortid**, waxaad kalee ku tagi **kartaa** adoo adeegsanayo **falaaraha kiiboorka** (*Keyboard pointers*) ee farsawirka kore ka muuqda.

CUT & PASTE

ENGLISH	SOOMAALI
Cut & Paste ➔	Gooy & Dhaji

MACNAHA ERAYGA EE LUQADDA SOOMAALIGA:

Gooy & Dhaji (*Cut & Paste*) waa ficil ka **dhaqaajinaya** faayil (*Ama daato*) **goob**, kuna dhajinaya (*Ama geynaya ama dhigayo*) **goob kale**

MEANING IN ENGLISH (*Macnaha Erayga ee Luqadda Qalaad*):

Cut & Paste is an action that **moves** a file (*or data*) from one **location**, then pasting it into **another location**

TUSAALE (*Example*):

Waxaa qaybtaan hoose ka muuqda labo xaaladood: 1) **xaaladdii hore** iyo 2) **Xaaladda dambe**. Xaaladdii hore, ee dhinac bidix, waxaa ku xusan **laba gal** ee la kala yiraahdo **ABC** iyo **XYZ**. Galka hore waxaa ku keydsan **saddex faayil**, halka galka **XYZ** uu ku keydsan yahay **hal faayil**. Waxayna **xaaladdaa hore** muujini *galalka* iyo *faayilalka* inta aan la fulin amarka qaybta soo socota ku xusan.

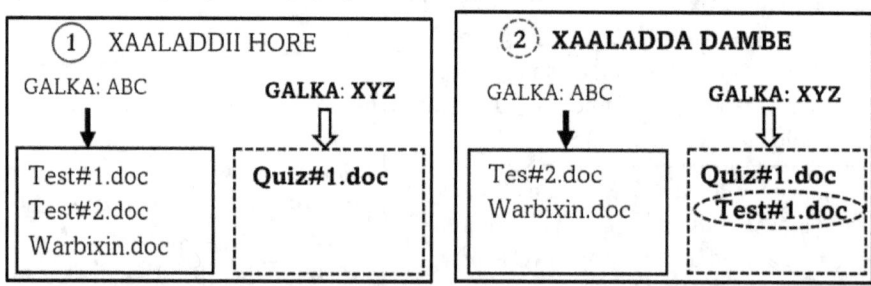

Iyadoo la adeegsanayo *galallka* iyo *faayilalka Xaaladdii Hore*, waxaa la codsaday in la fuliyo amarka ah:

⇨ Ka dhaqaaji *Faayilka* **Test#1.doc** *ee galka **ABC**, una dhaqaaji **galka XYZ**.*

Ficilkaa waa midka lagu tilmaamo **Cut & Paste** (*Gooy & Dhaji*). Natiijada uu ficilkaa dhalinayo waa sida ka muuqata farsawirka **xaaladda dambe** (*Farsawirka midig*) oo muujinaya in faayilkii *Test#1* laga soo dhaqaajiyey galka **ABC**, lana geeyey galka **XYZ**. Sidaa darteed, **galka ABC** waxaa ku haray labada faayil ee kala ah: **Test#2.doc** iyo **Warbixin.doc** sida ka muuqata farsawirka **xaaladda dambe** (*Farsawirka 2aad*). Faayilka *Test#1.doc* waxaa loo daqaajiyey galka **XY**, sida ku xusan *farsawirka 2aad*.

FAAH-FAAHIN DHEERI AH (*Further details*):

Si loo dhaqaajiyo faayil ama erayo, raac <u>shanta talaabo</u> ee hoos ku xusan:

1) **Yare-iftiimi** erayada ama **xulo** faayilka aad doonaysid in aad dhaqaajisid, 2) **Ku midig-riix** maawuska (*Right-click*) qaybtaa xulan, 3) **Kaddibna** ka xulo *xulsidaha* soo baxa amarka "Cut", 4) **U gudub** galka ama goobta aad rabtid inaad erayada ama faayilka u *dhaqaajisid*, 5) **Mar labaad midig-riix** (*Right-click*) maawuska, kana xulo amarka "**Paste**" (**Dhaji** ama **Dhig**).

Natiijada shantaa talaabo waxaa lagu tilmaamaa **Gooy & Dhaji** (*Cut & Paste*); waxayna keeni in erayadii ama faayilkii laga **dhaqaajiyo** goobtii hore, loona **dhaqaajiyo** goobta cusub.

CYBERATTACK

ENGLISH	SOOMAALI
Cyberattack ➔	Qad-hujuum (*Qad-weerar*)

MACNAHA ERAYGA EE LUQADDA SOOMAALIGA:

Qad-hujuumku (*Ama qad-weerarku*) waa **weerar** ay **qad-dambilayaashu** (*Cybercriminals*) ku qaadaan *goobaha* iyo *aaladaha kombiyuutar*, ujeeddaduna tahay in la **curyaamiyo** goobtaa iyo in laga **dhaco xog**, ama in goobtaa loo **adeegsado** saldhig laga qaado *weeraro dheeri* ah ee goobo kale

MEANING IN ENGLISH (*Macnaha Erayga ee Luqadda Qalaad*):

A **cyberattack** is an **assault** launched on *computer systems* by **cybercriminals** with the purpose to **disable** that system and **steal information**, or **use** it as breached computer system to launch *additional attacks* to other systems

TUSAALE (*Example*):

Waxaa qaybta hoose ku xusan farsawir muujinaya **todobo** ka mid ah talaabooyinka ugu mug weyn ee loo adeegsado **qad-hujuumka**:

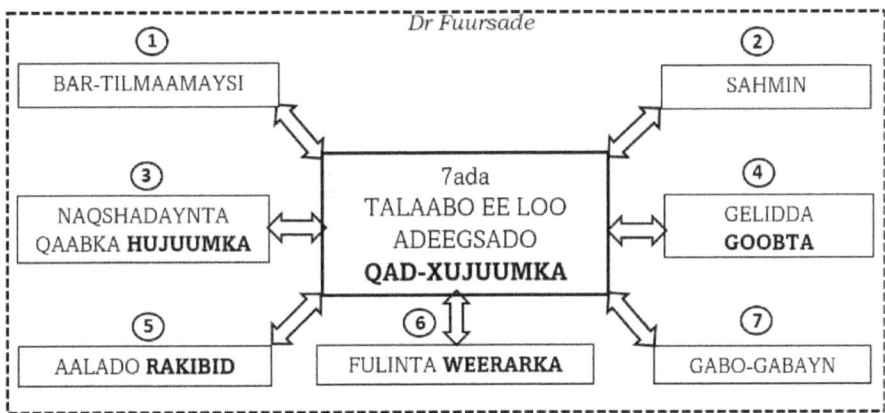

FAAH-FAAHIN DHEERI AH (*Further details*):

Qad-hujuumka waxaa fuliya **qad-dambiilayaal** (*Cybercriminals*) ku takhasusay nidaamka loo fuliyo **weerarka goobaha kombiyuutar**. Waxayna caadiyaan adeegsadaan ficilo ay ka mid yihiin **todobada talaabo** ee ku xusan qaybtaan hoose:

1) **Bar-tilmaamaysi**: *Baarista* iyo *go'aamidda* goobta la bartilmaamaystay in la weeraro
2) **Sahmin**: Waxay goobtaa la bartilmaamay ku bilaabaan *sahmin*
3) **Naqshadaynta Qaabka Hujuumka**: Waxay diyaariyaan *naqshad* la xariirta qaabka goobtaa loo weerari lahaa
4) **Gelidda Goobta**: Waxay bilaabaan *gelidda* goobta la bartilmaamay ee hore loo sahmiyey
5) **Aalado Rakibid**: Waxay goobtaa ku *rakibaan* barnaamijyo wax *basaasa*, soona *uruuriya* xog
6) **Fulinta Weerarka**: Waxay fuliyaan dhaca goobta iyagoo adeegsanaya *naqshadda weerarka*
7) **Gabo-Gabayn**: Waxay ugu dambayn *tirtiraan* raad kasta ee lagu aqoonsan karo fuliyaha hujuumkaa; waxayna mararka qaarkood reeban, khaas ahaan dambiilayaasha waa-weyn, **fariin** in ay dhac geysteen **kibir** awgii

CYBER-BULLYING

ENGLISH	SOOMAALI
Cyberbullying ➔	Qad-Handadaad

MACNAHA ERAYGA EE LUQADDA SOOMAALIGA:

Qad-handadaaddu (*Cyber-bullying*) waa **ficilo** ay ka mid yihiin *cabsi-gelin, hanjabaad, khiyaano, walaac-gelin, sumcad-dilid, ixtiraam xumo,* iyo *caay* lagu bartilmaamaysanayo **shaqsi** ama **koox** iyadoo la adeegsanayo **aaladaha dijitaalka** ah

MEANING IN ENGLISH (*Macnaha Erayga ee Luqadda Qalaad*):

Cyber-bullying refers to **actions** that include *threatening, intimidation, deception, anxiety, dishonor, disrespect,* and *insults* addressed to **someone** or **group** using **digital tools**

TUSAALE (*Example*):

Waxaa qaybtaan hoose ka muuqda farsawir muujinaya tiro ka mid ah **sifooyinka** la xariira **qad-handadaadda** (*Cyberbulling*)

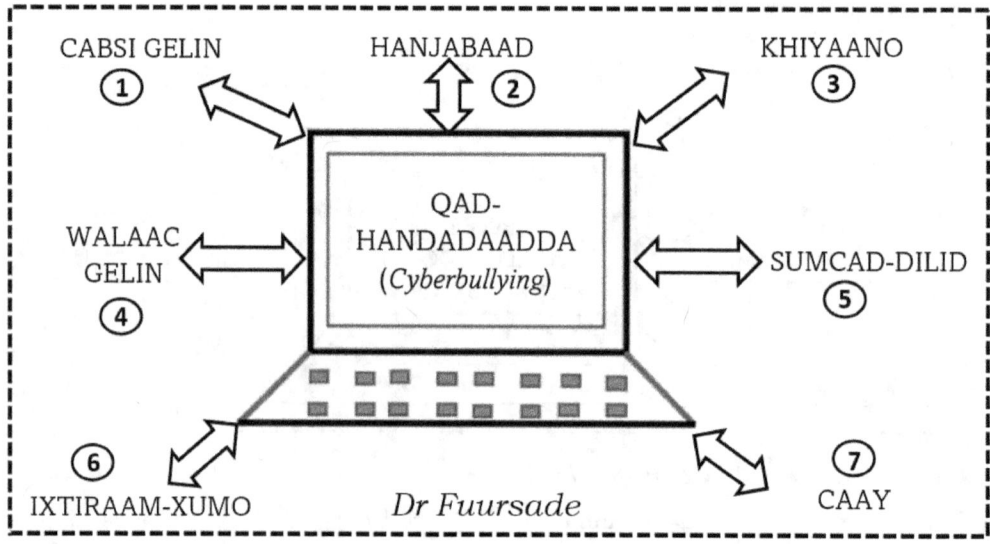

FAAH-FAAHIN DHEERI AH (*Further details*):

Internet-ku waa adduunyo ay adeegsadaan **bilyano adeegsade** (*Users*) ee ku kala baahsan caalamka. Waxaana lagala kulmaa **dhacdooyin** kala duwan. Waxaa dhacdooyinkaa ka mid ah **ficilo** la xariira: *cabsi-gelin, hanjabaad, khiyaano, walaac-gelin, sumcad-dilid, ixtiraam-xumo, caay,* iwm, ee loo geeysanayo tiro ka mid ah **bulshada internet-ka** adeegsata. Ficiladaa waxaa lagu tilmaamaa "**qad-handadaad**" (*Cyberbully*). Falalkaa, oo ah kuwa is-daba joog ah khaas ahaan dhinaca dhalinyarada, waa kuwa mararka qaarkood ku **keena** dhalinta arrimo ay ka mid yihiin: *kalsooni darro ku dhacda* **dhibbanaha**, *wax-barashada oo laga* **saaqido, cuduro maskaxeed,** *iyo mararka qaarkood* **is-dilid** (*Suicide*), iwm. **Qad-handadaaduhu** (*Cyberbully*) wuxuu adeegsadaa aalado ay ka mid yihiin: *baraha bulshada, fariimo qoraal ah ee elektaroonik ah, qolalka internet*-ka (*Chat rooms*), *iimeelo*, iwm, iyadoo badiba isticmaalayo *teleefonada casriga* ah, *kombiyuutaro,* iyo *qalabyo* kale. Sharciyan, **qad-handadaaddu** waa *dambi*, oo haddii lala kulmo, loo baahan yahay in la ogeysiiyo hay'adaha amniga.

CYBERCRIMINAL

ENGLISH	SOOMAALI
Cybercriminal ➔	Qad-Dambiile

MACNAHA ERAYGA EE LUQADDA SOOMAALIGA:

Qad-dambiile waa *shaqsi* ama *koox leh xirfado* dhinaca **teknolojiyada dijitaalka** ee jabsada **kombiyuutarada** iyo **internet**-ka

MEANING IN ENGLISH (*Macnaha Erayga ee Luqadda Qalaad*):

A **cybercriminal** is an *individual* or *group of individuals* with digital **technology skills** who break in computers and the internet

TUSAALE (*Example*):

Waxaa farsawirka hoose ka muuqda **qad-dambiile** (*Cybercriminal*) u dhacaya **serfer** (*Server*) ay ku keydsan yihiin xog xasaasi ah

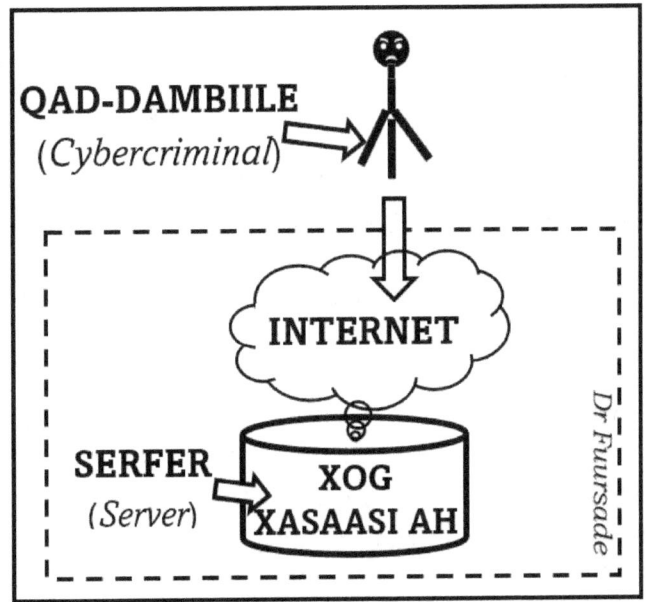

FAAH-FAAHIN DHEERI AH (*Further details*):

Qad-dambiiluhu (*Cybercriminal*) waa xirfadle dhaca **xogta xasaasiga** ah ee ku keydsan kombiyuutarada si uu u helo faa'iido **dhaqaale** ama mid **siyaasadeed**; waxayna mararka qaarkood u wada shaqeeyaan **habka dambiga qorshaysan** (*Organized crime*); waxayna isku baahiyaan goobo badan iyagoo wada shaqaynaya. **Qad-dambiiluhi** ma adeegsado oo keliya **xirfadaha** iyo **aqoonta** teknolojiyada keliya; wuxuu kalee adeegsadaa **xirfado fudud** (*Soft skills*) oo ay ka mid yihiin: *Wareerin, hanjabaado, cadaadis, iyo sheegasho* in ay yihiin madax ama ciidamada amniga, iwm. Dhinaca kale, **qad-dambiiluhu** wuu ka duwan yahay **qad-jabsadaha** (*Hacker*) maaddaama **qad-jabsaduhu** uu mar walba ahayn **qad-dambiile**. Mararka qaarkood **qad-jabsaduhu** waa **xirfadle** shaqadiisu tahay in uu tijaabiyo tusaale ahaan in shabakad shirkad leedahay la **jabsan karo** iyo **in kale**.

CYBERSECURITY

ENGLISH	SOOMAALI
Cybersecurity ➔	Qad-amni

MACNAHA ERAYGA EE LUQADDA SOOMAALIGA:

Qad-amni (*Cybersecurity*) waa hawlaha la xariira ka **difaacidda** *qalabyada, shabakadaha, barnaamijyada, iyo daatada xasaasiga ah* weerarada dhinaca qadka internet-ka ee lagu tilmaamo **qad-hujuumka**

MEANING IN ENGLISH (*Macnaha Erayga ee Luqadda Qalaad*):

Cybersecurity is the practice related to the protection of *equipment's, networks, programs,* and *sensitive data* from cyberattacks

TUSAALE (*Example*):

Waxaa qaybtaan hoose ka muuqda farsawir muujinaya tiro ka mid ah **qaybaha** la xariira **qad-amniga** (*Cybersecurity*)

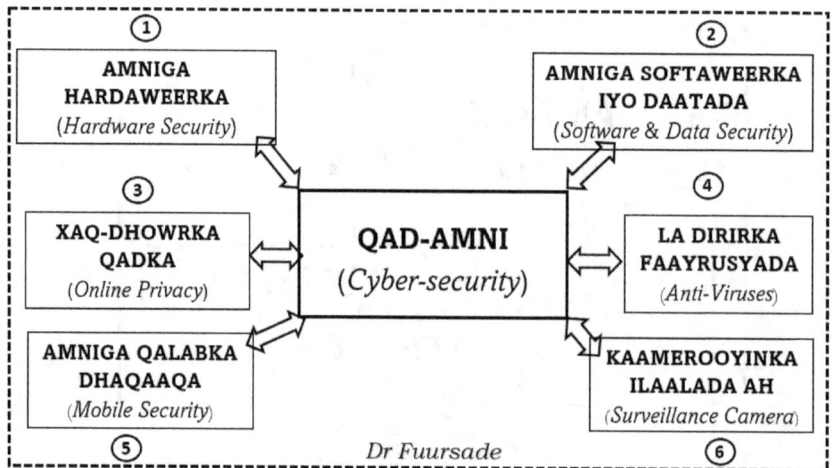

FAAH-FAAHIN DHEERI AH (*Further details*):

Waxaa dunida ku sii xoogeysanaya **adeegsiga** *hawlaha, ganacsiga,* iyo *xiriirka dadweynaha* ee dhinaca **internet**-ka. Waxaana sidoo kale sii xoogeysanaya isku-deyga **dhaca daatada iyo xogta xasaasiga ah** ee ku keydsan goobaha kala duwan ee **internet**-ka iyo **shabakadaha**, arrimahaa ee lagu tilmaamo **qad-hujuum** ama **qad-weerar** (*Cyberattack*). Sidaa darteed, waa laga maarmaan hirgalinta nidaamyo sal adag ee la isaga **difaaco qatartaa**, nidaamyadaa ee lagu tilmaamo **qad-amni** (*Cybersecurity*). Hababka lagu hirgaliyo *qad-amniga* waxaa ka mid ah:

a) Naqsahdaynta shuruuc lagu ilaaliyo **daatada xasaasiga ah** iyo hirgalinta barnaamijyo fuliyo shuruucdaa (*Design of data protection rules and the implementation of corresponding programs*)
b) **Hardaweerka** iyo **softaweerka** qalabyada oo laga ilaaliyo in la **afduubo** (*hijack*) iyo in la **ciladeeyo** iyadoo la adeegsanayo **barnaamijyo kombiyuutar** iyo **faayruusyo**
c) Ilaalin xoog leh ee **qalabyada dhaqaaqa** (*Mobile devices*) ee keydiya *daatada xasaasiga* ah iyo
d) Ku rakibidda **kaameerooyin daahsoon** (*Surveillance cameras*) goobaha ay ku keydsan yihiin qalabka iyo daatada xasaasiga ah

CYBERSPACE

ENGLISH   **SOOMAALI**

Cyberspace   →   Barxadda Qadka

MACNAHA SOOMALIGA:

Barxadda qadka waxay tilmaami **aalado elektaroonik** ah ee isku wada xiran ee loo adeegsado *fududeeynta xiriirka qadka (Online communication), doodaha qadka, iyo is-weeydaarsiga xogta iyo fikradaha*

MEANING IN ENGLISH:

Cyberspace refers to connected **electronic devices** that are used to *facilitate online communication, online discussions, and exchange of information and ideas*

TUSAALE (*Example*):

Farsawirka (*Sketch*) hoose wuxuu muujinaya tusaale aad u yar ee qayb ka mid ah **barxadaha qadka** (*Cyberspaces*). Waxaana barxaddaa ku xiran **lix adeegsade** (*Users*) oo ay *saddex* adeegsanayaan *kombiyuutaro* halka *saddex* kalena adeegsanayaan *telefoonada casriga ah (Smart phones)*

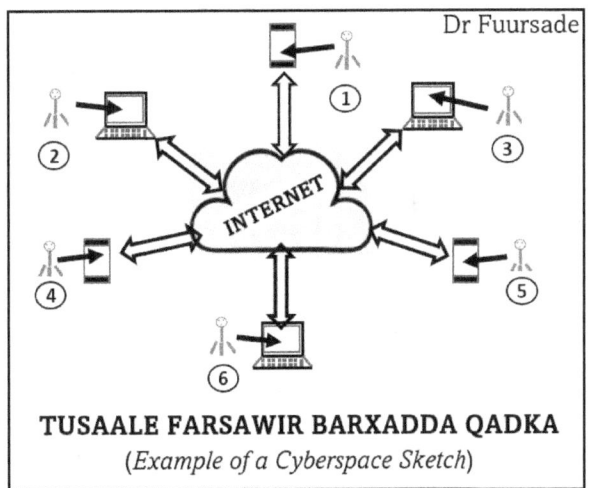

TUSAALE FARSAWIR BARXADDA QADKA
(*Example of a Cyberspace Sketch*)

FAAH-FAAHIN DHEERI AH (*Further details*):

Barxadda qadka waa qaab-dhismeed elektaroonik ah ee matalaya **barxadihii** ay bulshadu *fool-ka-fool* isugu weeydaarsan jireen *wararka iyo doodaha*. Hasa-yeeshee, **barxadda qadka** ma'aha *goob ama barxad dhab ah (Not a physical location) oo ay shaqsiyaadku is hor-fadhiyaan*, sida barxadihii lagu shiri jiray; barxaddaanu waa *shabakad kombiyuutar* ee ku baahsan caalamka. **Xubnaha** barxaddaa ku xiriirayana waa in ay ku wada xiran yihiin shabakaddaa oo ay haystaan aalado elektaroonik ah sida *kombiyuutar* ama *telefoonka casriga ah*. **Goobaha** ay xubnaha jismi ahaan (*Physical location*) kala joogaan macno weyn ma leh. Waxayna badiba kala joogaan goobo kala duwan ee caalamka. Arrinta muhiimka ah waa ku *xirnaanta internet-ka* iyo *haysashada aalado elektaroonik* ah ee ku xirmi kara *internet-ka*.

Midda kale, **barxaddu** waxay leedahay cinwaan internet ah oo ay martida **barxadda** ku xirmaan. Waana in uu maamulaha **barxaddaa** uu go'aamiyo **tirada martida** ku xirmi karta barxadda iyo qaabka loogu xirmayo. Tusaale ka mid ah barxadahaa waa **barxadda tuwiitarka**-ka (*Twitter space*).

DATA

ENGLISH   **SOOMAALI**

Data   ➔   Daato

MACNAHA ERAYGA EE LUQADDA SOOMAALIGA:

Daatadu waa *xarfo, nambaro, muuqaalo, iwm*, la soo uruuriyey ee tilmaamaya sifooyin la xariira *macaamiil, dhacdooyin, qalabyo, adeegyo*, iwm, laguna keydiyo caadiyan goobo lagu magacaabo **xog-dhigyo** (*Database*). **Daatadu** waa *aas-aaska* ama *miraha* laga dhaliyo **xogta** (*Information*). Macno ahaan, daatadu waa raadka ka hara adeegyada markii hawl la fulinayo. Raadkaa xog ayaa laga soo saari karaa

MEANING IN ENGLISH (*Macnaha Erayga ee Luqadda Qalaad*):

Data is collection of *characters, numbers, images, etc.*, which describe attributes related to *customers, events, equipment, services*, etc., and usually stored in locations called **databases**. The **data** is the foundation or seeds where ***information*** is drawn from. Meaning wise, data corresponds the trace left behind when performing tasks. Information is drawn from such traces

TUSAALE (*Example*):

Waxaa qaybta **bidix** ee farsawirka hoose ku bandhigan afar nooc oo unugyo dahab ah, oo kala ah:
1) Silsilad (*Necklace*), 2) Dhag (*Earring*), 3) Jijin (*Bracelet*), iyo 4) Saacad (*Watch*).
Waxaana qaybta **midig** ku xusan lix **sifo** (*Attribute*) iyo **daato** qeexaysa silsiladda keliya (*Necklace*):

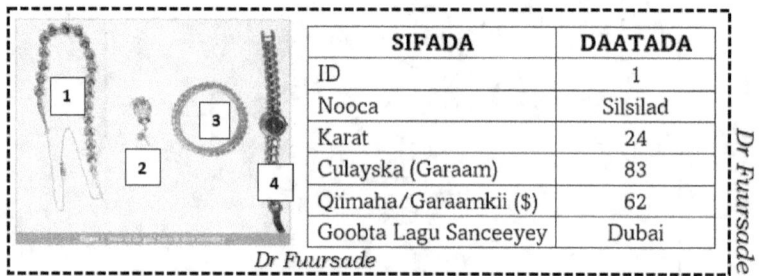

Tirooyinka iyo xarfaha ku bandhigan qaybta midig ee kala ah: "*1, Silsilad, 24, 83, 62, & Dubai*" waa ***tirooyin*** iyo ***xarfo*** aan macno weyn u lahayn **maskaxda** bani'aadamka haddii ***hal-hal*** loo akhriyo. Laakiin, wadarahaan waa daato, haddii lagu lamaaniyo sifooyinkooda, laga soo dhuuxi karo **xog** tilmaamaysa *in lixdaa daato ay matalayaan silsilad dahab ah ee lagu aqoonsado nambarka ah "**koow**", nooceedu yahay **24 Karaat**, culayskeeduna yahay **83 garaam**, qiimaheedu yahay **$62 garaamkii**, laguna sanceeyey **Dubai**.* Macnahaa waxaa siiyey sifooyinka daatada (*Data attributes*) ee kala ah: *ID=1, Nooca=Silsilad, Karat=24, Culayska=83g, Qiimaha=$62/g, & Goobta =Dubai*

FAAH-FAAHIN DHEERI AH (*Further details*):

Xiriirka ka dhaxeeya **daato** iyo **xog** waa sida **xiriirka** ka dhaxeeya ***raashin ceyriin*** ah (*Daato*) iyo ***raashin bisil*** (*Xog*). Tusaale, *raashinka ceyriinka* ah jirka ma quudan karo. Sidoo kale, maskaxda bani'aadamka ma quudan karto **daato** (*Sida nambarada iyo xarfaha kor ku xusan*) haddii aan loo rogin **xog**. Caalamka maanta waxaa **daato** lagaa uruuriyaa *macaamiisha, adeegyada, hawlaha ganacsi, isgaarsiinta, waxbarashada*, iyo tiro aan xad lahayn, **daatadaa** oo lagu keydiyaa **xog-dhigyo**. Daatadaa waxaa loo tixgaliyo sidii **badeeco** iyo **hanti** oo kale iyadoo xitaa la kala iibsado. Waxaana **daatadaa** laga dhaliyaa **xog** loo adeegsado arrimo ay ka mid yihiin *go'aan qaadasho, hagaajinta adeegyada, cilmi-baarisyada*, iwm

DATA BROKER

ENGLISH **SOOMAALI**

Data Broker → Dilaalka Daatada

MACNAHA ERAYGA EE LUQADDA SOOMAALIGA:

Dilaalka daatada waa **shaqsi** (*Person*) ama **hay'ad ganacsi** (*Business firm*) ee la soo wareegta **daato** caadiyan ku saabsan *macaamiil, qalab, adeegyo,* iwm, kaddibna sii *iibisa* iyadoo laga raadinayo *faa'iido dhaqaale*

MEANING IN ENGLISH (*Macnaha Erayga ee Luqadda Qalaad*):

A **data broker** is a **person** or **business firm** that gets **data** usually on *customers, equipment, services,* iwm, and *sell it* for *a profit*

TUSAALE (*Example*):

Farsawirka (*Sketch*) hoose waxaa ka muuqda tusaale muujinaya talaabooyinka ay adeegsadaan **dilaalinta** sii daatada loo suuq geeyo, looguna beddelo **badeeco** la kala iibsado. Talaabooyinkaa waxay guud ahaan ka kooban yihiin: 1) *Daato iibsasho*, 2) *Ku keydin xog-dhig cusub*, iyo 3) *Suuq-geyn*

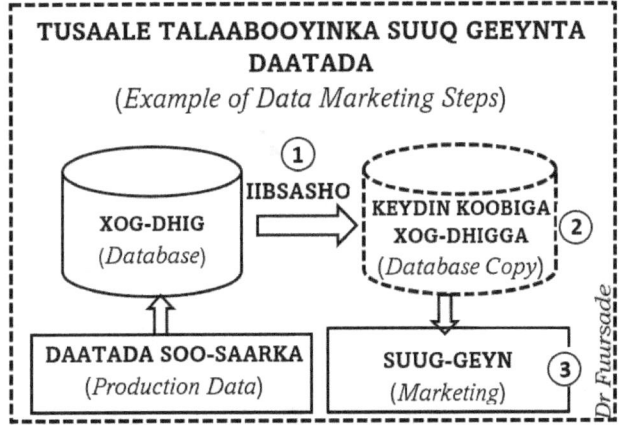

FAAH-FAAHIN DHEERI AH (*Further details*):

Goobaha ganacsi waxay uruuriyaan daato la xariirta **hawldhacyada ganacsi** (*Business transactions*), daatadaa oo lagu qeexo **daatada soo-saarka** (*Production data*). Waxayna daatadaa tusaale ahaan ka kooban tahay:

a) **Magacyada** iyo **cinwaanada** macaamiisha (*Name and address of customers*), b) **Noocyada** iyo **tirada** badeecadaha la iibiyey, c) **Qiimaha** shay kasta ee la iibsaday, d) **Hababka lacagaha** loo bixiyey, tusaale, *kaash* ama *kaar*, e) **Bangiga macaamilaha**, f) **Taariikhda** (*Date*), **saacadda** (*Time*), iyo **daqiiqadda** (*Minute*) wax la iibsaday, iwm.

Waxaa **daatada soo-saarka** ah laga iibiyaa *dilaaliin* lagu magacaabo "**Dilaalinta daatada**" (*Data brokers*). Waxayna dilaalintaa suuq-geeyaan daatadaa iyadoo halkaa laga dhalinayo *faa'iido dhaqaale*.

Dhinaca **Soomaaliya**, *daatada macaamiisha* ee maanta la uruuriyo aad bay u yar tahay maaddaama aan si buuxda loo fahamsanayn *macnaha, muhiimadda,* iyo *ka faa'iidaysga* daatada. Waxaa la rajaynayaa in buuggaan ku qoran **afka hooyo** uu fududeeyo *fahamka muhiimadda, ilaalinta, iyo ka faa'iidaysiga* daatada.

DATA CENTER

ENGLISH	SOOMAALI
Data Center ➔	Xaruunta Daatada

MACNAHA ERAYGA EE LUQADDA SOOMAALIGA:

Xaruunta daatada waa **xaruun dhexe** ama **dhismo** loo adeegsado keydinta *daatada, barnaamijyada kombiyuutar ee xasaasiga ah, iimeelada, shabakadaha iyo aaladaha la xariira*

MEANING IN ENGLISH (*Macnaha Erayga ee Luqadda Qalaad*):

A **data center** is a centralized **facility** or **building** used to store *data, critical applications, e-mails, networks, and related equipment*

TUSAALE (*Example*):

Farsawirka hoose waxaa ku xusan tiro ka mid ah unugyada ugu muhiimsan **xaruumaha daatada** (*Main units in data centers*):

TIRO KA MID AH UNUGYADA UGU MUHIIMSAN EE XARUUMAHA DAATADA (*Main Units of Data Centers*)

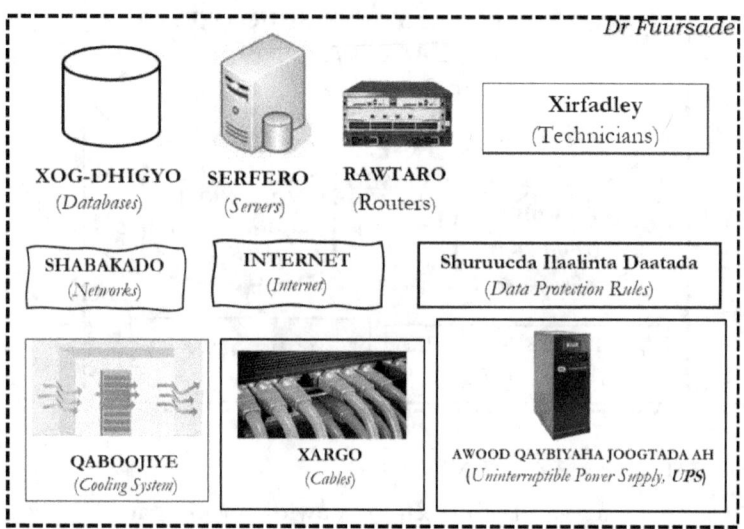

FAAH-FAAHIN DHEERI AH (*Further details*):

Unugyada ugu muhiimsan ee ka tirsan xaruumaha daatada waxaa mid ah:

a) **Serfero**, ee ah kombiyuutaro **awood weyn**, ee keydiya *xog-dhigyada* iyo *baarnaamijyada* xaruunta
b) **Xog-dhigyo** ku keydsan gudaha **serferada** ee si nidaamsan u keydiya **daatada** xaruunta
c) **Shabakado, xargo**, iyo **internet** isku xira qalabyada gudaha, dibadda, iyo adeegsadayaasha
d) **Qaaboojiyaal** hubiya in cabbirka heerkulka qalabyada yihiin cabbirkii loogu talagalay
e) **Xirfadleey** maamula hawlaha iyo daatada xaruumaha
f) **Awood qaybiyayaal joogtada ah** (UPS)ee ah aalad soo gudbisa koronto haddii ay korontada go'do
g) **Shuruuc** haga adeegsiga iyo maareynta **daatada** iyo tiro kale

DATA MANAGEMENT

ENGLISH	**SOOMAALI**
Data Management ➔	Maareynta Daatada

MACNAHA ERAYGA EE LUQADDA SOOMAALIGA:

Maareynta daatada waa hawlaha la xariira *uruurinta, keydinta, wax ka beddelidda,* iyo *ilaalinta* **daatada**

MEANING IN ENGLISH (*Macnaha Erayga ee Luqadda Qalaad*):

Data management is the practice of *collecting, storing, changing,* and *protecting* **data**

TUSAALE (*Example*):

Farsawirka hoose waxaa ku bandhigan **xog-dhig** (*Database*) dhinac **daato** laga soo gelinayo, dhinac kalena **xog** laga saarayo. Wuxuu kale farsawirka muujinayaa in la adeegsanayo barnaamij **hawl-fuliya** ah (*Application program*) si daatadaa tusaale ahaan loogu keydiyo xog-dhigga, waxna looga beddelo. Waxaa xogta laga soo saaro xog-dhiggaa loo adeegsadaa arrimo ay ka mid yihiin fududeynta *go'aan qaadashada, fahamka iyo tayeenta hawlaha ay daatadu quseeyso, saadaalin iyo qorsho dejin*, iwm

MAAREYNTA DAATADA (*Data Management*)

ADEEGSADE (*User*) ⇔ BARNAAMIJKA HAWL-FULIYE AH (*Application Program*) ⇔ XOG-DHIG (*Database*) ⇒ XOG (*Information*)

HOYGA DAATADA

Dr Fuursade

FAAH-FAAHIN DHEERI AH (*Further details*):

Maaddaama ay **daatadu** noqotay tiirka hawlaha iyo teknolojiyada, waxaa caalamka maanta **daatada** looga tixgaliyaa si la mid ah hantida la taabtaanka ah (*Physical Assests*), tusaale ahaan *dhismayaasha, qalabyada, warshadaha*, iwm. Waxayna muhiimadda iyo faa'iidooyinka laga helo **daatada** sababeen in la taago **xaruumo** lagu maamulo, laguna xanaaneeyo daatada, goobahaa oo loo yaqaano "**Xaruumaha Daatada**" (*Data Centers*).

Unugyada iyo hawlaha muhiimka ah ee la xariira **maaraynta daatada** waxaa ka mid ah:

a) Xog-dhigyo *keydiya* daatada
b) Serfero (*Servers*) loo adeegsado *keydinta* xog-dhigyada iyo barnaamijyada la xariira
c) Barnaamijyo kombiyuutar ee mas'uul ka ah *keydinta, ilaalinta,* iyo *wax ka beddelidda* daatada
d) Shabakado internet ee loo adeegsado *uruurinta, keydinta, maaraynta* daatada, iwm
e) Hawlo iyo aalado la xariira *ilaalinta* daatada (*Data protection*)
f) Shuruuc *qeexda* nidaamka loo maamulayo daatada iyo
g) Bakhaaro daato (*Data warehouses*) ee keydia *xog-dhigyada* kale duwan ee hay'adaha iyo tiro kale

DATA MINING

ENGLISH	SOOMAALI
Data Mining ➔	Nuxur-miirka Daatada

MACNAHA ERAYGA EE LUQADDA SOOMAALIGA:

Nuxur-miirka daatada waa nidaam lagu **darsayo** tiro mug weyn ee **daato** ah, kaddibna laga soo miirayo **xog wax-tar** leh ee loo adeegsado saadaalin (*Predictions*) iyo go'aan qaadasho (*Decision making*)

MEANING IN ENGLISH (*Macnaha Erayga ee Luqadda Qalaad*):

Data mining is the process of **analyzing** large volumes of **data**, and then extracting information **useful** for making predictions and decisions

TUSAALE (*Example*):

Farsawirka (*Sketch*) hoose waxaa ku bandhigan tusaale kooban ee hab ka mid hababka loo **nuxur-miiro daatada** hay'adaha iyo shirkadaha (*Data mining*)

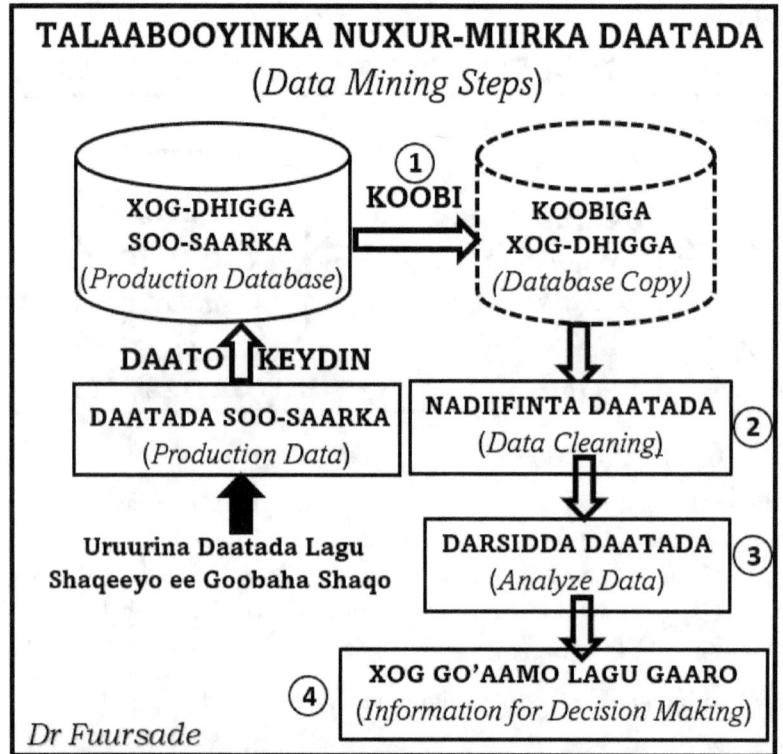

FAAH-FAAHIN DHEERI AH (*Further details*):

Daatada soo-saarka (*Production data*) ee **goobaha shaqo** waxaa lagu sameeyaa hawl lagu tilmaamo "**nuxur-miir**" (*Data mining*) ee caadiyan ka kooban talaabooyin ay ka mid yihiin: 1) **Daatada** ee lagu koobigareeyo **xog-dhig** cusub (*Koobi*), 2) **Dataada** oo lagu sameeyaa **nadiifin** (*Waxaa daatada laga saara qaybaha aan waxtarka u lahayn g'aamada iyo saadaalinta*), 3) **Daatada** oo la **darso**, iyo 4) Ugu dambayna, **daatadaa** oo laga soo miiro **xog wax-tar** u leh *saadaalinta iyo go'aan qaadashada*.

DATA MODEL

ENGLISH	SOOMAALI
Data Model ➔	Matalaha Daatada

MACNAHA ERAYGA EE LUQADDA SOOMAALIGA:

Matalaha daatada (*Data model*) waa **qaab-dhismeed** *si muuqaal ah* u soo bandhigaya tusaale ahaan habka ay maan-ahaan (*Logically*) **qaybaha daatada** hay'ad u habaysan tahay, isugna xiran tahay

MEANING IN ENGLISH (*Macnaha Erayga ee Luqadda Qalaad*):

A **data model** is a **representation** that displays *visually* for instance how the **elements** of an enterprise data are logically structured and related.

TUSAALE (*Example*):

Si loo fududeeyo fahamka iyo macnaha **matalaha daatada**, waxaan tusaale ahaan u soo qaadanaynaa shirkad yar ee iibisa qalabyo elektaroonik ah. Waxaa la doonayaa in la naqshadeeyo kaddibna la taago **xog-dhigga** shirkaddaa (*Database of the company*). Sidaa darteed, waxay arrintaa marka hore u baahan tahay qeexidda **matalaha daatada** shirkaddaa (*Data model*), kaasoo muujinya daata ay shirkadda uruurinayso iyo habka ay daatadaa isugu xiran yihiin. Waxayna hawshaa ka kooban tahay qeexidda:

a) **Unugyada** keydiya daatada shirkadda, kuwaa oo loo yaqaano **aruuro** (*Tables*)
b) **Qaab-dhismeedka** uu **aruur** kasta uu ka kooban yahay, sida *tirada* iyo *magacyada taagaaga* **aruur** kasta (*Number and names of the columns of each table*) iyo **nooca daatada** taagagga
c) **Furaha koowaad** (*Primary key*) ee aruur kasta iyo
d) **Xiriirada** ka dhaxeeya aruurada kuwaa ee loo yaqaano **furaha qalaad** (*Foreign keys*)

Waxaa qaybtaan hoose ka xusan tusaale muujinaya *matalaha daatada* shirkadda kor lagu soo xusay (*Data model of above mentioned company*) ee lagu soo koobay saddex aruur (*Three tables*) ee keydiya daatada, kuwaa oo kala ah: *Dukaamada, Iibka, iyo Qalabka*. Waxaa matalahaa ku xusan qaab-dhismeedka aruurada (*Table structure*) iyo habka ay aruurada isugu xiran yihiin (*Table relationships*).

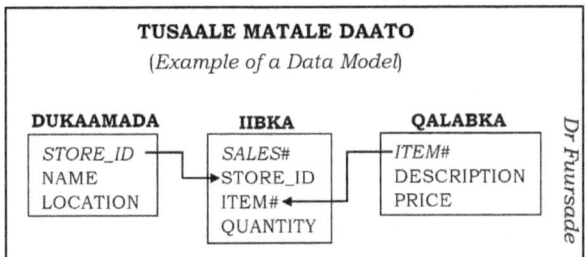

FAAH-FAAHIN DHEERI AH (*Further details*):

Mataalaha daatada (*Data model*) waa *qaab-dhismeed* soo bandhigaya unugyada keydiya daatada iyo hababka ay unugyadaa isugu xiran yihiin. **Matalaha daatada** ma'aha shay **jismi** leh (*Not a physical entity*), hasa-yeeshee, waa sawir maskaxeed muujinaya sida **nasqshadeeyaha daatada** (*Data designer*) u arkayo aruurada (*Tables*) keydiya daatada, taagagga aruurada (*Tables columns*), xiriirka ka dhaxeeya unugyadaa, noocyada furayaasha (*Primary key, foreign key, etc*). Ugu dambayn, **matalahaa** wuxuu sal u noqonayaa **xog-dhigga** (*Database*) lagu dhisayo kombiyuutarka, kaa oo ka tarjumaya matalaha.

DATA PROTECTION

ENGLISH   **SOOMAALI**

Data Protection ➔ Ilaalinta Daatada

MACNAHA ERAYGA EE LUQADDA SOOMAALIGA:

Ilaalinta daatada waa *habka* iyo *shuruucda* la adeegsado si loo hubiyo in **daatada** muhiimka ah ay **dhumin** ama aan loogu samayn **is-beddel** la fasaxin

MEANING IN ENGLISH (*Macnaha Erayga ee Luqadda Qalaad*):

Data protection is the *process* and *rules* used to safeguard important **data** from **loss** or non-permitted **changes**

TUSAALE (*Example*):

Farsawirka (*Sketch*) hoose waxaa ku bandhigan tiro ka mid ah hawlaha ugu muhiimsan ee loo adeegsado **ilaalinta daatada** (*Data Protection*)

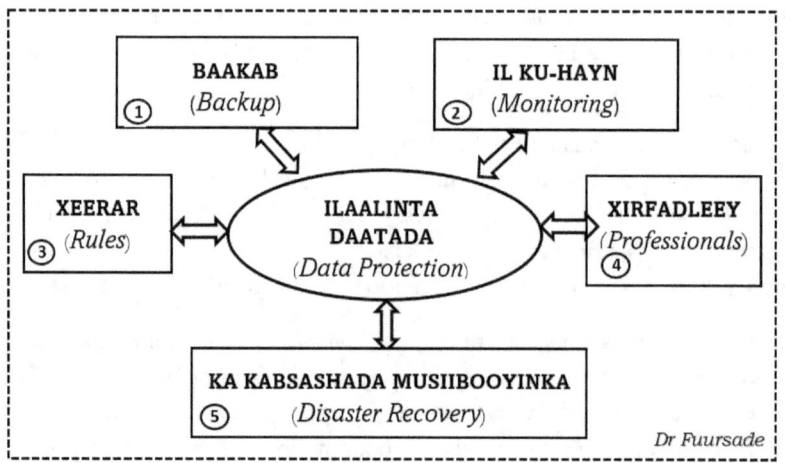

FAAH-FAAHIN DHEERI AH (*Further details*):

Daatadu waa raadka hawlaha ka socda goobaha shaqo. Sidaa darteed, waa muhiim in la hubiyo in uu **raadkaa dhumin** ama aan lagu samayn isbeddelo uu xeerka daatada oggolayn.

Hawlaha la xariira **ilaalinta daatada** waxaa ka mid ah:

a) Ku **keydinta** koobiyo (*Copies*) **daatada** goobo kala duwan oo ah nidaam loo yaqaano **baakab** (*Backup*), iyo **il ku-haynta** isbeddelada lagu sameeyo daatada, iyo xirfadleeyda maamusha daatada

b) **Qeexidda xeerar** muujinaya nidaamyo ay ka mid yihiin: *Yeey yihiin* adeegsadayaasha *eegi* kara, *wax ka* beddeli *kara,* iyo maamuli *kara* daatada; iyo *xeerar qeexaya isbeddelada lagu samayn karo daatada ku keydsan gudaha xog-dhigyada,* iwm; waana in ay jiraan *xirfadleey ilaalisa* daatadaa iyo

c) **Nidaamyo** qeexan ee hababka looga soo kabsan karo haddii ay musiibo ku timaaddo daatadaa keydsan, sida *dab, daad, duufaan, burbur, argagixiso, qad-jabsi* (*Hackers*)*,* iwm, nidaamyadaa ee loo yaqaano ka "**kabsashada musiibooyinka**" (*Disaster recovery*)

DATA QUALITY (QA)

ENGLISH	SOOMAALI
Data Quality ➜	Tayada Daatada

MACNAHA ERAYGA EE LUQADDA SOOMAALIGA:

Tayada daatada waa **cabbirka** tilmaamaya *saxnaanta*, *dhamaystirka*, *is-lahaanta*, iyo *ansaxnaanta* hababka uruurinta daatada iyo unugyada kala duwan oo ay **daataadaa** ka kooban tahay

MEANING IN ENGLISH (*Macnaha Erayga ee Luqadda Qalaad*):

Data quality (QA) is the **measure** that indicates the *accuracy*, *completeness*, *consistency*, and *validity* of the collection methods and the composition of the **data**

TUSAALE (*Example*):

Farsawirka hoose wuxuu muujinayaa tiro ka mid ah **sifooyinka** tilmaama heerka **tayada daatada**. Haddii ay **sifooyinkaa** ay tayo hooseeyaan, daatadu waxay noqoni mid **aan** guud ahaan **tayo fiicnayn** oo *adeegsigeeda iyo go'aamada* ka dhasha ay noqonayaan kuwa aan la isku halayn karin.

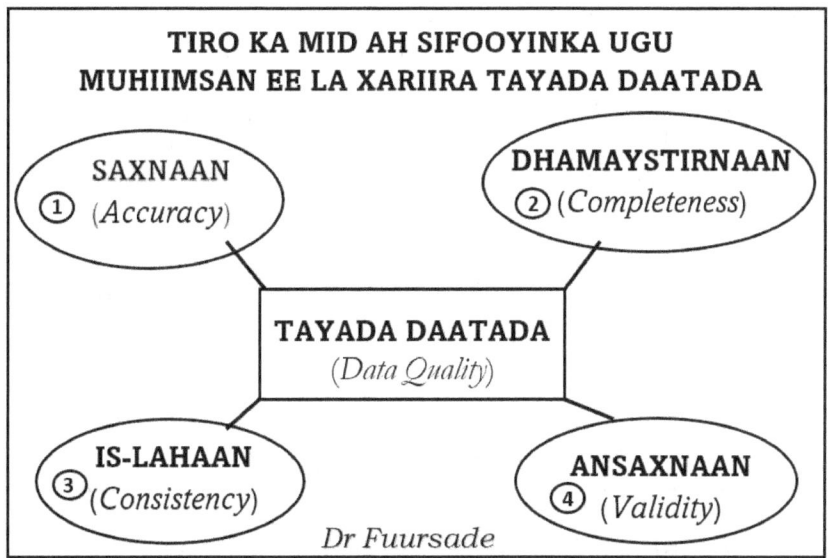

FAAH-FAAHIN DHEERI AH (*Further details*):

Daatada waa **miraha** laga dhaliyo **xogta**. **Xogtuna** waa tiirka **go'aamada**. **Go'aamaduna** waa **furaha** *guusha* iyo *guuldarooyinka* talaabooyinka ay qaadaan *madaxada, dawladaha, shirkadaha, qoysaska, shaqsiyaadka*, iwm. Sidaa darteed waa muhiim in la hubiyo in daatada la adeegsanayo ay tahay mid:

1) Sax ah, 2) Damaystiran, 3) Qaybaheeda kala duwan islee yihiin (*Is-lahaansho*), iyo 4) Waafaqsan shuruucda iyo nidaamka u degsan goobtaa (*Ansaxnaan*)

Muhiimadda ay maanta daatadu leedahay awgeed, waa **lama huraan** in lagu dadaalo *sare-u-qaadidda* **tayada daatada** la *uruuriyo* ee la *keydiyo* si looga soo dhuuxo natiijooyin wax-ku-ool ah. **Tayada daataduna** waxaa **sal** u ah **sifooyinka** kor ku xusan ee loo baahan yahay in si taxaddir leh loo hirgaliyo.

DATA SCIENCE

ENGLISH	SOOMAALI
Data Science ➔	Cilmiga Daatada

MACNAHA ERAYGA EE LUQADDA SOOMAALIGA:

Cilmiga daatada waa **daraasadaha** la xariira **daatada mugga-weyn** iyadoo la adeegsanayo *aalado* iyo *xeelado* casri ah, lagana soo dhuuxayo **aqoon, faham buuxa,** iyo **xog waxtar leh** ee fududeeysa **gaaridda go'aamada** muhiimka ee goobaha shaqo

MEANING IN ENGLISH (*Macnaha Erayga ee Luqadda Qalaad*):

Data science is the **study** that deals with **large volumes** of **data** using modern *tools* and *techniques* to extract **knowledge, insight,** and **meaningful information** which help make important business **decisions.**

TUSAALE (*Example*):

Waxaa qaybtaan hoose ka muuqda farsawir (*Sketch*) si guud u muujinaya tiro ka mid ah qaybaha ugu muhiimsan ee quseeya **cilmiga daatada** (*Data Science*)

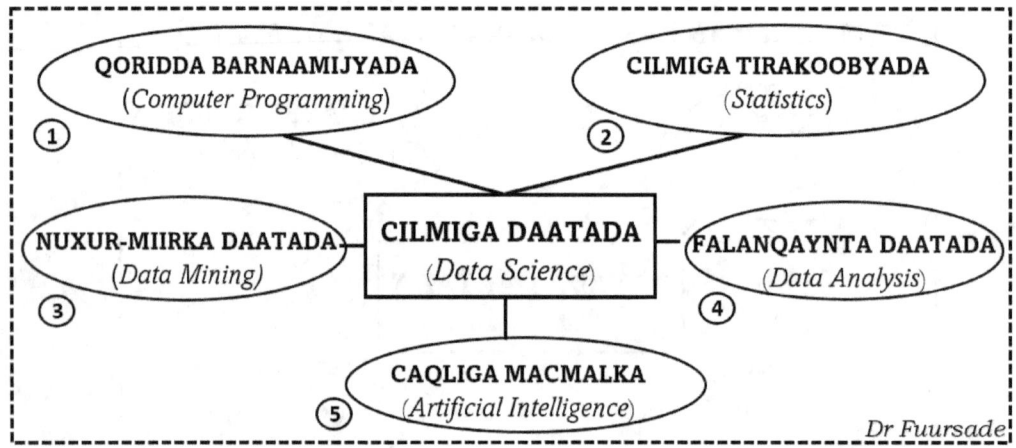

FAAH-FAAHIN DHEERI AH (*Further details*):

Cilmiga daatada (*Data science*) waa cilmi quseeya **xirfado** iyo tiro **aqoon** ah oo ay ka mid yihiin *qoridda barnaamijyada kombiyuutar, cilmiga tirakoobyada, nuxur-miirka daatada, falanqaynta daatada, caqliga macmalka,* iwm. Aqoonyahaanada ku hawlan **cilmiga daatada** waxay darsaan **daatooyinka mugga weyn** ee ku keydsan goobo ay ka mid yihiin *warshadaha, internet-ka, isgaarsiinta, goobaha caafimaad, dareemayaasha ku rakiban qalabyada elektaroonikada (Electronic sensors), goobaha tacliinta, goobaha ganacsiga, tirokoobyada, bangiyada, goobaha warbaahinta, iyo ilo kale (Other data sources).*

Ujeeddada ugu weyn ee cilmiga daatada waa ka soo dhuuxidda **xog sal** u noqota **go'aamada** ay qaataan madaxda *shirkadaha, hay'adaha, dawladaha,* iwm. Sidaa darteed, waxay daraasadaha ifiyaan muhiimadda hantida daahsoon ee ku hoos duugan **daatada**, taa oo keentay in maanta caalamka horumaray laga **qirto** in daatadu noqotay *shiidaalka cusub ee caalamka* iyo sidoo kale *badeeco* la kala iibsado.

DATA TYPE

ENGLISH   **SOOMAALI**

Data Type   ➜   Nooca Daatada

MACNAHA ERAYGA EE LUQADDA SOOMAALIGA:

Dhinaca cilmiga kombiyuutarada (*Computer Science*), **nooca daatada** (*Data type*) waa sifo lagu lamaaniyo daatada la soo uruuriyo, laguna keydiyo *kombiyuutarada*. Waxayna sifadaa ka cawini barnaamijka habka daatadaa loola macaamilo.

MEANING IN ENGLISH (*Macnaha Erayga ee Luqadda Qalaad*):

In the field of computer science, a **data type** is an attribute that is associated with pieces of data that are collected and inputted into *computers*. It helps the program on how to interpret its value.

TUSAALE (*Example*):

Markii la adeegsanayo barnaamijyada kombiyuutar, waa in barnaamijka loo sheegaa nooca daatada (*Data type*) la soo gelinayo. Waxayna noocyadaa noqon karaan tusaale ahaan:

a) Nambaro (*Numbers*), b) Xarfo (*Characters*), c) Taariikh (*Date*), iyo d) noocyo kale (*Other types*)

Waxaa qaybtaan hoose ka bandhigan tusaalooyin saddex nooc ee daatada kor ku xusan ee kala ah noocyada: **Nambar, Xarfo**, iyo *taariikh*.

Nambar sida:	**Xarfo** sida:	**Taariikh** sida:
5	'Asli'	'1-Juulaay-1960'

Waxaa farsawirka hoose ku bandhigan fariinta ah **N=5** ee ku xusan tusaale ahaan gudaha *barnaamij kombiyuutar sida* **Python**. Wuxuu isla markaa **Barnaamijka maamulaha** (*Operating system*) ee kombiyuutarka cayimi goob ka mid ah *keydka xasuusta ku-meelgaarka kombiyuutarka* (**RAM**) ee lagu magacaabo "**N**", laguna keydinayo daato **nooceedu** yahay **nambar**, *qiimaheeduna* yahay **shan (5)**.

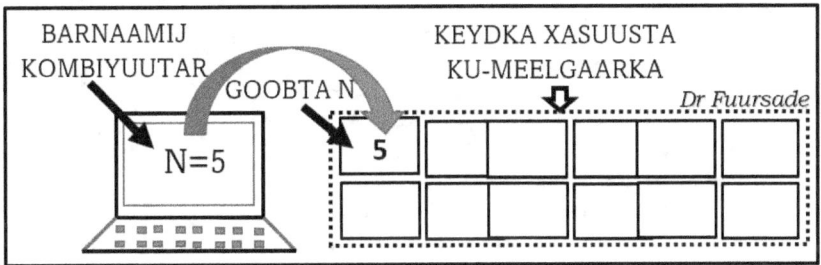

FAAH-FAAHIN DHEERI AH (Further details):

Markii ay **barnaamijyada kombiyuutar** hawlo fulinayaan, wuxuu badiba kombiyuutarku u baahdaa in dibedda laga soo geliyo **daato** la xariirta hawlahaa. Waxaana isla markiiba **Barnaamijka Maamulaha** (*Operating System*) qeexayaa magaca **goobta keydka xasuusta** ee lagu keydinayo daatadaa, ee lagu tilmaamo **doorsoome** (*Variable*). Hasa-yeeshee, si uu ula macaamilo **daatada** la soo gelinayo, si saxna hawlahaa ugu fuliyo, wuxuu kombiyuutarku u baahan yahay in loo kala sheego **noocyada** ay daatadaa la soo gelinayo kala yihiin, s*ida nambar, xaraf, taariikh,* iwm. Waxaana *sifadaa* lagu tilmaamaa **nooca daatada** (*Data type*).

DATA WAREHOUSE

ENGLISH	SOOMAALI
Data Warehouse ➔	Bakhaarka Daatada

MACNAHA ERAYGA EE LUQADDA SOOMAALIGA:

Bakhaar daato (*Data warehouse*) waa goob dhexe ee keydisa daato **mug weyn** ee laga soo uruuriyo **adeegyada** iyo **qaybaha kala duwan** ee **hay'adaha** waa-weyn, loona adeegsado fududaynta badiba gaaridda go'aamo waxtar leh.

MEANING IN ENGLISH (*Macnaha Erayga ee Luqadda Qalaad*):

A **data warehouse** is a central repository that stores a **large volume** of data from variety of **activities** and **sources** within big organization and used mainly to help make better decisions

TUSAALE (*Example*):

Waxaa farsawirka hoose ku bandhigan tusaale nooc ka mid ah **bakhaarada daatada** ay ku keydsan **yihiin daato** laga soo uruuriyey dhowr **xog-dhig** (*Databases*) oo ay shirkad leedahay ee kala ah: *Xog-dhig qalab*, *xog-dhig shaqaale*, iyo *xog-dhig adeeg*. Waxaana goobta dhexe ee farsawirka ku bandhigan **bakhaar daato** (*Data warehouse*). Waxaa qaab-dhismeed ahaan daatada gudaha bakhaaradaa caadiyan loo habeeyaa saddex qayb ee kala ah: 1) **Daato la soo koobay** (*Summarized data*), 2) **Daato cayriin ah** (*Raw data*), iyo 3) **Daato-qeexe** (*Meta-data*). **Daata la soo koobay** waa mid si kooban u soo bandhigaysa *daatada muhiimka ee ku keydsan* gudaha **bakhaarka**. **Daatada cayriinka** waa wadarta dhamaan daatada laga soo wada *uruuriyeey* xog-dhigyada kala duwan ee la isku milmiyey. **Daato-qeexaha** (*Meta-data*) waa daato faah-faahinaysa *qaab-dhismeedka iyo noocyada daatada* ku keydsan **bakhaarka**. Waxaana qaybta midig ku xusan tusaale *saddex soo-saar* ee bakhaarkaa (*Three outputs*).

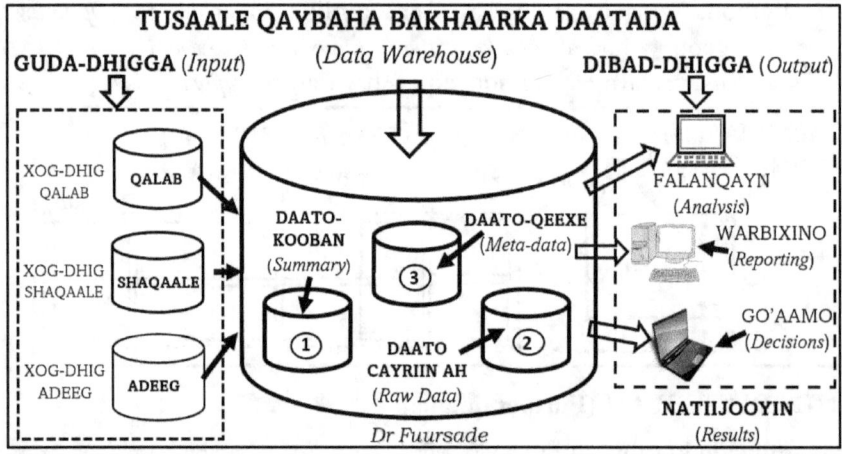

FAAH-FAAHIN DHEERI AH (*Further details*):

Daatada ku keydsan **bakhaarada daatada** waxaa laga soo uruuriyaa *xog-dhigyo* kala duwan ee keydiya daato kala nooc ah (*Heterogeneous data*) oo ay caadiyan leeyihiin hay'adaha waa-weyn. Ujeeddada ugu weyn ee loo rakibo **bakhaarada daatada** waa soo saaridda **xog waxtar leh** ee la xariirta hawlaha iyo adeegyada oo ay ka mid yihiin: 1) **Xog** loo adeegsado **falanqayn** (*Analysis*), 2) **Warbixino** (*Data Reporting*) la xariira *hawlaha* iyo *adeegyada* la fuliyey, iyo 3) **Go'aamo** dhaliya talaabooyin horumareed.

DATABASE

ENGLISH	SOOMAALI
Database ➔	Xog-Dhig

MACNAHA ERAYGA EE LUQADDA SOOMAALIGA:

Xog-dhiggu waa **daato** (*Data*) la soo uruuriyey oo u naqshadaysan hab fududeeysa *xulidda, wax-ka-beddelka, iyo maareynta* **daatadaa** ku keydsan xog-dhiggaa iyo ka soo saaridda **xog** waxtar leh.

MEANING IN ENGLISH (*Macnaha Erayga ee Luqadda Qalaad*):

A **database** is a collection of **data** which are structured in a way that facilitates the *selection, modification,* and *management* of the data stored within the database and the generation of relevant **information**.

TUSAALE (*Example*):

Xog-dhigyada (*Databases*) goobaha shaqo waxay ka kooban yihiin tiro **aruuro** ah (*Tables*) oo isku wada xiran, oo gaara ilaa dhowr kun, si habaysana loo naqshadeeyey. Farsawirka hoose waxaa ku bandhigan tusaale jaantuska **xog-dhig** (*Database diagram*) aad u yar ee matalaya qayb ka mid ah bangi. Wuxuuna xog-dhiggaa ka kooban yahay **afar aruur** keliya ee kala ah **CUSTOMERS, BRANCHES, ACCOUNTS**, iyo **TRANSACTIONS**. Aruuradaa waxay isku wada-xiran yihiin; waxaana isku xirka aruurada (*Table relationships*) loo adeegsadaa taagagga (*Columns*) la yiraahdo **furaha koowaad** (*Primary key*) iyo **furaha qalaad** (*Foreign key*) ee ka mid ah aruuradaa.

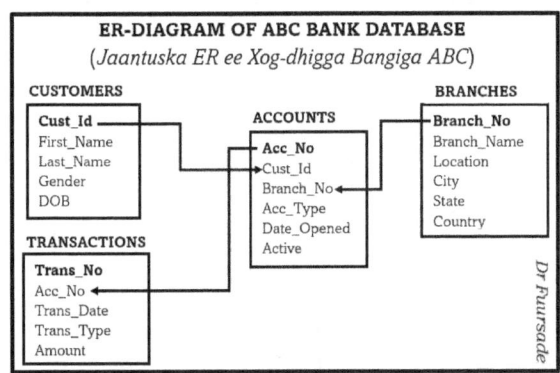

FAAH-FAAHIN:

ER Diagram, oo u taagan **Entity Relationship Diagram** (*Jaantuska Xiriirka Unugyada*), waa **jaantus** soo bandhigaya aruurada (*Tables*) ku keydsan **xog-dhig** (*Database*), **taagaggooda** (*Columns*), & **xiriirka** ka dhaxeeya aruuradaa (*Table Relationships*)

FAAH-FAAHIN DHEERI AH (*Further details*):

Xog-dhigyada (*Databases*) waa *qaab-dhismeedyo laf-dhabar* u ah hawlaha iyo adeegyada ka socda goobaha shaqo, sida tusaale ahaan *bangiyada, warshadaha, goobaha caafimaad iyo waxbarasho*, iwm. Waxayna guud ahaan dowr weyn ku leeyihiin horumarka *teknolojiyada dijitaalka* ee waayahaan ku baahay caalamka. **Xog-dhig la'aantii** dhamaan hawlaha kor lagu soo xusay iyo tiro kale way wada curyaami lahaayeen. Tusaale arrintaa la xariirta waxaa ka mid ah adeegyada *bangiyada, lacag wareejinta, iyo xawilaadaha* ku baahay **Soomaaliya** oo ku wada saleeysan *xog-dhigyo* keydiya *daatada* macaamiisha. Dhinaca kale, waxaa jira tiro **barnaamijyo kombiyuutar** ee loo adeegsado *hirgalinta iyo maamulidda* **xog-dhigyada** iyo *keydinta daatada* (*Database management*) iyo *soo-saaridda* **xogta**. Waxaana ka mid ah **Oracle** (*oo ay leedahay shirkadda Oracle*), **SQL Server** (*oo ay leedahay shirkadda MicroSoft*), **DB2** (*oo ay leedahay shirkadda IBM*) iyo **MS Access** (*oo ay leedahay MicroSoft loona adeegsado xog-dhigyada yar-yar*).

DATABASE SERVER

ENGLISH	SOOMAALI
Database Server ➔	Serfer Xog-Dhig

MACNAHA ERAYGA EE LUQADDA SOOMAALIGA:

Serfer xog-dhig (*Database server*) waa kombiyuutar maamula **xog-dhigyada** goobaha shaqo (*Databases of workplaces*) ee fuliya codsiyada adeegsadayaasha (*User requests*) ee dhinaca daatada, sida *gelinta, wax-ka-beddelka, iyo soo saaridda daatada*.

MEANING IN ENGLISH (*Macnaha Erayga ee Luqadda Qalaad*):

A **database server** is a computer that manages **databases** of workplaces and delivers user requests, such as *entering, modifying, and retrieving data*.

TUSAALE (*Example*):

Waxaa farsawirka hoose ka muuqda tusaale la fududeeyey (*Simplified sketch*) ee muujinaya **adeegsade** (*User*) ku xirmaya **serfer xog-dhig** (*User connecting to a database server*) ee goob shaqo. Wuxuuna tusaalahaa adeegsaduhu marka hore ku xirmayaa barnaamij *hawlfuliye* (*Application Program*) ee ku keydsan kombiyuutarkiisa. Wuxuu barnaamijkaa codsiyada adeegsadaha u sii gudbinaya *serferka xog-dhigga* (*Database server*), kaa oo keydiya isla markaana maamula xog-dhigga. Wuxuuna kaddib, *serferka xog-dhigga* soo celinayaa *jawaabaha*. Waxaa sidoo kale farsawirka ka muuqda **quful** muujinaya in *serferka xog-dhigga* ay ku xirmi karaan oo keliya adeegsadayaasha haysta **furaha** saxda ah (*Right password*).

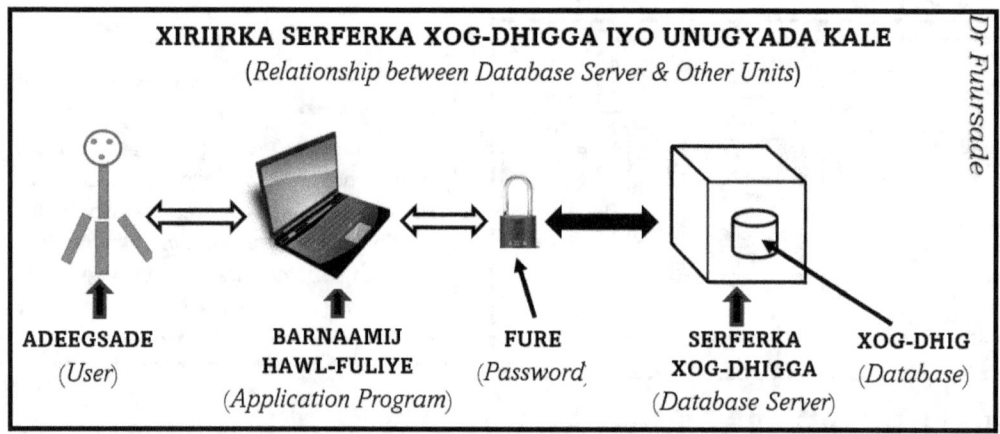

XIRIIRKA SERFERKA XOG-DHIGGA IYO UNUGYADA KALE
(*Relationship between Database Server & Other Units*)

ADEEGSADE (*User*) — BARNAAMIJ HAWL-FULIYE (*Application Program*) — FURE (*Password*) — SERFERKA XOG-DHIGGA (*Database Server*) — XOG-DHIG (*Database*)

FAAH-FAAHIN DHEERI AH (*Further details*):

Serferada xog-dhigyada waa hooyga **xog-dhigyada** iyo **barnaamijyada** maamula daatadaa xog-dhigga. Marka aad tusaale ahaan ku xirantid *akoonitga bangi* ee aad eegaysid xisaabtaada, **xogta** kuu soo baxaysid waxay ku keydsan yihiin **serferadaa**. Waxayna **serferadaa** ka kooban yihiin **hardaweer** quwad weyn iyo **softaweero** iyo **xog-dhigyo** fuliya adeegyo muhiim ah. Inkastoo unugyada ku xusan farsawirka la fududeeyey, waxaa goobaha shaqo ka jira unugyo kale ee u dhaxeeya adeegsadaha iyo serferka xog-dhigga.

Barnaamijyada maanta ugu waa-weyn ee caalamka ee maamula **xog-dhigyada**, iyo **daatada** ku keydsan, waxaa ka mid ah: *Oracle, SQL Server, DB2, MySQL, PostgreSQL, MongoDB*, iyo tiro kale

DESKTOP COMPUTER

ENGLISH   **SOOMAALI**

Desktop Computer ➔ Kombiyuutarka Miis-Saarka

MACNAHA ERAYGA EE LUQADDA SOOMAALIGA:

Kombiyuutarka miis-saarka waa kombiyuutar loogu tala galo *guryaha* iyo *xafiisyadaba*, qaab-ahaana ku habboon in *la dulsaaro miis*

MEANING IN ENGLISH (*Macnaha Erayga ee Luqadda Qalaad*):

A **desktop computer** is a computer designed for both *offices* and *homes* and that can fit on *the top of a desk*

TUSAALE (*Example*):

Waxaa farsawirka hoose ka bandhigan nooc ka mid ah **kombiyuutarada miis-saarka** ah (*Desktop Computers*) iyo **afartiisa** qayb ee caadiyan isha qabato, kuwaa oo kala ah: 1) **Unugga Kombiyuutarka** (*System Unit*), 2) **Shaashadda** (*Monitor* or *Screen*), 3) **Kiiboorka** (*Keyboard*), iyo 4) **Maawuska** (*Mouse*)

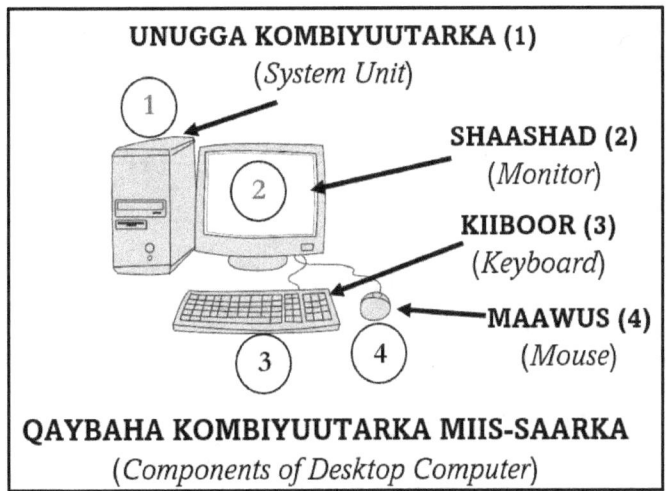

UNUGGA KOMBIYUUTARKA (1) (*System Unit*)
SHAASHAD (2) (*Monitor*)
KIIBOOR (3) (*Keyboard*)
MAAWUS (4) (*Mouse*)

QAYBAHA KOMBIYUUTARKA MIIS-SAARKA (*Components of Desktop Computer*)

FAAH-FAAHIN DHEERI AH (*Further details*):

Kombiyuutarada **miis-saarka** ah (*Desktop computers*) waa kombiyuutaro caadiyan ka **cabbir, culeys,** iyo **awood weyn** kombiyuutarada **dhab-saarka** ah (*Laptop computers*) ilaa xadna ka raqiisan markii ay awooddooda isku bar-bardhigan yihiin. Sababta loogu magac daray "**miis-saar**" (*desktop*) waxay tahay markii cabbirkooda loo eego waa kombiyuutaro loo naqshadeeyo in la dul saaro **miisaaska** (*Top of desks*) isla markaana aan la saari karin **dhabta**, sida kombiyuutarada **dhab-saarka ah**.

Qiimaha iyo awoodda kombiyuutarka **miis-saarka** waxaa tilmaam u ah qaybta lagu magacaabo **unugga kombiyuutarka** (*System unit*) kaa oo ay ku keydsan yihiin: hooyga unugyada (*Motherboard*), maskaxda kombiyuutarka (*CPU*), keydka adag (*Hard disk*), iwm. Qaybaha kalee ku rakiban kombiyuutarkaa waxaa caadiyan lagu tilmaamaa *hareeraha* (*Peripherals*). Dhinaca kale, kombiyuutarada heerka sare ee **miis-saarka** ah waa kuwa *awood* iyo *cabbir* ahaan u dhaxeeya kombiyuutarada *dhab-saarka* ah iyo kuwa "**jirweynaha ah**" (*Mainframes*) oo ay adeegsadaan shirkadaha waa-weyn.

DEVICE DRIVER

ENGLISH	SOOMAALI
Device Driver ➔	Qalab Hage

MACNAHA ERAYGA EE LUQADDA SOOMAALIGA:

Dhinaca kombiyuutarada, **qalab hage** (*Device driver*) waa **barnaamij kombiyuutar** ee awood u siinaya qalabyada hareeraha (*Peripherals*), sida *daabecaha* (*Printer*), in ay la shaqeeyaan qalabka lagu rakibayo, sida kombiyuutar

MEANING IN ENGLISH (*Macnaha Erayga ee Luqadda Qalaad*):

In computers, a **device driver** is a computer program that allows *peripherals*, such *a printer*, to work with the device they are being attached to, such as a computer

TUSAALE (*Example*):

Waxaa qaybta hoose ka muuqda farsawir muujinaya qaabka ay u wada shaqeeyaan **kombiyuutarka** iyo **qalabyada banaanka** looga rakibo ee loo yaqaano qalabyada **hareeraha** (*Peripherals*), sida **daabecaha** (*Printer*). Sida ka muuqata farsawirka hoose, markii tusaale ahaan la adeegsanayo *MS Windows* iyo *MS Word*, haddii **adeegsadaha** ku xusan farsawirka hoose, ee lagu magacaabo *Dr Nur*, ka codsado *barnaamijka hawl-fuliyaha ah* (*Application program*) in loo daabaco **dokumenti**, wuxuu **codsiga** u gudbayaa **barnaamijka MS Windows**, oo u sii gudbinaya fariinta barnaamijka **qalab hagaha ah** (*Device driver*). Wuxuu barnaamijka **qalab hagaha** u fududeynaya *daabecaha* qaabkii uu u daabici lahaa. Sida ka muuqata tusaalahaa, dowrka **qalab hagaha** waa fududeeynta xiriirka *barnaamijka maamulaha* iyo *daabecaha;* waa sida tarjume u kala tarjumiya labo shaaqsi oo kala luqad ah

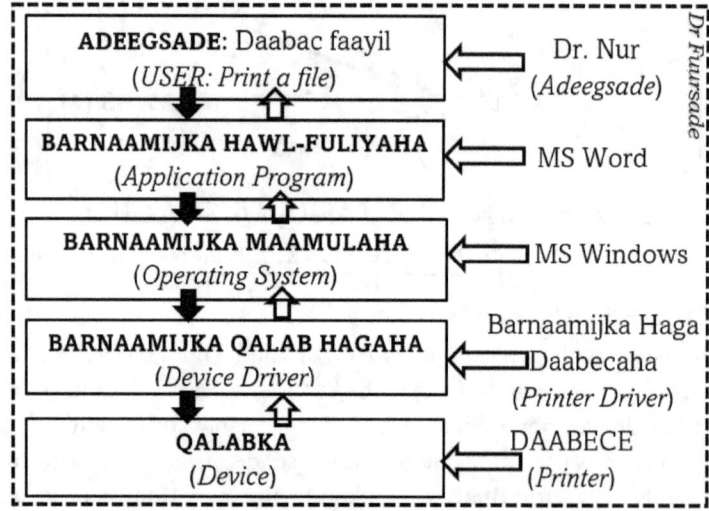

FAAH-FAAHIN DHEERI AH (*Further details*):

Markii **qalab** cusub, sida **daabece** cusub (*New printer*), lagu **rakibayo** kombiyuutarka wuxuu barnaamijka maamulaha, ee haga kombiyuutarkaa (*Operating System*), u baahan yahay in loo sheego nooca qalabkaa cusub iyo habka uu ula shaqeeynayo. Waxaa dowrka **wada-shaqayntaa** fuliya barnaamijka la yiraahdo "**Qalab Hage**" (*Device driver*) oo uu qalabka cusub wato, loona baahan yahay in lagu duubo kombiyuutarka. Haddii aan lagu duubin, qalabkaa cusub lama shaqayn karayo kombiyuutarkaada.

DIGITAL

ENGLISH	SOOMAALI
Digital ➔	Dijitaal

MACNAHA ERAYGA EE LUQADDA SOOMAALIGA:

Dijitaal waa eray tilmaamaya aalado *u keydiya, u gudbiya, una maamula* **qoraalada, nambarada, sawirada, muqaalada, codadka,** iwm, hab ku saleeysan **nidaamka labaalaha** (*Binary system*), kaa oo adeegsada tixanaha nambarada **0** (*Eber*) iyo **1** (*Hal*) keliya

MEANING IN ENGLISH (*Macnaha Erayga ee Luqadda Qalaad*):

Digital refers to systems that *store, transmit,* and *process* **text, numbers, pictures, video, voice,** etc., by using **binary** digits which consist of a series of only **0** (*Zero*) and **1** (*One*)

TUSAALE (*Example*):

Waxaa farsawirka hoose ka xusan tusaalooyin tiro qalabyo ah ee ku saleeysan nidaamka **dijitaalka** ah, kuwaa oo maanta aad looga adeegsado caalamka. Waxay qalabyadaa daatada u rogaan isku dhafka nambarada 0 iyo 1 si ay u maamulaan *nambarada, xarfaha, sawirada, codadka, waqtiga, muuqaalada,* iwm. Tusaale, xarfaha A iyo B waxay u rogaan nambarada labaalaha ee kala ah: 01000001 iyo 01000010

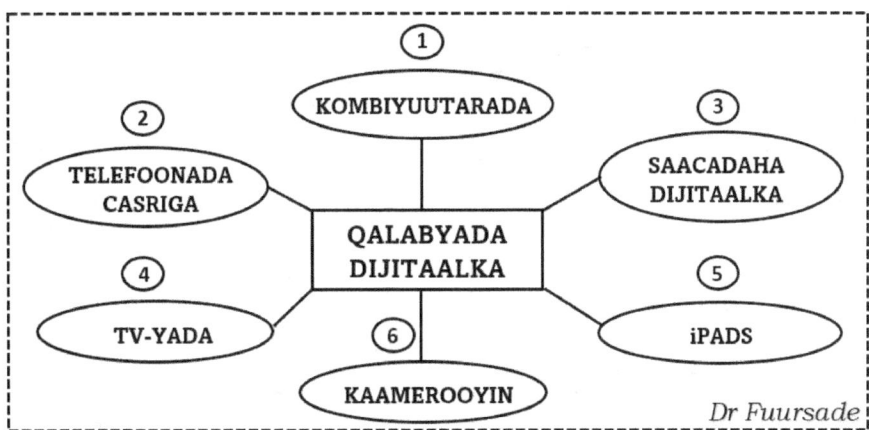

FAAH-FAAHIN DHEERI AH (*Further details*):

Guud ahaan erayga **dijitaal** (*Digital*) waa eray tilmaamaya hab *daatada* loo maamulo ee ku saleeysan **nidaamka labaalaha** (*Binary system*) kaa oo adeegsada nambarada **eber** iyo **hal** keliya. Waxaana lagu hirgaliyaa iyadoo la adeegsanayo aalado *yar-yar ee elektaroonik ah* ee lagu magacaabo **taraansistaro** (*Transistors*). Dhinaca kale, nambarada aan adeegsano waa kuwa ku saleeysan nidaamka **tobanlaha** (*Decimal system*), kuwaa oo ku saleeysan tirooyinka **0** (**Eber**) iyo **9** (**Sagaal**), halka xarfaha Luqadda Ingiriiska ay ka kooban yihiin isku dhafka xarfaha u dhaxeeya **A** ilaa **Z**.

Tusaale ku saabsan aalad ku saleeysan nidaamka dijitaalka waxaa ka mid ah kombiyuutarka oo **wax kasta ee la geliyo** *u roga, u keydiya, una maamula* **nidaamka labaalaha** ah (*Binary systems*); sababtaa ayaa kombiyuutarka loogu tilmaamaa aalad *dijitaal ah*. Tusaale kale, haddii aad kombiyuutarka ku qortid erayga "**Somalia**", wuxuu xaraf kasta ee eraygaa kombiyuutarka u beddeli dhiggooda dhinaca nambarada labaalaha, kuwaa oo ka kooban "0" iyo "1" keliya.

DIGITAL CITIZEN

ENGLISH	SOOMAALI
Digital Citizen ➔	Muwaadinka Dijitaalka

MACNAHA ERAYGA EE LUQADDA SOOMAALIGA:

Muwaadinka dijitaalka (*Digital citizen*) waa shaqsi leh **xirfadaha** teknolojiyada xogta, una adeegsada xirfadahaa si **mas'uuliyad leh** iyo **amaan ah**

MEANING IN ENGLISH (*Macnaha Erayga ee Luqadda Qalaad*):

A **digital citizen** is someone who has information technology **skills** and who uses his/her skills in a **responsible** and **safe** way

TUSAALE (*Example*):

Waxaa qaybta hoose ka muuqda farsawir muujinaya tiro ka mid ah **sifooyinka** uu leeyahay "**Muwaadinka dijitaalka**" (*Attributes of digital citizen*)

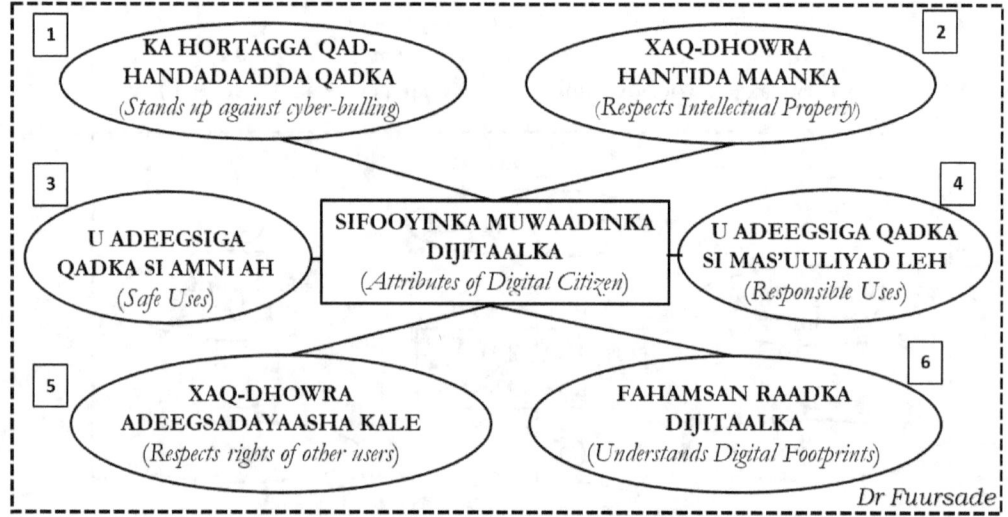

FAAH-FAAHIN DHEERI AH (*Further details*):

Waxaa waayahaan dambe dunida aad ugu baahay **adeegsiga teknolojiyada**. Waxayna *shaqooyinkii, ganacsigii, waxbarashadii, iyo xiriirkii* noqdeen kuwa si buuxda ugu saleeysan **internet**-ka iyo aaladaha dijitaalka. Arrintaa waxay sababtay in ay soo ifbaxdo **adduunyo cusub** oo aan **soohdin lahayn** oo ay **muwaadiniintooda** lahayn **dawlad** u gaar ah. Waxaa badiba adeegsadayaashaa lagu tilmaamaa "**muwaadininiinta dijitaalka**" (*Digital citizens*).

Waxaa jira tiro *sifooyin gaar ah* ee loo baahan yahay in uu shaqsi muujiyo si uu ugu biiro **muwaadiniinta dijitaalka**. Waxaana sifooyinkaa ugu horeeya *kartida* shaqsiga ee dhinaca *adeegsiga internet*-ka iyo *aaladaha dijitaalka*. Kuwaa ka sakoow, sifooyinka kale ee **muwaadinka dijitaalka** waxaa ka mid ah in uu shaqsi: a) Ka hortagi karo caga-juglaynta la xariirta **handadaadda qadka** (*Cyber-bullying*), b) Xaq-dhowro **hantida maanka** (*Intellectual property*), c) U adeegsado internet-ka *si amni ah* iyo *mas'uuliyad leh*, d) Xaq-dhowro adeegsadyaasha internet-ka, iyo e) U reebin raad dijitaal ah ee aan habboonayn. Ugu dambayn, waxaa xusid mudan in cinwaanka "**Muwaadinka Dijitaalka**" u yahay *cinwaan sharafeed* lagu hantiyo keliya markii la muujiyo sifooyinka kor lagu soo xusay.

DIGITAL DIVIDE

ENGLISH	SOOMAALI
Digital Divide →	Farqiga Dijitaalka

MACNAHA ERAYGA EE LUQADDA SOOMAALIGA:

Farqiga Dijitaalka waa *farqiga* u dhaxeeya dadka iyo bulshooyinka **awoodda u leh helitaanka** & **adeegsiga** *teknolojiyada xogta iyo isgaarsiinta casriga ah* iyo kuwa **aan awoodaa lahayn**

MEANING IN ENGLISH (*Macnaha Erayga ee Luqadda Qalaad*):

The **digital divide** refers to the **gap** between people and communities who have the **ability to access** and **use** the *modern information and communications technology* and **those who don't**

TUSAALE (*Example*):

Waxaa qaybtaa hoose ku bandhigan sawir si muuqaal ah uu muujinaya macnaha "**Farqiga dijitaalka**". Waxaa sawirkaa ku xusan *labo koox*. Si gaar ah uu eega qalabyada ay **labadaa koox** u kala adeegsanayaan waxbarashadooda, aaladahaa oo koox ka mid ah u sahlaya waxbarashadooda. Haddi ardayda **kooxda 1aad** haysan lahaayeen aaladaha iyo fursadaha **kooxda 2aad**, waxaa u fududaan lahaa waxabarashadooda, taa oo soo dedejin lahayd horumar baahsan

FAAH-FAAHIN DHEERI AH (*Further details*):

Arrimaha sababa **farqiga dijitaalka** waxaa ka mid ah "**haysashada & adeegsiga**" iyo "**haysasha la'aanta iyo adeegsi la'aanta**" arrimo ay ka mid yihiin

a) **Internet** *joogta ah* ee awood weyn ee ku baahsan goob walba
b) **Qalabyada teknoloji** ee casriga ah sida *kombiyuutaro, teleefonada casriga ah*, iwm
c) **Dugsiyo** si joogta u *haysta macalimiin* diyaarsan iyo *qalabyada teknolojiga iyo internet-ka*
d) **Waxbarasho** tayo *sare* iyo *fursado waxbarasho* oo ay dadka u siman yihiin

Farqiga dijitaalka wuxuu horseedaa *dabaqado kala sareeya* ee dhinacyada *aqoonta, dhaqaalaha, caafimaadka, shaqada,* iyo guud ahaan *nolosha*. Tusaale, ardayga ku nool magaalada *Toronto, Kanada* iyo ardayga ku nool magaalada *Jilib, Soomaaliya* ma'ahan arday isku fursad u haysata dhinaca *adeegsiga aaladaha dijijtaalka, kororsiga aqoonta, helitaanka shaqooyinka, iyo guud ahaan horumarka nolosha ee la xariira*. Waxaana arrimahaa dowr weyn ku leh **farqiga dijitaalka** ee maanta ka jira goobo badan ee caalamka.

DIGITAL ECONOMY

ENGLISH	SOOMAALI
Digital Economy ➔	Dhaqaalaha Dijitaalka

MACNAHA ERAYGA EE LUQADDA SOOMAALIGA:

Dhaqaalaha dijitaalka waa **dhaq-dhaqaaqa dhaqaale** ee ka jira caalamka, kuna saleeysan **teknolojiyada dijitaalka**, kana dhasha bilyanada **hawldhacyo** maalmeed ee dhinaca **qadka internet-ka** (*Daily online transactions*) ee ka dhaxeeya *dadweynaha, shirkadaha, aaladaha elektaroonikada, adeegyada,* iwm, ee ku baahsan goobaha kala duwan ee caalamka.

MEANING IN ENGLISH (*Macnaha Erayga ee Luqadda Qalaad*):

Digital economy refers to the **economic activities** around the world, which is based on **digital technology**, that results from billions of everyday **online transactions** among *people, companies, electronic devices, services,* etc, which are spread around different areas of the world.

TUSAALE (*Example*):

Waxaa farsawirkaan hoose ka muuqda adeegyada iyo unugyada dowrka weyn ku leh **dhaqaalaha dijitaalka**. Waxaana adeegyadaa iyo unugyadaa sal u ah adeegsiga **teknolojiyada dijitaalka**, sida *internet*-ka, *aaladaha dijitaalka, adeegyada qad-ka, aqoon,* iwm. Arrimahaana waxaa ka dhasha bilyano hawldhacyo (*Billions of transactions*) ee sababa isweeydaarsiga *qalab iyo dhaqaale* ee aad u fara badan.

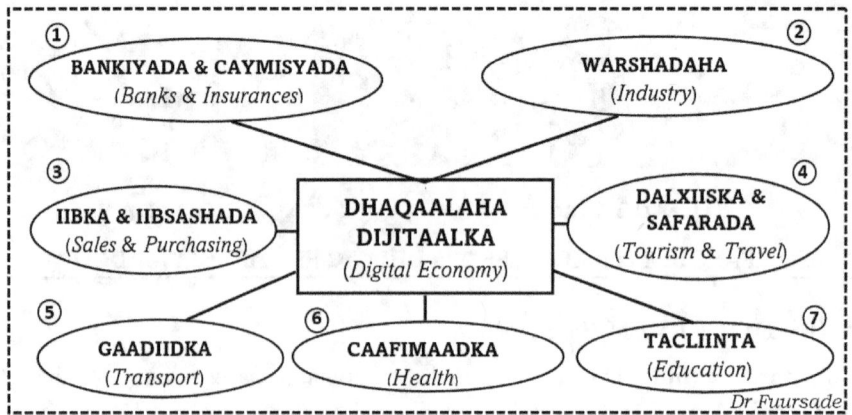

FAAH-FAAHIN DHEERI AH (*Further details*):

Dhaqaalaha dijitaalka waa **shabakad dhaq-dhaqaaq dhaqaale** (*Network of economic activities*) ee ku baahsan caalamka, kuna saleeysan teknolojiyada dijitaalka. Waxayna fududeeysay **is-dhexgalka** dadweynaha iyo shirkadaha caalamka (*Globalization*) iyadoo la adeegsanayo *internet-ka, aaladaha dijitaalka, adeegyada qad-ka, barnaamijyo kombiyuutar, xog-dhigyo,* iwm, arrimahaa oo horseeday horumar.

Faa'iidooyinka la xariira **dhaqaalaha dijitaalka** waxaa ka mid ah: a) Ganacsiga oo ku baahay caalamka, b) Macaamiisha oo hesha fursado xulashada goobo ganacsi ee kala duwan oo aad u fara badan ay wax ka iibsadaan, c) Waqtiga iyo kharajka oo u dhaqaalooba ganacsatada safar la'aan awgeed, d) Baahi dal ku-gal ee aan loo baahnayn (*No visa required*) maddaama ay safaradii yaraadeen, iyo f) Fursad ah in aad ganacsatid adoo gurigaaga ama xafiiskaada joogo iyo waqti walba, iyo iwm.

DIGITAL FOOTPRINTS

ENGLISH   **SOOMAALI**

Digital Footprints   ➔   Raadka Dijitaalka

MACNAHA ERAYGA EE LUQADDA SOOMAALIGA:

Raadka dijitaalka waa *daatada* uu reebayo shaqsi markuu adeegsanayo **internet**-ka

MEANING IN ENGLISH (*Macnaha Erayga ee Luqadda Qalaad*):

Digital footprint is **data** that is left behind when a user uses the **internet**

TUSAALE (*Example*):

Farsawirka hoose wuxuu muujinayaa farsawir si muuqal ah u matalaya (*Visual Model*) **raadka dijitaalka**

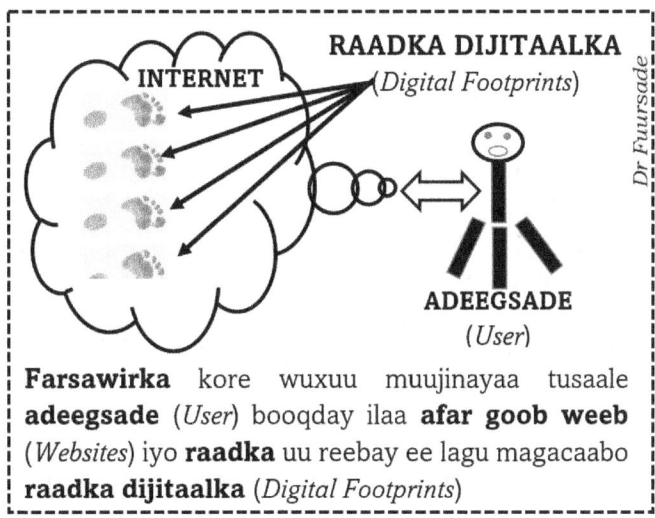

Farsawirka kore wuxuu muujinayaa tusaale **adeegsade** (*User*) booqday ilaa **afar goob weeb** (*Websites*) iyo **raadka** uu reebay ee lagu magacaabo **raadka dijitaalka** (*Digital Footprints*)

FAAH-FAAHIN DHEERI AH (*Further details*):

Marka kasta aad booqatid **goobaha** iyo **bogagga weebka** (*Websites and web pages*), ama aad qortid fariin ah **iimeel, WhatsApp, Tuwiit, Facebook,** iwm, waxaa kaa haraya **raad** lagu keydiyo faayilal, galal, iyo kombiyuutaro gaar ah. Waxaana raadkaa ka mid ah: xog tilmaamaysa **aqoonsigaada, cinwaanada internet**-ka (*IP Address*) aad booqatay, nooca **qalabka** aad adeegsatay, barnaamijyada aad adeegsatay, **nooca xogta** aad baartay, fariimaha aad qortay, waqtiyada aad goobahaa booqatay, iyo tiro kale. Waxaa **daatadaa** la yiraahdaa **raadka dijitaalka** (*Digital footprints*) ama **raadka qadka** (*Online footprints*). Qayb ka mid ah raadka dijitaalka waxaa lagu magacaabaa "**Cookie**" (*Xog-yare*). Waxaana uruuriya shirkadaha weebka si ay wax uga ogaadaan **dabeecadaha adeegsadaha**, looguna fududeeyo hawlaha mararka dambe ee uu ku soo laabto goobaha weebka.

Qaybo ka mid ah raadka dijitaalka waa la sii iibiyaa. Waxaa kale raadka dijitaalka baarta oo talaabooyinkaada iyo fikradahaada wax ka ogaada shirkadaha aad u shaqaysid ama u shaqa doonatid, sirdoonada, iyo tiro hay'ado kale ah. Waxaa kale xogtaa u gacan geli gartaa tuugada dhinaca qadka. Sidaa darteed, ka taxaddir gaar ahaan xogta aad ku baahisid internet-ka iyo goobaha aad booqatid.

F.G.: *Xasuuso in raadka dijitaalka la soo faagi karo markii loo baahdo, xitaa sanooyin kaddib*

DIGITAL IDENTITY

ENGLISH	SOOMAALI
Digital Identity ➔	Aqoonsiga Dijitaalka

MACNAHA ERAYGA EE LUQADDA SOOMAALIGA:

Aqoonsiga dijitaalka waa *nidaam aqoonsi* ee ku saleeysan adeegsiga **teknolojiyada dijitaalka**

MEANING IN ENGLISH (*Macnaha Erayga ee Luqadda Qalaad*):

Digital identity is a *form of identity* based on the use of **digital technology**

TUSAALE (*Example*):

Waxaa qaybtaan hoose ku bandhigan labo tusaale ee la xariira *aqoonsiga shaqsiga*. Tusaalahaa 1aad waxaa ku xusan farsawir (*Sketch*) muujinaya nidaamkii hore ee *aqoonsiga* iyo *hubinta* shaqsiga (*Identity verification*) ee ku saleeysnaa *warqad* ama *dokumenti* uu ka muuqdo **sawirka wajiga** ee shaqsi iyo **faah-faahino** la xariira sida *nambarka aqoonsiga, magaca, taariikhda iyo goobta dhalashada, jinsiga*. Waxaana aqoonsigaa Koofurta Soomaaliya looga yaqaanay "**Tessere**" oo ah eray laga soo amaahday *Luqadda Talyaaniga*, una taagan "*ID Card*"

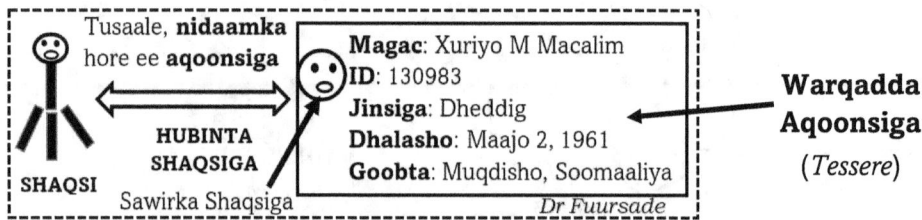

Tusaalaha 2aad ee hoos ku xusan wuxuu muuujinayaa unugyada la xariira **aqoonsiga dijitaalka**. Nidaamkaa wuxuu ku saleeysan adeegsiga kombiyuutaro ay *ku keydsan yihiin* xog la xariirta *magaca, da'da shaqsiga,* iwm, ay ku lamaanan yihiin **xog** tilmaamaysa **xog-dhalyada shaqsiga**, ee ah sifooyin quseeya *dhalyada shaqsiga* (*Biometrics*), sida sawirka faraha (*Fingerprints*), baraha indhaha (*IRIS Scanning*), iwm. Waxaana *xogtaa* iyo *kombiyuutaradaa* loo adeegsadaa *aqoonsiga iyo hubinta shaqsiga*.

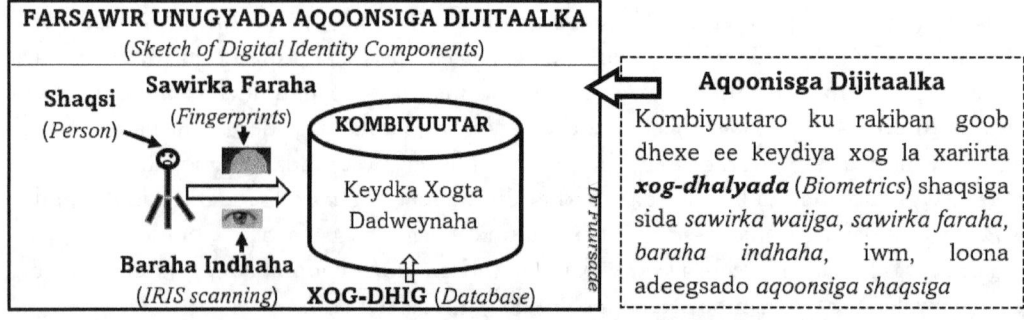

FAAH-FAAHIN DHEERI AH (*Further details*):

Aqoonsiga dijitaalka waa nidaam aqoonsi ee ku saleeysan adeegsiga **xogta dabiiciga** ee ku keydsan jirka aadana, sida *sawirka wajiga, sawirka faraha, baraha indhaha,* iwm, xogtaa ee lagu keydiyo *aalado elektaroonik ah,* sida *kombiyuutaro,* kaddibna loo adeegsanayo *aqoonsiga iyo hubinta* shaqsiga. Waana nidaam maanta caalamka laga adeegsado, oo ay haddana hirgalisay hay'adda "**NIRA Somalia**".

DIGITAL LITERACY

ENGLISH	SOOMAALI
Digital Literacy ➔	Akhris-qorista Dijitaalka

MACNAHA ERAYGA EE LUQADDA SOOMAALIGA:

Akhris-qorista dijitaalka waa kartida la xariirta *fahamka* iyo *adeegsiga* "**teknolojiyada xogta**" *si loo abuuro, loo baaro, loo qiimeeyo, loo ilaaliyo, iyo loo gudbiyo xogta dijitaalka*

MEANING IN ENGLISH (*Macnaha Erayga ee Luqadda Qalaad*):

Digital literacy is the ability to *understand* and *use* "**information technology**" *to create, search, evaluate,* and *communicate digital information*

TUSAALE (*Example*):

Farsawirka hoose waxaa ku bandhigan tusaale qaybo ka mid ah xirfadaha la xariira "**akhris-qorista dijitaalka**" (*Digital literacy*) oo ay maanta dhamaan dhalinta Soomaaliyeed u baahan yihiin.

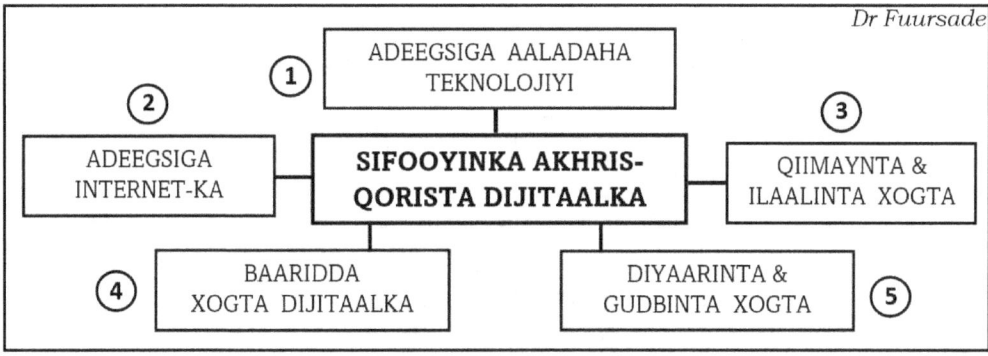

FAAH-FAAHIN DHEERI AH (*Further details*):

Akhris-qorista dijitaalka (*Digital Literacy*) waa xirfad la xariirta fahamka iyo adeegsiga aaladaha dijitaalka, iyo xogta ku keydsan aaladahaa, tusaale *kombiyuutarada, telefoonada casriga ah*, iyo sidoo kale *internet-ka*. Haddii **akhris-qoristii** (*Literacy*) caadiga ahayd, oo tilmaanta *adeegsiga buugga, qalinka, iyo habka wax loo qoro iyo loo akhriyo*, ay shalay ahayd xirfad laga maarmaan ah, waa mid aan maanta macno weyn ku fadhinin haddii ayna ku lamaanayn xirfadda *akhris-qorista dijitaalka* (*Digital Literacy*).

Fursadaha shaqo ee goob walba ee caalamka maanta waxaa sal u ah **akhris-qorista dijitaalka**. Taa waxaa tusaale u ah in aad maanta arkaysid dad fara badan oo aan haysan **qalin** iyo **buug**, laakiin jeebka ku sita **qalab dijitaal** ah, sida **telefoonka casriga ah** (*Smart phone*). Waxayna dadkaa halkaa qalab u adeegsadaan kaalimihii *qalin, warqad, qalab waxbarasho, shaqo fulin, lacag wareejin, xisaabiye* (*Calculator*), *adeegsiga internet-ka, la socodka wararka caalamka, xiriirka bulshada, fariin & email dirid, xiriiriye, wargeys, TV, sawir-qaade ah* (*Camera*), *muqaal & cod baahiye* (*Video & speaker*), *barashada Quraanka Kariimka, la socodka iyo daawashada ciyaaraha, filim daawashada, dhagaysiga heesaha, lacag wareejinta, qalab-ciyaareedka* (*Playing games*), *xasuusiye* (*Reminder*), *goob-tilmaame* (*GPS*), iyo tiro kale.

Tirada arrimahaa la soo xusay waxay muujinayaan muhiimadda iyo dowrka ay maanta **akhris-qorista dijitaalka** (*Digital Literacy*) leedahay. Sidaa darteed, xirfaddaa waa laga maarmaan; waxayna dhalinta Soomaaliyeed siini *fursado, awoodo, iyo xirfado* ay ku wajahaan nolosha cusub ee caalamka maanta.

DIGITAL NOMAD

ENGLISH	SOOMAALI
Digital Nomad ➔	Reer-guuraaga Dijitaalka

MACNAHA ERAYGA EE LUQADDA SOOMAALIGA:

Reer-guuraaga dijitaalka waa xirfadle dhinaca teknolojiyada dijitaalka ee u *safra goobo* kala duwan ee caalamka inta uu fulinaya hawshiisa, isagoo adeegsanayo *teknolojiyada dijitaalka*, una dhaqmaya sidii **reer guuraa** oo aan lahayn *goob* ama *xafiis* cayiman uu ku shaqeeyo inta uu fulinayo hawshiisa

MEANING IN ENGLISH (*Macnaha Erayga ee Luqadda Qalaad*):

A **digital nomad** is a digital technology professional who travels in different places around the world while conducting his/her work and using digital technology, as well acting like a **nomad**, with no fixed place or office, while performing work.

TUSAALE (*Example*):

Waxaa qaybta hoose ku xusan tusaale sawir matalaya *reer-guuraaga dijitaalka*, ee ah shaqsi shaqadiisa gudanaya isagoo u safrayo goob ilaa goob, isla markaana lahayn xafiis cayiman ee loo soo abbaaro.

FAAH-FAAHIN DHEERI AH (*Further details*):

Reer-guuraaga dijitaalka waa *xirfadle* shaqadiisa fuliya isagoo ku dhex safrayo goobo kala duwan ee caalamka, oo ay ka mid yihiin **goobo fog**. *Xirfadleeydaa* ma fadhiyaan **goob** ama **xafiis gaar** ah inta ay gudanayaan hawshooda; mana deggana caadiyan **goobo gaar** ah muddo dheer. Waxaana dadkaa xafiisyo, u ah inta ay safarada ku jiraan, goobo ay ka mid yihiin: *Guryo ku-meel gaar ah, xafiisyo ku-meel gaar ah, hoteelo, goobaha lagu shaaho, maktabado, diyaarado, basas*, iwm.

Reer-guuraaga dijitaalka waxay u badan yihiin *dhalinyaro* inkastoo mararka qaarkood ay ka mid yihiin *dad waa-weyn oo waayo-arag ah*. Midda kale, **reer-guuraaga dijitaalka** qaarkood waa dad ku dhex shaqaysta **goobo kooban** sida *maktabado iyo goobaha lagu shaaho*, halka kuwa kalane ay shaqaystaan iyagoo ku jira **safaro dhaadheer** ee magaalooyin fog-fog. Waxaana maanta la tilmaamaa in ay jiraan dad kor u dhaafayo **milyaano** shaqsi ee lagu qeexo **reer-guuraaga dijitaalka**. Waxayna dadka u badan yihiin dad ku nool waddamada horumaray. Hasa-yeeshee, waxaa shardi ah in ay dadkaa haystaan **qalabyo elektaroonik ah** iyo **internet joogta ah** inta ay safaradaa ku jiraan si ay hawlahooda u fuliyaan.

DISASTER RECOVERY

ENGLISH	SOOMAALI
Disaster Recovery ➜	Ka Kabsashada Musiibada

MACNAHA ERAYGA EE LUQADDA SOOMAALIGA:

Dhinaca teknolojiyada dijitaalka, **musiibo** (*Disaster*) waa dhacdo lama filaan ah ee si xoog leh u saamayn karta **daatada**, **softaweerada**, ama **hardaweerada** goobaha shaqo iyo sidoo kale **hawlaha** la xariira. Dhinaca kale, "Ka kabsashada musiibada" (*Disaster recovery*) waa nidaamka la adeegsado si loogu soo celiyo **daatada** iyo **hawlaha** la xariira heerkii ay joogeen musiibada ka hor

MEANING IN ENGLISH (*Macnaha Erayga ee Luqadda Qalaad*):

In digital technology, a **disaster** is any unforeseen event that can significantly damage the **data**, **software**, or **hardware** of workplaces and related **operations**. On the other hand, "**Disaster recovery**" is the process used to recover the **data** and **services** to the state before disasters occur

TUSAALE (*Example*):

Farsawirka hoose waxaa ku xusan *saddex tusaale* ee ka mid ah musiibooyinka dhaawici kara "**Daatada Soo-saarka**" ee goobaha shaqo (*Production data of workplaces*) iyo hab la adeegsado si looga soo kabsado "**Musiibada**" (*Disaster Recovery*)

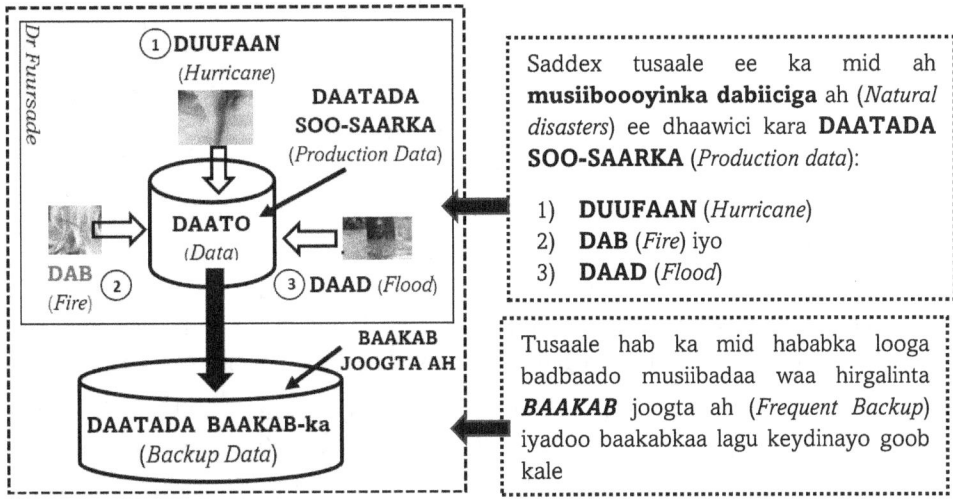

Saddex tusaale ee ka mid ah **musiiboooyinka dabiiciga** ah (*Natural disasters*) ee dhaawici kara **DAATADA SOO-SAARKA** (*Production data*):

1) **DUUFAAN** (*Hurricane*)
2) **DAB** (*Fire*) iyo
3) **DAAD** (*Flood*)

Tusaale hab ka mid hababka looga badbaado musiibadaa waa hirgalinta ***BAAKAB*** joogta ah (*Frequent Backup*) iyadoo baakabkaa lagu keydinayo goob kale

FAAH-FAAHIN DHEERI AH (*Further details*):

Goobaha ay ku keydsan yihiin **daatada soo-saarka** (*Production data*), oo ah daatada la uruuriyo ee la keydiyo markii ay hawalaha goobaha shaqo socdaan, waxaa qabsan kara **musiibooyin** (*Disaster*) oo ay ka mid yihiin *dab, duufaan, daad, argagixiso*, iwm. Qaabka loo soo celiyo daatada iyo hawlaha la xariira, haddii ay dhacaan musiibooyinkaa, waxaa lagu tilmaamaa "**Ka kabsashada musiibada**" (*Disaster Recovery*). Tusaale ka mid ah **ka kabsashada** waa *adeegsiga iyo hirgalinta* nidaam si joogta ah **daatadaa** loogu keydiyo goobo kale (*Backup data to different locations*), goobahaa oo caadiyan ka fog goobta ay ku keydsan tahay *daatada soo-saarka (Production data)*, iyo *talaabooyin* diyaarsan iyo *tijaabooyin* la xariira ee habka daatadaa looga soo celin karo goobahaa keydka ah, markii ay musiibo dhacdo.

DISINFORMATION

ENGLISH	SOOMAALI
Disinformation ➔	Ben-Abuur

MACNAHA ERAYGA EE LUQADDA SOOMAALIGA:

Been-abuur waa *arrin been* ah oo si cad oo ku **talagal** ah loo *abaabulay*, loona *baahiyey*

MEANING IN ENGLISH (*Macnaha Erayga ee Luqadda Qalaad*):

Disinformation is a *false information* that has been **intentionally** *created* and *spread*

TUSAALE (*Example*):

Farsawirka (*Sketch*) hoose waxaa ka muuqda tusaale **xog-dhig** (*Database*) dhinac **daato** laga soo gelinaya, dhinaca kalena laga soo saarayo **xog**. Hasa-yeeshee, markii **xogta** la soo saaray kaddib, ayaa *xogtii si ula kac ah* loo farsameeyey, sida ku xusan farsawirka, sidaana lagu farsameeyey **been-abuur**.

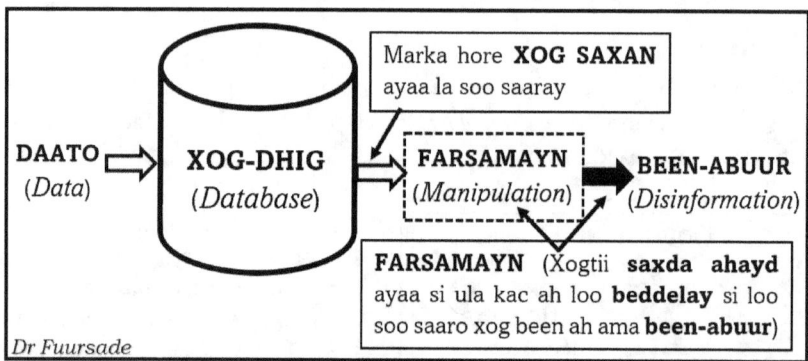

FAAH-FAAHIN DHEERI AH (*Further details*):

Been-abuurku (*Disinformation*) waa **xog** si **ku talagal** ah loo **farsameeyo**, ujeeddaduna ay tahay in lagu gaaro **dano gaar** ah. Sida ka muuqata farsawirka kore, waxaa marka hore **xog-dhigga** laga soo saaray **xog sax ah**; hasa-yeeshee, waxaa kaddib xogtii loo **beddelay** si ula kac ah. Waxaa sidoo kale jira **been-abuur** aan meelna laga soo xigan, hasa-yeeshee, la abaabulo si **arrin been** ah loo **faafiyo**.

Waxaa badiba la isku qaldaa **been-abuurka** (*Disinformation*) iyo **xogta-qaldan** (*Misinformation*) oo labaduba leh muuqaal **xog**, hasa-yeeshee, aan labaduba ahayn **xog** (*Information*). **Been-abuurku** waa, sida hore loo xusay, **been** si ku talagal ah loo abaabulay, oo dano gaar ah laga leeyahay. Waxayna ujeedooyinka loo abuuraya **been-abuurku** la xariiraan dano ay ka mid yihiin *arrimo dhaqaale, arrimo siyaasadeed, iyo arrimo kale*. Dhinaca kale, **xogta-qaldan** waa **arrin aan sax ahayn** oo si aan ku talagal ahayn loo soo saaray, laakiin, ay dano gaar ah ka dambayn, oo iyaduna dhibaato keenta.

Adeegsiga **baraha bulshada** (*Social media*) iyo **internet**-ku waxay aad u sii kordhiyeen baafinta **been-abuurka** iyo **xogta qaldan**. Nasiib darro, badiba dadku ma kala saari karaan in ay **xog** tahay mid: a)*Sax ah*, b) *Mid qaldan*, ama c) *Mid been abuur ah*. Hababka looga hortago **been-abuurka** waxaa ka mid ah **taxaddir** la siiyo dhinacyo ay ka mid yihiin: a) **Isha xogta** (*Information source*), b) **Sumcadda soo-saaraha xogta & goobaha lagu baahiyey** (*Integrity of the writer & the publisher*), c) **La tashi dad aqoon u leh mawduucaa** *haddii ay xogtu qusayso arrin muhiim ama xasaasi ah*, d) **Ka fiirsasho inta aadan adeegsan** ama **aad baahin xogtaa** (*Take a pause*), iwm

DOWNLOAD

ENGLISH	SOOMAALI
Download ➔	Soo-dejin

MACNAHA ERAYGA EE LUQADDA SOOMAALIGA:

Dhinaca kombiyuutarada, **soo-dejintu** (*Download*) waa soo wareejinta **faayil** ama **daato** ku keydsan **kombiyuutar**, caadiyan serfer ah, loona soo wareejinayo qalab kale, sida **kombiyuutarka adeegsadaha**, ee ku xiran **shabakad** (*Network*) iyadoo caadiyan la adeegsanayo internet-ka.

MEANING IN ENGLISH (*Macnaha Erayga ee Luqadda Qalaad*):

In computers, **downloading** is the transfer of a **file** or **data** from one **computer**, commonly a server, to another device, such as the computer of a user, over a **network** using mainly the internet

TUSAALE (*Example*):

Farsawirka (*Sketch*) hoose waxaa ku bandhigan tusaale **faayil** lagu magacaabo **Imtixaan.doc** oo laga **soo-dejinayo** (*Download*) **daruuraha** (*Cloud*). Waxaa faayilka loo **soo-dejinayo** kombiyuutar la yiraahdo "**ABC**" ee ku xiran **internet**-ka (***Daruuraha*** *waa eray u taagan kombiyuutaro serfaro ah ee ku wada xiran **internet**-ka*).

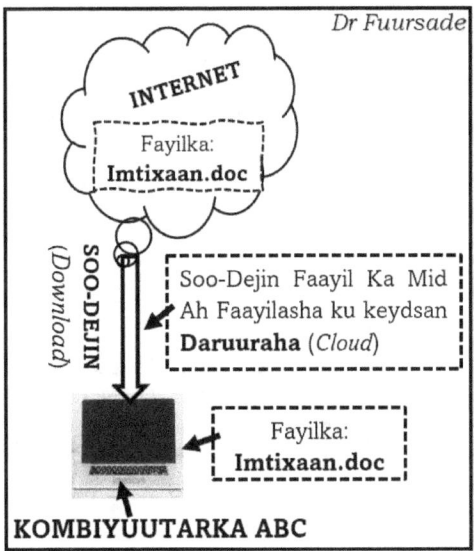

FAAH-FAAHIN DHEERI AH (*Further details*):

Mar kasta ee la adeegsanayo internet-ka, kombiyuutarka adeegsadaha wuxuu si joogta ah u soo degsadaa bogag ka tirsan internet-ka iyo sidoo kale faayilal loo baahan yahay si internet-ka loogu xirnaado. Hasa-yeeshee, "**soo-dejinta**" (*Download*) waa markii **faayil** ama **daato** ku keydsan goob ka mid ah **internet**-ka loo soo-dejinayo **qalabka** adeegsadaha. **Faayilalkaa** la soo-dejinayo waxay noqon karaan *qoraalo, dokumentiyo, sawiro, muqaalo, codad, barnaamijyo*, iyo kuwa kale. Waxaana xasuusin mudan in loo baahan yahay in la haysto *internet quwad weyn*, kombiyuutar **RAAM** weyn (*Keydka xasuusta ku-meelgaarka*), qaybna ka banaan tahay *keydka adag* (*Hard disk*) si loogu soo **dejiyo faayilalka** waa-weeyn hab dhaqsi ah, tusaale ahaan, faayilal la xariira *muuqaalo waa-wayn, iwm.*

DROP-DOWN MENU

ENGLISH	SOOMAALI
Drop-Down Menu ➔	Xulsidaha Soo-Daata

MACNAHA ERAYGA EE LUQADDA SOOMAALIGA:

Xulsidaha soo-daata (*Drop-down menu*) waa qaab-dhismeed (*Structure*) ka kooban **tiro xulal ah** ee soo daadanayaan, ama soo muuqanaya, markii *amar* ama *xulside* laga xusho shaashad ama faayil

MEANING IN ENGLISH (*Macnaha Erayga ee Luqadda Qalaad*):

A **drop-down menu** consists of number of choices that are presented when a *command* or *menu* is selected from a window or a file

TUSAALE (*Example*):

Waxaa farsawirka (*Sketch*) hoose ka muuqda tusaale **xulside** (*Menu*) ka kooban **afar amar** (*Four commands*) ee kala ah: **File**, **Edit**, **Design**, iyo **Help**

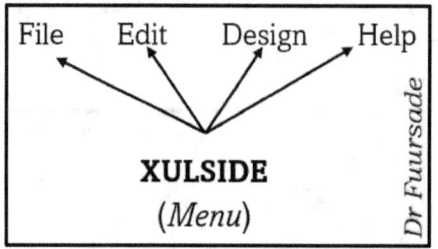

Farsawirkaan **labaad**, ee hoos ka muuqda, wuxuu muujinayaa **tiro xulal ah** ee soo **muuqanaya** ama **soo daadanaya** (*Drop-down Menu*) markuu adeegsaduhu xusho (*Ama maawuska ku riixo*) amarka **File**.

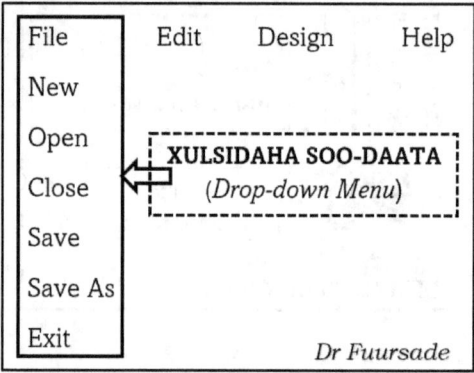

FAAH-FAAHIN DHEERI AH (*Further details*):

Sida ka muuqata farsawirka kore, **xulsidaha soo-daata** (*Drop-down menu*) waa xulal qaarsoon ee aan muuqan marka hore, laakiin *soo muuqda* ama *soo-daata* markii la xusho amar ka mid ah xulside (*Menu*). Waana nidaam aad looga adeegsado barnaamijyada ku saleeysan "**Nidaamka Barkulanka Astaamaysan**" (*Graphical User Interface*), sida barnaamijka **Windows**. Sababaha loo adeegsado *xulsidaha soo daata* waxaa ka mid ah in ay *xulalkaa* ka qaataan **shaashadaha** goob yar maaddaama ay marka hore ay *muuqanin*, oo ay keliya *xulalkaa* soo *muuqanayaan* markii la xusho.

E-COMMERCE

ENGLISH	SOOMAALI
E-Commerce ➜	Ganacsiga Qadka

MACNAHA ERAYGA EE LUQADDA SOOMAALIGA:

Ganacsiga qadka waa nooc kasta ee ganacsi ee la xariira **iibsiga** iyo **iibinta** laakiin la fuliyo iyadoo la adeegsanayo **internet**-ka

MEANING IN ENGLISH (*Macnaha Erayga ee Luqadda Qalaad*):

e-Commerce is any type of **business** that deals with **buying** and **selling** but which takes place over the **internet**

TUSAALE (*Example*):

Waxaa qaybtaan hoose ka muuqda farsawir si guud u muujinaya afar tusaale ee ka mid ah **faa'iidooyinka** la xariira **ganacsiga qadka** (*Benefits of e-commerce*)

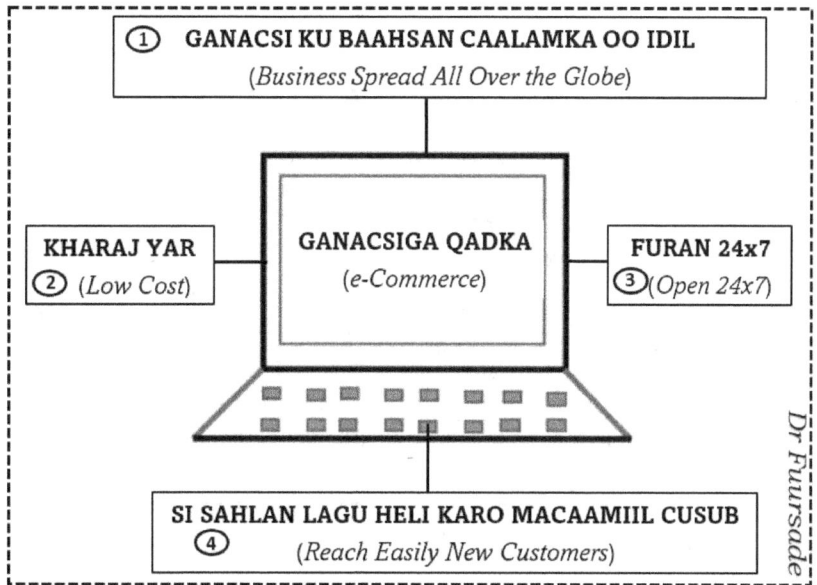

FAAH-FAAHIN DHEERI AH (*Further details*):

Erayga Ingiriiska ee "**e-commerce**" wuxuu ka yimid **laba eray** ee la isku lamaaniyey; waxayna labada eray kala yihiin "**electronic**" iyo "**commerce**". Waxaana erayga hore laga soo qaatay xarafka hore ee ah "**e**"; sidaas ayuuna erayga cusub ku noqday "**e-commerce**". Waana nooc kasta ee ganacsi ee ka dhaca **internet**-ka, kana dhaxeeya **laba unug** oo wax kala iibsanaysa oo kala ah **iibiye** iyo **iibsade**.

Guud ahaan, wuxuu ganacsiga qadka ka dhex dhacaa: a) **Goob ganacsi** (*Iibiye*) iyo **macaamile** (*Iibsade*), b) **Labo goobood** ee **ganacsi** oo mid yahay **iibiye** midka kalena **iibsade**, ama c) **Laba shaqsi** oo mid **iibiye** yahay midka kalena yahay **iibsade**. Looma baahna in uu **iibiyaha** leeyahay **xafiis gaar ah**; waxaa xafiis u noqon kara guri. Sidoo kale, qasab ma'aha in uu iibiyaha leeyahay bakhaar iyo qalab la iibiyo sida ganacsiga caadiga ah. Wuxuu iibiyaha noqon karaa shaqsi ruqsad u haysta in uu iibiyo qalab ama bixiyo adeegyo ay dad ama shirkado kale leeyihiin.

EMAIL

ENGLISH	SOOMAALI
Email ➔	Iimeel

MACNAHA ERAYGA EE LUQADDA SOOMAALIGA:

Iimeelku waa nidaam ay isla markiiba labo *unug* ama *tiro ka badan* isu weeydaarsadaan *fariimo, faayilal, sawiro, muqaalo,* iwm, iyadoo la adeegsanayo **aaladaha elektaroonikada** iyo **internet.**

MEANING IN ENGLISH (*Macnaha Erayga ee Luqadda Qalaad*):

Email is a way of instantly exchanging *messages, files, pictures, videos,* etc., between *two* or *more units* through **electronic devices** and **internet**

TUSAALE (*Example*):

Farsawirada hoose waxaa ku xusan labo tusaale ee la xariira fariin diridda. Tusaalaha 1aad wuxuu muujinayaa fariin elektaroonik ah iyadoo la adeegsanayo "**iimeel**". Tusaalaha 2aad wuxuu muujinayaa habka **fariimaha** loo diro marka la adeegsanayo **warqado** la geliyo **baqshado** (*Envelope*); kaddibna lagu dhajiyo **sumad** la iibsado ee loo yaqaanay "**shaabad**" (*Stamp*) oo ilaa maanta weli caalamka laga adeegsado markii la dirayo *dokumentiyo* ama *warqado* **koobi adag** ah (*Hard copy documents*)

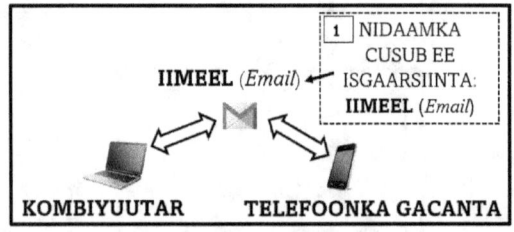

FAAH-FAAHIN DHEERI AH (*Further details*):

Fariimaha **imeelada** ah waa fariimo loo gudbiyo hab **elektaroonik** ah oo ay is weeydaarsadaan **adeegsadayaal** (*Users*) ku xiran **internet**-ka. Fariimahaa waxay noqon karaan **qoraalo** keliya ama qoraalo ay ku lifaaqan yihiin **faayilal, sawiro, fiideyo,** iwm. Shardigu waa in uu shaqsiga (ama *xafiiska*) dirayo iyo kan loo dirayo ay leeyihiin **cinwaano iimeelo** ah (*Email Addresses*) iyo in qalabka la adeegsanayo ay ku xiran yihiin **internet**-ka. Wax kharash ahna looma baahna si loo diro iimeel.

Iimeeladu waxay guud ahaan beddeleen hababkii hore ee **fariimaha** iyo **faayilalka** la isugu diri jiray, oo ahaa nidaam ku saleeysan **warqad baqshad** la geliyo ee loo gudbiyo **xafiisyada isgaarsiinta**. Si ay u gudbiyaan warqadahaa, waxay xafiisyadaa adeegsadaan *gaadiidka dhulka* (*Cars, trains, etc.*) iyo *cirka* (*Airplanes*); waxayna qaadan karaan **maalmo** badan si ay u gaaraan goobaha loo diray. Hasa-yeeshee, fariimahaa noocaa ah loo ma diri karo goob kasta ee caalamka; waxaa keliya ee loo diri karaa goobaha ay ka dhisan yihiin **xafiisyo** bixiya adeegyada isgaarsiinta warqadaha ee loo yaqaanay "**Xafiisyada Boostada**". Waxaana la bixiyaa *khidmo* lagu iibsado shaabadda (*Stamp*) lagu dhajinayo baqshadda.

END USER

ENGLISH	SOOMAALI
End User ➔	Adeegsadaha Dambe

MACNAHA ERAYGA EE LUQADDA SOOMAALIGA:

Adeegsadaba dambe waa adeegsadaha loogu talagalo ama loo naqshadeeyo in uu adeegsado *qalabyada hardaweerka* ama *barnaamijyada kombiyuutar*

MEANING IN ENGLISH (*Macnaha Erayga ee Luqadda Qalaad*):

An **end user** is the **user** that a *hardware* device or *software* program is intended or designed for

TUSAALE (*Example*):

Farsawirka hoose wuxuu muujinayaa **adeegsade dambe** (*End user*) ee isticmaalaya **barnaamij lacag wareejin** (*Money transfer application*). Lacagtaa waxaa lagu keydinayaa **xog-dhigga hay'adda lacag wareejinta** sida ku xusan farsawirka. Dhinaca kale, barnaamijka lacag wareejinta, oo ah **barnaamij wajiga hore** ah (*Front end application*), wuxuu lacagta ka gudbinayaa qalabka adeegsadaha, sida *kombiyuutar, telefoonka casriga,* iwm; ama wuxuu kalee *barnaamijkaa wajiga hore ah* ku keydsanaan karaa goob ka mid ah internet-ka. Wuxuuna barnaamijkaa la sii xariiraya **xog-dhigga bangiga** ee ku keydsan goob oo uu **adeegsadaha dambe** uu ka warhayn barta ay tahay (*Adeegsaduhu uma baahna in uu ogaado goobtaa ama magaalada uu xog-dhigga wajiga dambe ku keydsan yahay, goobtaa oo lagu tilmaamo* **wajiga dambe** *ama* **daruuraha** *ama* "**cloud**")

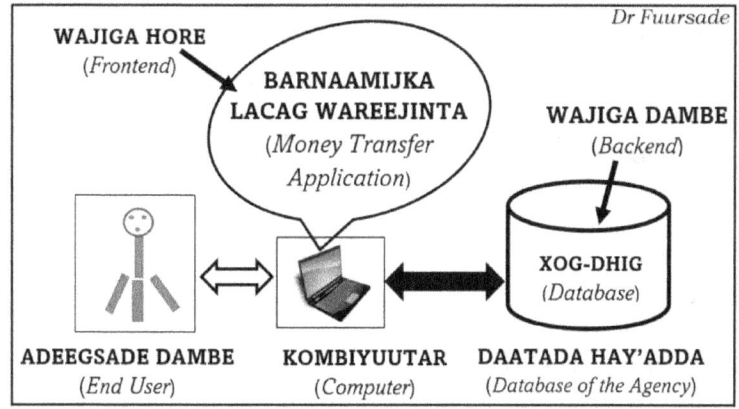

FAAH-FAAHIN DHEERI AH (*Further details*):

Shaqsi kasta ee adeegsada qalab elektroonik ah waxaa lagu qeexaa **adeegsade** ama **macaamile**. Hasa-yeeshee, **adeegsadayaashu** waxay kombiyuutarada u adeegsadaan sababo kala duwan, sababahaa oo muujinaya nooca uu adeegsadaha yahay (*User type*), sida adeegsadayaasha kala ah:

1) **Tijaabiye** (*Tester*): Waa **adeegsade** tijaabiya barnaamijyada la naqshadaynayo
2) **Qad-dambiile** (*Cybercriminal*): Waa **adeegsade** jabsada ama u dhaca goobaha kombiyuutar
3) **Macalin** (*Instructor*): Waa **adeegsade** casharo ku bixiya kombiyuutarada
4) **Adeegsadaha dambe** (*End user*): Waa adeegsade loogu talaagalo in uu ugu dambayn adeegsado barnaamijyada suuqa la keeno (*Programs in the market*), sida barnaamijyada kala ah: *MS Word, MS Excel, Google Chrome, barnaamijyada bangiyada ee lacag dhigidda & kala bixidda*, iwm

FILE

ENGLISH	SOOMAALI
File ➔	Faayil

MACNAHA ERAYGA EE LUQADDA SOOMAALIGA:

Dhinaca teknolojiyada, **faayil** waa xayn daato ah ee loo keydiyo unug ahaan isla markaana leh **magac lagu aqoonsado**, lana abuuray iyadoo la adeegsanayo **aaladaha elektaroonikada ah**. **Daatadaa** waxay noqon kartaa *qoraalo, xisaabaad, sawiro, codad, sawiro, muuqaalo, barnaamijyo kombiyuutar, iwm*

MEANING IN ENGLISH (*Macnaha Erayga ee Luqadda Qalaad*):

In technology, a **file** is a collection of **data** stored as a unit, and created through electronic devices, and **identified by a name**. The data can be *documents, spreadsheets, pictures, audio, video, computer programs, etc.*

TUSAALE (*Example*):

Faayilka wuxuu leeyahay **magaca buuxa** (*Fullname*) ee ka kooban <u>labo qayb</u> ee kala ah:

- **Magac Faayilka** (*Filename*): Magac u gaar ah ee caadiyan ka kooban *tiro xarfo kooban* iyo
- **Faraca Faayilka** (*Extension*): Qayb xarfo kooban ah ee tilmaamaysa **nooca** uu yahay **faayilka**

Magaca faayilka wuxuu ku xusan yahay qaybta hore ee magaca buuxa (*Fullname*), halka **faraca faayilka** uu ku xusan yahay qaybta dambe. Waxaana labada qayb u dhaxeeysa "**dhibic**" (*Dot*). Sida ka muuqata farsawirka dhinaca bidix ee qaybtaan hoose, "**Arday**" waa **magaca faayilka** halka ".**doc**" uu yahay **faraca faayilka** (*File extension*). **Faayilalka** waxaa lagu keydiyaa **galal** (*Folder*) sida ka muuqata farsawirka midig.

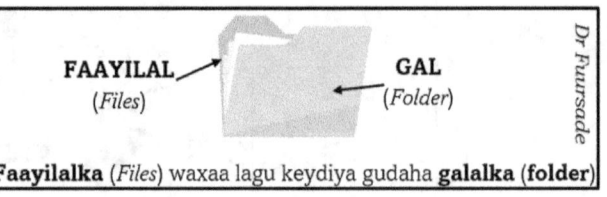

FAAH-FAAHIN DHEERI AH (*Further details*):

Faayilalku waa unugyo dowr weyn ku leh adeegsiga kombiyuutarada iyo guud ahaan teknolojiyada. Barnaamij kastoo kombiyuutar wuxuu adeegsadaa noocyo faayilal ah ee u gaar ah. Waxaana noocaa qeexa *faraca faayilka*. Maanta **faracyada** aad loo adeegsado waxaa ka mid ah:

1) Faraca ".doc" ama ".docx" ee barnaamijka **Microsoft Word** loona adeegsado **qoraalada**
2) Faraca ".xls" ama ".xlsx" ee barnaamijka **Microsoft Excel** loona adeegsado **xisaabaadka**
3) Faraca ".txt" ee loo adeegsado **qoraalada** erayada keliya ah oo ay ka muuqanin habayn (*File with no formatting*) iyo
4) Faraca ".jpg" ama ".jpeg" ee loo adeegsado **sawirada**

FILE EXTENSION

ENGLISH	SOOMAALI
File Extension ➔	Faraca Faayilka

MACNAHA ERAYGA EE LUQADDA SOOMAALIGA:

Faraca faayilka waa *tirada xarfaha* kooban ee ka dambeeya **joogsiga** ka muuqda gudaha *magaca buuxa ee faayilka*

MEANING IN ENGLISH (*Macnaha Erayga ee Luqadda Qalaad*):

A **file extension** refers to *the group of characters* after the **period** shown inside the *fullname of the file*

TUSAALE (*Example*):

Waxaa qaybtaan hoose ka muuqda farsawir muujinaya tusaale labada qayb ee uu **magaca buuxa ee faayilka** ka kooban yahay:

Fuursade.doc

Fuursade waa **magaca faayilka** (*Filename*) halka "**doc**" uu yahay **faraca** faayilka (*File extension*). Wadarta **magaca faayilka** iyo **faraca faayilka** waxaa lagu qeexaa ***magaca buuxa*** (*Fullname*). Waxaa labadaa qayb u dhaxaysa "**dhibic**" sida ku xusan qaybtaan hoose

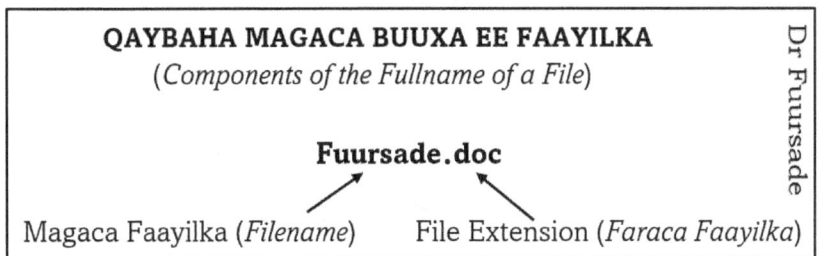

FAAH-FAAHIN DHEERI AH (*Further details*):

Faraca faayilka waa xarfaha ku xusan qaybta dambe ee magaca, gaar ahaan **joogsiga** kaddib. Wuxuuna *faracaa* badiba ka koobmaa ilaa 4 xaraf. Tusaalaha ka muuqda farsawirka kore wuxuu muujinayaa faayil magaciisa la yiraahdo "**Fuursade**", faraciisuna yahay "**.doc**".

Faraca faayilka wuxuu u tilmaamaa **Barnaamijka maamulaha** (*Operating System*) **nooca** uu yahay **faayilka** iyo **barnaamijka** la xariira (*File Type*). Tusaale, faraca la yiraahdo ".**doc**" wuxuu tilmaami in uu nooca faayilka yahay "**qoraal**" (*Document*), halka barnaamijka la xariira **faayilkaana** yahay "**Microsoft Word**", ee ah barnaamij maamula qooraalada iyo dokumentiyada.

Guud ahaan, **faracyada** faayilalka aad loo adeegsado ee hoos yimaada **Barnaamijka maamulaha** (*Operating system*) ee **MicroSoft Windows** waxaa ka mid ah: a) .**doc** ama .**docx** ee tilmaamaya **MS Word**, b) .**xls** ama .**xlsx** ee tilmaamaya **MS Excel**, c) .**ppt** ama .**pptx** ee ee tilmaamaya **MS PowerPoint**) iyo, d) .**txt** ee tilmaamaya **faayilalka** keydiya qoraalada aan habaysnayn (*Unformatted text*).

FILE TYPE

ENGLISH	SOOMAALI
File Type ➔	Nooca Faayilka

MACNAHA ERAYGA EE LUQADDA SOOMAALIGA:

Nooca faayilka waa eray tilmaamaya **qaab-dhismeedka faayilka**; waxaana caadiyan arrintaa lagu muujiyaa **faraca faayilka** (*file extension*)

MEANING IN ENGLISH (*Macnaha Erayga ee Luqadda Qalaad*):

A **file type** is a term describing the **structure** of a **file**; and is typically reflected in the file **extension**.

TUSAALE (*Example*):

Waxaa qaybtaan hoose ka muuqda tusaalooyin labo **faayil** ee kala nooc ah (*Different file types*):

1) **Warbixin.doc**: Waa faayil noociisu yahay dokumenti lagu diyaariyey barnaamijka **Microsoft Word** ("**Warbixin**" waa *magaca faayilka*, halka "**doc**" uu yahay *faraca faayilka*)

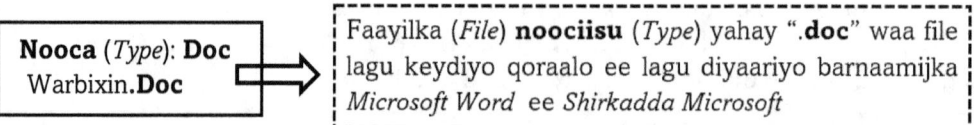

2) **Mushaar.xlsx**: waa faayil noociisu yahay **xisaabaad** (*Spreadsheet*); waxaana lagu diyaariyey barnaamijka **Microsoft Excel** ("**Mushaar**" waa *magaca* faayilka, halka "**.xlsx**" uu yahay *faraca faayilka*); hoos ka eeg tusaale faayilka **Mushaar.xlsx** iyo **daatada** ku keydsan

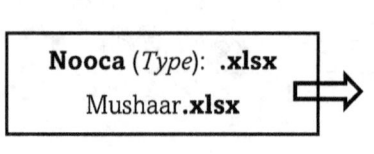

| SHIRKADDA RAJO ||||
Mushaar.xlsx			
ID	Magac	Magaalada	Mushaarka
101	Ar	Samareeb	$ 2,900.00
102	Bishara	Baydhaba	$ 2,750.00
103	Samadoon	Kismaayo	$ 2,200.00
104	Asli	Belet Weyn	$ 3,200.00
105	Wali	Garowe	$ 2,800.00
106	Nur	Hargeysa	$ 3,100.00
107	Horia	Muqdisho	$ 3,500.00

FAAH-FAAHIN DHEERI AH (*Further details*):

Nooca faayilka (*File type*) waa sifo tilmaamaysa habka ay daatada ugu keydsan tahay gudaha kombiyuutarka. Wuxuuna barnaamij kasta u keydiyaa daatada hab u gaar ah. Waxaana habkaa muujiya **faraca faayilka** (*File extension*), iyadoo barnaamij kasta uu akhrin karo keliya noociisa, kaa oo ku xusan faraca faayilka. Tusaale, faayilka **warbixin.doc** ee kor ka muuqda waa **faayil** la xariira barnaamijka **Microsoft Word**, halka faayilka **mushaar.xlsx** uu yahay faayil la xariira barnaamijka **Microsoft Excel**. Labadaa barnaamij ee **Word & Excel** isma akhrin karaan; sababtoo ah, barnaamij kasta wuxuu naqsahdaysan yahay qaab u gaar ah; faraca "**.doc**" wuxuu gaar u yahay barnaamijka **Word**, halka faraca "**.xlsx**" uu gaar u yahay barnaamijka **Excel**. Waxayna u kala habaysan yihiin nidaamyo kala duwan.

FIREWALL

ENGLISH	SOOMAALI
Firewall ➔	Shabakad-Ilaaliye

MACNAHA ERAYGA EE LUQADDA SOOMAALIGA:

Shabakad-Ilaaliye (*Firewall*) waa **qalab amni** ama **softaweer** ee loo adeegsado **il-ku-haynta** (*Monitor*) iyo ka **ilaalinta** (*Protect*) shabakadaha, iyo aaladaha ku rakiban, **daato** aan la **oggolayn**

MEANING IN ENGLISH (*Macnaha Erayga ee Luqadda Qalaad*):

A **firewall** is a **security device** or a **software** used to **monitor** & **protect** computer networks, and related devices, from *unauthorized* data

TUSAALE (*Example*):

Farsawirka hoose wuxuu muujinayaa dowrka uu shabakad ilaaliyaha ka ciyaaro ilaalinta *shabakadaha* iyo *aaladaha elektaroonikada* ee ku rakiban **guryaha** iyo **xafiisyada**. Marka ugu horeeysa **moodem**-ka ayaa soo gudbiya *daatada iyo internet-ka* banaanka ka imaanaysa. Waxayna kaddib daatadaa u sii gudbaysaa "**shabakad-ilaaliyaha**" oo dib u celinaya daatadii aan *la oggolayn*, tii *la oggol yahayna* u sii gudbinaysa **rawter**-ka oo kala siinaya qalab kasta daatadii loo soo diray. Caadiyan waxay maanta saddexdaa qalab lagu soo koobay hal unug, oo wada ah *moodem, shabakad-ilaaliye*, iyo *rawtar*.

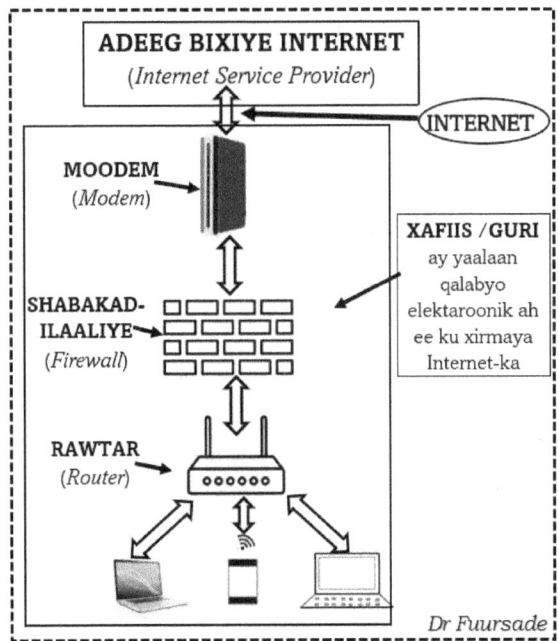

FAAH-FAAHIN DHEERI AH (*Further details*):

Shabakad-ilaaliyaha (*Firewall*) waa **qalab qad-amni** (*Cybersecurity device*) ay hawsheedu tahay **dib-u-celinta** daatadii aan la oggolayn. Wuxuuba **qalabkaa**, iyadoo raacayso shuruuc la qeexay, u kala saari **daatada gudaha** soo galaysa labo qayb: a) *Daato la oggol yahay* iyo b) *Daato aan la oggolayn*. Daatadii aan la oggolayn dib ayuu u celini. F.G.: Inkastoo qaab-dhismeedka kore *shabakad-ilaliyaha* laga horumariyey rawtarka, maanta waa unug badiba ku dhex rakiban gudaha rawtarka. Waxaa kale xusid mudan in **shabakad-ilaaliyahu** (*Firewall*) noqon karo *qalab hardaweer ah ama mid softaweer ah*.

FLAT FILE

ENGLISH	SOOMAALI
Flat File ➜	Faayil Fidsan

MACNAHA ERAYGA EE LUQADDA SOOMAALIGA:

Faayil fidsan (*Flat file*) waa faayil kombiyuutar ee keydiya daato ka kooban *xarfaha ALIFBA'da, nambaro, taariikhyo,* iyo *sumadaha aasaasiga* ah, una habaysan *sadar-sadar* (*Line by line*)

MEANING IN ENGLISH (*Macnaha Erayga ee Luqadda Qalaad*):

A **flat file** is a computer file that stores data consisting of *alphabet letters, numbers, dates,* and *basic symbols* which are organized as a sequence of lines

TUSAALE (*Example*):

Waxaa farsawirka (*Sketch*) hoose ka muuqda tusaale **faayil fidsan** (*Flat file*) oo ay ku keydsan yihiin **daato** kooban ee la xariirta **sahan** (*Survey*) laga qaadaay dugsi ay dadka waa-weyn wax ku bartaan. Faayilka waxaa lagu magacaabaa "**Sahan.txt**". Waxayna yihiin **daato**:

1) Ka kooban nambaro, xarfo, iyo taariikhyo keliya (*Numbers, text, and dates*)
2) U habaysan sadar-sadar (*Line by line*)
3) Ku keydsan yihiin afar sadar (*4 lines*) oo daato ah (Sadarka koowaad wuxuu keydiyaa magacyada *taagagga* ama "*Columns*", kana mid ma'aha daatada) iyo
4) Ka kooban 6 taag (*6 Columns*) ee kala ah: Sahan#, Goobta, Jinsiga, Da', Qalin-jabiyey, iyo Taariikhda

		SAHAN.TXT			
SAHAN#	**GOOBTA**	**JINSIGA**	**DA**	**QALIN-JABIYEY**	**TAARIIKHDA**
1	D	M	20	MAYA	19-May-2022
2	C	F	38	HAA	21-May-2022
3	B	F	19	MAYA	21-May-2022
4	B	M	24	HAA	22-May-2022

FAAH-FAAHIN DHEERI AH (*Further details*):

Faayilka fidsan *ma keydiyo* daato la habeeyey (*Formatted data*), sida daatada noocyada:

a) Midabaysan (*Colored*),
b) Jaleecsan (*Italicised*),
c) Hoos-xariiqan (*Underlined*),
d) Muuq-weynaha ah (*Bold*), iwm

Sidoo kale, **faayilka fidsan** ma keydiyo daato ah noocyada **sawirada, codadka, muuqaalada**, iwm. Markii la adeegsanayo kombiyuutarada ku saleeysan barnaamijka MS Windows, **faayilalka fidsan** (*Flat files*) waxaa la siiyaa **faraca** ah ".txt" (*File extension*), tusaale *Sahan.txt*. Dhinaca adeegsiga, waxaa caadiyan **faayilka fidsan** loo isticmaalaa kala wareejinta daatada; tusaale, **daato** laga soo rarayo **xog-dhig** (*Database*) loona wareejinayo goob kale sida **faayil** (*File*); ama mid laga soo wareejinayo **faayil** (*File*) loona rarayo **xog-dhig** (*Database*).

FLOWCHART

ENGLISH	SOOMAALI
Flowchart ➔	Shaxda Talaabooyinka

MACNAHA ERAYGA EE LUQADDA SOOMAALIGA:

Shaxda talaabooyinka waa **jaantus** (*Diagram*) sii muuqaal ah u soo bandhigaya **habxalka** (*Algorithm*) ama talaabooyinka u ku saleeysan yahay barnaamij kombiyuutar. Guud ahaan, **shaxda talaabooyinka** iyo **habxaladu** waa talaabooyin loo adeegsado *diyaarinta, qorshaynta,* iyo *qoridda* **barnaamijyada kombiyuutarada**

MEANING IN ENGLISH (*Macnaha Erayga ee Luqadda Qalaad*):

A **flowchart** is a diagram that displays visually the **algorithm** or steps that a computer program is based on. In general, both the **flowcharts** and **algorithm** are steps used for the *preparation, planning,* and *writing* of **computer programs**

TUSAALE (*Example*):

Shaxda talaaboyinka (*Flowchart*) hoos ka muuqda waxaa ku bandhigan **habxal** sal u ah **barnaamij kombiyuutar** ee soo bandhigaya in arday u **imtixaan gudbay** (*Passed*) ama uu **haray** (*Failed*). Habxalka ku xusan shaxdaa wuxuu tilmaami haddii ay natiijada **imtixaanka** ardayga ka sareeyso ama la'egtahay **60** in uu ardaygu **gudbay** imtixaanka, haddii kalena uu **haray**.

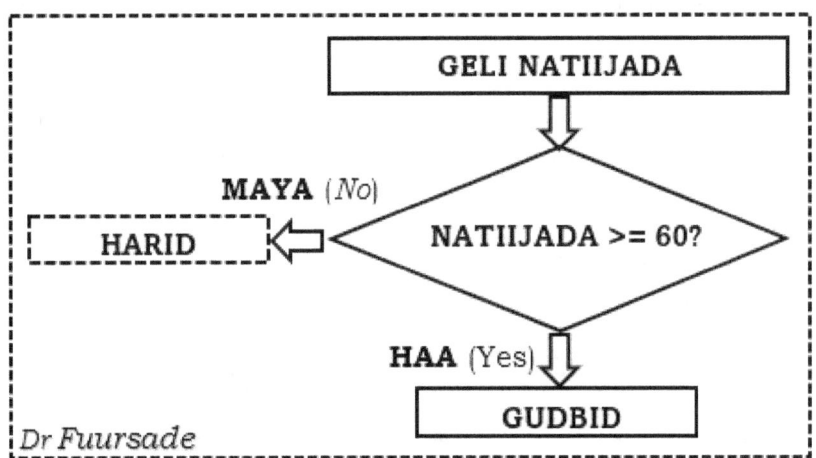

FAAH-FAAHIN DHEERI AH (*Further details*):

Ka sakoow qorshaynta iyo qoridda barnaamijyada kombiyuutarada, waxaa **shaxda talaabooyinka** (*Flowcharts*) loo adeegsadaa hawlo ay ka mid yihiin:

- ✓ Si loo *soo bandhigo qorsho guud*
- ✓ Si loo *fahmo habka uu qalab u shaqeeyo* ama loo *cilad bixiyo*
- ✓ Si loo *hagaajiyo tayada hawl* ama loo *bandhigo talaaboyinka barnaamij* lala qaybsanayo dad kale
- ✓ Si loo *diiwaan geliyo hawl* ama *qorsho*
- ✓ Iyo tiro kale

FOLDER

ENGLISH	SOOMAALI
Folder ➔	Gal

MACNAHA ERAYGA EE LUQADDA SOOMAALIGA:

Dhinaca **teknolojiyada**, **gal** waa *goob magac leh* oo *aaladaha elektaroonikada* ku keydiyaan **faayilalka** (*Files*) iyo **galal hoosaadyada** (*Subfolders*).

MEANING IN ENGLISH (*Macnaha Erayga ee Luqadda Qalaad*):

A **folder**, also called a **directory**, is a named *space* used by a computer to store **files** and **subfolders**

TUSAALE (*Example*):

Sida ka muuqata farsawirka hoose, **galalka** ay kombiyuutarada adeegsadaan (*Computer folders* or *directories*) waxay u dhigmaan *galalka* xafiisyada ee lagu keydiyo **warqadaha** ah iyo **galal hoosaadyada** xafiisyada:

GALAL

GAL & FAAYILAL KU SII KEYDSAN

FAAH-FAAHIN DHEERI AH (*Further details*):

Farsawirka hoose waxaa ka muuqda **gal** kombiyuutar ee lagu magacaabo **MAGOOL** ee ku keydsan diskiga (*keydka adag*) lagu magacaabo "**C:**". Waxaana galka **MAGOOL** ku sii keydsan hal *gal-hoosaad* ee lagu magacaabo **HIBO** iyo labo **faayil** oo lagala yiraahdo "**Sales**" iyo "**Report**". Faayilka "**Sales**" waa faayil xisaabaad ah ee lagu diyaariyey barnaamijka **Microsoft Excel**, faraciisane yahay "**.xlsx**"; dhinaca kale, faayilka "**Report**" waa faayil keydinayo tusaale ahaan qoraalo ee lagu diyaariyey barnaamijka **Microsoft Word**, oo faraciisane yahay "**.Doc**" (*Fadlan eeg astaamaha ka horeeya magacyada faayilalkaa iyo galka ka oo tilmaamaya nooca astaanta oo muujinaysa gal, ama faayil ah Excel ama Word*)

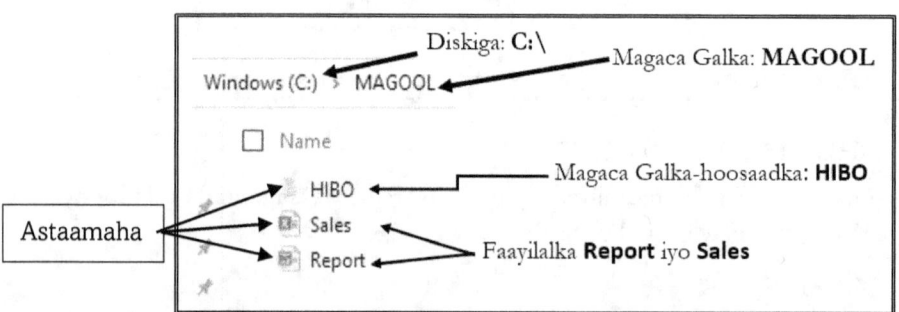

F.G.: **Labada faayil**, ee kala ah *Sales* iyo *Report*, iyo *gal hoosaadka* **HIBO** waxay ku wada keydsan yihiin galka lagu magacaabo **MAGOOL**, galkaa oo ku sii keydsan **keydka adag** (*Hard disk*) ee **C:**. Hasa-yeeshee, farsawirka ma muujinaya waxa ku sii dhex keydsan gudaha *gal-hoosaadka* **HIBO**.

FONT

ENGLISH	SOOMAALI
Font ➔	Farmuuqaal

MACNAHA ERAYGA EE LUQADDA SOOMAALIGA:

Farmuuqaalku (*Font*) waa xayn **xarfo** iyo **nambaro** la daabici karo ee xambaarsan naqshad (*design*), qaab (*style*), midab (*color*), jismi (*weight*), iyo cabbir (*size*) u gaar ah

MEANING IN ENGLISH (*Macnaha Erayga ee Luqadda Qalaad*):

A **font** is a set of printable **characters** and **numbers** with a specific *design, style, color, weight,* and *size*

TUSAALE (*Example*):

Waxaa qaybta hoose ka muuqda dokumenti ay ku bandhigan yihiin **saddex nooc** ee ka mid ah **farmuuqaalada** (*Fonts*) aad loo adeegsado. Waxayna kala yihiin: 1) **Garamond** (*Garaamond*), 2)**Times New Roman** (*Taymis Niyuu Roomaan*), iyo 3) **Arial** (*Eeriyaal*).

Fadlan si taxadir leh u eeg **farqiga** muuqaal ahaan u dhaxeeya **farmuuqaalada** (*Fonts*) kala duwan ee hoos ku xusan (*Ama sida farta qoran u kala muuqdaan*). Sida ka muuqata qoraalkaa, farmuuqaal kasta wuxuu leeyahay naqshad iyo muuqaal u gaar ah, sababtaa ayaa loogu magacdaray *farmuuqaal*.

TUSAALOOYIN SADDEX NOOC EE FARMUUQAALO AH (*Example of 3 Font Types*)

① Qoraalkaan waa farmuuqaal (*Font*) lagu magacaabo **Garaamond**
Qoraalkaan waa tusaale ku bandhigan **farmuuqaalka** "**Garaamond**" oo **cabbirkiisu** yahay **12**
This text is an example of "**Garamond**" font type and **size 12**

② Qoraalkaan waa farmuuqaal (*Font*) lagu magacaabo **Taymis Niyuu Romaan**
Qoraalkaan waa tusaale muujinaya **farmuuqaalka** "**Times New Roman**" oo **cabbirkiisu** yahay **12**
This text is an example of "**Times New Roman**" font type and **size 12**

③ Qoraalkaan waa farmuuqaal (*Font*) lagu magacaabo **Eeriyaal**
Qoraalkaan waa tusaale muujinaya **farmuuqaalka** "**Arial**" oo **cabbirkiisu** yahay **12**
This text is an example of "**Arial**" font type and **size 12**

FAAH-FAAHIN DHEERI AH (*Further details*):

Farmuuqaaladu (*Fonts*) waxay muujiyaan qaabka ay u muuqdaan *farta iyo qoraalada* la daabaco, sababtaa ayaana loogu magac daray **farmuuqaal**. Waxayna dowr weyn ku leeyihiin *habaynta* qoraalada (*Document formatting*) lagu diyaariyo **barnaamijyada eray-maamulayaasha** (*Word Processing programs*). Waxaana maanta la xusaa in ay jiraan **boqolaalo kun** oo nooc ee **farmuuqaalo** ah ee kala duwan. Barnaamijka **MS Word** keliya wuxuu soo bandhigaa tiro ka badan **700** oo nooc ee **farmuuqaalo** ah (*over 700 fonts*), gaar ahaan markii Internet-ka laga soo wada degsado.

FOOTER

ENGLISH		SOOMAALI
Footer	→	Hoos-Dhig

MACNAHA ERAYGA EE LUQADDA SOOMAALIGA:

Hoos-dhiggu (*Footer*) waa goob ka tirsan qaybta ugu **hooseysa** ee bog *dokumenti* ama *buug* ee lagu qoro xog ka siman boggaga dokumentiga ama buugga oo idil

MEANING IN ENGLISH (*Macnaha Erayga ee Luqadda Qalaad*):

A **footer** is a section at the **bottom** of a *document* or a *book* page which shows information common to all pages of the document or the book.

TUSAALE (*Example*):

Farsawirka hoose waxaa ku muuqda bog ka tirsan dokumenti ee qaybta hoose ku wata "*hoos-dhig*" (*Footer*). Waxaana hoos-dhiggaa ku qoran *nambarka bogga, cinwaanka dokumentiga, iyo magaca qoraaga*

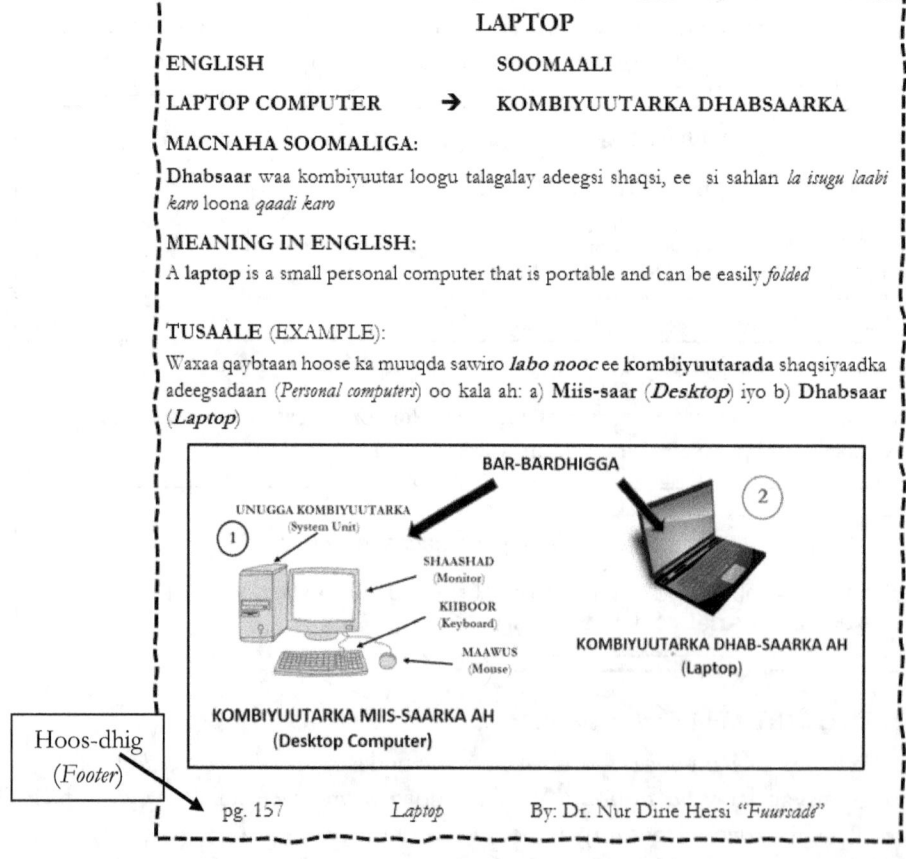

FAAH-FAAHIN DHEERI AH (*Further details*):

Xogta lagu qoro "**hoos-dhigga**" (*Footer*) waxaa ka mid ah: a) *Nambarka bogga*, b) *Cinwaanka Qoraalka*, c) *Taariikhda qoraalka*, d) *Magaca qoraaga* iyo e) *Tiro kale*

FOOTNOTE

ENGLISH	SOOMAALI
Footnote	Qormohoose

MACNAHA ERAYGA EE LUQADDA SOOMAALIGA:

Qormohoose waa **qoraal kooban** ee lagu bandhigo qaybta ugu **hoseeysa** ee bog buug ama dokument, sitana nambar tixraacaya *eray* ama *jumlo* ka tirsan boggaa, soona gudbinaysa xog la xariirta *eraygii* ama *jumladii* la tixraacay

MEANING IN ENGLISH (*Macnaha Erayga ee Luqadda Qalaad*):

A **footnote** is a short note displayed at the **bottom** of a book or a document, associated with a number referensing a word or sentence in that page, which provides details about the associated word or sentence in the book or document

TUSAALE (*Example*):

Waxaa qaybtaan hoose ku muuqda bog wata **qormohoose** (*Footnote*). Waxaa qormada hoose lagu xusaya erayga "**teknolojiyada**" ee ka muuqda sadarka 4aad (*Leenka 4aad*) ee qoraalka, sitana nambarka "**1**". Waxayna **qormadaa hoose** ku bandhigan tahay oo keliya qaybta ugu hoosaysa ee booggaa laga tixraacay; waxayna muujini faah-faahin dheeri ee erayga la xusay. **Qormadaa hoose** (*Footnote*) kama muuqanayso bogagga kale ee dokumentiga ama buugga.

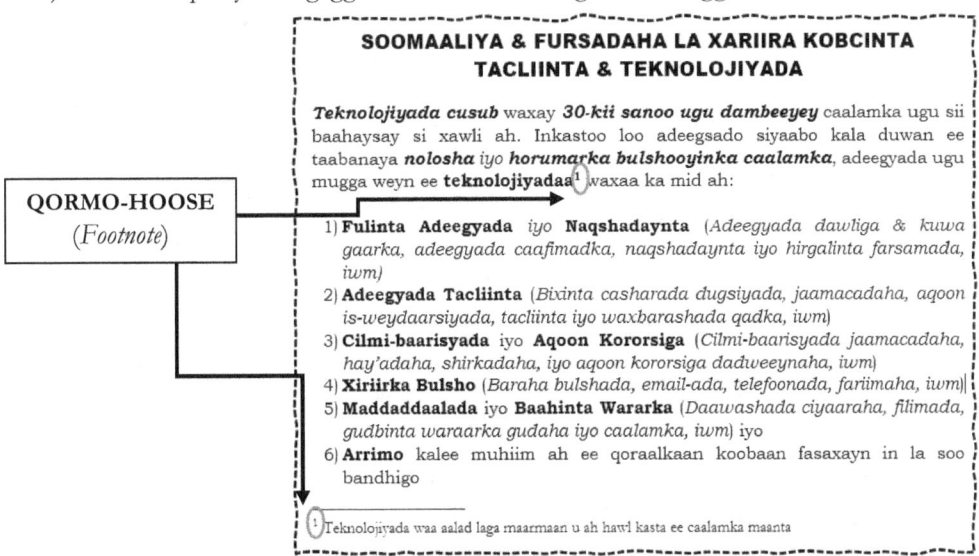

FAAH-FAAHIN DHEERI AH (*Further details*):

Marka la adeegsanayo **MS Word**, waxaa "**qormohoose**" (*Footnote*) lagu hirgaliyaa habkaan hoose: 1) Geey bartusaha (*Cursor*) gadaasha erayga aad rabtid in aad tixraacdid, 2) Kaddib ka xulo **Looxa Xulsidaha** (*Menu Bar*) xulka lagu magacaabo **References**, iyo 3) Riix sumadda "**Insert Footnote**" ee shaashadda ka soo muuqata, dabadeedna qor erayada aad ku qoraysid *qormada hoose*. Xogta lagu bandhigo **qormooyinka hoose** waxaa ka mid ah in : a) La xuso goobta qoraalka laga soo qaatay (*Reference*) iyo b) La soo bandhigo faah-faahin dheeri ah ee quseeysa *erayga ama erayada la soo xusay*

FOREIGN KEY

ENGLISH	SOOMAALI
Foreign Key ➔	Furaha Qalaad

MACNAHA ERAYGA EE LUQADDA SOOMAALIGA:

Furaha qalaad waa **taag** (*Column*) ama **tiro taagyo** ah (*Columns*) ee ka mid ah **aruur** (*Table*) ka tirsan **xog-dhig xiriiraysan** (*Relational database*) ee tixraacaya *taag* ama *taagyo* ka tirsan **aruur** kale

MEANING IN ENGLISH (*Macnaha Erayga ee Luqadda Qalaad*):

A **foreign** key is a **column** or **group of columns** in a **relational database** table that refers to a column or columns in another table

TUSAALE (*Example*):

Waxaa farsawirka hoose ka muuqda tusaale labo aruur (*Tables*) ee ka mid ah **xog-dhig** (*Database*) ay ku keydsan yihiin magacyo arday iyo imtixaanadooda. Waxaa labada aruur xiriirinaya ama isku xiraya **taagga** (*Column*) lagu magacaabo **TIRSI**, ee ka wada tirsan labada aruur.

Dhinaca aruurka **ARDAYDA**, taagga **TIRSI** waa **furaha koowaad** (*Primary key*) oo hubinaya in arday kasta leeyahay nambar iyo daato u gaar ah. Dhinaca aruurka **IMTIXAANADA**, taagga **TIRSI** waa **furaha qalaad**; wuxuuna matalaya ardayda ku keydsan aruurka **ARDAYDA**. Saa darteed, maaddaama **TIRSI**-ga yahay **fure qalaad**, lama gelin karo aruurka **IMTIXAANADA**, **TIRSI** aan ka mid ahayn kuwa ka muuqda aruurka **ARDAYDA**. Tusaale, **TIRSI**=5004 lama gelin karo aruurka **IMTIXAANADA** maaddaama uu <u>tirsigaa</u> ka mid ahayn aruurka **ARDAYDA** (*Macno ahaan, ardayga 5004 ka mid ma aha ardayda dugsiga, sidaa darteed ma geli karo imtixaan*). Dowrka **furaha koowaad** iyo **furaha qalaad** waa *ilaalinta iyo sare-u-qaadidda tayada* daatada la keydinayo. Dhinaca qeexidda, **furaha qalaad** iyo **furaha koowaad** waxaa la qeexaa markii aruurada la naqshadaynayo

FURAHA QALAAD (*Foreign key*) ⇨			IMTIXAANADA		
ARDAYDA			TIRSI	MAADDADA	DARAJADA
TIRSI	MAGAC	JINSIGA	5001	Fisikis	96%
5001	Ahmedwali	M	5002	Xisaab	75%
5002	Bishaara	F	5003	Taariikh	81%
5003	Asli	F	5002	Fisikis	72%
			5001	Xisaab	92%
			5002	Taariikh	89%

Taagga **TIRSI**-ga ee aruurka **IMTIXAANADA** wuxuu tixraacyo Taagga **TIRSI** ee aruurka **ARDAYDA**

FAAH-FAAHIN DHEERI AH (*Further details*):

Furaha qalaad waa fure matalaya **fure koowaad**. Waxaana *labadaa fure* ka dhaxeeya **xiriir**; xiriirkaana wuxuu la mid yahay <u>xiriirka</u> ka dhaxeeya tusaale ahaan **dal** iyo **safiir**. Shaqsi kasta ee noqonaya **safiir** waa in uu ka soo jeedo **dal** uu matalo ee la aqoonsan yahay; **furaha koowaad** wuxuu u taagan yahay **dalka**, halka **furaha qalaad** u taagan yahay **safiirka**. Sidaa darteed, qiimaha **TIRSI**-kasta (*Furaha koowaad*) ee la gelinayo aruurka **IMTIXAANDA** waa in uu yahay **TIRSI** ka tirsan aruurka **ARDAYDA**, si la mid ah in **safiir** kasta ay qasab tahay in uu ka *soo jeedo* ama *matalo* dal la ictiraafsan yahay; sababtaa ayaa loogu magac daray "**Furaha qalaad**" (*Foreign key*).

FORMAT

ENGLISH　　　　**SOOMAALI**

Format　→　Habayn

MACNAHA ERAYGA EE LUQADDA SOOMAALIGA:

Dhinaca *barnaamijyada eray-maamulayaasha* (*Word processing programs*), **habayn** (*Format*) waa eray tilmaamaya *muuqaalka, bandhigga, aragtida*, iyo *qaabka* ay **erayada** dokumenti ugu naqshadaysan yihiin **shaashadaha** iyo **warqadaha daabacan**

MEANING IN ENGLISH (*Macnaha Erayga ee Luqadda Qalaad*):

In *Word processing*, **formatting** refers to the *appearance, presentation, look,* and *layout* of the **words** of a document on **screens** and on **printed** papers

TUSAALE (*Example*):

Waxaa farsawirka hoose ka muuqda qayb ka mid ah dokumenti la *habeeyey* (*Part of a formatted document*), iyadoo la adeegsanayo **Barnaamijka Eray Maamulaha** ee loo yaqaano **MS Word**. Waxaa *habayntaa* hoos ku bandhigan ka mid ah: a) ***Bartamayn*** (*Centered*), b) ***Muuq-weynayn*** (*Bold*), c) ***Weynayn*** (*Large*), d) ***Hoos-xariiqin*** (*Underline*), e) ***Yare-iftiimin*** (*Highlight*), f) ***Midabayn*** (*Coloring*), g) ***Jaleecin*** (*Italic*), h) ***Dhibcayn*** (*Bullets*), iwm

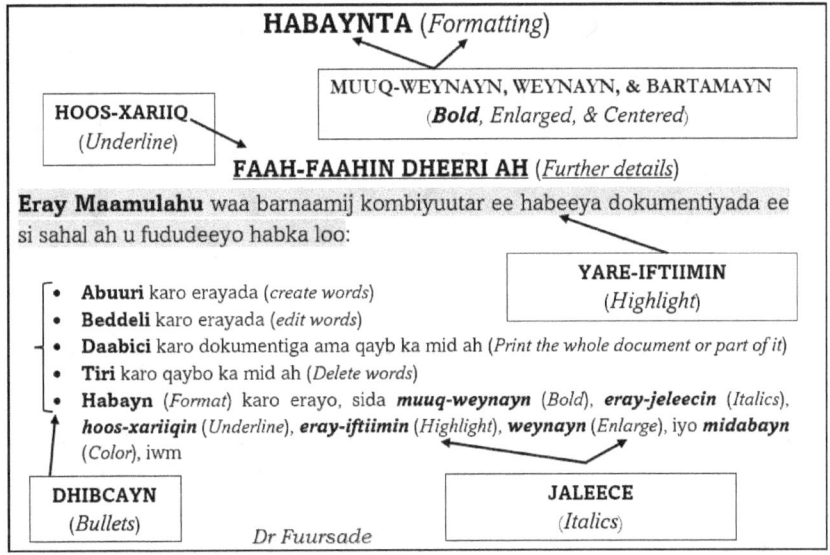

FAAH-FAAHIN DHEERI AH (*Further details*):

Habayntu (*Formatting*) waa qaabka loo *diyaariyo erayada iyo dokumentiyada* markii la adeegsanayo *barnaamij eray maamule* (*Word processing program*). Waxayna **erayada** iyo **dokumentiyada** siisa muuqaal soo jiita *indhaha*, sarena u qaada *tayada dokumentiga*, isla markaana fududeeya akhriska iyo fahamka nuxurka dokumentiyada. Waxaa sifooyinka eray **habaynta** (*Word formatting attributes*) ka mid ah: **muuq-weynayn** (*Bold*), **weynayn** (*Enlarge*), **bartamayn** (*Center*), **hoos-xariiqin** (*Underline*), **yare-iftiimin** (*Highlight*), **midabayn** (*Color*), **jaleecin** (*Italic*), **dhibcayn** (*Bulleting*), iwm. Sida kor ku xusan, **farmuuqaaladu** (*Fonts*) waa qaybo ka mid ah **habaynta** dokumentiyada.

FRONT-END

ENGLISH	SOOMAALI
Frontend ➔	Wajiga Hore

MACNAHA ERAYGA EE LUQADDA SOOMAALIGA:

Wajiga hore (*Front-end*) waa eray guud ee loo adeegsado tilmaanta qaybaha uu **adeegsadaha arkayo** lana **macaamilayo** markuu ku xiran yahay *internet, shabakad kombiyuutar, ama barnaamijyo kombiyuutar*

MEANING IN ENGLISH (*Macnaha Erayga ee Luqadda Qalaad*):

Front-end is a general term used to describe the section a **user sees** and **interacts** with when connected to the *internet, computer networks, or computer programs*

TUSAALE (*Example*):

Farsawirka hoose wuxuu muujinayaa tusaale la xariira qaabka ay isugu xiran yihiin ama u wada shaqeeyaan: 1) **Adeegsadaha** (*User*), 2) **Wajiga hore** (*Frontend*), iyo 3) **Wajiga dambe** (*Backend*) ee barnaamijyada kombiyuutar markii lagu xiran yahay goobaha **weebka**-ka ee *internet*-ka.

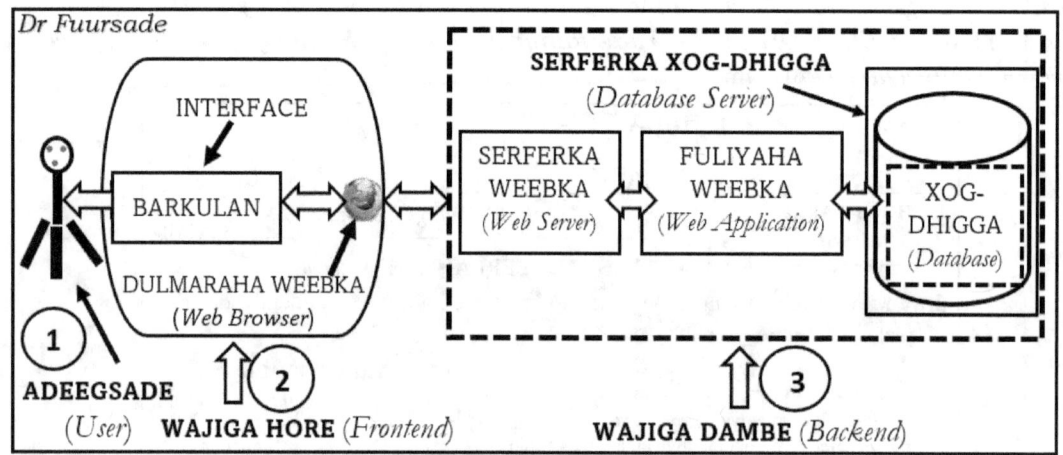

FAAH-FAAHIN DHEERI AH (*Further details*):

Barnaaamijyada kombiyuutar ee goobaha shaqo waxay guud ahaan ka kooban yihiin labo qaybood ee wada shaqeeya ee la kala yiraahdo **wajiga hore** iyo **wajiga dambe**. **Wajiga hore** waa qaybta uu adeegsadaha *la macaamilo*. Tusaale dhinaca internet-ka, waxaa **wajiga hore** ka mid ah **dulmaraha weebka** (*Web browser*), sida Google Chrome.

Dhinaca kale, **wajiga dambe** wuxuu ka kooban tiro ay ka mid yihiin **serferada weebka** (*Web servers*), **fuliyaha weebka** (*Web applications*), **serferka xog-dhigga** (*Database server*), iyo **xog-dhigyada** (*Databases*). **Wajiga dambe** wuxuu ku rakibnaan karaa goob ka mid ah agaagaarka adeegsadaha ama geeska kale ee caalamka. Adeegsadahu (*User*) uma baahna in uu ogaado **goobta ay jismi ahaan** (*Physically*) ay ku rakiban yihiin unugyada wajiba dambe (*Physical location of the backend components*). Muhiimaddu waa in uu adeegsaduhu uu ku xirmi karo wajiga dambe. Waxaana arrintaa fududeeya **internet**-ka iyo **koodka oggolaashaha** (*Access code*) sida *cinwaanka gooobta wajiga dambe (IP Address), magaca adeegsadaha (Username), furaha sirta (Password)*, iwm

GOOGLE

ENGLISH	SOOMAALI
Google (*As a verb*) →	Gugal-Garayn (*Ficil-ahaan*)

MACNAHA ERAYGA EE LUQADDA SOOMAALIGA:

Dhinaca teknolojiyada, erayga **gugal-garayn** (*Google*) waa ka baaridda *daato* ama *xog* **bogagga weebka** (*Web pages*) ee **goobaha weebka** (*Web sites*) kala duwan ee internet-ka

MEANING IN ENGLISH (*Macnaha Erayga ee Luqadda Qalaad*):

In technology, the word **google** means to search for *data* or *information* in the **web pages** of the different **web sites** of the internet

TUSAALE (*Example*):

Waxaa qaybtaan hoose ka muuqda farsawir muujinaya adeegsade *daato* ama *xog* ka baaraya bogagga weebka:

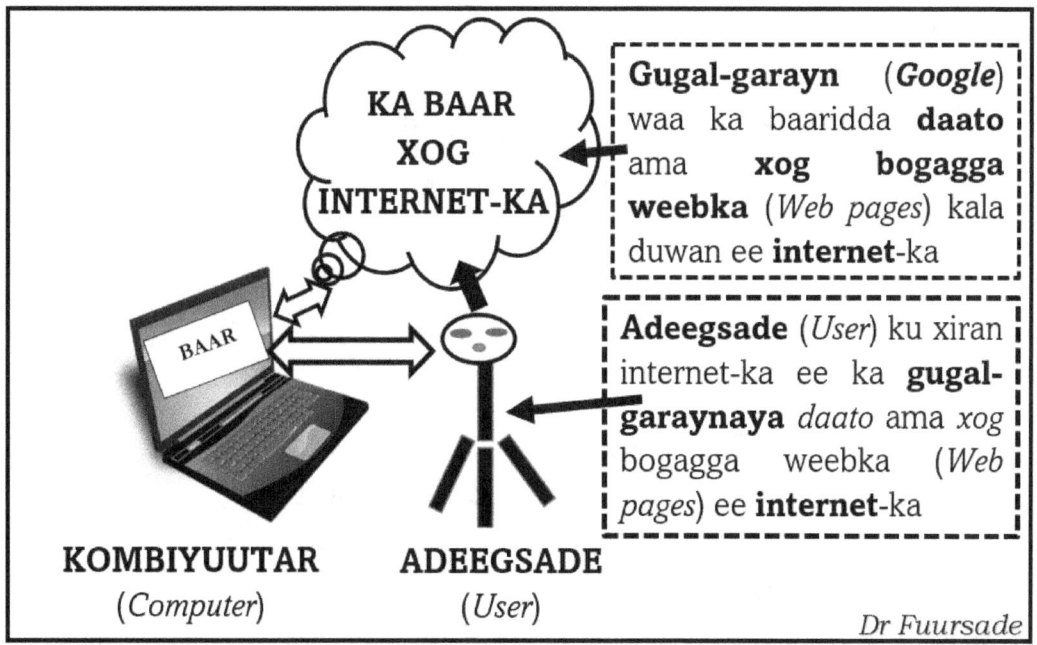

FAAH-FAAHIN DHEERI AH (*Further details*):

Erayga **Gugal** (*Google*) wuxuu leeyahay tiro **macno** ah. Mar waa eray tilmaamaya ficilka *ka baaridda daato ama xog* bogagga kala duwan ee weebka. Markale, waa *barnaamij kombiyuutar* ee **xog** ka baara **bogagga weebka** (*Web pages*).. Wuxuu kalee tilmaamaa **shirkadda** soo saartay barnaamijkaa.

Dhinaca adeegsiga, waxaa maanta la qiyaasaa in barnaamijka **Google** xog baaris loo adeegsado boqolaalo **milyan** maalintii. Sidaa darteed, erayga **google** wuxuu ku caanbaxay *ficilka* ka baaridda *daato* ama *xog* boogagga kala duwan ee *goobaha weebka* ee internet-ka.

GPS

ENGLISH	SOOMAALI
GPS	*Goob-Tilmaame*

MACNAHA ERAYGA EE LUQADDA SOOMAALIGA:

Goob-tilmaame (*GPS*), oo u taagan **Nidaamka Bartilmaamidda Guud**, waa nidaam ay hagaan **dayax-gacmeedyo** loona adeegsado bartilmaamidda **goob** ka tirsan dhulka ee uu shay yaalo. Wuxuuna kaa caawinayaa tagidda *cinwaanka* aad doonaysid in aad tagtid iyo muddada ay qaadanayso

MEANING IN ENGLISH (*Macnaha Erayga ee Luqadda Qalaad*):

The **GPS**, which stands for **G**lobal **P**ositioning **S**ystem, is a **satellite**-based navigation system used to determine the **ground position** of an object on earth. It helps you get at the address you are going to and the time it takes to get there

TUSAALE (*Example*):

Farsawirka hoose wuxuu muujinayaa **qalab elektaroonik** ah, tusaale telefoonka casriga (*Cell phone*), ee uu ku rakiban yahay *goob-tilmaame* (*GPS*) kaasoo adeegsadaha (*The user*) u muujini goobta markaa la joogo iyo tilmaamta goobta loo socdo. Waxaa farsawirka ku xusan *saddex qayb* ee ka mid ah unugyada uu ka kooban yahay qaab-dhismeedka *goob-tilmaame* (GPS)

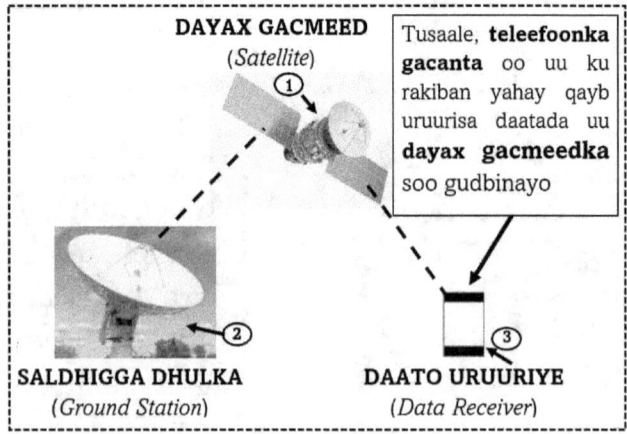

FAAH-FAAHIN DHEERI AH (*Further details*):

Goob-tilmaamaha, ama **G**lobal **P**ositioning **S**ystem (*GPS*), waa *goob-hage* la shaqeeya **tiro dayax-gacmeedyo** ah ee si joogta ah ugu wareega **hawada sare**, ujeeddaduna tahay bartilmaamidda goobta saxda ah ee dhulka ee markaa la joogo. Wuxuuna **goob-tilmaamaha** (*GPS*) ka kooban yahay saddex qayb oo kala ah: 1) **Tiro dayax-gacmeedyo** dhulka ku wareega, 2) **Saldhig dhulka** ah ee laga haga dayax-gacmeedyada, iyo 3) **Qalab**, sida *telefoonka casriga* ah, ee uruuriya **daatada** (*Data receiver*) ay soo gudbiyaan **dayax-gacmeedyada**; wuxuuna **qalabka elektaroonika** ah ee uu adeegsadaha wato soo bandhigayaa **xog tilmaamaysa goobta** markaa la **joogo**. Telefoonka casriga ka sakoow, waxaa waayahaan **goob-tilmaamaha** lagu rakibaa gudaha qalabyo badan oo ay ka mid yihiin: *Gaadiidka cusub, diyaaradaha, kombiyuutarada casriga ah, saacadaha casriga ah, iPads, furayaasha qaarkood, iwm*. Dhinaca kale, waxaa xasuusin mudan in qalabyada ay ku rakiban yihiin **GPS**-ka ay muujiyaan goobta aad mar walba joogtid taasoo soo bandhigi karta xog aad jeclaysanayn mararka qaarkood in la ogaado (*Privacy issue*). **F.G.**: Waxaa milkiyadda GPS-ka iska leh USA.

GRAPHICAL USER INTERFACE

ENGLISH	SOOMAALI
Graphical User Interface ➔	Nidaamka Barkulanka Astaamaysan

MACNAHA ERAYGA EE LUQADDA SOOMAALIGA:

Nidaamka barkulanka astaamaysan waa nidaam loola **macaamilo** kombiyuutarada, iyo barnaamijyada kombiyuutar ee ku keydsan, hab muuqaal ah iyadoo la adeegsanayo unugyo ay ka mid yihiin **daaqado** (*Windows*), **astaamo** (*Icons*), **xulsidayaal** (*Menus*), **maawus** (*Mouse*), iwm

MEANING IN ENGLISH (*Macnaha Erayga ee Luqadda Qalaad*):

A **Graphical User Interface** (GUI) is a way of **interacting** with computers, and stored computer programs, in a **visual** way by using items such as **windows, icons, menus, mouse**, etc.

TUSAALE (*Example*):

Farsawirka hoose waxaaa ka muuqda tusaale barnaamij kombiyuutar ee ku saleeysan "**Nidaamka barkulanka astaamaysan**" (*Graphical User Interface*). **Barnaamijkaa** waa mid adeegsaduhu si sahlan oo muuqaal ah u adeegsan karo **faayilalka** iyo **barnaamijyada** ku keydsan. Waxaana hawshaa fududeeya **astaamaha** (*Icons*) ka muuqda barkulanka ku xusan farsawirka (*Interface in the sketch*), kuwaa oo loo adeegsado **maawuska**. Waxayna **astaamahaa** u taagan yihiin **faayilal** iyo **barnaamijyo**. Adeegsadaha uma baahna in uu qoro amaro si uu u adeegsado **faayilalkaa** iyo **barnaamijyadaa**; wuxuu keliya u baahan yahay in uu maawuska ku **labo-riixo** (*Double-click*) astaamahaa ka muuqda tusaale ahaan shaashadaha kombiyuutar.

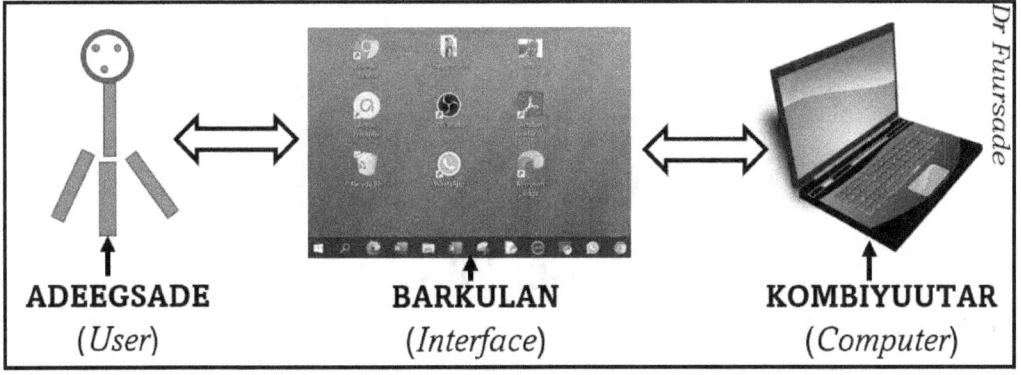

ADEEGSADE (*User*)   **BARKULAN** (*Interface*)   **KOMBIYUUTAR** (*Computer*)

FAAH-FAAHIN DHEERI AH (*Further details*):

Nidaamka barkulanka Astaamaysan (*Graphical User Interface*) waa nidaam si muuqaal ah lagula macaamilo **faayilalka** iyo **barnaamijyada** kombiyuutar. Waxaana **faayilalka** iyo **barnaamijyada**, uu adeegsadaha u baahan yahay matalaya **astaamo** (*Icons*), **xulsidayaal** (*Menus*), **xul-hoosaadyo** (*Submenus*) ka muuqda shaashadaha; waxaana loo adeegsadaa **maawuska** (*Mouse*) si loola macaamilo.

Nidaamkaa wuxuu ku saleeysan yahay hab uu **adeegsaduhu** (*User*) si **muqaal** ahaan ah ugu riixi karo maawuska unugyada uu rabo iyadoo aan la **qorayn amarada** (*No need to write computer commands*). Tusaale, markuu adeegsaduhu rabo in uu *galo* ama furo **internet**-ka, wuxuu u baahan yahay oo keliya in uu **maawuska** ku labo-riixo (*Double-click*) mid ka mid ah astaamaha **barnaamijyada dulmaraha** weebka sida **Google Chrome, Mozilla Firefox, Safari**, iwm

GRAPHICS

ENGLISH	SOOMAALI
Graphics ➔	Sawir-shaxan

MACNAHA ERAYGA EE LUQADDA SOOMAALIGA:

Dhinaca kombiyuutarada, **sawir-shaxan** (*Graphics*) waa hawlaha la xariira naqshadaynta (*Design*), sawiridda (*Drawing*), bandhigidda (*Displaying*), keydinta (*Storing*), iyo wax-ka-beddelidda shay (*Editing objects*), muuqaal (*Image*), fiideyo (*Video*), iwm, iyadoo la adeegsanayo kombiyuutaro

MEANING IN ENGLISH (*Macnaha Erayga ee Luqadda Qalaad*):

In computers, **graphics** refers to the *design*, *drawing*, *displaying*, *storing*, and *editing* of objects, images, video, etc., using computers

TUSAALE (*Example*):

Waxaa qaybtaan hoose ka muuqda tusaale **sawir-shaxan** ku bandhigan **shaashad kombiyuutar**.

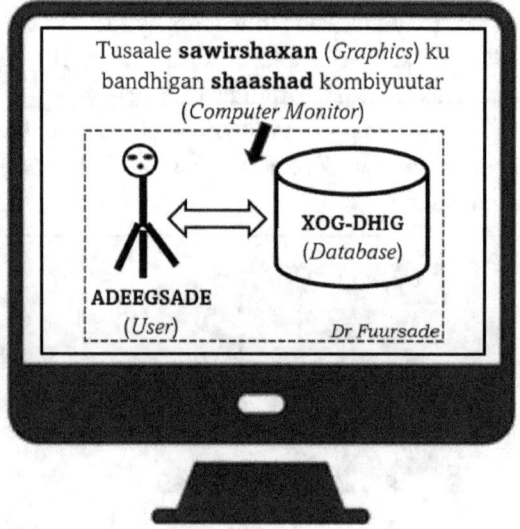

FAAH-FAAHIN DHEERI AH (*Further details*):

Sawir-shanadu (*Graphics*) waa *muuqaalo* iyo *naqshado* la xariira ee lagu diyaariyo kombiyuutaro. Naqshad-ahaan, **sawir-shaxanada** lagu soo bandhigo shaashadaha kombiyuutar waxay ka kooban yahay **dhibicyareyaal** (*Pixels*) inkastoo muuqaal ahaan aan *dhibicyadaa yar-yar* loo jeedin.

Sawir-shaxanadu waxay qayb ka yihiin *naqshadaynta* iyo *bandhigidda qaybahaan hoose*:

- Farsamada la xariirta *gaadiidka, kombiyuutarada, qalabyada kale ee elektaroonikada*, iwm
- Sawirada lagu bandhigo *garaafyada daatada* iyo *xisaabaadka*
- Muuqaalada maddaddaalada sida *filimada, heesaha, ciyaaraha*, iwm
- Diyaarinta *casharo* wato *sawiro, muuqaalo, codad, qoraalo*, iwm
- Tababarada culus sida *diyaarad wadidda, hagidda dayac gacmeedyada*, iwm
- Falanqaynta (*Analysis*) sawirada ay soo diraan *dayax qacmeedyada*, iwm

HACKER

ENGLISH	SOOMAALI
Hacker ➔	Qad-Jabsade

MACNAHA ERAYGA EE LUQADDA SOOMAALIGA:

Qad-jabsade waa xirfadle dhinaca *teknolojiyada dijitaalka* ee badiba u adeegsada xirfaddaa si uu u **jabsado** goobo kombiyuutar, inkastoo mararka qaarkood *uu qad-jabsaduhu ahayn dambiile*

MEANING IN ENGLISH (*Macnaha Erayga ee Luqadda Qalaad*):

A **hacker** is a skilled *digital technology* professional who uses his/her computer skills mostly to **break in** computerized systems although sometimes *the hacker is not a criminal*

TUSAALE (*Example*):

Waxaa farsawirka hoose ka muuqda **qad-jabsade** (*Hacker*) u dhacaya kombiyuutar ay ku keydsan yihiin xog xasaasi ah:

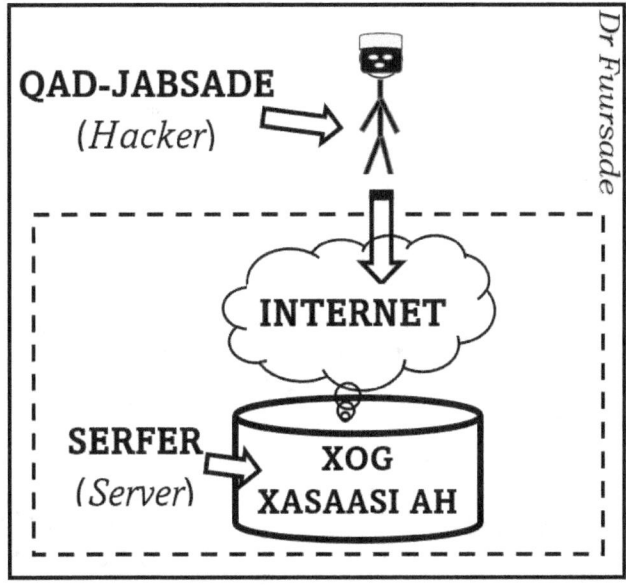

FAAH-FAAHIN DHEERI AH (*Further details*):

Qad-jabsade (*Hacker*) iyo **qad-dambiile** (*Cybercriminal*) waa labo eray ee dhinac isku **macno** ka ah, dhinac kalena kala macno ah inkastoo ay dad aan yareyn dareensanayn farqigaa u dhaxeeya. Waxa keliya ee ka dhaxeeya waa arrinta ah in ay **labadadaa** cinwaan wada tilmaamayaan shaqsiyaad **u dhaca goobaha kombiyuutar**. Hasa-yeeshee, **qad-dambiiluhu** (*Cybercriminal*) mar walba waa **dambiile** (*Criminal*) ujeeddadiisu tahay **dhac**. Dhinaca kale, **qad-jabsaduhu** (*Hacker*) ma'aha mar walba **dambiile**. Mararka qaarkood, **qad-jabsadahu** waa xirfadle hawshiisu tahay **tijaabinta** in *goob kombiyuutar* ay shirkad leedahay la **jabsan karo** iyo in kale; wuxuuna mararkaa **qad-jabsaduhu** gaar ahaan baaraa goobaha *softaweerada, barnaamijyada, shabakadaha, hardaweerada, daatada*, iwm, laga soo **weerari** karo. Marar kalena, **qad-jabsaduhu** waa **qad-dambiile** (*Cyber-criminal*) jabsada goobaha kombiyuutar.

HANDSHAKING

ENGLISH	SOOMAALI
Handshaking ➔	Is-Gacan Gelin

MACNAHA ERAYGA EE LUQADDA SOOMAALIGA:

Dhinaca teknolojiyada, **is-gacan gelintu** waa nidaam ay **labo qalab** ku muujinayaan bilowga wada **xiriir elektaroonik ah**

MEANING IN ENGLISH (*Macnaha Erayga ee Luqadda Qalaad*):

In technology, **handshaking** is the process by which **two devices** indicate the beginning of an electronic **communication**

TUSAALE (*Example*):

Farsawirka (*Sketch*) hoose wuxuu muujinayaa tusaale macnaha "**Is-gacan Gelinta**" (*Handshaking*) ee dhinaca **teknolojiyada** ee ka dhex dhacaya labo kombiyuutar ee kala yaala, tusaale ahaan, *guri iyo jaamacad*. Markuu **moodemka** ku rakiban kombiyuutarka guriga uu la so xariiro **moodemka** ku rakiban jaamacadda, waxaa marka hore dhacaya **is-afgarad** muujinaya in la helay goobta loo dirayo fariinta. Waxaa xiriirkaa hore ee labadaa aalad lagu tilmaamaa "**Is-gacan Gelin**" (*Handshaking*). Is-fahamkaa kaddib, waxaa bilaabanaya **gudbinta** fariimaha iyo daatada

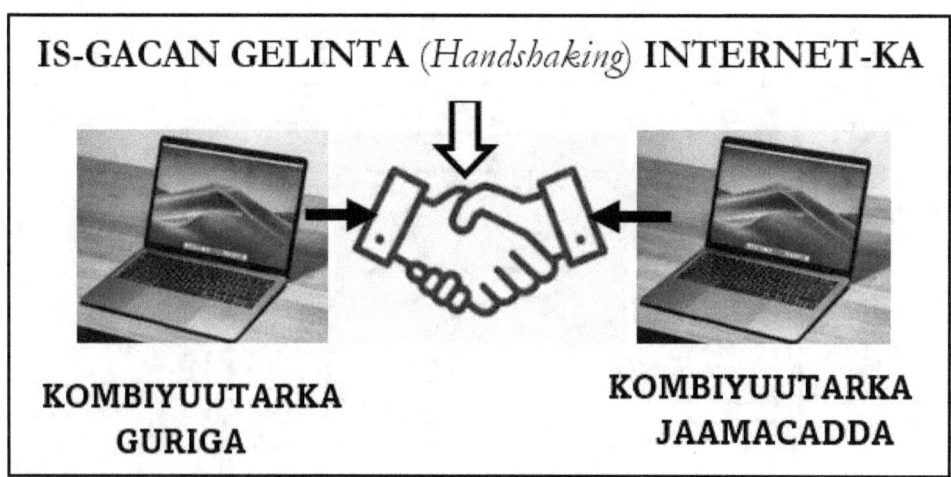

FAAH-FAAHIN DHEERI AH (*Further details*):

Tusaale ahaan, dhinaca ganacsiga iyo bulshada, waxaa laga yaabaa in aad maalintii samaysid **salaan gacanta** ah dhowr jeer oo aad dad badan *gacan gelisid* inkastoo markuu cudurka **COVID19** faafay kaddib ay gacan gelintii aad u soo yaraatay. Hasa-yeeshee, dhinaca qalabyada elektaroonikada ah, waxaa laga yaabaa in uu qalab elektaroonik ah sameeyo gacan gelin **boqolaal** goor haddiiba ay ahayn **kumanaan goor** maalintii. Intii aan la isweeydaarsan **daatada**, waxaa marka hore la hubiyaa in ay qalabyadaa yihiin kuwii saxda ahaa ee wada xariirayey. Sidaa darteed, xiriirka hore ee labada qalab waa *hubinta bilowga xiriirka dhabta* ah oo lagu magacaabo "**Is-gacan Gelin**" (*Handshaking*). Kaddib ayeey bilaabataa *is-weedaarsiga daatada*.

HARD COPY

ENGLISH	SOOMAALI
Hard Copy ➔	Koobi Adag

MACNAHA ERAYGA EE LUQADDA SOOMAALIGA:

Koobiga adag (*Hard copy*) waa **faayil** ama **dokumenti** ku keydsan gudaha *qalab elektaroonik* ah ee lagu daabacay shay jismi leh, sida **warqad**

MEANING IN ENGLISH (*Macnaha Erayga ee Luqadda Qalaad*):

A **hard copy** or "*hardcopy*" is a copy of a **file** or **document** stored in an *electronic device* which has been printed on a physical object such as a **paper**

TUSAALE (*Example*):

Waxaa farsawirka hoose ka muuqda koobi **faayil** ku keydsan **kombiyuutar** ee lagu daabacay **warqad** halkaas oo uu ka dhashay **koobi adag** (*Hard copy*). Dhinaca kale, haddii <u>koobi</u> faayil lagu keydiyo gudaha aalad elektaroonik ah sida *kombiyuutar* ama *telefoonka gacanta*, waxaa koobigaa lagu qeexaa "**Koobi fudud**" (*Soft copy*).

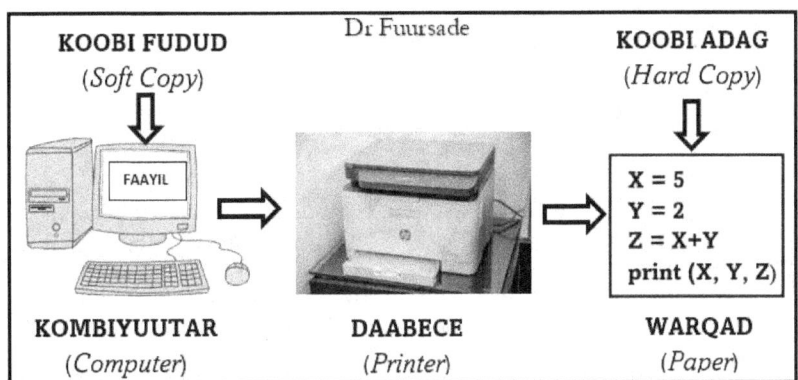

FAAH-FAAHIN DHEERI AH (*Further details*):

Koobiga adag (*Hard copy*) wuxuu ka dhashaa markii **faayil**, ama **dokument**, ku keydsan gudaha qalab elektaroonik ah, sida kombiyuutar, lagu daabaco *warqad* iyadoo la adeegsanayo daabece (*Printer*). Maaddaama natiijada ficilkaa yahay shay muuqda oo la taaban karo ahna "**shay jism leh**" leh (*Physical entity*), sida tusaale ahaan *warqad*, waxaa shaygaa la daabacay lagu tilmaamaa "**Koobi Adag**" (*Hard copy*). Dhinaca kale, markii faayil ku keydsan gudaha kombiyuutar loo diro kombiyuutar kale ama lagu keydiyo qayb kale ee kombiyuutarkaa, waxaa faayilkaa lagu tilmaamaa "**koobi fudud**" (*Soft copy*) maaddaama uu weli yahay nooc elektaroonik ah laakiin koobi ah.

Dhibaatada uu leeyahay **koobiga adag**, haddii loo eego *koobiga fudud*, waxay tahay in aad **koobiga adag** ka heli kartid oo keliya goobta uu markaa yaalo ama ku keydsan yahay keliya. Tusaale, haddii **koobiga adag** kuu yaal qayb ka mid ah xafiis, ma heli kartid **koobigaa adag** ee asalka ah (*Original document*) haddii aad xafiiska ka maqan tahay. Dhibatooyinka kale ee la xariira **koobiga adag** waxaa ka mid ah in uu *dokumentiga asalka ah* dhumi karo iyo in uu muddo dheer waari karin.

HARD DISK

ENGLISH	SOOMAALI
Hard Disk ➔	Keydka Adag

MACNAHA ERAYGA EE LUQADDA SOOMAALIGA:

Keydka adag ee kombiyuutarada waa qalab **si joogta** ah u keydiya Barnaamijka maamulaha (*Operating system*), Barnaamijyada hawlfuliyaasha (*Application programs*), barnaamijyada kale, faayilalka daatada, iyo tiro kale ee ku keydsan gudaha kombiyuutarada

MEANING IN ENGLISH (*Macnaha Erayga ee Luqadda Qalaad*):

A computer **hard disk** is a device that stores **permanently** the Operating system, Application programs, other programs, data files, etc., which are stored in the computers.

TUSAALE (Example):

Waxaa sawirka hoose ka muuqda tusaale **keyd adag** (*Hard disk*) iyo sidoo kale qaybo ka mid ah kuwa ugu muhiimsan ee uu ka kooban yahay

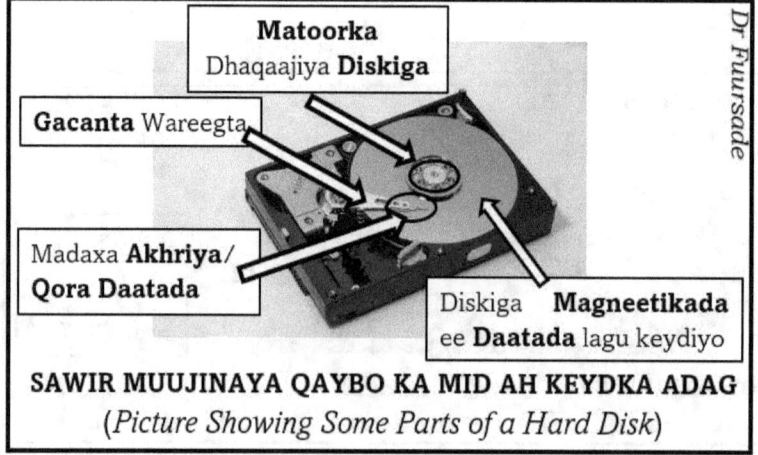

SAWIR MUUJINAYA QAYBO KA MID AH KEYDKA ADAG
(*Picture Showing Some Parts of a Hard Disk*)

FAAH-FAAHIN DHEERI AH (Further details):

Keydka adag (*hard disk*) ee kombiyuutarada waa qalab ku rakiban gudaha **unugga kombiyuutarka** (*System unit*) ee **si joogta** ah u **keydiya** *barnaamijyada* iyo *daatada* ay kombiyuutarada ku shaqeeyaan. Haddii xitaa kombiyuutarka la *damiyo* oo *dib loo kiciyo*, barnaamijyada iyo daatada ku keydsan keydka adag weey *waaraan*.

Kombiyuutar kasta waxaa ku rakiban ugu yaraan "**hal keyd adag**"; wuxuuna ku keydsan yahay gudaha **unugga kombiyuutarka** (*System unit*). Waxaa kale kombiyuutarka hareeraha looga rakibi karaa (*Peripheral*) tiro kale ee keydad adag ah iyadoo la adeegsanayo "**godad-ka kombiyuutarka**" (*Computer ports*). Cabbirada (*Size*) ama qaadka (*Capacity*) **keydadka adag** ee ku rakiban kombiyuutarada miisaarka ee maanta la adeegsado waxaa lagu qiyaasaa tiro "**Terabytes**" ah (*Halkii Teerabaayit-na wuxuu u dhigmaa 1,024 Gigabaayit; halka halkii GB wuxuu uu u dhigmaa 1,024 MB*). Tusaale ahaan, haddii aad keydinaysid heeso Soomaaliyeed ee kiiba yahay qiyaas ahaan **5.0 MB** (*Shan Meega Baayit*), wuxuu keydka adag ee *cabbirkiisu* yahay **1 Terabyte** (ama **1024GB**) kuu keydinayaa qiyaas ahaan in ka badan **200,000** oo hees. **Su'aal**: *Tirada heesaha Soomaalida oo dhan ma dhan yihiin* **200,000**?

HARDWARE

ENGLISH	SOOMAALI
Hardware ➔	Hardaweer

MACNAHA ERAYGA EE LUQADDA SOOMAALIGA:

Hardaweer waa unugyada ay jismi ahaan (*Physically*) qalabyada elektaroonikada, sida **kombiyuutarada**, ka kooban yihiin

MEANING IN ENGLISH (*Macnaha Erayga ee Luqadda Qalaad*):

Hardware are the physical parts that electronic devices, such as computers, consist of

TUSAALE (*Example*):

Farsawirka hoose waxaa ku bandhigan hardaweerada kala ah: 1) **Unugga kombiyuutarka** ee loo yaqaano "**System Unit**", 2) **Saddex ka mid ah** aaladaha ku rakiban gudaha unuggaa oo kala ah: *maskaxda kombiyuutarka* (CPU), *keydka xasuusta dhaw* (RAM), iyo *keydka adag* (Hard disk), iyo 3) **Afar ka mid ah** aaladaha kombiyuutarka banaanka looga rakibo ee loo yaqaano "**Hareeraha**" (*Peripherals*), oo kala ah: *Kiiboor, maawus, shaashad,* iyo *daabece*.

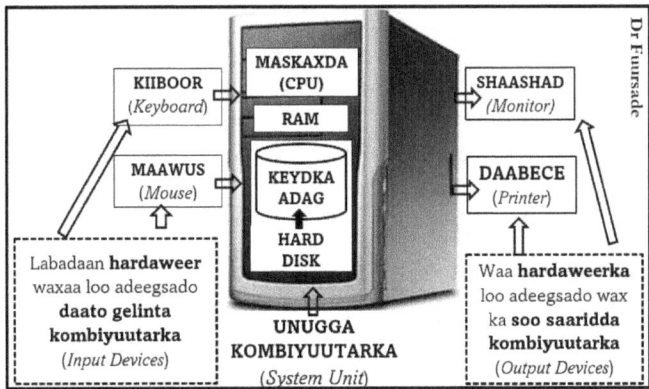

FAAH-FAAHIN DHEERI AH (*Further details*):

Hardaweerka oo ay **kombiyuutaradu** ka kooban yihiin waxaa ka mid ah:

1) **Maskaxda kombiyuutarka** (*Central Processing Unit* or *CPU*) ee ah qaybta hagta *hawlaha* kala duwan ee kombiyuutarka isla markaana xiriirisa unugyada kala duwan ee kombiyuutarka, kuna rakiban gudaha **unugga kombiyuutarka** (*Inside System Unit*)

2) **RAAM** (*RAM*) ee ah unugga **xusuusta dhow** ee kombiyuutarka (*Randam Access Memory*) ee si ku meel gaar ah u keydiya *daatada* iyo *barnaamijyada* markaa la adeegsanayo iyo sidoo kale hawlaha markaa socda, kuna rakiban gudaha *unugga kombiyuutarka* (*Inside System Unit*)

3) **Keydka adag** (*Hard Disk*) oo ah aalad si joogta ah u keydiya *daatada* iyo *barnaamijyada* kombiyuutarka (*Permanent storage*), kuna rakiban gudaha *unugga kombiyuutarka* (*Inside System Unit*)

4) **Kiiboor** (*Keyboard*) iyo **maawus** (*Mouse*) ee ah *qalabyada banaanka* looga rakibo ee loo adeegsado qoridda iyo gelinta daatada iyo fariimaha la *dhigayo gudaha kombiyuutarka* (*Input devices*) iyo

5) **Shaashadda** (*Monitor*) iyo **daabecaha** (*Printer*) ee ah qalabyada banaanka looga rakibo ee loo adeegsado soo *saaridda daatada, xogta,* iyo *dokumentiyada* ku keydsan gudaha kombiyuutarka

HEADER

ENGLISH	SOOMAALI
Header ➔	Kor-dhig

MACNAHA ERAYGA EE LUQADDA SOOMAALIGA:

Kor-dhiggu waa qayb ka tirsan goobta ugu **sareeysa** ee bogagga dokumentiyada iyo buugagta ee lagu qoro xog ka siman bogagga oo idil

MEANING IN ENGLISH (*Macnaha Erayga ee Luqadda Qalaad*):

A **header** is a section at the **top** of documents and book pages which shows information common to all pages.

TUSAALE (*Example*):

Farsawirka hoose waxaa ku muuqda bog ka tirsan dokumenti ee qaybta kore ku wata **"kor-dhig"** (*Header*) ay ku xusan yihiin: *a) Nambarka bogga, b) Cinwaanka dokumentiga, iyo c) Qoraaga dokumentiga*

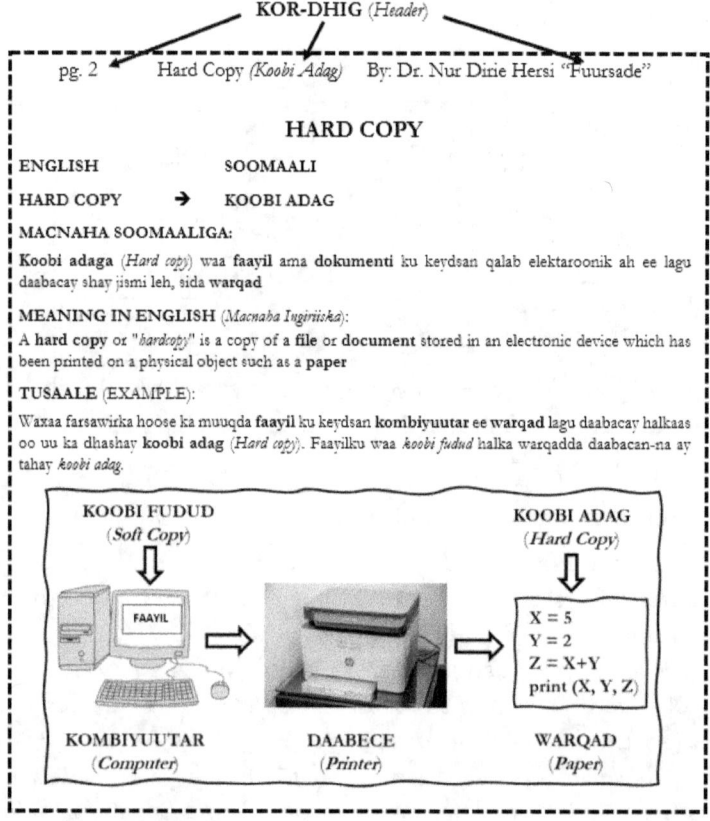

FAAH-FAAHIN DHEERI AH (*Further details*):

Kor-dhiguu (*Header*) waa xog lagu qoro qaybta sare ee bog kasta ee dokumentiyadu. Xogtaa waxaa ka mid noqon kara: a) *Nambarka bogga*, b) *Cinwaanka Qoraalka*, c) *Taariikhda qoraalka, iyo* d) *Magaca qoraaga*.

HELP DESK

ENGLISH   **SOOMAALI**

Help Desk   →   Miiska Taakulaynta

MACNAHA ERAYGA EE LUQADDA SOOMAALIGA:

Miiska taakulaynta waa **waax, qayb**, ama **shaqsi** ay shaqaalaha ama macaamiisha shirkadaha iyo hay'adaha ay la soo xiriiraan markii ay u baahdaan taakuleeyn la xariirta *hawlaha* ama *mashaakilada* dhinaca **teknolojiyada**

MEANING IN ENGLISH (*Macnaha Erayga ee Luqadda Qalaad*):

A **help desk** is a **department, section**, or **person** that employees or customers of the companies and agencies reach out when they need help with **technology** tasks or *problems*

TUSAALE (*Example*):

Waxaa farsawirka (*Sketch*) hoose ka muuqda tusaale **afar** adeegsade (*Four users*) oo sababo kala duwan ula xariiraya **miiska taakulaynta** ee shirkad (*Four users calling help desk for different reasons*):

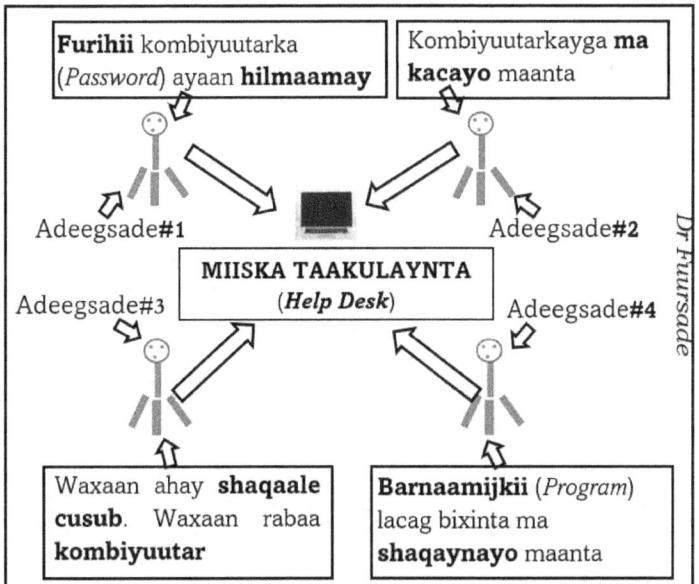

FAAH-FAAHIN DHEERI AH (*Further details*):

Miiska taakulaynta waa qayb ama xafiis muhiim ka ah **goobaha shaqo** iyo **shirkadaha**, khaas ahaan kuwa ku hawlan adeegyada la xariira teknolojiyada. **Miiska taakulaynta** wuxuu guud ahaan:

- Yahay **goobta** ugu horeeysa ay **shaqaalaha** iyo **macaamiisha** la soo xiriiraan markii ay u baahdaan **taakulayn**
- **Go'aamiyaa** goobta ugu habboon ee loo gudbiyo **mushkilada** haddii ay xalin waayaan
- Siiyaa **macaamiisha** xog la xariirta **qalabka** iyo **hawlaha** shirkadda ama hay'adda
- Keydiyaa **mashaakilada** iyo **dhacdooyinka** la xariira hawl maalmeedka iyo tiro kale

HIGH LEVEL LANGUAGE

ENGLISH	SOOMAALI
High Level Language →	Luqadda Heerka Kore

MACNAHA ERAYGA EE LUQADDA SOOMAALIGA:

Dhinaca cilmiga kombiyuutarada, **luqadaha heerka kore** waa luqado kombiyuutar ee lagu qoro *xarfaha ALIFBA'da, nambarada,* iyo *sumadaha* ay **bani'aadamka** adeegsadaan laakiin ay kombiyuutaradu fahmi karin

MEANING IN ENGLISH (*Macnaha Erayga ee Luqadda Qalaad*):

In computer science, **high-level languages** are computer languages that are written using *alphabet letters, numbers,* and *symbols* which **humans** use but computers cannot understand

TUSAALE (*Example*):

Wuxuu farsawirka hoose muujinayaa xiriirka ka dhaxeeya **luqadaha heerka kore** iyo **luqadaha heerka hoose** ee kombiyuutarada. Caadiyan, qoraaga barnaamijyada kombiyuutar (*Computer programmer*) wuxuu adeegsadaa "**Luqadaha heerka kore**" (*High-level languages*) halka kombiyuutaradu ay fahmaan "**Luqadaha heerka hoose**" (*Low-level languages*). Hasa-yeeshee, waxaa labadaa luqadood ka dhex shaqeeya barnaamij la yiraado **tarjume** (*Compiler*). Ka eeg farsawirka hoose habka ay u wada shaqeeyaan labadaa *luqadood* iyo *tarjumaha*.

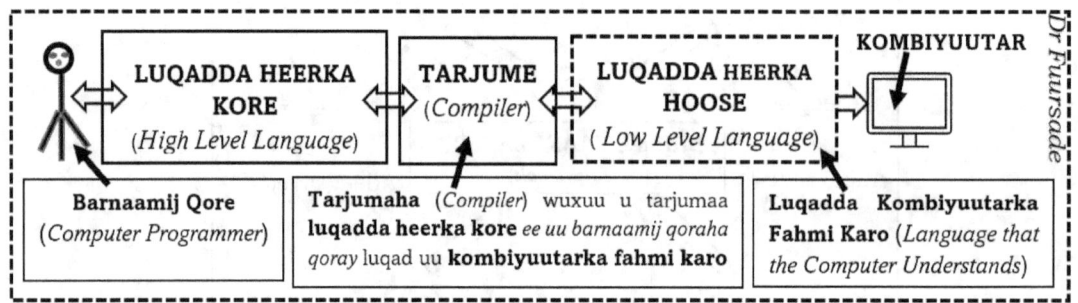

Farsawirkaan 2aad ee hoose waxaa ku xusan tusaale *barnaamij kombiyuutar* ee **asal** ah (*Source code*) ee ku bandhigan mid ka mid ah **Luqadaha heerka kore** (*High-Level Language*) ee loo yaqaano **Python**:

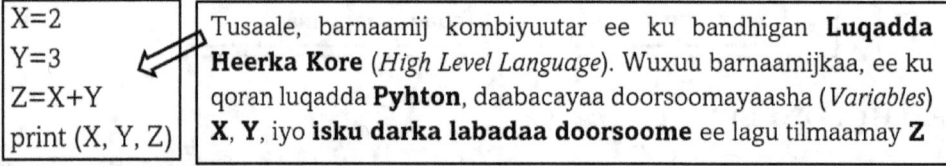

FAAH-FAAHIN DHEERI AH (*Further details*):

Barnaamijyada **luqadaha heerka kore** waxay adeegsadaan xarfaha **ALIFBA**'da iyo **nambarada** luqadaha caadiga ah, iyo sumadaha xisaabta (+, -, =, iwm), sida tusaalaha kor ku xusan. Hasa-yeeshee, aaladaha kombiyuutar ma fahmi karaan barnaamijyada ku qoran **luqadaha heerka kore**. Sidaa darteed, waxaa la adeegsadaa **barnaamijyo tarjumeyaal ah**, sida **wadar-tarjume** (*Compiler*) iyo **sadar-tarjume** (*Interpreter*). Tusaale barnaamijyada ku saleeysan nidaamkaa ee maanta aad loo adeegsado waxaa ka mid ah: *Python, Java, JavaScript, C++, C#,* iyo tiro kale

HIGHLIGHT

ENGLISH	SOOMAALI
Highlight ➔	Yare-iftiimin

MACNAHA ERAYGA EE LUQADDA SOOMAALIGA:

Yare-iftiimin waa **xulashada** *eray ama tiro erayo ah* ee ka muuqda shaashad kombiyuutar iyadoo la adeegsanayo maawus-ka ama kiiboorka, taa oo keenaysa in goobta ay ku xusan yihiin erayadaa la xushay yeeshaan **midab kale**

MEANING IN ENGLISH (*Macnaha Erayga ee Luqadda Qalaad*):

Highlight means **selecting** a *word or group of words* on a computer screen, using either a mouse or keyboard, which will result the area covered by those words to have a **different color**

TUSAALE (*Example*):

Waxaa qaybtaan hoose ku bandhigan qoraal kooban oo qaybaha dhexe la **yare-iftiimiyey**. Waxaana halkaa ka cad in markii eray ama erayo la **yare-iftiimiyo** in ay erayadaa yeelanayaan **midab** kale sida ku cad qoralkaan hoose:

> Soomaaliya waa dal **ILAAHEEY** ku manaystay nimcooyin dabiici ah. Nasiib darro, **dalku** wuu ka baahan yahay nimcooyinkaa. Fadlan ha la xasuusto, hana la is-xasuusiyo in baahida ummadaha caalamka ay sii kordhayso, ummaddo gaar ahna isha ku hayaan nimcooyinka **Soomaaliya** maddaama la dayacay.
> Marka, maxaa talo iyo xal u ah **Soomaali**?

Erayo la yare-ifiimiyey

FAAH-FAAHIN DHEERI AH (*Further details*):

Si loo **yare-iftiimiyo** eray (*To highlight a word*) ama tiro erayo ah markii la adeegsanayo *MS Word*, raac **saddexdaan talaaboo** ee hoose:

1) Ku **abbaar bartusaha** maawuskaada (*Mouse cursor*) **bilowga** eraygaa ama erayadaa
2) **Riix** isla markaan farta ku hay **batanka bidix** ee maawuska (*Press and hold the left button*), iyo
3) Ugu dambayn, **jiid maawuska** adoo weli farta ku haya **batanka bidix** (*Drag the mouse while holding the button*) ilaa aad gaarsiisid dhamaadka erayga ama erayada aad **yare-iftiiminaysid**, kaddibna farta ka sii daa maawuska.

Eraygii ama erayadii aad xulatay way **yare-iftiimayaan**; waxayna yeelanayaan midab la mid ah *saddexda sadar ee dhexe ee ka muuqda qoralka sare*. Dhinaca kale, haddii aad doonaysid in aad hal eray oo keliya **yare-iftiimisid** (*Highlight one word only*), ku *laba-riix* maawuska eraygaa (*Double-click the word*).

Markii qaybo ka ma mid ah erayada la **yare-iftiimiyo**, wuxuu adeegsadaha (*User*) fursad u helayaa in uu **dhaqaajiyo** (*Move*), **koobi-gareeyo** (*Copy*), ama uu **gooyo** (*Cut*) qaybahaa la **yare iftiimiyey**. Waana nidaam loogu talagaly **fududeynta** iyo **sare-u-qaadidda** tayada hawlaha markii la adeegsanayo kombiyuutarada.

HOME PAGE

ENGLISH	SOOMAALI
Home Page ➔	Bogga Hooyga

MACNAHA ERAYGA EE LUQADDA SOOMAALIGA:

Bogga hooyga waa bogga ugu horeeya ee soo muuqda markii aad furtid **goob weeb** (*Web sites*)

MEANING IN ENGLISH (*Macnaha Erayga ee Luqadda Qalaad*):

A **home page** is the first page that is displayed when you open a **website**

TUSAALE (*Example*):

Haddii aad ku qortid **looxa cinwaanka** (*Address bar*) ee dulmaraha weebka (*Web browser*) tusaaale ahaan erayada: www.hiiraan.com, waxaa kuu soo baxaya, sida ka muuqata farsawirka hoose, **bogga hooyga** ee hiiraan.com (*Haddii uu boggaa jirin, waxaa kuu soo baxaya farriinta ah:* "This site can't be reached")

https://www.hiiraan.com/

Bogga hooyga (*Home page*) ee soo baxaya waa midka qaybtaan hoose ka muuqda (*Haddi uu is-beddel ku dhicin boggaa iyo cinwaankaa*):

FAAH-FAAHIN DHEERI AH (*Further details*):

Marka la naqshadeynayo **goobaha weebka** (*Websites*), **bogga hooyga** (*Home page*) waxaa loogu talagalaa in uu noqdo albaabka laga galo **goobahaa**. Wuxuuna boggaa yahay wajiga ugu horeeya ee lala kulmaya.

Waxaa kalee boggaa ka mid ah tiro "**bog-xiriiriyaal ah**" (*Hyperlinks*) oo booqadaha (*Visitor*) fursad u siinaysa in uu si toos ah ugu **gudbo** bogagga kale ee uu ka kooban yahay **goobta weebkaa** (*Website*) ama bogag kale ee ka tirsan weebka.

Guud ahaan **goobaha weebka** (*Websites*) waxay ka kooban yihiin tiro bogag ah ee loo yaqaano **bogagga weebka** (*Web pages*), kuwaa oo lagu soo bandhigo **xogta** loogu talagalay martida booqanaysa goobtaa. **Bogga hooygane** (*Home page*) waa **wajiga** ama **bogga koowaad** ee soo baxa markii la booqdo goob weeb.

HOTSPOT

ENGLISH	SOOMAALI
Hotspot ➔	Barkulul

MACNAHA ERAYGA EE LUQADDA SOOMAALIGA:

Dhinaca teknolojiyada, **barkulul** (*hotspot*) waa **goob cayiman** ay dadku kaga xirmi karaan **internet**-ka iyagoo adeegsanayo **qalabyada dhaqaaqa** (*Mobile devices*), sida *telefoonka casriga ah, iPad, kombiyuutarada dhab-saarka* (*Laptops*), iwm. Waxaana *bartaa kulul* dhaliya WiFi

MEANING IN ENGLISH (*Macnaha Erayga ee Luqadda Qalaad*):

In technology, **a hotspot** is a **specific area** where people can access the **internet** using **mobile devices**, such as *cell phones, iPads, laptops*, etc. The *hotspot* is generated by **WiFi**

TUSAALE (*Example*):

Farsawirka (*Sketch*) hoose waxaa ku cayiman **barkulul** (*hotspot*) ay ku xiran yihiin **hal telefoon oo casri ah** (*Cell phone*) iyo **hal kombiyuutar ee dhabsaar** ah (*Laptop computer*). Haddi qalabyadaa laga bixiyo xayndaabka **bartakulul** ee halkaa ku cayiman, **internet**-ka wuu ka *go'ayaa* qalabyadaa; waxayna qalabyadaa noqonayaan kuwa **qad-go'ay** (*Offline*)

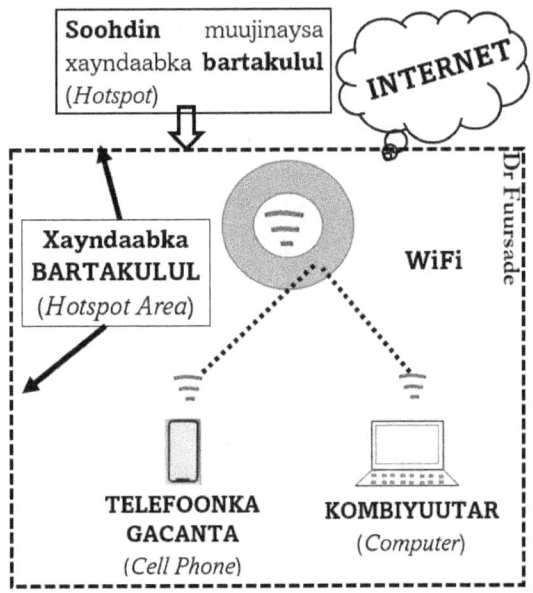

FAAH-FAAHIN DHEERI AH (*Further details*):

Barkulul (*Hotspot*) waa **goob cayiman** ee uu dhaliyo **WiFi**, loogana xirmi karo **internet**-ka hab xarig-la'aan ah. Dhinaca kale, **WiFi** waa shabakad (*Network*), gaar ahaan **shabakadda goobaha gudaha** ee xarig la'aanta ah (*Wireless Local Area Network*), ee ku dhisan goob kooban ee cayiman. Waxay shabakaddaa adeegsani *modem* iyo *rawtar* si ay u gudbiso, una qaybiso **internet**-ka. Hay'adaha iyo xafiisyada u diyaariya dadweynaha iyo macaamiisha **bartakulul** (*Hotspot*) waxaa ka mid ah *goobaha ganacsi, goobaha waxbarasho, maktabadaha, goobaha dhaqaatiirta, tareenadaha, diyaaradaha*, iwm.

HYPERLINK

ENGLISH	SOOMAALI
Hyperlink ➔	Bog-xiriiriye

MACNAHA ERAYGA EE LUQADDA SOOMAALIGA:

Bog-xiriiriye (*Hyperlink*) waa *astaan* (*Icon*), *sawir-shaxan* (*Graphics*), ama *erayo* ku xusan **dokumenti** qayb ka ah bog weeb (*Web page*) ee *tixraacaya ama ku xiran* qayb ka mid ah isla **dokumentigaa**, ama **dokumenti** kale, ama **bog** kale ee weebka.

MEANING IN ENGLISH (*Macnaha Erayga ee Luqadda Qalaad*):

A **hyperlink** is an *icon*, *graphic*, or *text* in a **document** in the web that *is linked* to either **another portion** of the **document** or to **another document** or **page** in the web

TUSAALE (*Example*):

Farsawirka hoose wuxuu muujinayaa astaanta kuu soo baxaysa haddii aad maawuska dulmarisid "**bog-xiriiriye**" (*Hyperlink*) ku xusan bog weeb.

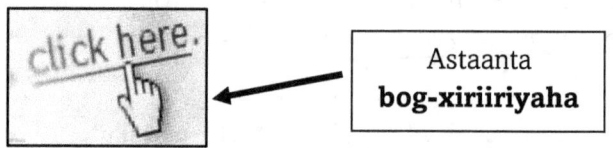

Astaanta **bog-xiriiriyaha**

Dhinaca kale, haddii aad **maawuska** ku riixdid **bog-xiriiriyaha**, wuxuu **dulmaraha weebka** (*Web browser*) isla markiiba kuu gudbinayaa goob ka mid ah **boggaad** jogtid ama **bog** ka tirsan **goob** kale ee **weebka** ee uu **bog-xiriiriyahu** tilmaamayo.

FAAH-FAAHIN DHEERI AH (*Further details*):

Bog-xiriiriyahu (*Hyperlink*) waa nidaam dowr weyn ku leh adeegsiga **weebka**; wuxuuna fursad kuu siinayaa in aad si dhaqso ah ku dulmartid **goobaha weebka** *gees* ilaa *gees*. La'aantii **dulmaridda weebka** (*Internet browsing*) waxay noqon lahayd **hawl culus** ee waqti dheer u baahaato.

Dhinaca kale, **bog-xiriiriyuhu** wuxuu leeyahay **muqaal gaar** ah, sida **midab** kale ama **hoosxariiqin**. Hababka lagu garto **bog-xiriiriyaha** waxaa ka mid ah in markii aad dulmarisid maawuska uu isla markiiba kuu soo baxayo sumad muujinaysa **gacan wadata far taagan**, sida hoos ka muuqata:

Maaddaama uu **bog-xiriiriyuhu** ku hoos lamaanan yahay *cinwaanka* loo gudbayo, haddii aad **bartusaha** maawuska (*Mouse cursor*) ku abbaartid *bog-xiriiriyaha*, kaddibna aad riixdid *batanka bidix* ee maawuska (*Click the mouse*), waxaa isla markiiba kuu furmi <u>*bogga weebka*</u> ee ku hoos lamaanan bog-xiriiriyaha; arrintaa waxay sababi in aad ka soo guurtid goobtii aad joogtay, una soo gudubtid goob kale oo caadiyan ah bog cusub ee ka tirsan weebka. Wuxuuna nidaamkaa fududeeyaa *adeegsiga* iyo *isku xirka bogagga weebka* maaddaama uu sahlayo dulmaridda weebka (*Facilitate web browsing*).

ICON

ENGLISH	SOOMAALI
Icon →	Astaan

MACNAHA ERAYGA EE LUQADDA SOOMAALIGA:

Astaantu (*Icon*) waa sumad yar ee sawir-shaxaneed ah (*Small graphic sign*) ee **matasha barnaamij** kombiyuutar ama **faayil**.

MEANING IN ENGLISH (*Macnaha Erayga ee Luqadda Qalaad*):

An **icon** is a small **graphical representation** of a computer **program** or **file**.

TUSAALE (*Example*):

Astaamuhu (*Icons*) waxay fududeeyaan adeegsiga kombiyuutarada. Waxaa farsawirka hoose ku xusan tusaale labo astaamood ee kala matalaya labo barnaamij ee maanta aad looga adeegsado internet-ka. Astaanta hore waxay u taagan tahay barnaamijka **WHATSAPP** ee loo adeegsado wada-xiriirka dadweynaha ee dhinaca internet-ka, halka astaanta laabadna u taagan tahay barnaamijka **GOOGLE** ee xogta ka baara internet-ka.

Waxaa sidoo kale farsawirkaan hoose ka muuqda tiro **astaamo** ah (*Number of icons*) ee la xariira barnaamijka "**MicroSoft Windows**" ee loo adeegsado maamulidda kombiyuutarada.

FAAH-FAAHIN DHEERI AH (*Further details*):

Astaamuhu (*Icons*) waxay matalaan **barnaamijyada kombiyuutar** iyo **faayilalka** ku saleeysan "**Nidaamka Barkulanka Astaamaysan**" (*Graphical User Interface or GUI*). Waxaana **astaamahaa** loogu talagalay in ay fududeeyaan furidda galalaka iyo faayilalka, iyo sidoo kale kicinta barnaamijyada la xariira iyadoo la adeegsanayo **maawuska**. Tusaale, markii bartusaha maawuska (*Mouse cursor*) lagu abbaaro **astaan** ka mid ah **astaamaha** kor ku xusan, kaddibna **batanka bidix** ee maawuska farta lagu **labo-riixo** (*Double-click*) waxaa furmaya **barnaamijka** ama **faayilka** ay astaantaa matalayso.

ID NUMBER

ENGLISH	SOOMAALI
ID Number ➔	Tirsi

MACNAHA ERAYGA EE LUQADDA SOOMAALIGA:

Tirsi waa **nambar**, ama **xarfo** iyo **nambaro** isku dhafan, ee **halyaal** ah (*Unique*), ee la siiyo shaqsiyaadka iyo qalabyada si loo kala aqoonsado. **Tirsiyadu** waxay caadiyan yihiin **furayaasha koowaad** (*Primary key*) ee aruurada xog-dhigyada (*Primary keys of database tables*)

MEANING IN ENGLISH (*Macnaha Erayga ee Luqadda Qalaad*):

An **ID Number**, or simply ID, is a **unique** number or combination of numbers and letters assigned to individuals or other entities which **uniquely** identifies them. **ID** numbers are usually the **primary keys** of database tables

TUSAALE (*Example*):

Waxaa aruurka hoose (*Below table*), ee lagu magacaabo **ARDAYDA**, lagu soo bandhigaya tusaale adeegsiga **tirsi**-ga. Taagga koowaad (*First column*) ee sita magaca **TIRSI** waxaa loo naqshadeeyey in uu noqdo **furaha koowaad** (*Primary key*), taa oo sababaysa in **arday** kasta yeesho *nambar* u gaar ah ee lagu aqoonsado. Ujeeddada **tirsigu** waa kala saaridda *daatada ardaydaa*. Sidaa darteed, furaha koowaad awgii ma dhici karayso in ay labo arday wada yeeshaan **tirsi** isku mid ah. Tusaale, Bishaara ee ku xusan aruurka hoose la ma siin karo **tirsiga 5001**, maddaama u **tirsigaa** hore loo siiyey ardayga Ahmedwali.

ARDAYDA

TIRSI	MAGAC	MAADDO	NATIIJO
5001	Ahmedwali	Xisaab	100%
5002	Bishara	English	97%
5003	Asli	Teknoloji	92%
5004	Diiriye	Taariikh	84%
5005	Samadoon	Teknoloji	90%
5006	Ar	English	93%

FAAH-FAAHIN DHEERI AH (*Further details*):

Tirsigu waa unug loo adeegsado kala aqoonsida daatada la keydiyo. Waana sifo muhiim u ah **maareynta daatada** (*Data management*). Mar kasta ee daato muhiim ah la keydinayo waxaa la qeexaa **taag** (*Column*) lagu magacaabo **tirsi** ee loo naqshadeeyo in uu noqdo **furaha koowaad** (*Primary key*), loona adeegsado kala saaridda daatadaa. Waxaa qaybtaan hoose ku xusan tusaalooyin *dokumentiyada* aan looga maarmin adeegsiga tirsiga (*Use of ID*), kuwaa oo kala ah:

1) Warqadaha Aqoonisga (*ID Cards*)
2) Baasaboorada (*Passports*)
3) Fasaxyada gaadiid wadidda (*Driver licenses*)
4) Akoontiyada bangiyada (*Bank accounts*), iwm

Waxaana **dokumentiyadaa** oo dhan ku xusan **tirsi** (ID) hubinaya in **labo shaqsi** ay wada qaadan karin **dokumentiyo** isku tirsi ah. **FG**: Wuxuu qoraaga buuggaan 2017kii madax u ahaa aqoonyahaano ka bilaabay *Somalia* dadaalo lagu hirgalinayo **tirsiyo** (**ID Numbers**) la siiyo dadweynaha Soomaaliyeed si loo kala aqoonsado, **tirsiyadaa** oo ku saleeysan **xog-dhalyo** (*Biometrics*), sida *sawirka faraha, baraha indhaha* (*IRIS scanning*), iwm. Wuxuunaa maanta **tirsigaa** ku xusan yahay <u>kaarka aqoonsiga shaqsiga</u> (ID Card) ay maanta bixiso hay'adda **NIRA Somalia**.

INCIDENT

ENGLISH	SOOMAALI
Incident ➜	Cilad

MACNAHA ERAYGA EE LUQADDA SOOMAALIGA:

Cilad waa arrin tilmaamaysa **dhacdo** sababta *hawl-joogsi*, *hawl carqaladayn*, ama *hoos-u-dhac* la xariira socoshada ama tayada hawl, una baahan wax-ka-qabad **deg-deg** ah

MEANING IN ENGLISH (*Macnaha Erayga ee Luqadda Qalaad*):

An **incident** refers to an **event** that causes *stoppage*, *disruption*, or *reduction* in the continuity or quality of service which in turn requires an **emergency** response

TUSAALE (*Example*):

Farsawirka hoose waxaa ka muuqda *afar tusaale* ee ka mid ah **ciladaha** saamaynta leh ay caadiyan la kulmaan shirkadaha iyo hay'adaha adeegsada **teknolojiyada xogta** (*Information technology*)

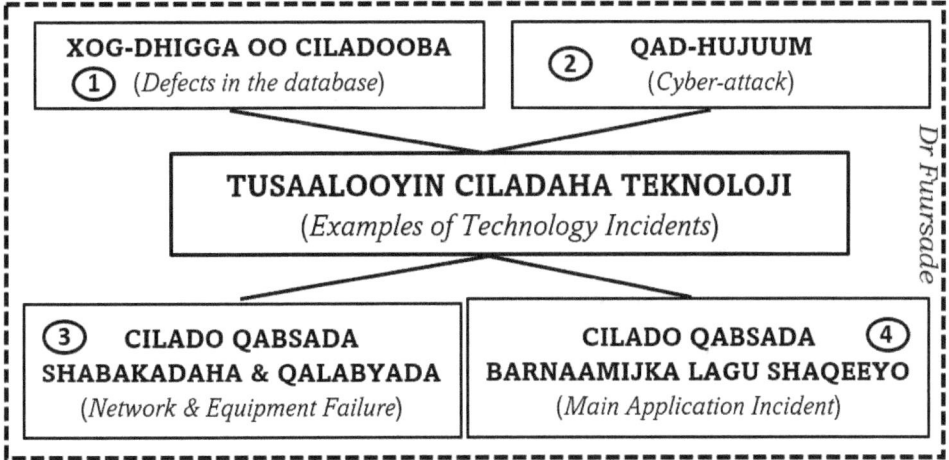

FAAH-FAAHIN DHEERI AH (*Further details*):

Hawlaha iyo adeegyada ee ka socda **goobaha shaqo** ee caalamka waa kuwa maanta ku tiirsan teknolojiyada dijitaalka, badina loo baahan yahay in ay socdaan **24 saac** maalin kasta ee ka mid ah **7da** maalmood ee **usbuuca**, tusaale *adeegyada bangiyada, teleefonada, internet-ka,* iwm. Hasa-yeeshee, waxaa hubaal ah in ay **cilado** dhacayaan sabab kasta ay noqotoba; waana in loo **diyaargaroobo** xalinta ciladahaa, isla markaana **si deg-deg ah** loo xaliyo; haddii kale, waxay **hakad dheer gelin karaan** hawlahaa & adeegyada socda, khaas ahaan goobaha xasaasi ah, sida bangiyada.

Ciladaha ugu waa-weyn ee ka dhaca goobahaa shaqo waa kuwa badiba la xariiraa **teknolojiyada**, kuwaa oo tusaalooyin ka mid ah ay ku bandhigan yihiin farsawirka kore. Sidaa darteed, waa laga maaramaan in ay jiraan xalal **diyaarsan** ee hore loo tijaabiyey loona diwaangeliyey ee si **deg-deg** ah loo **hirgaliyo** markii ay "*cilad hore u dhacay ee la yaqaan*" mar kale dhacdo. Dhinaca kale, haddii lala kulmo cilado aan hore u dhicin waa in xalalka *ciladahaa iyo talaabooyinka* la xariira iyaduna la diiwaangeliyaa si haddii ay markale dhacaan si deg-deg loo xaliyo. Waxaa arrimahaa iyo talaabooyinka la xariira ee la soo xusay lagu tilmaamaa "**Maareynta Ciladda**" (*Incident Management*).

INCIDENT MANAGEMENT

ENGLISH	SOOMAALI
Incident Management ➔	Maareynta Ciladaha

MACNAHA ERAYGA EE LUQADDA SOOMAALIGA:

Maareynta ciladaha waa **nidaamka** ay adeegsadaan goobaha shaqo *si loo bartilmaamo, loo darso, loo saxo, iyo loo diiwaangeliyo* ciladaha dhaliya **hawl joogsiga** iyo in dib hawlaha loogu soo celiyo heerarkii ay joogeen ciladaha ka hor, iyo sidoo kale in ilaa xad laga hortago in ay ciladahaa markale dhacaan.

MEANING IN ENGLISH (*Macnaha Erayga ee Luqadda Qalaad*):

Incident management is the **process** used by workplaces to *identify, analyze, correct, and register incidents* that result in **service interruption** and restore the **services** to their operational state and as well possibly prevent future re-occurrence of those incidents

TUSAALE (*Example*):

Farsawirka (*Sketch*) hoose waxaa ka xusan tusaale *talaabooyinka* loo adeegsado maareeynta ciladaha:

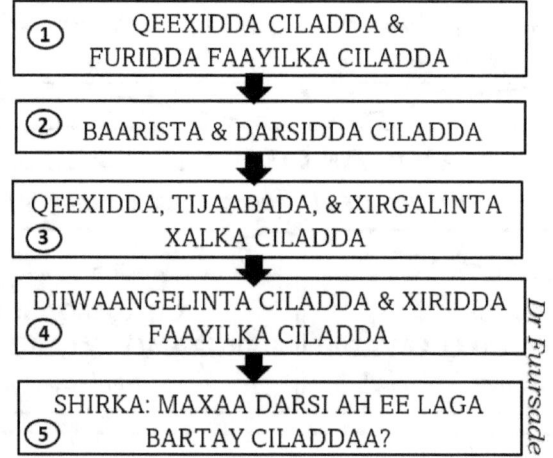

FAAH-FAAHIN DHEERI AH (*Further details*):

Hardaweerada, softaweerada, iyo **daatada** goobaha shaqo waxaa qabsan kara cilado kale duwan; waana laga maarmaan in ay goobahaa shaqo leeyihiin habab diyaarsan ee loo adeegsado maaraynta iyo xalinta ciladahaa. Hababkaa, ee lagu tilmaamaa "**Maareynta Ciladda**" (*Incident Management*), waxay ka kooban tiro talaabooyin ah ee hore loo tijaabiyey, lana raaco si loo xaliyo ciladaha.

Waxaa farsawirka kore ku xusan tusaale soo bandhigaya **talaabooyinka** ugu muhiimsan ee la fuliyo markii la maareynayo ciladaha (*Incident management steps*). Waxaa kale jira in goobaha shaqo ay diyaariyaan **diiwaano** ama **barnaamijyo kombiyuutar** ee keydiyo **ciladaha** dhaca iyo xalalkooda. **Cilad** kasta ee hore u dhacdo waxaa la siiyo **nambar** u gaar ah ee lagu aqoonsado. Diwaankaa oo runtii ah **xog-dhig** (*Database*) waa goobta ugu horeeysa ee la **baaro** markii ay **cilad** dhacdo si loo ogaado in ay **ciladdaa** hore u dhacday iyo in kale, iyo xalkeedi. Dhinaca kale, markii cilad cusub lala kulmo, waxaa la diwaangaliyaa ciladdaa iyo xalkeeda. Xalka ciladda kaddib, waxaa ugu dambayn dhaca shir lagu tilmaamo "*Maxaa laga bartay ciladdii dhacday?*" (*Lessons learned*), halkaa oo lagu falanqeeyo ciladdii dhacday iyo xalka la hirgaliyey si wax looga barto ciladdaa.

INFORMATION

ENGLISH	SOOMAALI
Information ➔	Xog

MACNAHA ERAYGA EE LUQADDA SOOMAALIGA:

Xogtu waa *garasho, faham,* iyo *iftiimin maskaxeed* ee ka dhalata markii la darso **daato** ama **xog** kale

MEANING IN ENGLISH (*Macnaha Erayga ee Luqadda Qalaad*):

Information is *comprehension, understanding, and mental illumination* obtained through analysis of **data** or other available **information**

TUSAALE (*Example*):

Farsawirka hoose wuxuu muujinaya xiriirka ka dhaxeeya **daato** (*Data*), **xog-dhig** (*Database*), iyo **xog** (*Information*). **Xog-dhiggu** (*Database*) waa goob lagu keydiyo **daatada**, lagana soo saaro **xog**.

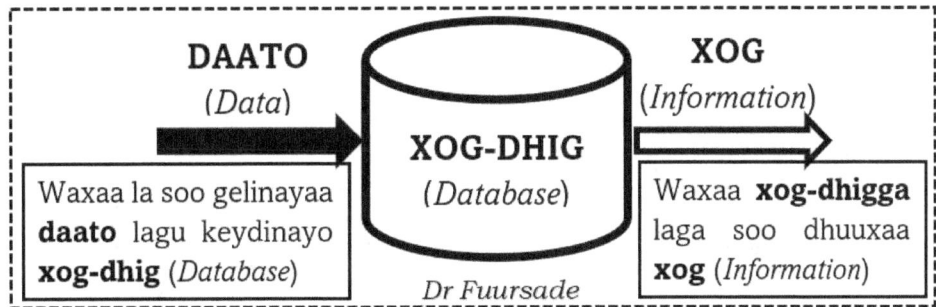

FAAH-FAAHIN DHEERI AH (*Further details*):

Goob kasta ay shaqo ka socoto waxaa laga uruuriya oo la keydiyaa **daato** la xariirta hawlahaa socda; waxaana caadiyan daatadaa lagu keydiyaa **xog-dhigyo** (*Databases*). Waxay daatadaa gudaha **xog-dhigyada** uga sii keydsan tahay **aruuro** (*Tables*) si cilmiyeeysan loo naqshadeeyey isla markaana isku wada xiran (*Related tables*). Aruur kasta wuxuu ka kooban yahay taagag (*Columns*) iyo safaf (*Rows*).

Ujeeddada loo naqshadeeyo loona dhiso **xog-dhigyada** waa *uruurinta iyo maareynta* daatada iyo ka soo *saaridda* **xog** loo adeegsado arrimo ay ka mid yihiin:

a) *Go'aan qaadasho*
b) *Xalinta mashaakilada*
c) *Dejinta qorshaha*
d) *Fulinta iyo hagaajinta adeegyada*
e) *Fahamka iyo tayeenta hawlaha shaqo, iwm*

F.G.: **Bulshada** iyo **idaacadaha Soomaaliyeed** ma kala saaraan **xog** iyo **daato**. Waxay labaduba ku tilmaamaan **xog** inkastoo ay yihiin labo eray oo kala duwan ee kala macno ah. Mid ka mid ah ujeeddooyinka ugu waa-weyn ee buugaan waa iftiiminta **macnaha** iyo **farqiga** u dhaxeeya **labadaa eray**, oo ah labo eray ee ka mid ah tiirarka adeegyada iyo teknolojiyada cusub, loona baahan yahay in si buuxda loo fahmo.

INFORMATION TECHNOLOGY

ENGLISH   **SOOMAALI**

Information Technology ➔ Teknolojiyada Xogta

MACNAHA ERAYGA EE LUQADDA SOOMAALIGA:

Teknolojiyada xogta waa adeegsiga iyo maamulidda *kombiyuutarada, shabakadaha,* iyo *aaladaha* kale ee *teknolojiyada dijitaalka* ah *si loo keydiyo, loo maamulo, loo ilaaliyo* **daato***, loona soo saaro* **xog**

MEANING IN ENGLISH (*Macnaha Erayga ee Luqadda Qalaad*):

Information technology (*IT*) is the use and management of *computers, networks, and other digital technologies to store, manage, and protect* **data**, *as well as generating* **information**

TUSAALE (*Example*):

Farsawirka hoose wuxuu muujinaya qaybo ka mid ah *aaladaha* iyo *hawlaha* la xariira **teknolojiyada xogta**:

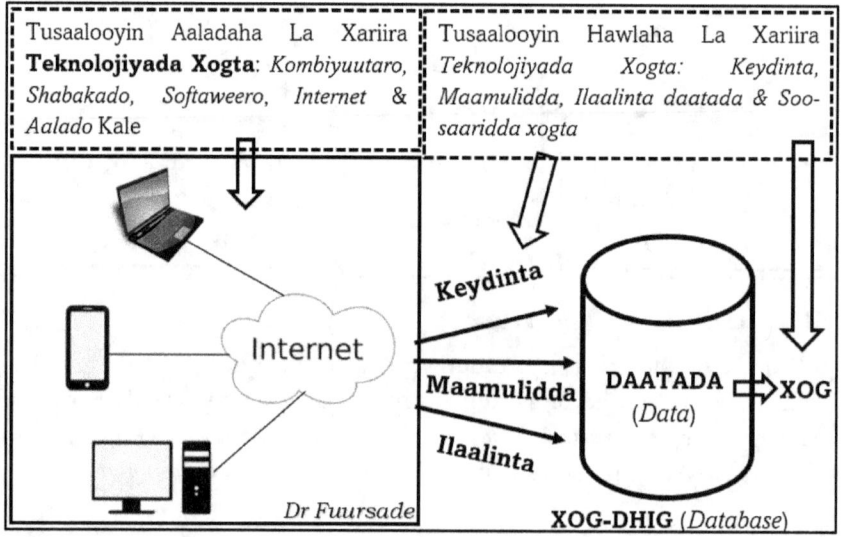

FAAH-FAAHIN DHEERI AH (*Further details*):

Xaafis, guri, iyo goob kasta ay maanta hawl ka socota waxaa laga adeegsadaa **kombiyuutaro, softaweero, internet, shabakado,** iyo **aalado** kale ee dijitaal ah si *loo keydiyo, maamulo,* iyo *ilaaliyo* daato, loona *soo saaro* xog. Adeegsigaa iyo maamuliddaa waxaa lagu tilmaamaa "**Teknolojiyada Xogta**" (*Information Technology*)

Aqoonta, xirfadaha, adeegsiga, iyo maamulidda la xariirta **daatada** waa hawlo laga maarmaan ah maanta. Shaqaalaha, ganacsatada, ardayda, iyo macalimiinta ee qayb kasta ee bulshada way ku qasban yihiin maanta adeegsiga *teknolojiyada* si loo fuliyo adeegyada, loona wada xariiro, iyo loo kororsado aqoonta.

F.G.: Waa muhiim in maanta casharada teknolojiyada xogta lagu qaato xitaa **dugsiyada hoose dhexe** ee **Soomaaliya** si aqoonta loo kobciyo loona baahiyo, caalamkane loola qabsado

INPUT

ENGLISH	SOOMAALI
Input ➜	Guda-dhig

MACNAHA ERAYGA EE LUQADDA SOOMAALIGA:

Dhinaca kombiyuutarada, **guda-dhig** (*Input*) waxaa lagu qeexaa **daatada** ama **amarada** (*Commands*) la soo dhigo gudaha kombiyuutarka, lagana soo geliyo **dibadda**

MEANING IN ENGLISH (*Macnaha Erayga ee Luqadda Qalaad*):

In computing, **input** is defined as the data or commands entered into or sent to a computer from the **outside world**

TUSAALE (*Example*):

Waxaa qaybtaan hoose ka muuqda farsawir kombiyuutar (*Computer sketch*) ee **daato** la soo **guda-dhigayo** (*Input data*), isla markaana xog laga soo **dibad-dhigayo** (*Output*) ama laga soo saarayo (*Information*). Sida ka muuqata farsawirkaa, waxaa **guda-dhigga** badiba loo adeegsadaa kiiboor (*Keyboard*), halka **dibad-dhigga** (*Output*) badiba loo adeegsado shaashad (*Monitor*) ama daabece (*Printer*):

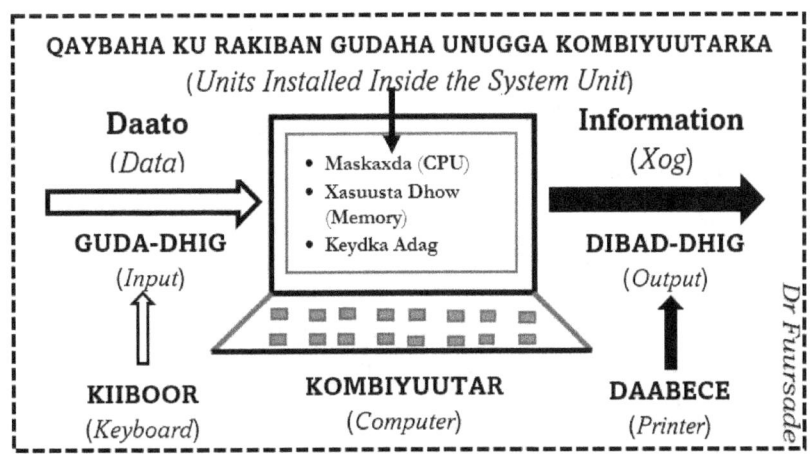

FAAH-FAAHIN DHEERI AH (*Further details*):

Hawl kasta oo uu kombiyuutar hirgalinayo waxaa mas'uul ka ah **maskaxda kombiyuutarka** (*CPU*), alaaddaa oo ku rakiban gudaha **hooyga unugyada** (*Motherboard*). Hasa-yeeshee, waxay kombiyuutaradu caadiyan u baahan yihiin in daato la soo **guda-dhigo** (*Input data*) si ay hawlahooda u fuliyaan. Waxaana daatadaa si ku-meel-gaar ah loogu keydiyaa **keydka xasuusta dhow** ee kombiyuutarka ee loo yaqaano "**RAM**" (*Computer memory known as Randow Access Memory or RAM*).

Tusaale, markuu adeegsade (*User*) doonayo in uu fuliyo hawlo la xariira xisaabaad, wuxuu adeegsadaa **Barnaamij hawlfuliya** ah (*Application program*), sida **MS Excel**. Si loo dhamaystiro hawshaa, wuxuu barnaamijkaa u baahan yahay in daato la soo **guda-dhigo** (*Input*) gudaha *keydka xasuusta ku-meel-gaarka* kombiyuutarka (*In the computer memory or RAM*). Waxaana badiba la adeegsadaa kiiboor (*Keyboard*) si daatadaa loo soo **guda-dhigo** gudaha kombiyuutarka (*Input data*).

INTELLECTUAL PROPERTY

ENGLISH	SOOMAALI
Intellectual Propery ➔	Hantida Maanka

MACNAHA ERAYGA EE LUQADDA SOOMAALIGA:

Hantida maanka waa arrin tilmaamaysa wax kasta ee qiima leh ay **maskax bani'aadam abuurto**

MEANING IN ENGLISH (*Macnaha Erayga ee Luqadda Qalaad*):
Intellectual property refers to anything worthwhile created by **human mind**

TUSAALE (*Example*):
Farsawirka hoose wuxuu muujinaya tusaalooyin hantida ay maskaxda bani'aadamka hal-abuurto ee lagu tilmaamo **hantida maanka**, taa oo ku saleeysan fikir iyo aragti maskaxeed:

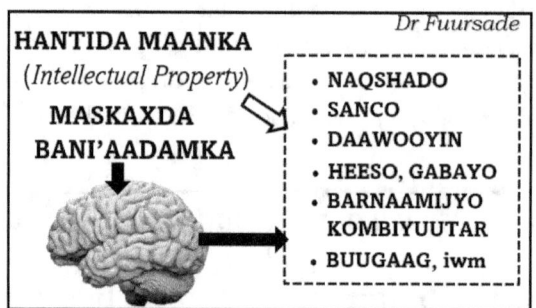

FAAH-FAAHIN DHEERI AH (*Further details*):

Hantida maanka waa tiro hanti ah ee la xariirta **wax-soosarka maskaxda bani'aadamka**, sida, *naqshado, sanco, buugaag, heeso, gabayo, daawooyin, barnaamijyo kombiyuutar,* iwm. Waxaa dalalka caalamka ka jira shuruuc ka hortaga dhaca hantida maanka, si shaqsigii abuuray loo qiimeeyo, ugana faa'iido, aqoontana loo dhiiri geliyo, loona kobciyo. Waxaa qaybtaan hoose ku bandhigan **afar** tusaale ee muujinaya xuquuqda iyo hababka loo ilaaliyo **hantida maanka**, kuwaa oo kala ah:

1) **Astaan sanco** (*Trademark*): Waa *magac, eray, sumad,* iwm, ee tilmaamaysa *hawlaha* iyo *sancada* shirkadaha gaarka ah isla markaana dadweynaha ku aqoonsadaan milkilaha; waxayna muujini in aan astaantaa *la adeegsan karin fasax la'aan.* Tusaale, astaanta shirkadda **Apple Company**. Qaabka lagu hirgaliyo *"Astaan sanco"* waa iska diwaangelinta xafiisyada qaabilsan hawlahaa

2) **Xuquuqda daabacaha** (*Copyright*): Waa xaqa uu shaqsi u leeyahay wax kasta ee hal-abuur ah ee uu soo saaro. Hal-abuuraha wuxuu xaq buuxa ee gaar ah u leeyahay in uu keligii *daabaco, qaybiyo, iibiyo, soo bandhiga* hal-abuurkaa; tusaale, *buugaag, heeso, gabayo, barnaamijyo kombiyuutar, sawiro,* iwm. *Qaabka loo ilaaliyo waa iska diwaangelinta xafiisyada qaabilsan hawlahaa.* Hasa-yeeshee, wuxuu shaqsigaa awood ama fasax u siin karaa shaqsi kale ama shirkad in ay matasho

3) **Shati** (*Patent*): Waa xaqa uu shaqsi ama shirkad u leedahay in ay adeegsato ama fuliso hawl ama sanco gaar ah ay leedahay ama wakiil ka tahay. *Qaabka lagu ilaaliyo waa iska diwaangelinta xafiisyada qaabilsan inkastoo shatiga noocaan ah leeyahay muddo cayiman oo badiba ah ilaa 20 sano ah.*

4) **Sir ganacsi** (*Trade secrets*): Waa *farsamo, "foormula",* iwm, ee uu si gaar ah u abuuray shaqsi ama shirkad; tusaale, daawo la soo saaray. *Sida keliya ee lagu ilaalin karo, waa in aay sirtaa bixin.*

INTERFACE

ENGLISH	SOOMAALI
Interface ➔	Barkulan

MACNAHA ERAYGA EE LUQADDA SOOMAALIGA:

Barkulan (*Interface*) waa **barta** ama **goobta** ay ku kulmaan ama isku xirta **adeegsade** (*User*) iyo **softaweer** (*Barnaamij kombiyuutar*), ama **adeegsade** iyo **hardaweer** (*Qalabyada kombiyuutar*)

MEANING IN ENGLISH (*Macnaha Erayga ee Luqadda Qalaad*):

An **interface** is the **point** or the **site** that connects a **user** and a **software**, or **user** and a **hardware**

TUSAALE (*Example*):

Farsawirka hoose (*Below sketch*) waxaa ku bandhigan tusaale "**barkulan**" (*Interface*), ee ah goob kulminaysa **adeegsade** iyo **hardaweer** (*Kombiyuutar*). Barkulaankaa ka muuqda farsawirka waa Barnaamijka Maamulaha ee Windows (*Windows Operating System*).

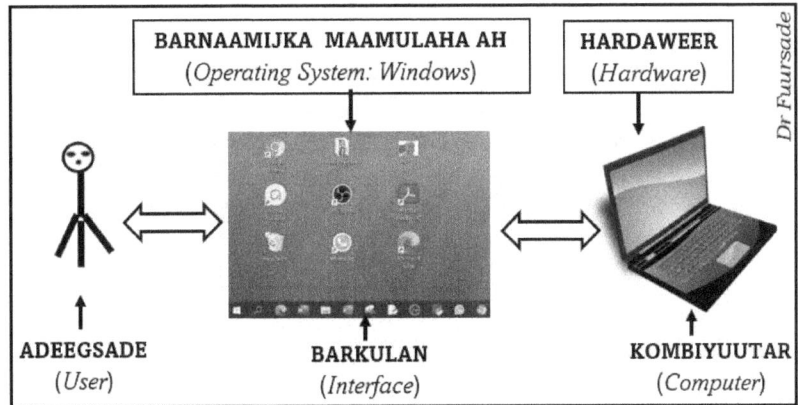

FAAH-FAAHIN DHEERI AH (*Further details*):

Si looga faa'iidaysto kombiyuutarada, waxaa loo baahan hab fudud ay u **wada xariiraan** ama u **wada shaqeeyaan** tusaale ahaan **adeegsadaha** (*User*) iyo **hardaweerka kombiyuutarka**. Waxaana bartaa ama wajigaa kulminaya lagu tilmaamaa **barkulan** (*Interface*). Tusaale **barkulan** (*Interface*) waxaa ka mid ah **barnaamijka MS Windows** oo ah **barnaamij maamula** ah (*Operating System*) ee si muuqaal ah u soo bandhigayaa **barkulan** ku saleeysan *astaamo* matalaya *barnaamijyo kombiyuutar.* Waxayna *astaamahaa* fududeeynaya hawlaha **adeegsadaha** (*User*). La'aanta **barkulankaa**, ee lagu qeexo **barkulanka astaamaysan** (*GUI Interface*), ma sahlanaateen adeegsiga **kombiyuutarada**.

Markii la adeegsanayo **nidaamka barkulanada astaamaysan** (*Graphical user interface*s), adeegsaduhu uma baahna in uu kiiborka ku qoro amarada uu rabo in uu fuliyo, sida barnaamijyadii waayihii hore, tusaale **MS DOS** (*Microsoft Disk Operating*); wuxuu adeegsaduhu si fudud oo muuqaal ah maawuska ugu **labo-riixi** karaa (*Double-click*) **astaamaha** (*Icons*) ka muuqda **barkulanka** (*Interface*) si uu u fuliyo amarada ku hoos lamaanan. Tusaale, haddii aad doonaysid in aad furtid barnaamijka **MS Excel**, waxaa si fudud u <u>labo-riixi</u> (*Double-click*) astaanta barnaamijkaa ee ku xusan barkulanka. Sidaa darteed, wuxuu **barkulanka astaamaysan** (*Graphical interface*) fududeeyey adeegsiga kombiyuutarada iyo barnaamijyada ku keydsan. Arrintaa waxay keentay in laga maarmo in faraha lagu qoro amarada.

INTERNET

ENGLISH	SOOMAALI
Internet ➔	Internet

MACNAHA ERAYGA EE LUQADDA SOOMAALIGA:

Internet-ku waa **shabakad** aad u ballaaran ee isku xirta **kombiyuutaro** iyo qalabyo kale ee **elektaroonik** ah ee ku baahsan caalamka. Adeegsiga **internet**-ku wuxuu fududeeyey xiriirka **dadweynaha**, isweedaarsiga **xogta**, fulinta **adeegyada**, iyo guud ahaan ku **baahinta ganacsiga**, **aqoonta, dhacdooyinka,** iwm, gees walba ee caalamka

MEANING IN ENGLISH (*Macnaha Erayga ee Luqadda Qalaad*):

The **internet** is a giant network that connects **computers** and other **electronic** devices which are spread around the world. Through the use of the **internet**, people communicate, share information, deliver **services**, and **spread businesses, knowledge, events**, etc, around the world

TUSAALE (*Example*):

Farsawirka hoose wuxuu muujinaya tusaale labo adeegsade ee ku wada xiriiraya **internet**-ka iyagoo kala jooga goobo kala duwan ee caalamka. Adeegsadaha 1aad, ee jooga **Toronto**, wuxuu adeegsanayaa kombiyuutar dhab-saar ah (*Laptop*), halka adeegsadaha 2aad, ee jooga magaalada **Hargeisa**, uu adeegsanaya telefoonka casriga ah. Waxayna kaloo labadaa *aalad* iyo *internet*-ku fursad u siinayaan adeegsadayaashaa (*Users*) arrimo ay ka mid yihiin in ay: a) *Wada xariiraan*, b) *Aqoon kororsadaan*, c) *Fuliyaan adeegyo iyo ganacsi*, d) *Bartaan Quraanka Kariimka*, e) *Daawadaan ciyaaro* iyo *filimo*, iwm, iyagoo joogo guryahooda iyo xafiisyadooda.

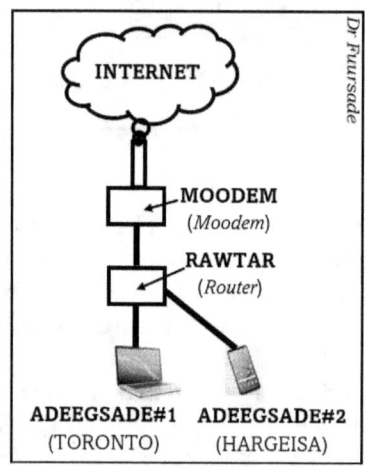

FAAHIN DHEERI AH (*Further details*)

Internet-ku wuxuu maanta noqday qayb laga maarmaan ka ah nolosha caalamka maanta. Muhiimaddaa waxaa aad looga dareemay goobo badan ee caalamka markii uu cudurka **COVID19** faafay, arrintaa oo keentay in ay cakirmaan *hawlihii* iyo *waxbarashadii* lagu fulin jiray *fool-ka-foolka* (*Face-to-face*). Hasa-yeeshee, looma sinna ka faa'iidaysiga **internet**-ka maaddaama ay ummado badan ee caalamka ay *awoodin ama aqoon u lahayn ama goobahooda soo gaarin* internet-ka iyo adeegyada la xariira.

INTERPRETER

ENGLISH	SOOMAALI
Interpreter ➔	Sadar-tarjume

MACNAHA ERAYGA EE LUQADDA SOOMAALIGA:

Dhinaca kombiyuutarada, **sadar-tarjume** (*Interpreter*) waa barnaamij kombiyuutar ee u tarjuma **koodadka asalka ah** (*Source codes*) ee kombiyuutarada hab **sadar-sadar** ah (*Line by line*)

MEANING IN ENGLISH (*Macnaha Erayga ee Luqadda Qalaad*):

In computers, an **interpreter** is a software program that interprets source codes **line by line**

TUSAALE (*Example*):

Barnaamijyada kombiyuutar waxaa badiba lagu diyaariyaa **luqadaha heerka kore** (*High level language*). Waxaana barnaamijyadaa lagu magacaabaa **koodka asalka** ah (*Source code*). Hasa-yeeshee, kombiyuutaradu si toos ah uma fulin karaan **koodka asalka** ah. Si barnaamijyadaa loogu **socodsiiyo** kombiyuutar (*Run the program in a computer*), waa in marka hore **koodkaa asalka** ah loo tarjumo luqad uu kombiyuutarka fahmi karo.

Waxaa farsawirka hoose ka xusan tusaale **kood kombiyuutar** (*Computer code*) ee ku saleeysan barnaamijyada adeegsada "**Interpreter**"-ka (*Sadar-tarjume*), kaasoo **barnaamijka asalka** ah u tarjumaya **sadar-sadar** (*One line at a time*). Koodkaa wuxuu ka kooban yahay **4 amar** (*Four commands*). **Sadar-tarjumuhu** wuxuu marka hore tarjumayaa *sadarkaa 1aad*; kaddibna hore ayaa laga socodsiinayaa (*Interpret and run it*). Haddane wuxuu u gudbaa *sadarka 2aad*, wuu tarjumayaa, hore ayaana laga socodsiinayaa. Sidaa ayaa lagu wadaa ilaa laga dhamaystiro *afarta amar ama leen ee koodka*. Haddii cilad *tarjumid* ama *socodsiin* ah ay dhacdo, barnaamijka sadarkaa ayuu ku istaagi.

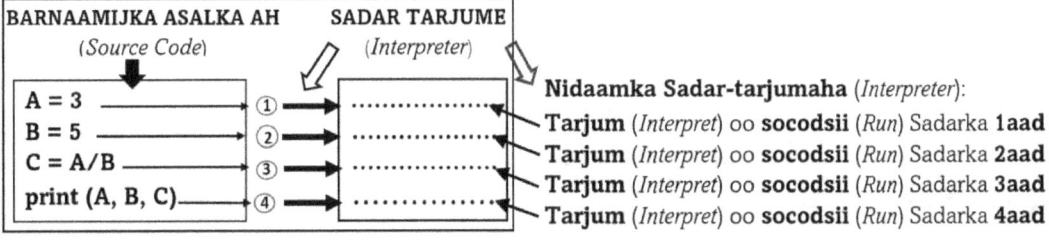

Nidaamka Sadar-tarjumaha (*Interpreter*):
- **Tarjum** (*Interpret*) oo **socodsii** (*Run*) Sadarka **1aad**
- **Tarjum** (*Interpret*) oo **socodsii** (*Run*) Sadarka **2aad**
- **Tarjum** (*Interpret*) oo **socodsii** (*Run*) Sadarka **3aad**
- **Tarjum** (*Interpret*) oo **socodsii** (*Run*) Sadarka **4aad**

FAAH-FAAHIN DHEERI AH (*Further details*):

Markii la diyaarinayo *barnaamijyada heerka kore*, waxaa marka hore la qoraa "**barnaamijka ama koodka asalka ah**" (*Source code*). Waxaana kaddib koodkaa loo tarjumaa luqad uu kombiyuutarku fahmi karo. Waxaa la adeegsadaa labo nooc ee **tarjumeyaal** ah ee kala ah **sadar-tarjume** (*Interpreter*) iyo **wadar-tarjume** (*Compiler*). Nooca **sadar-tarjumaha** waa mid **koodka asalka** ah u tarjumaya **sadar-sadar**. Markii sadar la tarujumo, hore ayuu kombiyuutarka ka *socod-siiyaa* (*Run it*). Tusaale barnaamijyada adeegsada **sadar-tarjumaha** (*Interpreter*) waxaa ka mid ah: *Python iyo Ruby*. Barnaamijka sawirka kore waa tusaale barnaamij sadar-tarjume ah. Nooca kale ee loo yaqaano **wadar-tarjume** (*Compiler*) waa mid barnaamijka oo **idil** hal mar la wada tarjumaya, loona wada rogayo "**Kood la socodsiin karo**" (*Executable code*), kaddibna la socod-siiyo; tusaale, barnaamijyada adeegsada **wadar-tarjumaha** (*Compiler*) waxaa ka mid ah *C, C++,* iwm

INTRANET

ENGLISH	SOOMAALI
Intranet ➔	Intaranet

MACNAHA ERAYGA EE LUQADDA SOOMAALIGA:

Intaranet-ku waa *shabakado gaar ah* oo ku **xiran internet**-ka laakiin ay leeyihiin hay'ado **gaar ah**

MEANING IN ENGLISH (*Macnaha Erayga ee Luqadda Qalaad*):

An **intranet** is a *private network* **connected** to the **internet** but owned by **specific** enterprises

TUSAALE (*Example*):

Farsawirka hoose wuxuu muujinayaa tusaale **shabakad intaranet** ah ay ku xiran yihiin **sagaal adeegsade** (*9 users*). Shabakaddaa intaranet-ka ah waxay ku sii xiran tahay internet-ka.

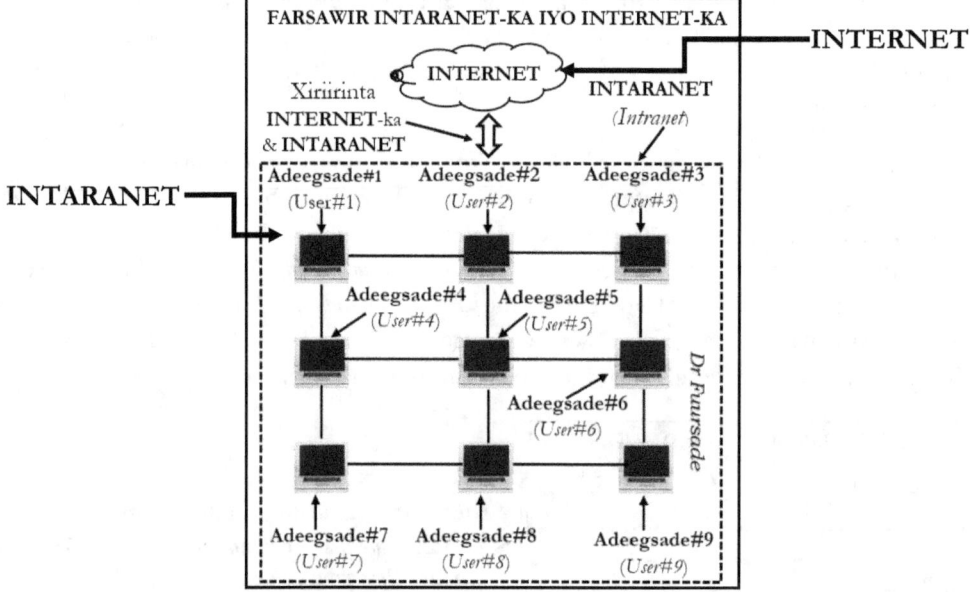

FAAHIN DHEERI AH (*Further details*)

Farqiga u dhaxeeya **internet**-ka iyo **intaranet**-ku waxaa ka mid ah:

- **Internet**-ku wuxuu isku xiraa shabakado kala duwan ee ku baahsan caalamka, halka **intaranet**-ku yahay shabakad kooban ay hay'ad ama shirkad gaar ah leedahay laakin ku xiran internet-ka
- **Internet**-ku waxaa ku xirma tiro adeegsadayaal ah oo aan xad lahayn, halka adeegsadayaasha **intaranet**-ku yihiin kuwa tiro kooban oo ka tirsan hay'ad ama shirkad gaar ah
- **Internet**-ku wuxuu soo bandhigaa xog aan xad lahayn, halka **intaranet**-ku soo bandhigo xog kooban oo arrimo gaar ah quseeya
- Malaayin qof ayaa booqata goobaha **internet**-ku, halka ay dad yar ku xirmaan **intaranet**-ku
- **Internet**-ku waa shabakad u furan dadka haysta aaladaha internet-ka, halka **intaranet**-ku yahay mid xaddidan oo u furan hay'ad ama shirkad gaar ah keliya

ITALIC

ENGLISH	SOOMAALI
Italic	➔ Jaleece

MACNAHA ERAYGA EE LUQADDA SOOMAALIGA:

Jaleece (*Italic*) waa **nooc** ka mid ah **eray-habaynta** (*Formatting*) oo ay xarfuhu **si siman** ugu wada **jaleecaan** dhinaca **midig**

MEANING IN ENGLISH (*Macnaha Erayga ee Luqadda Qalaad*):

Italic is a **type of formatting** where the letters are **evenly tilted** to the **right** direction

TUSAALE (*Example*):

Barnaamijka **Microsoft Word** wuxuu leeyahay qayb la yiraahdo **looxa astaamaha** (*Toolbar*) oo laga xusho **farmuuqaalada** (*Fonts*) iyo **hababka erayada loo habeeyo**, sida **muuq-weyne** (*Bold*), *jaleece* (*Italic*), hoos-xariiq (Underline), iwm. Wuxuu farsawirka hoose muujinayaa qayb ka mid ah **looxa astaamaha** (*Toolbar*) ee **MS Word** ee laga hirgaliyo *jaleecaha* (*Italics*) iyo *farmuuqaalada* (*Fonts*).

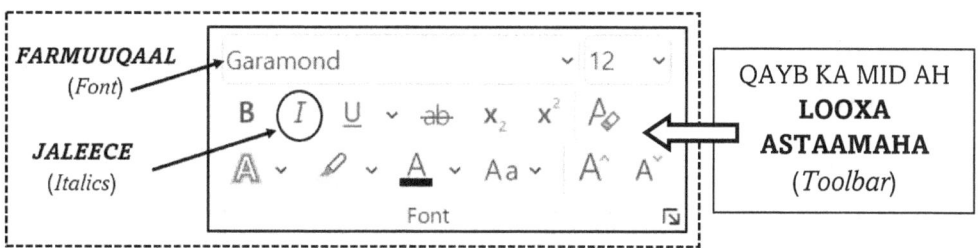

Waxaa qaybtaan **hoose** ka muuqda tusaale qoraal kooban oo cabbirkiisu (*Size*) yahay **13**, farmuuqaalkuna (*Font*) yahay **Amasis MT Pro** oo erayada dambe ay *jaleece* (*Italic*) wada yihiin:

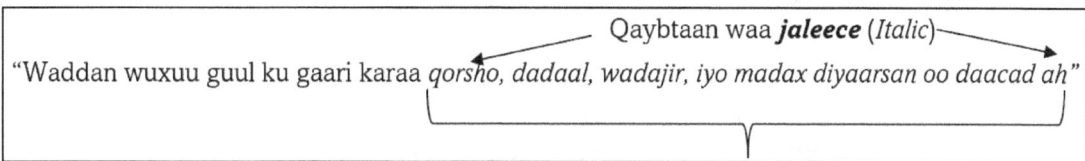

FAAH-FAAHIN DHEERI AH (*Further details*):

Si loo jaleeciyo *eray*, xulo erayga (*Select the word*) kaddibna riix batanka "*jaleecaha*" (*Italic button*) ee ka muuqda **looxa astaamaha** (*Toolbar*), kuna astaysan xarafka "*I*". Dhinaca kale, haddi aad doonaysid in aad *jaleecisid* tiro erayo ah, xulo marka hore erayada kaddibna riix batanka "*jaleecaha*".

Markii qoraal laga dhigo "*jaalece*" (*Italic*), waxay erayadu noqdaan kuwa u wada jaleeca **dhinaca midig**. Sababaha loo *jaleeciyo* (*Italicize words*) erayada waxaa ka mid ah:

- **Eray** ama **erayo** ka mid ah qoraal ee la doonayo in si gaar ah isha ugu dhacdo
- Erayada **qalaad** ee ka mid ah qoraal
- Erayada **farsamo** ee ka mid qoraal iyo tiro kale

KEYBOARD

ENGLISH	SOOMAALI
Keyboard ➔	Kiiboor

MACNAHA ERAYGA EE LUQADDA SOOMAALIGA:

Kiiboor waa *qalab guda-dhig* ah (*Input device*) ee awood uu siinaya adeegsadaha (*User*) in uu kombiyuutarka guda-dhigo (Input) *xarfo, nambaro, amaro, ama sumado* iyadoo la adeegsanayo **batanada** ka muuqda dhusha qalabkaa

MEANING IN ENGLISH (*Macnaha Erayga ee Luqadda Qalaad*):

Keyboard is an *input device* that allows a user to enter *letters, numbers, commands, or symbols* into the computer using the **keys** on its surface

TUSAALE (*Example*):

Waxaa sawirka hoose ku bandhigan nooc ka mid ah kiiboorada la adeegsado; waxaana kiiboordigaa ka muuqda **5 qayb** ee sumado kala duwan ee badiba ku rakiban kiiboorada oo idil, kuwaa oo kala ah:

1) **ALIFBA Qore** (*Typing keys*): Waa qayb uruurisa xarfaha *ALIFBA, xarakaynta,* iyo *sumadaha*
2) **Nambar Qore** (*Numerical keys*): Waa qaybta uruurisa *nambarada xisaabta* iyo *sumadaha* la xariira
3) **Goobo-U-Dhaqaajiye** (*Navigation keys*): Waa qaybaha fududeeya ku dhex *dhaq-dhaqaaqidda* gudaha shaashadda iyo sidoo kale dokumentiyada ka muuqda shaashadaha
4) **Xarfo hawleed** (*Function keys*): Waa qayb muujinaysa *xarfo amaro* ah ee la fuliyo (F1 ilaa F12)
5) **Xarfo maamuleed** (*Control keys*): Waa sumado la shaqeeyo *xarfo* kale ee fuliya hawlo cayiman

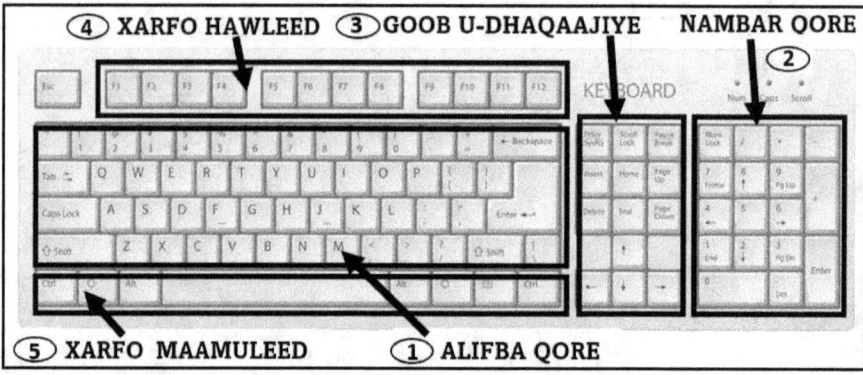

FAAHIN DHEERI AH (*Further details*)

Kiiboordiga waa qalab ka mid ah qalabyada kombiyuutarka uga rakiban hareeraha (*Peripherals*) ee loo adeegsado *wax-gelinta* kombiyuutarka (*Input device*) iyo fulinta amarada. Inkastoo ay wada fuliyaan isku hawlo, waxaa guud ahaan jira dhowr nooc oo **kiiboordiyo** ah oo ay ka mid yihiin:

a) **Kiiboordhiga** wata xarig lagula xiro kombiyuutarka (*Wired keyboard*)
b) **Kiiboordhiga** xarig la'aan ah oo aan ku dhegganayn kombiyuutarka (*Wireless keyboard*), tusaale ahaan, nooca loo yaqaan **Bluetooth** ama **WiFi**-ga iyo
c) Kuwa ku rakiban kombiyuutarka, sida kiiboorada kombiyuutarada dhab-saarka (*Laptops*)

KNOWLEDGE BASE

ENGLISH	SOOMAALI
Knowledge Base ➜	Aqoon-dhig

MACNAHA ERAYGA EE LUQADDA SOOMAALIGA:

Aqoon-dhiggu waa **goob** ama **xog-dhig** (*Database*) lagu keydiyo arrimo la xariira **aqoon**, loona hirgaliyo fududeynta **wadaagidda** iyo **adeegsiga** aqoonta taala goobaha shaqo

MEANING IN ENGLISH (*Macnaha Erayga ee Luqadda Qalaad*):

A **knowledge base** is a **location** or a **database** used to collect matters related to **knowledge**, and used for **easy sharing** and **use** of the knowledge in the work sites

TUSAALE (*Example*):

Waxaa qaybtaan hoose ka muuqda farsawir (*Sketch*) muujinaya tusaale **aqoon-dhig** (*Knowledge base*), ee lagu keydinayo **aqoon** laga soo uruuriyey *daraasado, xalal mashaakilo, habraacyo, aqoonta iyo waayo-aragnimada shaqaalaha goobaha shaqo*. **Aqoon-dhiggaa** waxaa loo adeegsadaa hawlo ay ka mid yihiin:
a) Keydinta aqoonta goobaha shaqo, b) Wadaagidda aqoonta iyo tababarada, c) Fududaynta hawlaha iyo xalinta mashaakilada, iyo d) Ku talaabidda horumar guud

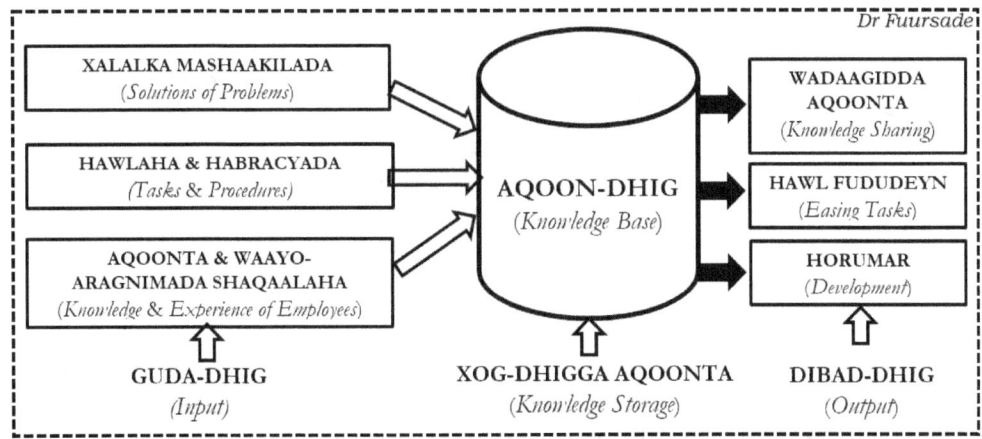

FAAH-FAAHIN DHEERI AH (*Further details*):

Aqoontu waa **hub** lagula diriro jahliga, isla markaana ah **furaha** horumarka, loona adeegsado fulinta adeegyada iyo hawlaha goobaha shaqo. Sidaa darteed, *uruurinta, adeegsiga,* iyo *wadaagidda* **aqoontu** waa talaabooyin laga maarmaan u ah *hay'adaha, shirkadaha, dawladaha,* iyo guud ahaan *bani'aadamka* oo dhan.

Waxaana dhab ah in goob kasta ee shaqo ay taalo **aqoon**. Waxayna **aqoontaa** caadiyaan ku keydsan tahay qaybo kala duwan ee goobtaa shaqo, sida: a) *Maskaxda shaqaalaha,* b) *Hawlaha & habraacyada,* c)*Daatada ay shirkaduhu uruuriyaan,* d) *Xalalka mashaakilada lala kulmo,* iyo e) *imw*. Waana muhiim in la hirgaliyo **goob** habaysan ee lagu uruuriyo laguna keydiyo **aqoontaa**, keydkaaa ee lagu qeexa "**Aqoon-dhig**" (*Knowledge base*). Waxaana **aqoon-dhigyadaa** lagu sameeyaa daraasado oo ay ka dhashaan *faham buuxa iyo talooyin cilmiyeeysan ee lagu horumariyo goobaha shaqo.*

KNOWLEDGE MANAGEMENT

ENGLISH   **SOOMAALI**

Knowledge Management ➔ Maareynta Aqoonta

MACNAHA ERAYGA EE LUQADDA SOOMAALIGA:

Maareynta aqoonta waa **nidaamka** *loo habeeyo, loo bandhigo, loo keydiyo, loo adeegsado, iyo loo wadaago* **aqoonta** ku keydsan gudaha hay'ad

MEANING IN ENGLISH (*Macnaha Erayga ee Luqadda Qalaad*):

Knowledge management (*KM*) is the **process** of *organizing, presenting, storing, using,* and *sharing the* **knowledge** within an organization

TUSAALE (Example):

Farsawirka hoose waxaa ka muuqda tusaale muujinaya faa'iidooyinka ka dhasha "**Maareynta Aqoonta**" (*Benefits of Knowledge Management*)

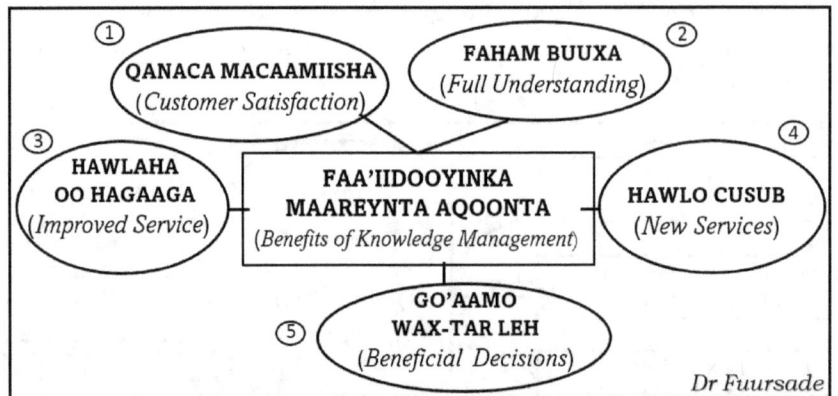

FAAH-FAAHIN DHEERI AH (Further details):

Aqoontu waa **hanti** muhiim ah ee loo baahan yahay in si wanaagsan ee joogta ah *loo maamulo, looga faa'iidaysto, loona ilaaliyo*. Sida ku xusan farsawirka kore, **maareynta aqoonta** waxay dhalisaa tiro faa'iidooyin ah oo ay ka mid yihiin: 1) *Macaamiisha oo qanca*, 2) *Faham buuxa ee hawlaha socda*, 3) *Hawlaha socda oo hagaaga*, 4) *Hirgalinta hawlo cusub ee faa'iido leh*, iyo 5) *Gaaridda go'aamo wax-tar leh*, iwm. Waxaaa guud ahaan **aqoonta** loo qaybiyaa ilaa **saddex nooc** oo kala ah:

a) **Aqoon muuqata** (*Explicit Knowledge*): *Waa nooc aqoon ah oo si sahlan loo bandhigi karo, loo diwaangelin karo, iyo loo wadaagi karo;* tusaale ahaan, aqoonta lagu bandhigo buugaagta iyo warbixinada
b) **Aqoon maldahan** (*Implicit Knowledge*): *Waa aqoon uu shaqsi leeyahay laakiin si fudud lo gudbin karo*
c) **Aqoon daahsan** (*Tacit Knowledge*): *Waa aqoon lagu helo waayo-aragnimo laakin ay sahlanayn si loo fasiro iyo loo gudbiyo (Waa aqoon xitaa uu shaqsiga mararka qaarkood ogeyn in uu leeyhay)*

Caadiyan aqoonta goobaha shaqo waxay badiba ku keydsan tahay *maskaxda shaqaalaha, habraacyada, xalalka mashaakilada*, iwm. Waana muhiim in aqoontaa *la uruuriyo, la habeeyo, laguna wareejiyo diwaano habaysan*; kaddibna lagu keydiyo **aqoon-dhig** (*Knowledgebase*) si aqoontaa si sahlan loo maamulo, loo wadaago, loona tayeeyo. Talaabadaa waxay keeni in hay'aduhu hantiyaan aqoontaa ku keydsan maskaxda shaqaalaha kaddibna *ay iswadi karaan* haddii xitaa ay shaqaalaha ka tagaan oo ay kuwa cusub yimaadaan.

LAPTOP COMPUTER

ENGLISH	SOOMAALI
Laptop Computer ➔	Kombiyuutarka Dhab-Saarka

MACNAHA ERAYGA EE LUQADDA SOOMAALIGA:

Dhab-saar (*Laptop*) waa kombiyuutar loogu talagalo in ay adeegsadaan shaqsiyaadka oo si sahlan loo *qaadi karo, la isugu laabi karo,* loona *saari karo dhabta*

MEANING IN ENGLISH (*Macnaha Erayga ee Luqadda Qalaad*):

A **laptop** is a small personal computer that is *portable* and can be easily *folded* and *placed* on the lap

TUSAALE (*Example*):

Waxaa qaybtaan hoose ka muuqda sawiro *labo nooc* ee **kombiyuutarada** shaqsiyaadka adeegsadaan (*Personal computers*) oo kala ah: 1) **Kombiyuutar Miis-saar Ah** (*Desktop*) iyo 2) **Kombiyuutar Dhab-saar Ah** (*Laptop*)

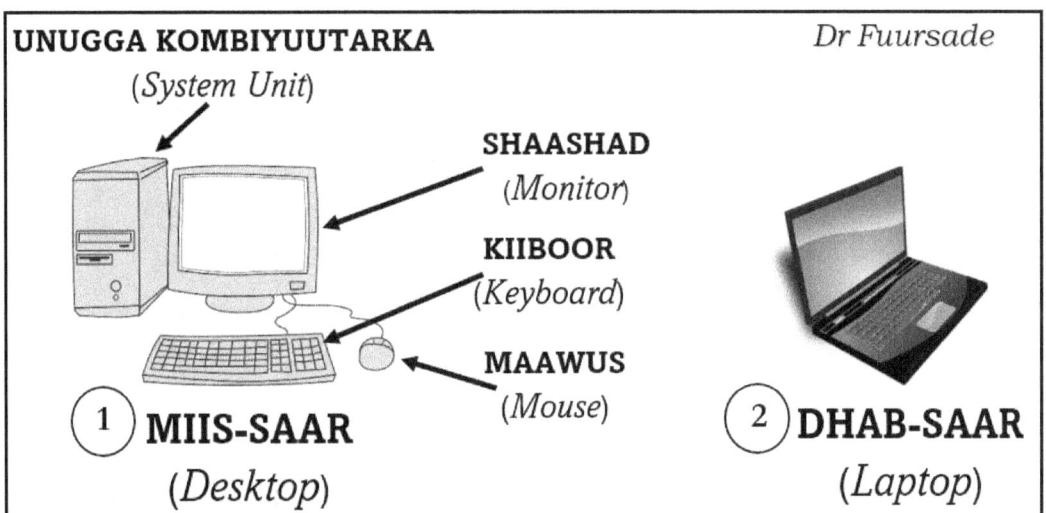

FAAH-FAAHIN DHEERI AH (*Further details*):

Kombiyuutarada **dhab-saarka** ah (*Laptop computers*) waa kombiyuutaro ka **cabbir** iyo **culeys yar** kombiyuutarada **miis-saarka** ah (*Desktop computers*). Sababta loogu magac daray "**dhab-saar**" (*Laptop*) waxay tahay in kombiyuutaradaa si sahlan loo saaran karo **dhabta**. Waxayna kombiyuutaradaa aad ugu habboon yihiin *safarada* iyo *goobaha waxbarasho iyo shaqo* maaddaama si sahlan la isugu *laabi karo, loo qaadi karo, laguna ridi karo shanddadaha dhabarka* la saarto.

Dhinaca kale, **kombiyuutarada dhab-saarka** ah waxaa ku rakiban **kiiboor** iyo **shaashad** badiba **dareen** u leh taabashada (*Touchscreen*) oo haddii la riixo qayb ka mid ah shaashadda oo uu kombiyuutarka **dareemayo**, uuna kaddib **jawaab bixinayo**. Waxaa kalee hadda aad suuqa u soo galaya **kombiyuutaro** *ka cabbir, culays, iyo qiimo yar* kuwa **dhab-saarka** ah ee loo yaqaano "**Notebook Computers**", hasa-yeeshee, ka awood yar.

LOAD TESTING

ENGLISH	SOOMAALI
Load Testing ➔	Tijaabada Culays-Qaadka

MACNAHA SOOMALIGA:

Dhinaca barnaamijyada kombiyuutar, **tijaabada culays-qaadka** (*Load testing*) waa tijaabo la xariirta qaabka uu *barnaamij kombiyuutar* uga falceliyo markii *tiro aad u fara badan ee adeegsadayaal ah* (*Many users*) ay mar qura wada fuliyaan *hawl-dhacyo culus* (*Execute heavy transactions at one time*)

MEANING IN ENGLISH:

In the software field, a **load test** refers to a test on how a computer program performs when a large *number of concurrent end users* execute *heavy transactions*

TUSAALE (*Example*):

Waxaa qaybtaan hoose ka muuqda farsawir matalaya **culayska** uu barnaamij kombiyuutar **qaadi karo**. Wuxuuna miisaanka muujinayaa **tirada adeegsadayaasha** ugu badan ee mar qura ku wada xirmi kara barnaamijkaa iyagoo wada hawlo culus, isla markaana uu barnaamijka hawshiisa u fuliyo habkii loogu talagalay. Wuxuuna tusaalahaa muujinayaa in uu barnaamijkaa si saani ah u xamili karo ilaa **30 adeegsade**. Waxayna kalee arrintaa macnaheedu tahay in haddii adeegsadayaasha ku xiran barnaamijka laga saremariyo tiradaa, uu barnaamijka u ***dhaqmayn*** sidii loogu talagalay.

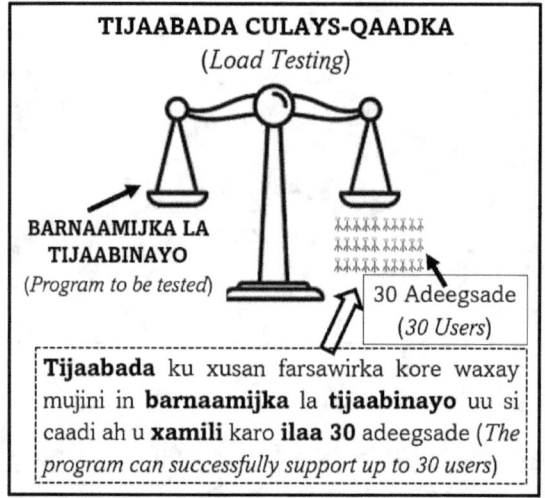

FAAH-FAAHIN DHEERI AH (*Further details*):

Tijaabada **culays-qaadka** (*Load testing*) waa tijaabo tilmaamaysa imisa adeegsade oo hawlo culus wada ayaa *mar qura* ku soo wada **xirmi kara** barnaamij kombiyuutar, iyadoo barnaamijkaa muujinin *tayo xumo* iyo *culusyo* kale. Sida darteed, inta aan barnaamijka kombiyuutar **la suuq geyn**, waa in la sameeyaa tijaabadaa. Haddii tirada adeegsadayaasha laga kormariyo **cabbirkaa loogu talagalay**, barnaamijku wuxuu soo bandhigi **cilado**, sidaa **waqti fulinta** (*Execution time*) barnaamijka oo muddo dheer qaata. Waxaana natijooyinka ka soo baxa tijabadaa lala wadaagaa adeegsadayaasha (*Users*) si ay oo la socdaan cabbirkaa. Ugu dambayn, waxaa xusuusin mudan in farsawirka kore tilmaamayaa tusaale barnaamij loogu talagalay tira yar ee adeegsadayaal ah, sida shaqaalaha hal xafiis.

LOCAL AREA NETWORK

ENGLISH	SOOMAALI
Local Area Network ➔	Shabakadda Goobaha Gudaha

MACNAHA ERAYGA EE LUQADDA SOOMAALIGA:

Shabakadda Goobaha Gudaha (*Local Area Network ama loo soo gaabiyo LAN*) waa shabakad kombiyuutar ee **isku xirta** *kombiyuutaro* iyo *qalabyo* la xariira, kuna rakiban goob xaddidan sida *hooy, dugsi, shaybaar, xaruun jaamacadeed, xafiis,* iwm

MEANING IN ENGLISH (*Macnaha Erayga ee Luqadda Qalaad*):

A **local area network** (**LAN**) is a computer network that **interconnects** *computers* and other related *devices* within a limited area such as a *residence, school, laboratory, university campus, office, etc.*

TUSAALE (*Example*):

Farsawirka hoose wuxuu muujinayaa tusaalooyin noocyo kala duwan ee **shabakadaha goobaha gudaha** (*Local Area Networks or* **LAN**). Waxaana farsawirka ka muuqda **afar ka mid** ah **hab-dhismeedyada shabakadaha** (*Network topology*), kuwaa oo kala ah: a) **Hab-dhismeedka Goob-ilaa-Goob** (*Point-to-Point Topology*), b) **Hab-dhismeedka Garaangarta** (*Ring Topology*), c) **Hab-dhismeedka Xarig-dhexaadka** (*Bus Topology*), iyo d) **Hab-dhismeedka Xiddigga** (*Star Topology*)

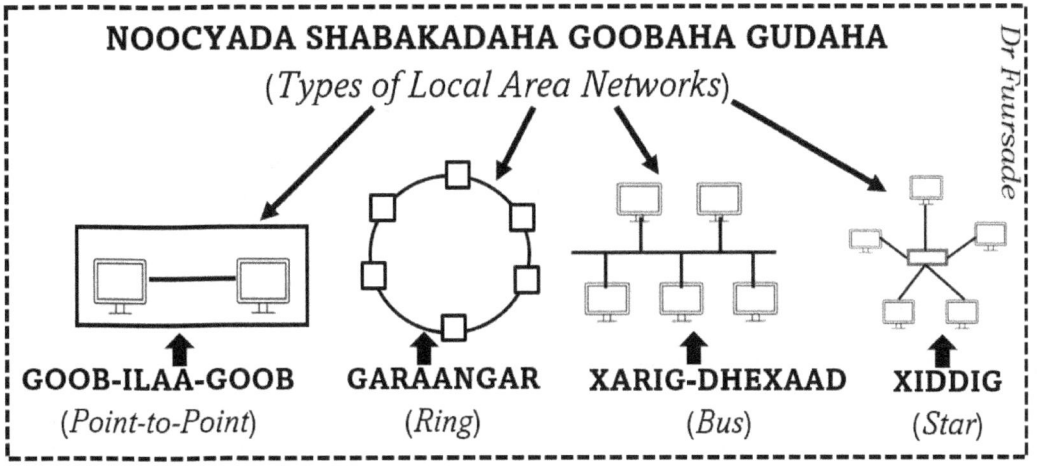

FAAH-FAAHIN DHEERI AH (*Further details*):

Shabakadda goobaha gudaha (*Local Area Network*) waxay isku xirtaa qalabyada hardaweerka ee ku rakiban goob kooban sida *xafiis*. Adeegsadayaasha (*Users*) ku xiran shabakaddaa waxay awood u leeyihiin in ay wada **xariiraan** isla markaana laga wada faa'iidaysto barnaamijyada iyo qalabyada **hareeraha** (*Peripherals*) ee ku rakiban shabakadaha, sida **daabecaha** (*Printer*). Sidoo kale, adeegsadayaasha(*Users*) ku xiran shabakaddaa waxay awood u leeyihiin in ay **daato** isu gudbiyaan.

Waxay **shabakadaha goobaha gudaha** noqon karaan kuwa wata **xarig isku xira** qalabyada shabakadahaa iyo kuwa **xarig-la'aan** ah. Waxaa inta dheer in ay jiraan habab badan ee la isugu xiro qalabyada ka tirsan shabakadahaa inkastoo **afar** nooc oo keliya farsawirka kore lagu soo xusay.

LOG FILE

ENGLISH	SOOMAALI
Log File ➔	Faayilka Dhacdooyinka

MACNAHA ERAYGA EE LUQADDA SOOMAALIGA:

Faayilka dhacdooyinka (*Log file*) waa faayil keydiya **dhacdooyinka waa-weyn** oo ay la kulmaan barnaamijyada kombiyuutar marka ay fulinayaan hawlo

MEANING IN ENGLISH (*Macnaha Erayga ee Luqadda Qalaad*):

A **log file** is a file that records **major events** encountered by computer programs while processing tasks

TUSAALE (*Example*):

Waxaa qaybtaan hoose ka muuqda tusaale **faayilka dhacdooyinka** ee barnaamij hawlfuliye (*Log of an application program*). Waxaa faraca faayilkaa (*File extension*) caadiyaan lagu qeexaa "**log**", tusaale ahaan "Service.**log**". Wuxuuna faayilkaa soo bandhigaa daato habaysan (*Structured data*) ay ka mid yihiin *taariikhda* (*Date*), *waqtiga* (*Time*), iyo *dhacdada* (*Event*).

LOG FILE NAME: **Service.log**

Date	Time	Event
1-Mar-2024	1:35:43 am	Cilad: faayilka "abc.xls", adeegsadaha ma bixin khidmadii; lama furi karo
1-Mar-2024	2:21:19 pm	Waxaa la furay fayilka "abc.doc", adeegsade: Hersi; ha lala socdo
5-Mar-2024	7:33:21 am	Cilad: Adeegsade: Nur, Furaha waa qalad. Waa loo diiday furidda fayilka
6-Jun-2024	4:47:56 pm	Waxaa la furay faayilka "abc.doc", adeegsade: Asli; ha lala socdo

Dhacdooyinka ku xusan tusaale ahaan faayilka kore waxaa ka mid ah **dhacdooyin** muhiim ah oo uu wax weyn ka ogaan karo **maamulaha barnaamijka**. Waxayna dhacdooyinkaa kala yihiin:

a) Labo cilaadood ee dhacay (*Ka eeg leenka 1aad iyo leenka 3aad*) iyo
b) Labo arrimood ee la xariira amniga daatada ee loo baahan yahay in uu maamulaha barnaamijka la socdo (*Ka eeg leenka 2aad iyo leenka 4aad*). Waxaa la furay faayilal muhiim ah.

FAAH-FAAHIN DHEERI AH (*Further details*):

Faayilka dhacdooyinka (*Log file*) waa faayil keydiya dhacdooyinka waa-weyn oo ay la kulmaan barnaamijyada hawlfuliyaasha ah (*Application programs*) inta ay hawsha wadaan. Arrimaha lagu xuso faayilkaa waxaa ka mid ah: a) **Ciladaha** (*Errors or exceptions*) ay la kulmaan barnaamijyada iyo sidoo kale, b) **Dhacdooyinka muhiimka** ay barnaamijyada la kulmaan inta ay hawsha socoto.

Wuxuu **faayilka dhacdooyinka** (*Log files*) u habaysan yahay qaab **taariikhaysan**. Arrimaha lagu bandhigo waxaa ka mid ah *taarikhda, saacadda, daqiiqadda, iyo ilbiriqsiga* uu Barnaamijka hawlfuliyaha la kulmay **dhacdooyinkaa**. Maamulaha barnaamijka waa in uu si joogta ah ula socdaa **dhacdooyinka** ku xusan **faayilkaa**. Waana goobta ugu horeeysa ee la eego markii **barnaamij hawlfuliye** ama **xog-dhig** (*Database*) ah uu **cilad la kulmo**. Waxaa kale muhiim ah in lala socdo **cabbirka** faayilkaa maaddaama uu si joogta ah daato ugu qormayso, una isticmaali karo qayb weyn ee keydka adag (*Hard disk*) ee kombiyuutarka. Saa darteed, waa in sii joogta ah faayilkaa looga tiro dhacdooyinkii hore ama goob kale loo wareejiyo si uu buuxinin keydka adag (*Hard disk*) ee kombiyuutarka uu ku keydsan yahay. Haddii uu buuxiyo keydka adag, kombiyuutarka iyo hawlahiisa oo idil way joogsanayaan.

LOGIN

ENGLISH	SOOMAALI
Login ➔	Ku-xirmid

MACNAHA ERAYGA EE LUQADDA SOOMAALIGA:

Ku-xirmiddu (*Login*) waa tiro **caddaymo** ah ee loo adeegsado **furidda** ama **ku-xirmidda** barnaamij kombiyuutar ama qalab teknoloji ee u baahan **fasax oggolaasho**

MEANING IN ENGLISH (*Macnaha Erayga ee Luqadda Qalaad*):

A **login** is a set of **credentials** used to gain **access** to or **open** a computer program or device which require **authorization**

TUSAALE (*Example*):

Waxaa qaybtaan hoose ka muuqda farsawir (*Sketch*) soo bandhigaya hab ka mid ah hababka loogu xirmo **kombiyuutar** ama goobaha **oggolaasha** u baahan. Markuu **adeegsaduhu** (*User*) isku dayo in uu ku **xirmo** (*Login*) kombiyuutarka, sida farsawirka hoose ka muuqata, wuxuu **kombiyuutarku** codsani **caddaymo** (*Credentials*). Caadiyan, waxay **caddaymahaa** ka kooban yihiin labo qayb ee kala ah: a) **Magaca adeegsadaha** (*Username*) iyo b) **Furaha sirta** (*Password*). Haddii **caddaymahaa** la geliyo noqdaan kuwa sax wada ah, **adeegsaduhu** wuu ku xirmi kombiyuutarka.

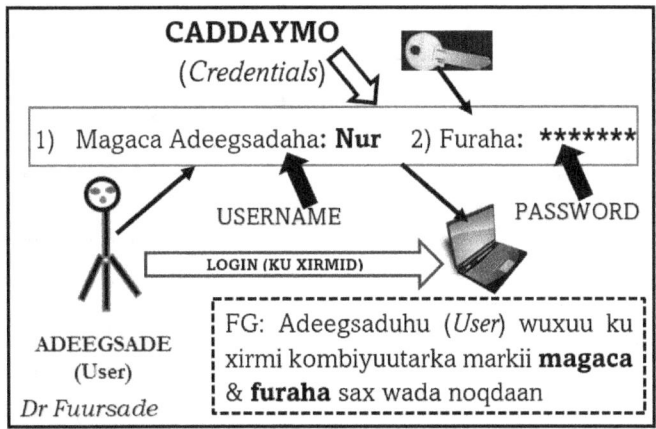

FAAH-FAAHIN DHEERI AH (*Further details*):

Caddaymaha ku-xirmiddu (*Login credentials*) waxay dowr weyn ka cayaaraan **ilaalinta xogta** (*Data protection*) ku keydsan aaladaha elektaroonikada ah. Tusaale, markii *lagu xirmayo* goobaha ama qalabyada aad xasaasiga u ah, waxaa adeegsadaha laga codsadaa in uu soo bandhigo caddaymo saa'id ah oo ay ka mid yihiin: a) *Nambar gaar ah ee lagu aqoonsado adeegsadaha* ee loo yaqaano **PIN** (*Personal Identification Number*) ama b) Adeegsiga qaybo ka mid ah **xog-dhalyada** (*Biometric features*), sida qaab-dhismeedka *faraha, indhaha, muqaalka wajiga*, iwm.

Dhinaca kale, si la isaga ilaaliyo **adeegsadayaasha jabsada qadka internet-ka** (*Hackers*), wuxuu caadiyan **nidaamka ku xirmiddu** (*Login system*) badiba kuu oggolaanayaa oo keliya ilaa **saddex isku-day ku-xirmid** (*Three login attempts*). Haddii ay isku-daygaa noqdo qalad saddex mar ee isku xigta, **qalabkaa** badibu wuu is xiri ilaa in muddo ah ama ilaa amar dambe.

LOW-LEVEL LANGUAGE

ENGLISH	SOOMAALI
Low Level Language ➔	Luqadda Heerka Hoose

MACNAHA ERAYGA EE LUQADDA SOOMAALIGA:

Dhinaca cilmiga kombiyuutarada, **luqadaha heerka hoose** (*Low Level Languages*) waa luqado kombiyuutar ee fariimaha si toos ah u siiyaa unugyada hardaweerka ee uu kombiyuutarka ka kooban yahay (*Waana fariimo uu kombiyuutarka si toos ah u hirgalin karo*)

MEANING IN ENGLISH (*Macnaha Erayga ee Luqadda Qalaad*):

In computer science, **low level languages** are computer languages that give instructions directly to the hardware components of the computer (*Instructions that computers can directly implement*)

TUSAALE (*Example*):

Waxaa qaybtaan hoose ka muuqda farsawir barnaamij kombiyuutar ee ku saleeysan **luqadda heerka hoose** oo fariimaha si toos ah ugu gudbinaya unugyada kombiyuutarka. Waxayna unugyadaa si sahlan ku fahmayaan fariimaahaa maaddaama ay **luqadaha heerka hoose** u baahnayn tarjume

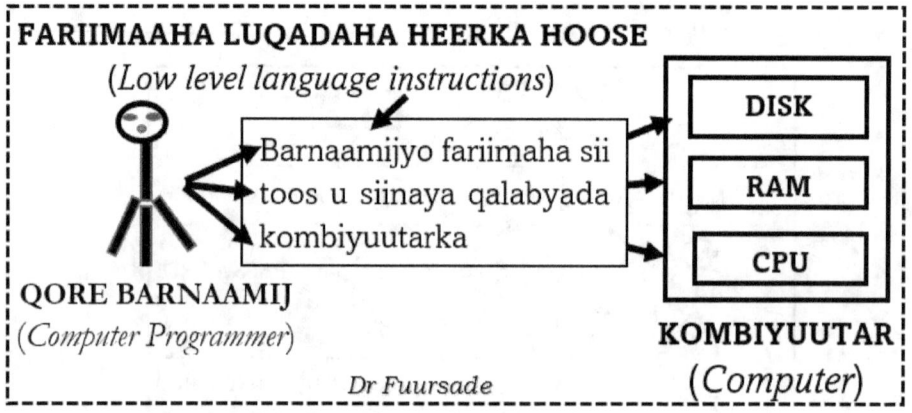

FAAH-FAAHIN DHEERI AH (*Further details*):

Luqadaha heerka hoose (*Low level languages*) waa luqado si toos ah fariimo tifatiran ugu dira unugyada kombiyuutarada. Waana faariimo ay unugyadaa si sahlan ku fahmi karaan iyadoo aan la adeegsanin tarjume (*Compiler* or *interpreter*). Hasa-yeeshee, halkii fariin ee barnaamijyada **luqadaha heerka kore** (*High level languages*) waxay u dhigmaan tiro fariimo tifatiran ee **luqadaha heerka hoose** (*Low level language*) maaddaama farimahaa loogu gudbinayo unugyada kombiyuutarka si faah-faahsan. Sababtaa ayaa loogu magac daray **luqadaha heerka hoose**. Tusaale ka mid ah barnaamijyada **luqadda heerka hoose** ah waa barnaamijka lagu magacaabo "**Assembly Language**".

Guud ahaan, **luqadaha heerka hoose** waa luqado tayo sareeya ee aad u dhaqsi badan markii ay kombiyuutarada fulinayaan maaddaama aan la adeegsanayn tarjume, sida **luqadaha heerka kore**. Hasa-yeeshee, waa luqado aan sahlanayn si loo barto, loona qoro. Dhinaca kale, **luqadaha heerka kore** waa luqado ilaa xad fudud si loo qoro loona barto maaddaama aan loo baahnayn in kombiyuutarka loo faah-faahiyo fariimahaa, laguna qoro qaab u sahlan qoraaga barnaamijka.

MACHINE LEARNING

ENGLISH	SOOMAALI
Machine Learning ➔	Waxbarashada Qalabka

MACNAHA ERAYGA EE LUQADDA SOOMAALIGA:

Waxbarashada qalabka waa habka ay kombiyuutarada *wax uga baran karaan wayo-aragnimada* si la mid ah *bani'aadamka*, oo ay u soo gudbiyaan *saadaalo ama jawaabo macquul* ah markii la quudiyo **daato** iyo **habxalo** (*Algorithms*) ku habboon

MEANING IN ENGLISH (*Macnaha Erayga ee Luqadda Qalaad*):

Machine learning is the process of how computers can **learn from experiences** like human beings so that they can provide *reasonable predictions or answes* when fed with appropriate **data** and **algorithms**

TUSAALE (*Example*):

Si ay kombiyuutaradu wax u bartaan, waxaa la adeegsadaa **arrimo** ay ka mid yihiin: **Daato** (*Data*), **hab-xalo** (*Algorithm*), iyo **sifooyin** (*Features*). **Daatada** waa qaybta **tababarka** lagu **siiyo** kombiyuutarka (*Learning practice*). **Hab-xaladu** waa qaybta u sheegaysa qalabka habka wax **loo xaliyo**. Ugu dambayn, **sifooyinka** waa nooc daato ah sida *sawiro, muuqaalo, codad*, iwm, oo u **caddaynaya qaybaha muhiimka** ah ee la rabo in **fiiro gaar ah** la siiyo. Waxaa qaybtaan hoose ka muuqda farsawir muujinaya **saddexda qayb** ee tiirka u ah **waxbarashada qalabka** iyo ujeeddada qalabkaa.

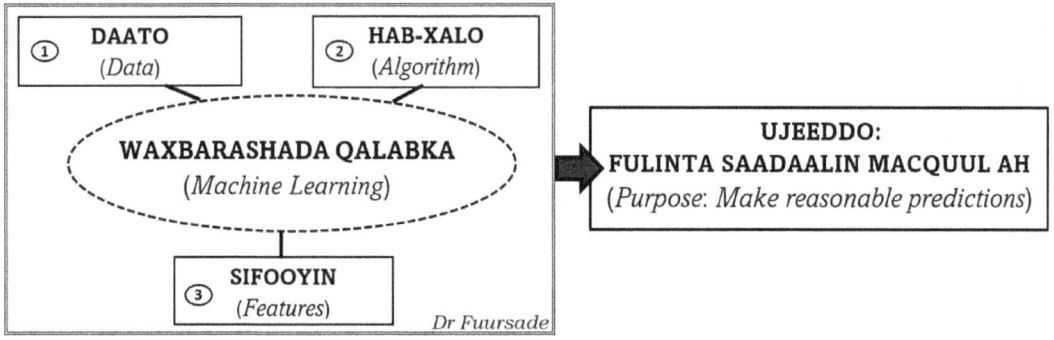

FAAH-FAAHIN DHEERI AH (*Further details*):

Waxbarashada qalabka, oo ah qayb ka mid ah caqliga macmalka (*Artifical intelligence*), waa awoodda in qalab elektaroonik ah uu si macquul ah **wax u saadaalin karo** kaddib markii lagu rakibo *daato, habxalo,* iyo *sifooyin* ku habboon. Waxayna ujeeddadu tahay in uu qalabkaa hantiyo <u>*dhaqan u dhow kan bani'aadamka*</u>. Sidaa darteed, waxaa qalabkaa la quudinayaa *daato* **macquul** ah, sida la mid ah habka ay bani'aadamka *daatada* iyo *dhacdooyinka nolosha* uga uruursadaan *waayo-aragnimo*.

Tusaale ahaan, haddii lala **hadlo** ama **su'aal** la weeydiiyo, waa in uu qalabkaa **saadaalin** karaa jawaabta ugu saxsan, isagoo jawaabtaa ka dhex baarayo *daatada, habxalada,* iyo *sifooyinka* ku keydsan. Tusaale kale, haddi la **tuso** sawir ay ka muuqdaan tiro *miro* ama *qudaar* ah ee uu ka mid yahay **moos** (*Banana*), markii la weeydiyo in uu bartilmaameedka mooska, waa in uu saadaalin karo jawaabta saxda ah. Hasa-yeeshee, waxaa hore loogu keydiyey **sifooyin** u ku kala saaro qudaarta. Qaybaha maanta adeegsada waxbarashada qalabka waxaa ka mid ah: *Gaadiidka kaligood is-wada, tarjumidda Google, kala garashada sawirada wajiyada, fahamka codadka, u tilmaamidda darawalada dariiqyada aan saxmadda lahayn,* iwm.

MAINFRAME COMPUTER

ENGLISH	SOOMAALI
Mainframe Computer ➔	Kombiyuutarka Jirweynaha (*Ama Jirweyne*)

MACNAHA ERAYGA EE LUQADDA SOOMAALIGA:

Jirweyne (*Mainframe computer*), sidoo kalena lagu tilmaamo *birta weyn* (*Big iron*), waa kombiyuutar wax-qabad weyn oo ay adeegsadaan **hay'adaha** waa-weyn, loona adeegsado **barnaamijyada culus** iyo **daatada mugga weyn**

MEANING IN ENGLISH (*Macnaha Erayga ee Luqadda Qalaad*):

A **mainframe**, also known as "**big iron**", is a **high-performance** computer used by large **organizations** and for **critical applications** and **large data**

TUSAALE (*Example*):

Waxaa sawirka hoose ka muuqda tusaale ka mid ah **kombiyuutarada jirka weyn** (*Mainframe computers*). Sababta loogu magac daray "**Jirweyne**" (*Mainframe*) waxay tahay in waayihii hore halkii kombiyuutar ee **jirweyne ah**, cabbirkiisa weyn awgii, loogu tala gali jiray qol dhererkiisa iyo ballaciisa yihiin ilaa "30m x 30m", *unugyada uu kombiyuutar ka koobnaa awgood*. Laakiin, maaddaama waayahaan dambe *teknolojiyada sare u kacday*, kombiyuutarada **jirweynayaasha ah** (*Mainframe computers*) waxay cabbirkooda qiyaas ahaan la soo mid noqdeen **qaboojiyaasha guryaha** la dhigto (*Home refrigerators*). **Cabbirka** jirka weyn ee kombiyuutaradaa waxaa sababa **qaadka** weyn (*High Capacity*) ee **maskaxda** (*CPU*), **keydka adag** (*Hard disk*), iyo **xasuusta** (*Memory*) kombiyuutaradaa; dhinaca kale, waa kombiyuutaro waara oo la adeegsan karo muddo dheer; waxaana xilliyadaan weli shaqeeya tiro ka mid ah **kombiyuutarada jirka weyn** ee la farsameeyey 1970-meeyadii.

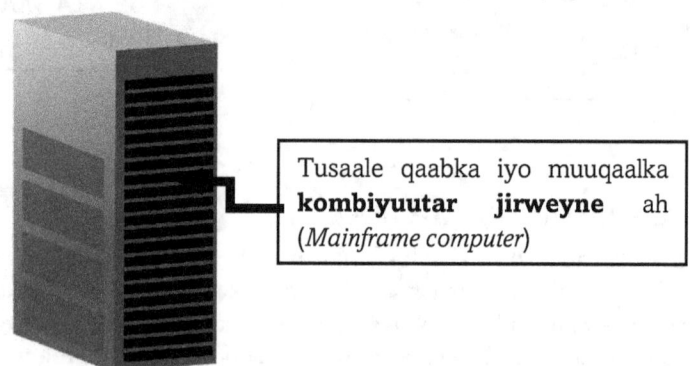

Tusaale qaabka iyo muuqaalka **kombiyuutar jirweyne** ah (*Mainframe computer*)

FAAH-FAAHIN DHEERI AH (*Further details*):

Kombiyuutarada jirka weyn ee loo soo gaabiyo "**Jirweyne**" (*Mainframe or big iron computers*) waa kombiyuutaro **awood** (*Processing*), **xasuus** (*Memory*), iyo **keyd** (*Storage*) ahaan baaxad weyn. Waxaana loo adeegsadaa hawlaha waa-weyn ee hay'adaha, sida hawlaaha *shirkadaha caymiska, bangiyada, caafimaadka, gaadiidka ciirka, tirakoobyada, cilmi-baarisyada*, iwm. Waana kombiyuutaro aad qaali u ah. Dhinaca **Soomaaliya**, waxaa **kombiyuutarka jirweynaha** (*Mainframe computer*) markii ugu horeeysay lagu **rakibay Wasaaradda Qorshaynta** sanadihii **todobaatameeyadii** (1970's); waxaana loo adeegsan jiray **tirakoobka** dadweynaha.

MALWARE

ENGLISH	SOOMAALI
Malware ➔	Cudur-side

MACNAHA ERAYGA EE LUQADDA SOOMAALIGA:

Cudur-side waa eray tilmaamaya **barnaamij** kastoo **kombiyuutar** ee dhib xambaarsan, ciladana u geysta aaladaha elektaroonikada

MEANING IN ENGLISH (*Macnaha Erayga ee Luqadda Qalaad*):

Malware is a term that describes any malicious **program** or **code** that is harmful to electronic systems

TUSAALE (*Example*):

Waxaa farsawirka hoose ka muuqda tusaale **qad-jabsade** (*hacker*) u gudbinaya qalab kombiyuutar **cudur-side** (*Malware*).

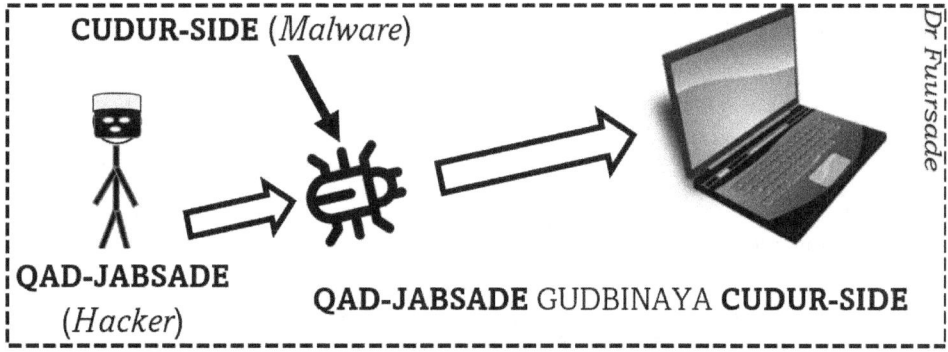

FAAH-FAAHIN DHEERI AH (*Further details*):

Cudur-side (*Malware*) waa eray si guud u tilmaamaya barnaamij kastoo kombiyuutar ee dhibaato u geysta aaladaha elektaroonikada. **Cudur-sidihu** uma geysto dhib toos ah hardaweerada, inkastoo uu mararka qaarkood u jiha wareeriyo. Tusaale, wuxuu **cudur-sidihu** ku ridi karaa kombiyuutarada **cilad** ah in **maanta** oo idil si joogta ah iskiis isaga damo, dibna u kaco.

Ujeeddooyinka loo faafiyo **cudur-sidihu** (*Malware*) waxaa ka mid ah:

a) U helidda awood in kombiyuutarkaada laga **maamusho goobo fog**

b) Ka diridda kombiyuutarkaada **fariimo** aad u tiro badan ee *dhib geysan kara*, loona yaqaano "**yaac**" (*spam*), loona gudbinayo kombiyuutaro kale ee aan ka shakinayn fariimaha uga imaanaya kombiyuutarkaa, iyo

c) Dhacidda xog xasaasi ah iyo tiro kale

Dhinaca iska difaacidda **cudur-sidihu** (*Malware*), lama hayo xal gaar ah maaddaama ay mar walbo soo baxaan **cudur-sidayaal cusub**. Hasa-yeeshee, hababka ugu wanaagsan waa hirgalinta shuruuc qeexda hababka loo adeegsado kombiyuutarka iyo ilaalinta shuruucdaa; tusaale, in aan kombiyuutarka lagu duubi karin barnaamij ama fariimo aan la hubin. Sidoo kale, waa in mar walba kombiyuutaradu ku duuban yihiin **barnaamijyada** ugu dambeeya ee **ka hortaga faayruusyada**.

MENU

ENGLISH   **SOOMAALI**

Menu   ➔   Xulside

MACNAHA ERAYGA EE LUQADDA SOOMAALIGA:

Xulside waa tiro **amaro** ah (*List of command menus*) ee uu barnaamij kombiyuutar uu soo bandhigo hab muuqaal ah oo uu adeegsadaha kombiyuutar (*Computer user*) fulin karo iyadoo la adeegsanayo "**Nidaamka Barkulanka Astaamaysan**" (*Graphical User Interface*)

MEANING IN ENGLISH (*Macnaha Erayga ee Luqadda Qalaad*):

A **menu** is a list of commands, presented visually by a program, which can be executed by a user through **Graphical User Interface**

TUSAALE (*Example*):

Farsawirka hoose waxaa ka muuqda barnaamij ku saleeysan "**Nidaamka Barkulanka Astaamaysan**" ee soo bandhigaya afar **xulside** (*Menu*) ee kala ah *File, Print, Design,* iyo *Help,* kuna rakiban "**Loox Xulside**" (*Menu bar*). Markuu *adeegsadahu* (*User*) rabo in uu furo **faayil** hore loo keydiyey (*Open a saved file*), wuxuu ku abbaarayaa **bartusaha maawuska** (*Mouse cursor*) amarka "**File**" ee ka muuqda *looxa xulsidaha*, kaddibna farta ku riixayaa *batanka bidix* ee **maawuska**. Ficilkaa wuxuu dhalinayaa in ay soo muuqdaan tiro **xulal-hoosaadyo** ah (*Submenus*), wuxuuna adeegsaduhu ka xulani *amarka* ama *xulka* **Open** si uu u furo faayilkaa. Waxaana kaddib u soo baxaya tiro faayilal ah u ka xulanyo faayilka uu doonayo. Nidaamkaa waxaa lagu qeexaa "*Nidaamka Barkulanka Astaamaysan*". Waana nidaam kombiyuutarka *loola macaamilayo hab muuqaal ah* iyadoon aan la qorayn amarada.

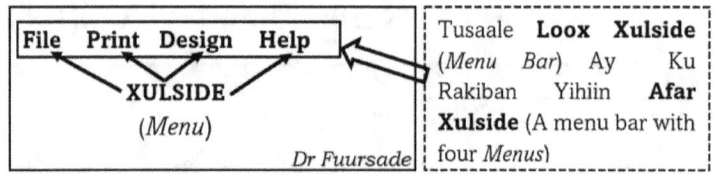

FAAH-FAAHIN DHEERI AH (*Further details*):

Xulside (*Menu*) waa unug xambaarsan "*tiro xulal ah oo is-raacsan*" ee ma'aha xul. Sababtaa ayaan ugu magacdaray "**Xulside**". Adeegsiga **xulsiduhu** waa qayb ka mid ah "**Nidaamka Barkulanka Astaamaysan**" (*Graphical User Interface*).

Nidaamkaa la soo xusay wuxuu dowr weyn ku leeyahay barnaamijyada maanta la adeegsado, ha ahaadeen **Barnaamijyada maamulayaasha** ah (*Operating systems*), **Barnaamijyada hawlfuliyaasha** ah (*Application programs*), **Barnaamijyada weebka** (*Web applications*), iwm. Wuxuuna nidaamkaa si **muuqaal** ah ugu soo bandhigayaa **adeegsadaha** tiro xulal ah (*Set of choices*) oo uu ka **xulan** karo amarka uu doonayo in uu fuliyo. Bandhigga **xulalkaa** waxay adeegsadaha fursad u siini in uu **farihiisa** ku qorin **amarada** (*Commands*) sidii *barnaamijyadii waayihii hore la adeegsan jiray*.

F.G: Intaa aan la hirgalin "*Nidaamka Barkulanka Astaamaysan*" (*Graphical User Interface*) waxay adeegsadayaashu ku qasbanaayeen in ay xafidsanaadaan <u>*hingaadda amarada*</u> (*Spelling of the commands*) oo ay si sax ah u qoraan, arrimahaa oo cuslayn jiray <u>*barashada & adeegsiga barnaamijyada kombiyuutar*</u>.

MENU BAR

ENGLISH	SOOMAALI
Menu Bar ➔	Loox Xulside

MACNAHA ERAYGA EE LUQADDA SOOMAALIGA:

Looxa xulsidaha waa **loox jiifa**, ee cadiyan ku dhisan **goobta sare** ee **shaashadaha kombiyuutar** (*Computer screens*), kaa oo ay ku rakiban yihiin *xulsidayaal* (*Menus*) soo bandhigaya **xulsidayaasha soo-daata** (*Drop-down menus*) markii la xusho (*When selected*).

MEANING IN ENGLISH (*Macnaha Erayga ee Luqadda Qalaad*):

A **menu bar** is a **horizontal bar**, typically located at the **top** of the **computer screens**, which contains *menus* that display **drop-down menus** when selected

TUSAALE (*Example*):

Waxaa farsawirka hoose ku bandhigan tusaale **loox xulside** (*Menu bar*) oo ay ku rakiban yihiin **afar xulside** (*Four Menus*) ee kala ah **File**, **Print**, **Design**, iyo **Help**. Waxaana **xulsidayaashaa** badiba ku *hoos qarsoon* tiro **xulal** ah ee lagu magacaabo **xulsidayaasha soo daata** (*Drop down menus*). Haddii tusaale ahaan **fiiqaha maawuska** (*Mouse pointer*) lagu abbaaro xulsidaha "**File**", kaddibna farta lagu riixo batanka bidix ee maawuska, waxaa soo **daadanaya xul-hoosaadyo** (*Sub-menus*) ee uu adeegsaduhu ka xulan karo amarka uu doonayo

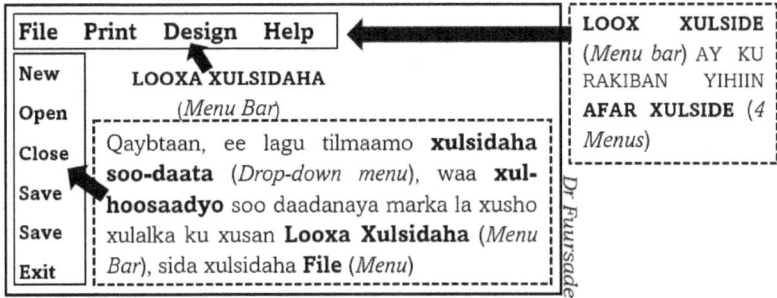

FAAH-FAAHIN DHEERI AH (*Further details*):

Waxaa farsawirka kore ka muuqda **loox xulside** oo ay ku rakiban yihiin *afar xulside* oo kala ah:

1) **File** ee ah **amar** (*Command*) loogu talagalay in lagu **maamulo faayilalka**
2) **Print** ee ah **amar** loogu **talagalay** in lagu daabaco faayilalka
3) **Design** ee ah amar loogu talagalay in wax looga beddelo **naqshadda faayilalka** iyo
4) **Help** ee ah amar loogu talagaly in uu soo bandhigo **taakulayn** la xariirta adeegsiga **barnaamijka**

Adeegsiga **astaamaha** (*Icons*) iyo **xulsidayaasha** (*Menus*) waa nidaam beddelay hababkii hore ee loola macaamili jiray kombiyuutarada. Waayahaa waxaa la adeegsan jiray **amaro la qoro** oo ku qasbi jiray adeegsadaha in uu xafidsanaado dhamaan *magacyada* iyo *hingaadda* **amarada**. Tusaale ka mid ah waa barnaamijkii la oran jiray **DOS** (**D**isk **O**perating **S**ystems). Hasa-yeeshee, "**Nidaamka Barkulanka Astaamaysan**" (*Graphical User Interface* ama loo soo gaabiyo **GUI** loguna dhawaaqo **GUWI**) ee waayahaan la adeegsado wuxuu soo bandhigay hab cusub oo si muuqaal ah (*Visual method*) loola macaamilo *qaybaha* iyo *amarada* kombiyuutarada iyadoo la adeegsanayo *daaqado* (*Windows*), *astaamo* (*Icons*), *loox xulside* (*Menu bar*), *xulsidayaal* (*Menus*), *xul-hoosaadyo* (*Sub-menus*), *maawus* (*Mouse*), iwm

META-DATA

ENGLISH	SOOMAALI
Meta-data ➔	Daato-qeexe

MACNAHA ERAYGA EE LUQADDA SOOMAALIGA:

Daato-qeexe (*Meta-data*) waa **daato** *qeexaysa* ama *fasiraysa* qaybaha iyo macnaha **daato** ku keydsan goob

MEANING IN ENGLISH (*Macnaha Erayga ee Luqadda Qalaad*):

A **meta-data** is data describing or defining the parts and meaning of **data** stored in a place

TUSAALE (*Example*):

Wuxuu farsawirka hoose muujini **farqiga** u dhaxeeya **daato-qeexe** (*Meta-data*) iyo **Daato** (*Data*):

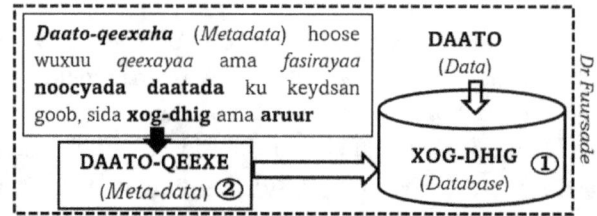

Sida ka muuqata farsawirka kore, **daato-qeexe** iyo **daatada** la qeexayo waa *labo daato oo kala nooc* ah ee ku wada keydsan xog-dhig. **Daatadu** waa qaybaha la xariira qiimaha sifooyinka (*Value of the attributes*) qeexaya macaamiisha, halka **daato-qeexaha** (*Meta-data*) uu *fasirayo* ama *qeexayo* sifooyinka noocyada daatadaa la soo uuriyey (*Data attributes*). Fadlan, hoos ka eeg **aruur** (*Table*) lagu magacaabo **DUGSIYADA** ee ka kooban *3 taag* (*Three Columns*) ee kala ah **DUGSI#, MAGACA_DUGSIGA,** iyo **DEGMADA**, kuna keydsan yihiin *5 saf* oo daato ah (*5 rows of data*):

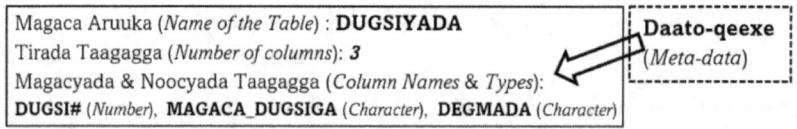

Waxaa goobtaan hoose ku bandhigan tusaale **daato-qeexe** qeexaya *daatada* aruurka (*Table*) kore:

```
Magaca Aruuka (Name of the Table) : DUGSIYADA
Tirada Taagagga (Number of columns): 3             Daato-qeexe
Magacyada & Noocyada Taagagga (Column Names & Types):   (Meta-data)
DUGSI# (Number), MAGACA_DUGSIGA (Character), DEGMADA (Character)
```

FAAH-FAAHIN DHEERI AH (*Further details*):

"**Meta**" waa eray qeexaya *macnaha* ama *qaab-dhismeedka erayga* markaa lagu lifaaqiyo. Tusaale, erayga **meta-book** (*Buug-qeexe*), oo ka kooban erayga **meta** oo lagu lifaaqay **book**, waa buug qeexaya ama faah-faahinaya buugaag. Sidoo kale, **daato-qeexaha** wuxuu keydiyaa faah-faahino *qaab-dhismeedyada iyo noocyada* daatada keydsan. Barnaamijyada kombiyuutar ee maareeya **xog-dhigyada** sida *Oracle, IBM DB2, MS SQL Server,* iwm, waxay wada keydiyaan *daatada* la soo uuurshay iyo *daato-qeexaha*.

METRICS

ENGLISH	SOOMAALI
Metrics ➔	Fal-cabbir *(Fal-beeg)*

MACNAHA ERAYGA EE LUQADDA SOOMAALIGA:

Fal-cabbir *(Metrics)*, ama *Fal-beeg*, waa **cabbir tiraysan** *(Quantitative measurement)* ee la xariira *ficilo, wax-soo-saar, hawlo, wax-qabad,* iwm, loona adeegsado **qiimaynta, bar-bardhigga**, iyo **la socodka** heerka *wax-qabad* ama *wax-soosaar marayo*

MEANING IN ENGLISH *(Macnaha Erayga ee Luqadda Qalaad)*:

Metrics is a **quantitative measurement** related to *actions, production, services, performance,* etc., and used for assessing, comparing, and tracking performance or production

TUSAALE *(Example)*:

Waxaa farsawirka hoose ka muuqda tusaale lagu soo bandhigayo **fal-cabbir** tilmaamaya wax-qabadka shirkad, lana xariira tirada qalabka la soo saaro maalmaha kala duwan ee usbuuca

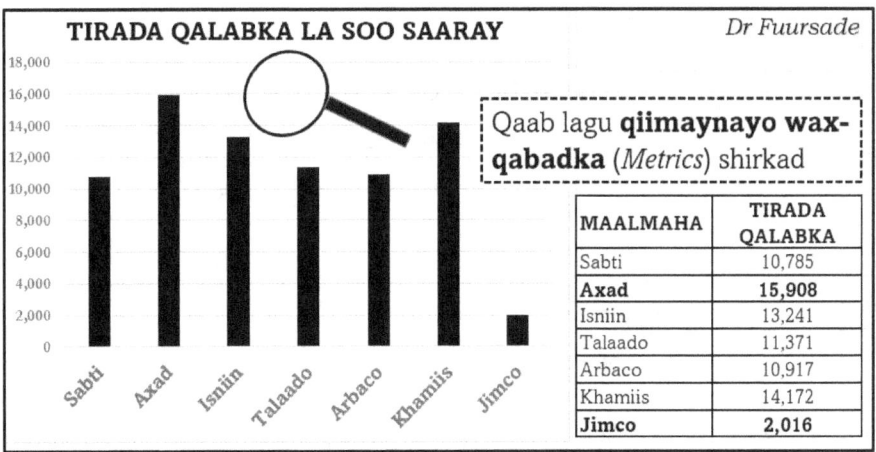

Tirooyinkaa kore waa **fal-cabbiro** *(Metrics)* muujinaya heerka ay *wax-soo-saarka* shirkadda marayso. Hasa-yeeshee, haddii la doonayo in ay cabbiradaa kore ka sare maraan **cabbir la isla ogyahay** ama **bar tix-raac** ah *(Reference point)*, sida cabbiradii sanadkii hore, markaa waxay *cabbiradii sanadkii* hore noqonayaan **bar-hoosaad** *(Baseline)*, oo macnaheedu yahay *bar laga duulo*. Qiimaynta fal-cabbirada iyo **bar-hoosadyadu** waxay sababaan in la qaado **talaabooyin** kor u qaada **tayada** iyo **natiijooyinka** hawlaha socda iyo go'aamada la qaadanayo.

FAAH-FAAHIN DHEERI AH *(Further details)*:

Fal-cabbirku *(Metrics)* waa **cabbir** *(Measurement)* si **tiro** ahaan ah u soo bandhigaya **heerka** ay **hawl** iyo **wax-soo-saar** marayaan. Wuxuuna adeegsiga **fal-cabbiridda** horseeday *sare-marinta hawlaha, wax-soo saarka, adeegyada,* iyo *wax-qabadka*. Wuxuu kalee adeegsigaa ifiyaa **caqabadaha** jira iyo **farqiga** barta markaa la joogo iyo **bar-hoosaadka** *(Baseline)*. Markii, gaar ahaan, **fal-cabbirka** laga dhigo mid *muuqda* oo ay **hawl-wadeenadu** si sahlan ku fahmi karaan isla markaana ay qiimayn karaan, waxay arrimahaa sababaan in shirkaduhu iyo hay'aduhu awood u yeeshaan hirgalinta **isbeddelo horumaared** ee muuqda isla maraakana waxtar leh.

MISINFORMATION

ENGLISH	SOOMAALI
Misinformation ➔	Xog-qaldan

MACNAHA ERAYGA EE LUQADDA SOOMAALIGA:

Xog-qaldan waa xog *aan sax ahayn* laakiin loo soo bandhigay xaqiiq ahaan.

MEANING IN ENGLISH (*Macnaha Erayga ee Luqadda Qalaad*):

Misinformation is *incorrect* or *misleading* information but presented as fact.

TUSAALE (*Example*):

Farsawirka hoose (*Below sketch*) waxaa ka muuqda tusaale muujinaya **xog-dhig** (*Database*) dhinac daato laga soo gelinaya, dhinaca kalena laga soo saarayo **xog**. Hasa-yeeshee, **xogta** la soo saarayo ayaa ah **xog-qaldan**. Tusaale ahaan, waxaa arrintaa sababi kara barnaamij kombiyuutar ee adeegsanaya a) "*Foormula xisaabeed*" qaldan (*Qaacido qaldan*), ama b) "*Daato qaldan*" oo aan si ku tala gal ahayn markii hore loo soo geliyey **xog-dhigga** (*Database*)

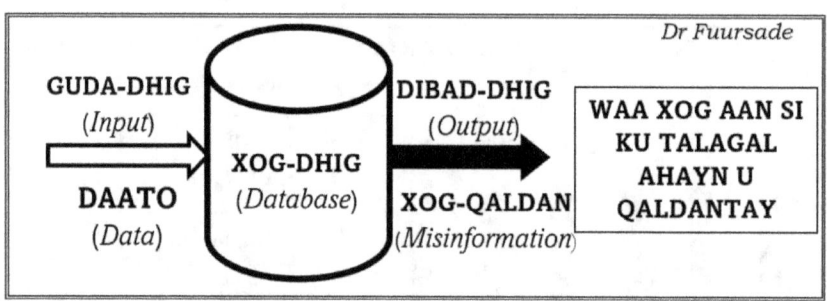

FAAH-FAAHIN DHEERI AH (*Further details*):

Xog-qaldan (*Misinformation*) waa xog xaqiiq ahaan loo soo bandhigay, hasa-yeeshee, *qaldan* oo si aan ku talagal ahayn loo soo bandhigay. Waxaana qaybtaan hoose ku xusan tusaaloyin muujinaya **xog qaldan** (*Misinformation*), kuwaa oo kala ah:

1) *Taariikh xisaabeed ee sanadkeedi si taxaddir la'aan ah loo qalday markii kombiyuutarka la gelinayey*
2) *Xisaabxir tiro ka mid ah si taxaddir la'aan ah loo qalday*
3) *Lacag loo diray akoonti qaldan, laakiin loo haysto in loo diray akoontigii saxda ahaa iyo iwm*

Xogta qaldan waxay sababtaa **dhibaatooyin** kala nooc ah, sida:

a) *Dacwo iyo qasaaro dhaqaale*, b) *Sumcad xumo*, c) *Go'aamo qaldan oo la gaaro*, d) *Kalsooni xumo*, e) iwm.

Hababka looga hortago **xogta qaldan** waxaa ka mid ah in:

a) *Aad loo darso loona hubiyo xogta lagu saleeynayo go'aamada, khaas ahaan go'aamada xasaasi ah*
c) *Aad loo dareensan yahay farqiga u dhaxeeya* **malo** *(Assumption) iyo* **xog** *(Information) markii la gaarayo go'aamo xasaasi ah*
d) *Koormeer joogta ah lagu sameeyo hawlaha la xariira daatada iyo xogta*
e) *Aqoonta iyo tababarada oo si joogta ah loo kordhiyo, khaas ahaan qaybaha la xariira uruurinta, keydinta, soo-saaridda daatada iyo xogta, khaas ahaan goobaha xasaasi ah, iwm*

MODEL

ENGLISH	SOOMAALI
Model ➔	Matale

MACNAHA ERAYGA EE LUQADDA SOOMAALIGA:

Matale waa shay ama fikir **matalaya** ama **u taagan** *shay kale, hawl, habraac,* iwm

MEANING IN ENGLISH (*Macnaha Erayga ee Luqadda Qalaad*):

A **model** is an object or concept that **represent** another *object, task, process,* etc.

TUSAALE (*Example*):

Waxaa qaybtaan hoose ku bandhigan labo shay oo kala duwan. Labadaa shay waa labo **matale** (*Two models*). **Matalaha 1aad** waa **naqshad** muujinaysa qayb ka mid ah **guri** yar. **Matalaha 2aadna** wuxuu u taagan yahay daato **dukaan** iibiya qalabyo xafiis.

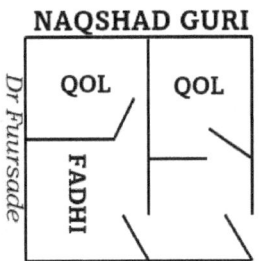

Matalaha 1aad:
NAQSHAD GURI

Matalaha 2aad:
QALAB_DUKAAN

ID	SHAYGA	QIIMAHA/HALKII	TIRADA KEYDKA
1001	Miisas	$150	235
1002	Kuraas	$20	350
1003	Kombiyuutaro	$950	400
1004	Daabece	$180	295
1005	Teleefanada Gacanta	$650	201
1006	iPad	$550	135

Inkastoo labada shay kala **matalayaan guri** iyo **dukaan**, labaduba ma'ahan **gurigii** iyo **dukaankii** dhabta ahaa. Hasa-yeeshee, waxay labaduba yihiin **aragtiyo** *matalaya* **guri** iyo **dukaan** dhab ah, arrintaa oo muujinayaa macnaha iyo adeegsiga **matalaha**.

FAAH-FAAHIN DHEERI AH (*Further details*):

Hawl kasta ay bani'aadamka hirgalinayaan waxay ka soo bilaabataa **maskaxda**. Hasa-yeeshee, inta aan arrinta maskaxda ku sawiran la hirgalin, waxaa marka hore la naqshadeeyaa **matalayaal** (*Models*) si loo darso, loo fahmo, loona hirgaliyo arrintaa. Dhinaca maareynta daatada, waxaa **matale** la adeegsadaa tusaale ahaan markii la rabo in la naqshadeeyo daatada laga uruurinayo goob, sida *dukaan, jaamacad, bangi, iwm,* iyo noocyada daatadaa la uruurinayo. Markii **matalaha** la dhamaystiro kaddib, waxaa la hirgaliyaa naqshadda *aruurada* iyo *xog-dhigga* ku xusan matalaha. Guud ahaan, adeegsiga **matalaha** ee lagu tilmaamo **matalaynta** (*Modelling*) waa qayb muhiim ka ah wajiyada kala duwan ee cilmiga, teknolojiyada, farsamada, iwm.

MODEM

ENGLISH	SOOMAALI
Modem ➔	Moodem

MACNAHA ERAYGA EE LUQADDA SOOMAALIGA:

Moodem waa aalad elektaroonik ah ee qalabyada *guryaha*, *xafiisyada*, iwm, ku xirta **internet**-ka

MEANING IN ENGLISH (*Macnaha Erayga ee Luqadda Qalaad*):

A **modem** is an electronic device that connects a *house*, *office devices*, etc, to the **internet**.

TUSAALE (*Example*):

Farsawirka hoose wuxuu muujinayaa tusaale habka ay *kombiyuutarka* iyo *telefoon gacanta* ee gurigaada yaala ugu xirmaan **internet**-ka. Ugu horeyn, **moodemka** ayaa **internet**-ka dibedda ka imaanaysa u soo gudbiya *guriga* ama *xafiiska*. Kaddibna, aalad la yiraahdo **rawtar**-ka ayaa aaladaha goobta yaala isku xiraya oo samaynaya shabakad (*Create a newtork*), isla markaana **internet**-kaa u sii qaybinaya qalabyadaa goobta ku rakiban.

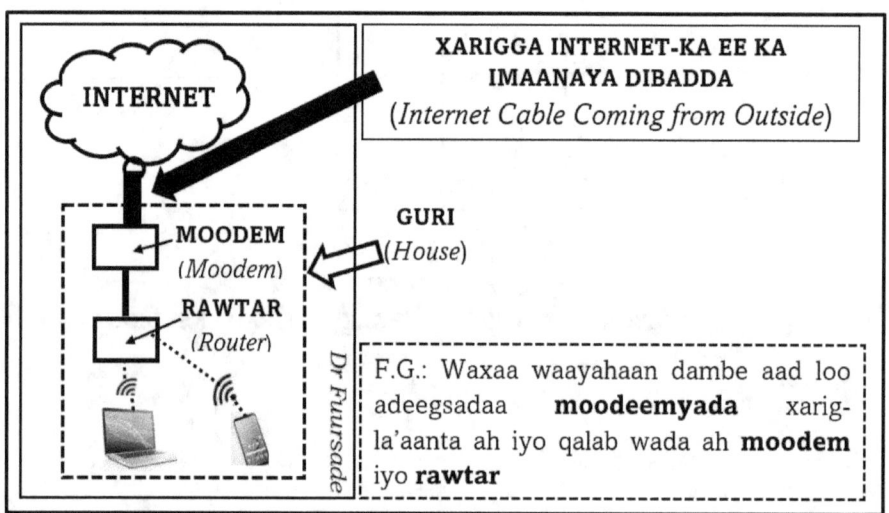

F.G.: Waxaa waayahaan dambe aad loo adeegsadaa **moodeemyada** xarig-la'aanta ah iyo qalab wada ah **moodem** iyo **rawtar**

FAAH-FAAHIN DHEERI AH (*Further details*):

Internet-ka wuxuu guryaha iyo xafiisyada ku yimaadaa hab "**xarig la'aan ah**" ama hab **xargo** wata. Hasa-yeeshee, kombiyuutarada iyo qalabyada kale ee yaala *guryaha* iyo *xafiisyada* si toos ah uma qaadan karaan **internet**-kaa dibadda ka imaanaysa. Sidaa darteed, waxaa loo baahan yahay qalab la yiraahdo **modem** oo u beddela daatada ku socoto gudaha **xargaha internet-ka**, ama "**xarig la'aan ah**", nidaam **dijitaal ah** oo ay kombiyuutarada guryaha iyo qalabyada kale goobtaa yaala ay adeegsan karaan.

Sidoo kale, wuxuu **moodem**-ka markale u beddelayaa daatada **dijitaalka** ay kombiyuutaradu dibadda u soo celinayaan mid ay **xargaha** qaadi karaan. Sidaa darteed, **moodemka** waa **tarjume** (*Translator*). Dhinaca kale, **rawtar**-ku (*Router*) waa aalad *daatada* uu **moodem**-ka soo gudbiyo u qaybisa qalabyada *guriga* ama *xafiiska* ku rakiban. Hasa-yeeshee, waxaa waayahaan dambe labada qalab ee kala ah **moodemka** iyo **rawtarka** laga dhigay hal unug oo wada ah *moodem* iyo *rawtar*.

MONITOR

ENGLISH	SOOMAALI
Monitor ➜	Shaashad

MACNAHA ERAYGA EE LUQADDA SOOMAALIGA:

Shaashad waa qalab **hardaweer** ah ee lagu rakibo **kombiyuutarada**, laguna qeexo *qalab dibad-dhig* ah (*Output device*), soona bandhiga *qoraalada, sawirada, muuqaalada, iwm,* uu kombiyuutarku soo saaro

MEANING IN ENGLISH (*Macnaha Erayga ee Luqadda Qalaad*):

A **monitor** is a **hardware** installed to computers, and defined as an *output device* which displays *text, pictures, videos, etc.,* generated by a computer

TUSAALE (*Example*):

Sawirka hoose wuxuu muujinayaa tusaale ka mid ah noocyada **shaashadaha** kombiyuutar ee maanta la adeegsado

SHAASHAD (Monitor)

FAAH-FAAHIN DHEERI AH (*Further details*):

Shaashaddu waa qalab ka mid ah qalabyada kombiyuutarka ee loo yaqaano **hareeraha** (*Peripherals*) oo sii muuqaal ahan u soo bandhiga hawlaha u dhaxeeya adeegsadaha iyo kombiyuutarka.

Waxaa jira dhowr nooc ee kala duwan ee **shaashado** ah oo ay ka mid yihiin:

a) Shaashadaha caadiyan ku dheggan kombiyuutarka, sida **shaashadaha kombiyuutarada dhab-saarka** (*Laptop screens*)
b) Shaashado kombiyuutarka *banaanka looga rakibo* iyadoo la adeegsanayo xarig (*Cable*), sida kuwa ku rakiban **kombiyuuutarada miis-saarka** (*Desktop computers*)
c) Shaashadaha ay adeegsadaan xirfadleeyda (*Professional monitors*) oo leh muqaal aad u tayo sareeya
d) Shaashadaha loogu talagalay ciyaaraha (*Gaming Monitors*)
e) Shaashadaha qalooca (*Curved Monitors*) ee ku cusub suuqa
f) Shaashadaha taabashada ku shaqeeya (*Touch Screen*) iyo noocyada kale

Dhinaca kale, shaashaduhu waa kala *cabbir (Size), tayo (Quality),* iyo *qiimo (Value)*.

MOTHERBOARD

ENGLISH	SOOMAALI
Motherboard ➔	Hooyga Unugyada

MACNAHA ERAYGA EE LUQADDA SOOMAALIGA:

Hooyga unugyada (*Motherboard*) waa unug muhiim ka ah *aaladaha elektaroonikada* sida **kombiyuutarada**, kaa oo *isku haya*, isla markaana *hirgaliya xiriirka iyo wada-shaqaynta* qaybaha muhiimka ah ee aaladahaa sida **maskaxda kombiyuutarka** (*CPU*-da), **keydka xasuusta ku-meel gaarka** (*RAM*), **keydka adag** (*Hard Disk*), iyo qaybo kale

MEANING IN ENGLISH (*Macnaha Erayga ee Luqadda Qalaad*):

A **motherboard** is a main component of electronic devices such as **computers** which *holds together* and allows *communication and interaction* of the many crucial parts including **CPU**, **RAM**, **hard disk**, and other hardware components

TUSAALE (*Example*):

Waxaa qaybtaan hoose ka muuqda sawir muujinaya tusaale nooc ka mid ah **hooyga unugyada** (*Motherboard*) ee kombiyuutarada iyo falaar muujinaysa **maskaxda kombiyuutarka** (*CPU*), unuggaa oo ku rakiban gudaha hooyga unugyada:

TUSAALE SAWIR HOOYGA UNUGYADA
(*Sample of a Motherboard Picture*)

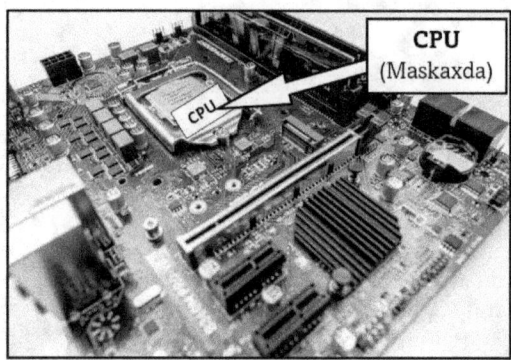

FAAHIN DHEERI AH (*Further details*)

Hooyga unugyadu (*Motherboard*) waa qayb muhiim ka ah aaladaha elektaroonikada sida **kombiyuutarada**, kuna rakiban salka hoose ee **unugga kombiyuutarka** (*System Unit*). Dowrka ugu muhiimsan uu **hooyga unugyada** leeyahay waxaa ka mid ah in uu:

1) **Hal goob** ku martigaliyo qaybaha ugu muhiimsan ee kombiyuutarka
2) Leeyahay **duuleelo** (*Computer ports*) looga rakibo qalabyada hareeraha, sida *daabacaha, shaashadda, shabakadaha, iyo tiro kale*
3) U qaybiyo **awoodda koronto** unugyada kala duwan ee uu kombiyuutarka ka kooban yahay
4) **Xog** muhiim ah u kala gudbiya unugyada kala duwan ee kombiyuutarka, iyo tiro kale

Hooyga unugyadu waa in uu caafimaad buuxa qabaa is uu kombiyuutarka u fuliyo hawlahiisa

MOUSE

ENGLISH	SOOMAALI
Mouse →	Maawus

MACNAHA ERAYGA EE LUQADDA SOOMAALIGA:

Maawus waa qalab **guda-dhig** ah (*Input device*) ee gacanta lagu hago loona adeegsado in lagu maamulo dokumentiyada, daaqadaha (*Windows*), sumadaha (*Icons*), xulsidayaasha (*Menu*), iyo qaybaha kalee ka muuqda shaashadaha kombiyuutar

MEANING IN ENGLISH (*Macnaha Erayga ee Luqadda Qalaad*):

The **mouse** is a hand-operated **input device** which is used to manipulate documents, windows, icons, menus, and other objects on computer screens

TUSAALE (*Example*):

Waxaa qaybtaan hoose ku bandhigan sawiro muujinayo <u>labo nooc</u> ee ka mid ah **maawusyada** maanta la adeegsado iyo *eray-bixin* la xariirta adeegsiga maawusyada ee kala ah a) **Midig-riix** (*Right click*) iyo b) **Riix** (*Click*):

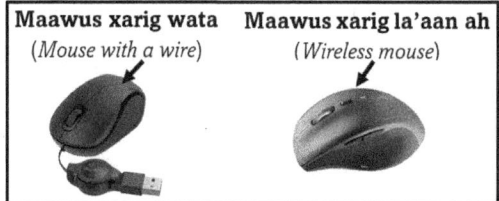
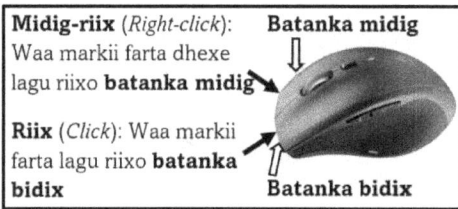

FAAHIN DHEERI AH (*Further details*)

Maawusku waa qalab kombiyuutarada *banaanka* looga rakibo, loona adeegsado maamulidda qoraalada, faayilalka, iyo sidoo kale unugyada ka muuqda **shaashadaha** iyo **dokumentiyada** kombiyuutar. Wuxuuna ka mid yahay aaladaha lagu tilmaamo **hareeraha** (*Peripheral*), loona adeegsado **guda-dhig** (*Input*). *Maawuska wax ma soo saaro laakiin waxaa loo adeegsadaa in hawl looga fuliyo qaybahaa ka muuqda gudaha shaashadaha iyo dokumentiyada.*

Maawusyadu waxay ku yimaadaan **naqshado** kala duwan oo sanad walba sii hagaagaya. Kombiyuutaradii hore waxay adeegsan jireen **maawusyo** wata xargo lagula xiro kombiyuutarka. Hasa-yeeshee, kombiyuutarada cusub waxay la yimaadaan *maawusyo xarig la'aan* ah (*Wireless mouse*).

Dhinaca **adeegsiga** maawusyada, waxaa jira saddex hab ee loo adeegsado ee kala ah: a) **Riix** (*Click*) oo ah markii <u>farta</u> lagu riixo *batanka bidix*, ficilkaaso lagu tago goobtii la rabo ee shaashadda ama dokumentiga, 2) **Midig-riix** (*Right-click*) oo ah markii <u>farta dhexe</u> lagu riixo *batanka midig*, ficilkaa oo soo saarayo **xulside** (*Menu*), iyo 3) **Labo-riix** (*Double-click*) ee ah markii 2 jeer oo isku-xigta <u>farta</u> lagu riixo *batanka bidix*, ficilkaa oo *yare-iftiiminaya* (*Highlight*) eraygii la <u>labo-riixay</u> ama *kicinaya* barnaamijkii summadiisa (*Icon*), ee ku xusan shaashad, ee la <u>labo-riixay</u>.

Ugu dambayn, sababta aaladdaa loogu magac daray "**Mouse**" waxaa sal u ah muuqaalka qalabkaa oo u eg "*Jiir*" (ama "*Dooli*"). Dhinaca kale, sababta keentay in la soo amaahdo eraygaa "**Mouse**" (*Laakiin loo qooray "****Maawus****"*) waxaa sal u ah in *isticmaalka* eraygaa uu hirgalay, dad badana hadda *adeegsadaan*.

NETWORK

ENGLISH	SOOMAALI
Network ➔	Shabakad

MACNAHA ERAYGA EE LUQADDA SOOMAALIGA:

Dhinaca teknolojiyada, **shabakad** waa *kombiyuutaro, xargo, softaweero,* iyo *qalabyo* kale ee la xariira ee isku wada xiran, ujeeddaduna tahay wada-xiriirka iyo wadaagidda **daato**, **barnaamijyo**, iyo **qalabyada hareeraha** ee ka dhaxeeya **adeegsadayaal** (*Users*) iyo **kombiyuutaro**

MEANING IN ENGLISH (*Macnaha Erayga ee Luqadda Qalaad*):

In technology, a **network** consists of *computers, cables, software,* and other *related equipment* that are connected to one another with the purpose of communicating and sharing **data**, **programs**, and **peripherals** among **users** and **computers**

TUSAALE (*Example*):

Farsawirka hoose wuxuu muujinayaa tusaale **shabakad** aad u yar oo ka kooban: **hal serfer** (*Server*), **labo** kombiyuutar oo ah **macaamilayaal** ah (*Client computers*), iyo **hal daabece** (*Printer*). Ujeeddooyinka loo rakibo shabakadaha waxaa ka mid ah ka faa'ideysiga iyo wadaagidda *softaweero, daato, qalabyo sida daabece, iwm.*

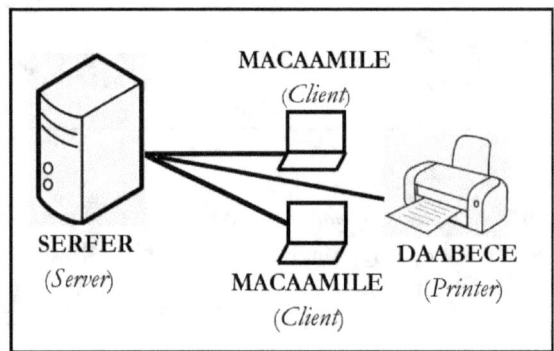

Tusaale, haddi ay jiri lahayn **shabakadda** ka muuqato farsawirka kore, **kombiyuutar** walba wuxuu u baahnaan lahaa **daabece** (*Printer*) iyo **barnaamijyo** u gaar ah, arrintaa oo kharaj iyo hawlo saa'iid u baahnaan lahayd. Sidoo kale, waxaa cuslaan lahayd qaabka ay qalabyadu u wada xariiri la haayeen. Dhinaca rakibidda qalabyada shabakadaha, qasab ma'aha in la adeegsado **xargo** (*Cables*) si toos ah iskugu xiraya **qalabyada**; waxaa la adeegsan karaa **shabakad xarig la'aan** ah (*Wireless network*).

FAAH-FAAHIN DHEERI AH (*Further details*):

Shabakadaha kombiyuutar waa kala *nooc, baaxad,* iyo *awood*. Farsawirka (*Sketch*) kore waxaa ku xusan tusaale shabakad aad u yar, inkastoo aan maanta la adeegsan noocaa. Dhinaca kale, **shabakadaha** ku xiran internet-ka waxay isku xiraan *qalabyo, barnaamijyo, daato, iyo adeegsadayaal* ku baahsan goobo kala duwan ee caalamka. Sidaa darteed, mar kasta ee aad ku xirantid **internet**-ka, waxaad qayb ka noqoni **shabakado** ku baahsan caalamka. Qalabyada ay ka kooban yihiin shabakadahaa waxaa ka mid ah: **serfero, softaweero, xargo, moodemyo, raawtero, beddeleyaal** (*Switches*), **kombiyuutaro macaamilayaal ah** (*Client computers*), **daabeceyaal** (*Printers*) iyo tiro kale ee qalabyo ah.

NETWORK TOPOLOGY

ENGLISH	SOOMAALI
Network Topology ➔	Hab-dhismeedka Shabakadda

MACNAHA ERAYGA EE LUQADDA SOOMAALIGA:

Hab-dhismeedka shabakadaha (*Network topologies*) waa habka ay *kombiyuutarada* iyo *qalabyada* kale ee ka tirsan *shabakad* ay ugu habaysan yihiin gudaha shabakaddaa

MEANING IN ENGLISH (*Macnaha Erayga ee Luqadda Qalaad*):

A **network topology** is the way in which *computers* and other *network devices* are arranged within a network

TUSAALE (*Example*):

Farsawirka hoose waxaa ka muuqda **afar hab** ee ka mid ah **hab-dhismeedyada shabakadaha** (*Network topologies*) oo kala ah: a) **Goob-ilaa-Goob** (*Point-to-Point*), b) **Garaangar** (Ring), c) **Xarig-dhexaad** (*Bus*), iyo 4) **Xiddig** (*Star*)

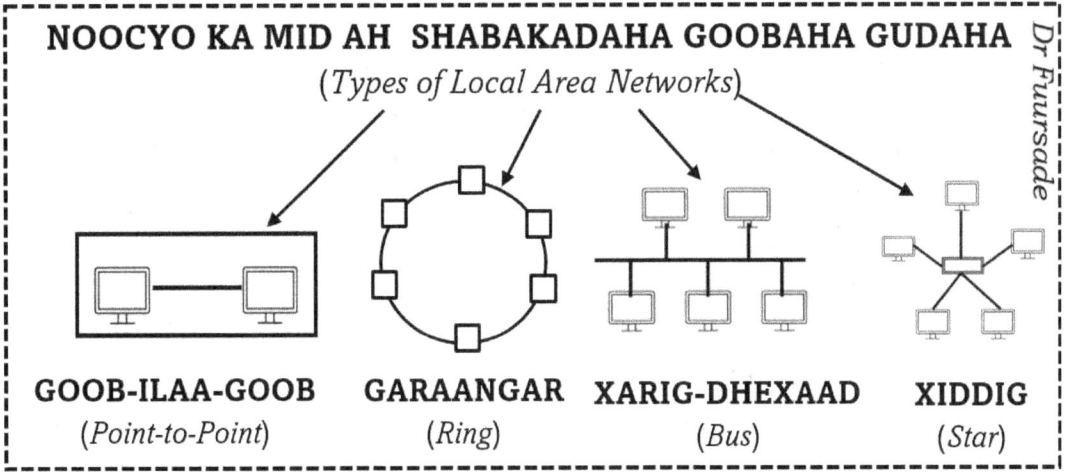

FAAH-FAAHIN DHEERI AH (*Further details*):

Hab-dhismeedyada shabakadaha (*Network topologies*) la adeegsado waa dhowr nooc. Waxaa farsawirka kore si kooban ugu bandhigan **afar nooc** ee keliya oo kala ah:

- **Hab-dhismeedka Goob-ilaa-Goob** (*Point-to-Point Topology*): Waa nooca ugu sahlan ee la adeegsado. Waxayna kombiyuutarada shabakaddaa *isugu xiran yihiin si toos ah*
- **Hab-dhismeedka Garaangarta** (*Ring Topology*): Waa nooc uu kombiyuutar walba *ku xiran yahay labo kale, isla markaana qaabka shabakaddu ay u egtahay garaangar (Ring)*
- **Hab-dhismeedka Xarig-dhexaadka** (*Bus Topology*): Waa nooc hal xarig ee dhexe *ay si toos ah ugu wada xiran yihiin kombiyuutarada oo idil*
- **Hab-dhismeedka Xiddigga** (*Star Topology*): Waa nooc ay kombiyuutarada oo idil *ku wada xiran yihiin hal qalab ee dhexe*

NEWBIE

ENGLISH	SOOMAALI
Newbie ➔	Tek-jadiid

MACNAHA ERAYGA EE LUQADDA SOOMAALIGA:

Dhinaca teknolojiyada, **tek-jadiid** (*Newbie*) waa shaqsi ku cusub **teknolojiyada dijitaalka**, weli aan la qabsan **adeegsiga** qaybahooda kala duwan, gaar ahaan, *kombiyuutarada, telefoonada casriga, internet-ka, baraha bulshada, iimeelada*, iwm

MEANING IN ENGLISH (*Macnaha Erayga ee Luqadda Qalaad*):

In technology, a **newbie** is someone who is new to **digital technology** and not yet familiar with the **use** of the various areas of **technology** such as *computers, smart phones, internet, social media, emails*, etc.

TUSAALE (*Example*):

Farsawirka hoose wuxuu muujinayaa shaqsi **tek-jadiid** ah (*Newbie*), kaa oo ku cusub adeegsiga teknoloji:

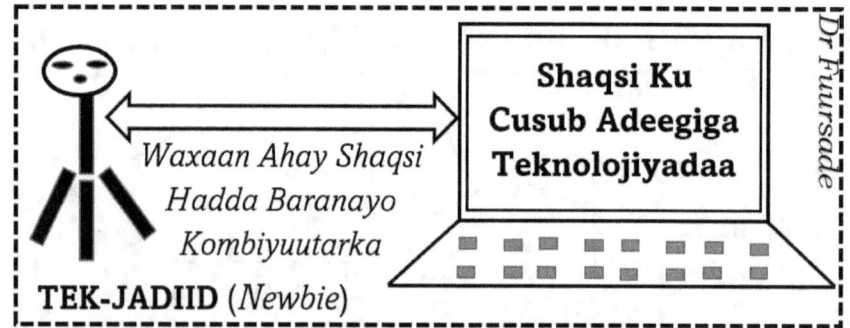

FAAH-FAAHIN DHEERI AH (*Further details*):

Teknolojiyada dijitaalka (*Digital technology*) waxay 30-kii sanoo ugu dambeeyey caalamka ugu sii baahaysay si xawli ah. Inkastoo loo adeegsado siyaabo kala duwan ee taabanaya nolosha iyo horumarka bulshooyinka caalamka maanta, waxaa jira dad badan oo aan weli la qabsan *adeegsiga teknolojiyadaa*. Dadkaa waxaa guud ahaan lagu tilmaamaa "**tek-jadiid**" (*Newbie*).

Inkastoo ay fara badan yihiin dadka aan adeegsan teknolojiyada cusub, **tek-jadiidku** waa, gaar ahaan, shaqsi garoowsan muhiimadda teknolojiyada, xoogaana u bilaaban yihiin, diyaarna u ah in uu la qabsado teknolojiyadaa cusub.

Dhinaca kale, waxaa mararka qaarkood noqon kara **tek-jadiid** shaqsi muddo dheer ku hawlanaa qayb ka mid ah **teknolojiyada dijitaalka**, hasa-yeeshee, kaddib u wareega qayb kale ee ku **cusub**; tusaale, shaqsi muddo dheer adeegsanayey "**Barnaamijyada Hawl-fuliyaasha**" (*Application programs*), sida *MS Word, MS Excel, MS PowerPoint*, kaddibna bilaaba barashada qorista **barnaamijyada kombiyuutar** (*Computer programming*). Shaqsigaa wuxuu muddo ku ahaani mawduucaa cusub **tek-jadiid** (*Newbie*), ilaa uu kala qabsado qorista *barnaamijyada kombiyuutar*.

NULL

ENGLISH	SOOMAALI
NULL ➔	Maqane

MACNAHA ERAYGA EE LUQADDA SOOMAALIGA:

Dhinaca maareynta daatada iyo xog-dhigyada, erayga "**Maqane**" (NULL) wuxuu tilmaamaa **maqnaasha** guud ee **qiimaha daato** ee goob laga filayey

MEANING IN ENGLISH (*Macnaha Erayga ee Luqadda Qalaad*):

In data and databases management, the word "**NULL**" indicates the total **absence** of a value expected in a field

TUSAALE (*Example*):

Waxaa farsawirka hoose ka muuqda aruur (*Table*) ay ku keydsan yihiin daatada qalabyo elektaroonik ah ee uu dukaan (*Store*) iska xaraashayo. Aruurkaa, oo lagu magacaabo **XARAASH**, wuxuu **qaab-dhismeedkiisu** (*Structure*) ka kooban tahay **saddex taag** (*Three columns*) ee kala ah **TIRSI, QALAB,** iyo **QIIMO**. Waxaana ku keydsan **afar saf** (*Four rows*) oo daato ah ee muujinaya daatada qalabyada la xaraashayo.

XARAASH

TIRSI	QALAB	QIIMO
101	TV	$50
102	Teleefoonka Gacanta	$75
103	Kombiyuutarka Dhab-saarka	
104	Kombiyuutarka Miis-saarka	$80

Saddex ka mid ah qalabyadaa waxay sitaan **qiimo cayiman**. Hasa-yeeshee, qalabka tirsigiisu (*ID*) yahay **103**, ee ah kombiyuutar **dhab-saar** ah (*Laptop*), qiimahiisu kama muuqda goobtaa; sidaa darteed, dhinaca maareynta daatada, waxaa qiimaha daatadaa maqan lagu tilmaamaa "**Maqane**" (NULL).

FAAH-FAAHIN DHEERI AH (*Further details*):

Markii daato lagu keydinayo aruur (*Table*) ka tirsan xog-dhig (*Database*), waxaa tusaale ahaan dhici kara in **shay** ka mid ah:

a) Uu qiimo leeyahay laakin aan weli aruurka lagu keydin qiimaha shaygaa, ama
b) In aan weli la **ogayn** in shaygu qiimo leeyahay iyo in kale

Marka ay xaaladaha kor ku xusan dhacaan, waxaa qiimahaa lagu tilmaamaa "**Maqane**" oo **Luqadda Ingiriiska** lagu yiraahdo "**NULL**". Sidaa darteed, goobtaa wax daato ah lagama muujiyo. Hasa-yeeshee, sida la soo xusay, taa macnaheedu ma'ahan in uu qalabkaa qiimo lahayn ee waxaa arrimahaa sababi kara xaaladaha kor lagu soo xusay.

Markii la og yahay in uu qalabka qiimo lahayn, waxaa goobta qiimaha lagu qoraa **eber** (*Zero*). Taa waxay muujini in "**Maqane**" (ama **NULL**) uu ka duwan yahay "**eber**". Qiimaha **Maqane** (*NULL value*) waa mid aad looga adeegsado dhinaca **xog-dhigyada** iyo **maareynta daatada** ee muujinaysa in uu qiimaha maqan yahay (*Absence of a value*), sababo kal duwan awgood.

ONLINE

ENGLISH	SOOMAALI
Online ➔	Qadka

MACNAHA ERAYGA EE LUQADDA SOOMAALIGA:

Qad-ka waa eray tilmaamaya markuu, tusaale ahaan, **adeegsade** (*User*) ama **qalab elektaroonik** ah ku xirmo qalabyo kale sida *kombiyuutar, telefoonka casriga, daabece* (*Printer*), *shabakad* (*Network*), iwm, kuwaa oo ku xiran **shabakad** ama **internet**-ka.

MEANING IN ENGLISH (*Macnaha Erayga ee Luqadda Qalaad*):

Online is a word that refers to when, for instance, a **user** or an **electronic device** connects to other devices, such as a *computer, cell phone, printer,* a *network,* etc., which are connected to a **network** or **internet**

TUSAALE (*Example*):

Waxaa qaybtaan hoose ku bandhigan tusaale farsawir (*Sketch*) muujinaya **saddex adeegsade** ee kala isticmaalaya *saddex qalab* ee kala ah: *kombiyuutar, telefoonka casriga ah* (*Smart phone*), iyo *daabece* (*Printer*), qalabyadaa oo ku wada xiran qalabyo kale ee ku sii xiran **internet-ka**. Sidaa darteed, waxay saddexda adeegsade wada yihiin kuwa **ku xiran qad-ka** ama kuwa **qad-galay** (*Being online*).

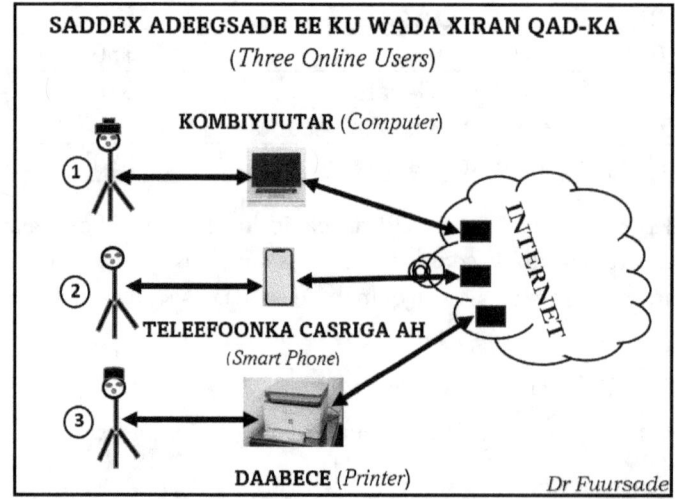

FAAH-FAAHIN DHEERI AH (*Further details*):

Waxaa **qadka** (*Online*) lagu tilmaamaa markuu **adeegsade** (*User*) ku xirmo qalab elektaroonik ah, sida *kombiyuutar serfer* ah, ee ku sii xiran **internet**-ka. Dhinaca kale, markuu shaqsi **internet**-ka ama **qadka** ka go'o, waxaa arrintaa lagu tilmaamaa **qad-go'** (*Being offline*); dhinaca kale, markuu shaqsigaa ku xirmo **qadka**, waxaa arrintaa iyaduna lagu tilmaamaa "**qad-gal**" (*Being online*).

Guud ahaan, ku xirnaanta joogtada ah ee **qadka** waxay maanta noqotay arrin laga maarmaan ah. Waxaana jira arrimo badan oo aan looga maarmin ku xirnaanta **qadka** sida *waxbarashada, ganacsigi*a, *fulinta adeegyada, xiriirka bulshada, maddadaalada, la socodka wararka,* iwm. Waxaana baahida ku xirnaanta qadka **internet**-ka aad loo dareemay markuu cudurka COVID-ka ku baahay caalamka.

ONLINE EDUCATION

ENGLISH   **SOOMAALI**

Online Education   ➔   Tacliinta Qadka

MACNAHA ERAYGA EE LUQADDA SOOMAALIGA:

Tacliinta qadka waa nooc **tacliimeed** ee ilaa *heer jaamacadeed ah*, laguna gudbiyo dhinaca **internet**-ka.

MEANING IN ENGLISH (*Macnaha Erayga ee Luqadda Qalaad*):

Online education is a type of **education** up to *university level*, which is delivered through the **internet**

TUSAALE (*Example*):

Sii looga faa'iidaysto **tacliinta qadka**, waxaa loo baahan yahay in uu: a) Ardaygu **iska-diwaangeliyo** goob waxabarasho sida *jaamacad, dugsi,* ama *goobo kalee waxbarasho,* b) Haysto **internet**, iyo c) Haysto qalab elektaroonik ah, sida *kombiyuutar*. Ka eeg qaybtaan hoose farsawir (*Sketch*) soo bandhigaya qaybaha ugu muhiimsan ee la xariira **tacliinta qadka**.

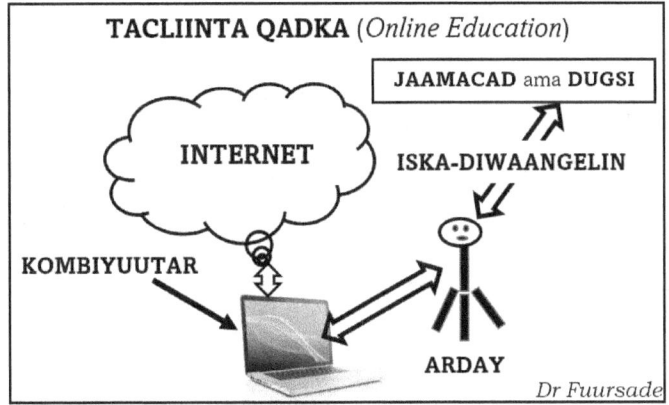

FAAH-FAAHIN DHEERI AH (*Further details*):

Tacliinta qadka (*Online education*) waa nooc taclimeed ee ka kooban *casharo* iyo *barnaamijyo* ay hore u soo diyaariyeen *macalimiin, hay'ado, qubaro, jaamacado,* iwm, ujeeddaduna tahay in la hantiyo **aqoon** ay wehliyaan **shahaadooyin** noqon kara ilaa **heer jaamacadeed**. Hasa-yeeshee, tacliintaa ma leh badiba *jadwal go'an* oo muujinaya waqtiyo fasal la galayo. Ardaydu iskood ayeey badiba casharka uga soo degsanayaan qadka internet-ka. Qasabna *ma'ahan* in uu marka kasta macalin qadka ku jiro. Wixii su'aalo ah, waxay ardaydu kala xariirayaan macalinka dhinaca **qadka internet**-ka. Ardaydu **imtixaan** ayaa laga qaadaya markuu fasalka ama barnaamijka dhamaado. Waxaana la siinayaa **caddaymo** iyo **shahaadooyin** la aqoonsan yahay oo muujinaya in ardaygu tacliinta dhamaystirtay.

Tacliinta qadka waxaa aad u fududeeyey kobaca *teknolojiyada dijitaalka*, khaas ahaan **internet**-ka. Waxayna **teknolojiyadaa** keentay in **tacliinta** lagu baahiyo lana gaarsiiyo **daafaha** kala duwan ee caalamka. Waxayna kaloo keentay in **tacliintii** shalay loogu **safri** jiray **waddaamo** gaar ah ay maanta ardaydu si sahlan u helaan iyagoo **goobahooda** ka dhaqaaqin. Hasa-yeeshee, waa in la **haystaa internet** joogta ah oo ilaa xad quwad weyn, qalabyo dijitaal ah, iyo in la iska diwaangeliyo xaruun taclimeed.

ONLINE LEARNING

ENGLISH	SOOMAALI
Online Learning ➜	Waxbarashada Qadka

MACNAHA ERAYGA EE LUQADDA SOOMAALIGA:

Waxbarashada qadka (*Online learning*) waa nooc **waxbarasho** ee lagu gudbiyo **internet**-ka oo <u>***aan qasab ahayn***</u> jiritaanka **fasal** iyo **waqti cayiman oo la galo**, iyo sidoo kale **macalin cayiman** ee bixiya casharka, hasa-yeeshee, caadiyan leh nidaam waxbarasho ee la raaco.

MEANING IN ENGLISH (*Macnaha Erayga ee Luqadda Qalaad*):

Online learning is a type of learning offered through the **internet** which does not <u>***necessarily***</u> have a scheduled **class**, a **specific time**, and **teacher** but which normally has a program to follow

TUSAALE (*Example*):

Farsawirka hoose wuxuu muujinaya qaybaha ugu muhiimsan ee **waxabarashada qadka** (*Online learning*). Si loo qaato waxbarashadaa, wuxuu ardaygu u baahan yahay in uu helo oo keliya: a)**Barnaamij waxbarasho** ee laga raaco **internet-ka**, b) **Kombiyuutar**, iyo c) **Internet**. Waxaa mararka qaarkood la bixiyaa **khidmo** (*Fee*). Waxbarashadaa uma baahna in la iska diwaangeliyo **jaaamacad** ama **dugsi**; waxaa xitaa bixin kara shaqsi aqoon u leh mawduuca la baranayo.

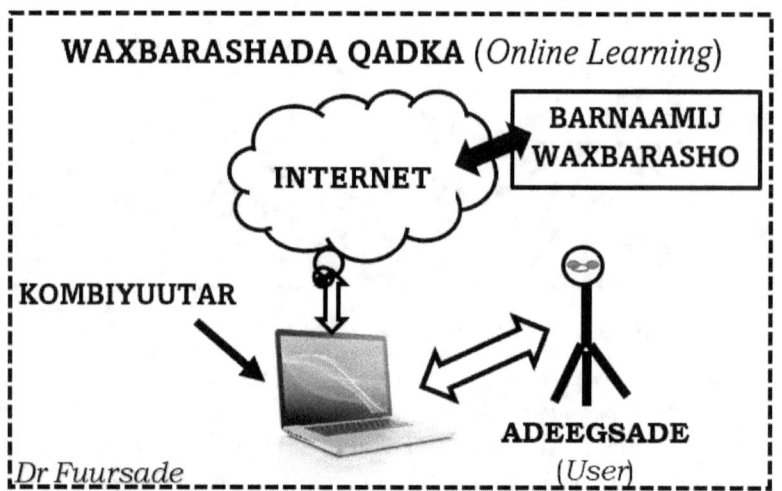

FAAH-FAAHIN DHEERI AH (*Further details*):

Markii la adeegsanayo **waxbarashada qadka** waa in uu shaqsiga iskiis internet-ka uga soo degsadaa *duruus* iyo *barnaamijyo waxbarasho* ee hore loo diyaariyey; wuxuuna ardayga iskiis u baranayaa casharada iyo mawduucyada; qasab ma' aha in uu **macalin** mar walba diyaar ku yahay **qadka**, ama uu jira jadwal cad oo la raaco. Waxayna waxbarashadaa noqon kartaa **tababar gaaban** oo ay shirkad ama shaqsi bixiyo; qasabna ma' aha in ay **jaamacad** ama **dugsi** bixiyaan. Mararka qaarkood waxaa la bixiyaa **caddaymo** (*Certificate*) in uu shaqsiga dhamaystirtay duruusta, inkastoo ay goobaha qaarkood ka jiraan waxbarasho dhinaca qad-ka ee lagu bixiyo shahaadooyin jamacadeed. (F.G.: *Weli aad uma cadda farqiyada u dhaxeeya noocyada kala duwan ee waxbarashada iyo tacliinta lagu bixiyo qadka internet-ka; mararka qaarkood way isku milmaan iyadoo ay ku xiran tahay nooca waxbarasho iyo goobta laga bixiyo*)

OPEN-SOURCE SOFTWARE

ENGLISH   **SOOMAALI**

Open-Source Software ➔ Softaweerka Asal-furanka

MACNAHA ERAYGA EE LUQADDA SOOMAALIGA:

Softaweerka asal-furanka (*Open-source software*) waa barnaamij kasta ee kombiyuutar ee **koodkiisa asalka ah** (*Source code*) loo fasaxo qorayaasha (*Developers*) in ay **eegi karaan** oo ay wax ka **beddeli karaan**

MEANING IN ENGLISH (*Macnaha Erayga ee Luqadda Qalaad*):

Open-source software refers to any program whose **source code** is made available for **inspection** or **modification** by developers

TUSAALE (*Example*):

Barnaamijyada kombiyuutar waxay soo maraan marxalado kala duwan inta aan la **suuq geyn**. Waxaa ugu horeyn la qoraa **barnaamijka asalka** (*Source language*). Kaddib waa la tarjumaa (*Compile*) barnaamijkaa. Mar haddii la **tarjumo**, wuxuu barnaamijka noqdaa mid *aan wax laga beddeli karin*, oo lagu magacaabo **Barnaamij La-fuliyaha Ah** (*Executable program*), laakiin la adeegsan karo isagoo fulinayo hawlihii loogu talagalay. Waxaana suuqa la geeyaa barnaamijkaa tarjuman, kaasoo aan wax laga beddeli karin. Farsawirka hoose waxaa ku xusan talaabooyinka ugu muhiimsan ee la xariira **qoridda** iyo **tarjumidda** barnaamijyada kombiyuutar

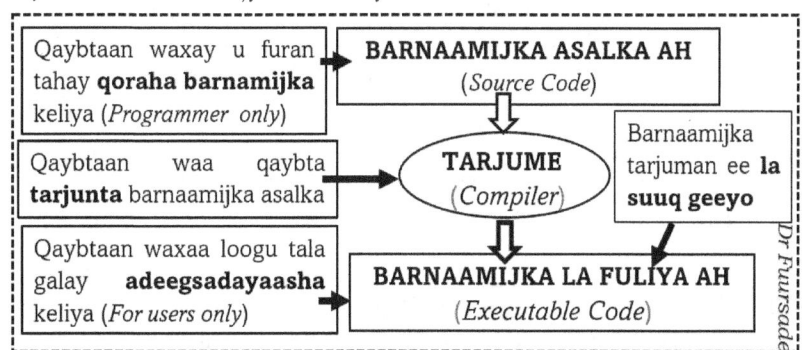

Dhinaca kale, **softaweerka asal-furanka** (*Open-Source Software*) waa barnaamij kombiyuutar ay shirkad leedahay laakiin ah "Barnaamij qorayaasha kombiyuutar" (*Computer programmers*) loo fasaxayo in ay wax ka **beddeli karaan barnaamijkaa asalka** ah (*Source code*), ujeeddaduna tahay *wada-shaqayn* iyo *tayeenta* barnaamijka asalka ah

FAAH-FAAHIN DHEERI AH (*Further details*):

Barnaamijyada waa-weyn ee ku saleeysan nidaamka **asal-furanka** (*Open Source*) waxaa ka mid ah:

1) **Mozilla Firefox**: Waa barnaamij loo adeegsado **dulmaridda weebka** (*Web browsing*)
2) **Linux**: Waa barnaamij **maamula kombiyuutarada** (*Operating System*)
3) **Python**: Waa barnaamij loo adeegsado hawlo badan oo ay ka mid yihiin **gorfeynta daatada** (*Data Analysis*), dhismaha **goobaha weeb**-ka (*Websites*), iyo tiro kale
4) **PHP**: Waa barnaamij loo adeegsado dhismaha **shabakadaha internet**-ka iyo tiro kale

OPERATING SYSTEM

ENGLISH	SOOMAALI
Operating System (OS) ➔	Barnaamijka Maamulaha

MACNAHA ERAYGA EE LUQADDA SOOMAALIGA:

Barnaamijka maamulaha (*Operating systems or OS*) waa barnaamij maamula *hardaweerka kombiyuutarada* iyo hawlaha kombiyuutarka, sidoo kalena adeeg siiyaa *adeegsadayaasha* (*Users*) iyo *barnaamijyada hawlfuliyaasha* (*Application programs*) ee hawlaha gaarka ah u fuliya adeegsadayaasha

MEANING IN ENGLISH (*Macnaha Erayga ee Luqadda Qalaad*):

An **Operating system** (*OS*) is a software that manages *computer hardware* and processes, and provides services to *users* and *application programs* which carry out specific tasks to users

TUSAALE (*Example*):

Barnaamijyada maamulayaasha ah (*Operating Systems or OS*) waxaa ka mid ah: a) **Microsoft Windows** oo ah barnaamij ay diyaarisay *Shirkadda Microsoft* oo badiba loo adeegsaado maamulidda kombiyuutarada shaqsiyaadka (*Personal computers*) iyo kuwa xafiisyada, b) **macOS Monterey & iOS** oo ah barnaamijyo ay diyaarisay shirkadda *Apple* loona adeegsado *kombiyuutarada shaqsiyaadka, iPhone-da,* iyo *qalabyada* kale ee shirkadda *Apple,* c) **Linux** ee ah barnaamij maamula *kombiyuutarada waa-weyn iyo kuwa yar-yar, shabakadaha internet-ka, iwm,* iyo d) Tiro kale. Farsawirka hoose wuxuu muujinayaa tusaale dowrka iyo hawlaha **Barnaamijka maamulaha**, kaa isku xira **heerka kore** (*High level*) iyo **heerka hoose** (*Low level*) ee qaab-dhismeedka kombiyuutarada.

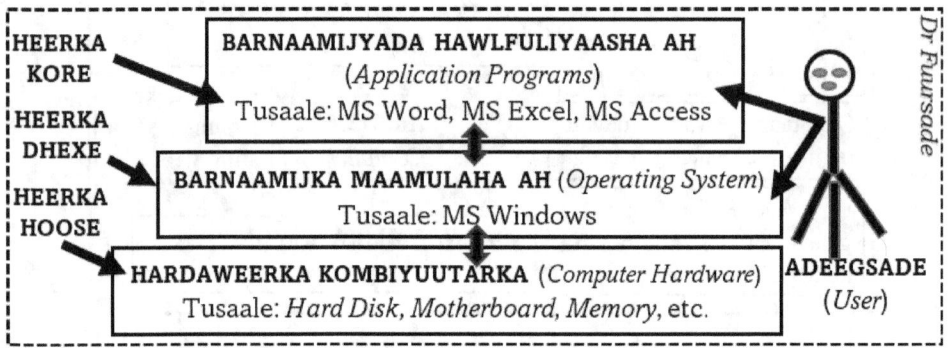

Heerka Kore (*High level*): Waa qaybta ay ku shaqeeyaan *adeegsadaha* & *barnaamijyada hawlfuliyaasha*
Heerka Dhexe: Waa qaybta ay *barnaamijyada maamulayaasha* (OS) oku shaqeeyaan
Heerka Hoose (*Low level*): Waa *hardaweerka* ama *unugyada* uu kombiyuutarka ka kooban yahay

FAAH-FAAHIN DHEERI AH (*Further details*):

Kombiyuutaradu ma shaqayn karaan haddi ay ku rakibnayn **Barnaamijka maamulaha**, tusaale MS Windows, maaddaama uu barnaamijkaa mas'uul ka yahay maamulidda hawlaha ka dhacaya gudaha kombiyuutarada oo idil. Wuxuuna barnaamijkaa taakuleeya **Barnaamijyada hawlfuliyaasha**, tusaale **MS Word** iyo **MS Excel**; wuxuuna kaloo xiriiriyaa unugyada uu kombiyuutarka ka kooban yahay. Hasa-yeeshee, **Barnaamijka maamulaha** ah kaligii *waxtar weyn uma leh adeegsadaha*. Waa lama huraan in la adeegsado *barnaamijyada hawlfuliyaasha* ah (*Application programs*), iyo tiro kale, kuwaa oo ku shaqeeya heerka kore ee kombiyuutarka, hawlahana u fuliya adeegsadayaasha.

OUTPUT

ENGLISH	SOOMAALI
Output →	Dibad-dhig

MACNAHA ERAYGA EE LUQADDA SOOMAALIGA:

Dhinaca kombiyuutarada, **dibad-dhig** (*Output*) waxaa lagu qeexaa **wax kasta** uu **qalab elektaroonik** ah **dibadda** u soo saarayo

MEANING IN ENGLISH (*Macnaha Erayga ee Luqadda Qalaad*):

In computing, an **output** is defined as **anything** that comes out from an **electronic** device

TUSAALE (*Example*):

Waxaa qaybtaan hoose ka muuqda tusaale farsawir **kombiyuutar** (*Computer sketch*) ee muujinaya **qaybaha** kala duwan ee kombiyuutarka, oo uu ka mid yahay **dibad-dhigga** (*Output*):

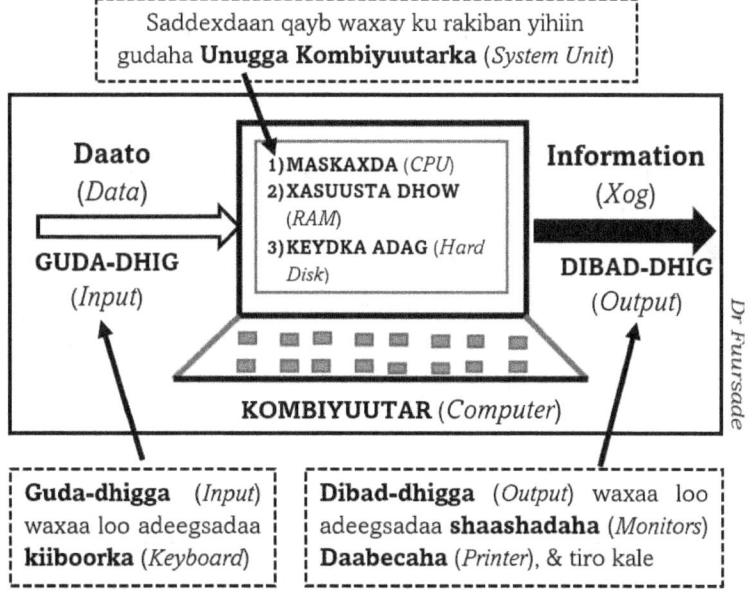

FAAH-FAAHIN DHEERI AH (*Further details*):

Mar haddii **maskaxda kombiyuutarka** (*CPU*) ay hawlaheeda dhamaystirto, waxay fariimo u dirtaa qaybaha quseeya **dibad-dhigga** (*Output*), kuwaa oo soo bandhiga hawlahaa. Waxaa **aaladaha dibad-dhigga** (*Output devices*) ka mid ah:

a) **Shaashadda** kombiyuutarka (*Monitor or screen*) oo ah qalab **dibad-dhig** ah oo muuqaal ahaan **daatada** ugu muujiya nidaam xarfo (*Text*), nambaro (*Numbers*), iyo sawir-shaxan ahaan (*Graphical mode*)
b) **Daabecaha** (*Printer*) oo **daatada** caadiyan ku daabaca warqado
c) **Cod-soosaare** (*Speaker*) oo ah qalab codadka dibadda u soo baahiya si loo maqlo
d) **Dhaga-gashiga** (*Headphones*) oo ah qalab dhagaha la gashto oo codadka lagu dhagaysto iyo tiro kale

OVERWRITE

ENGLISH	SOOMAALI
Overwrite ➔	Kukor-Qor (*Dulsaar*)

MACNAHA ERAYGA EE LUQADDA SOOMAALIGA:

Kukor-qor (*Overwrite*) waa **dulsaaridda** eray cusub dusha eray **hore** u qornaa

MEANING IN ENGLISH (*Macnaha Erayga ee Luqadda Qalaad*):

Overwrite means **writing** new word on top of an **existing word**

TUSAALE (*Example*):

Waxaa qoraalka hoose ay falaarta madoow ku toosan tahay ka muuqda labada erayada ee kala ah "*Waxbarashada kombiyuutarka*". Waxaa la doonayaa in eray cusub la dulsaaro erayga "**Waxbarashada**" ee goobtaa ku qoran. Eraygaa cusub ee lagu kor-qorayo waa "**Barashada**". Si loo fuliyo hawshaa, marka hore, yare-iftiimi erayga "**Waxbarashada**", kaddibna qor "**Barashada**". Eraygaa cusub ee la qoray ayaa **kukor-qormaya** eraygii hore u qornaa ee ahaa "**Waxabarashada**". Sidaa darteed, wuxuu qoraalka noqoni: *Barashada kombiyuutarka*. Talaabadaa waa tusaale muujinaysaa ficilka "**Kukor-qoridda**" (*Overwrite*)

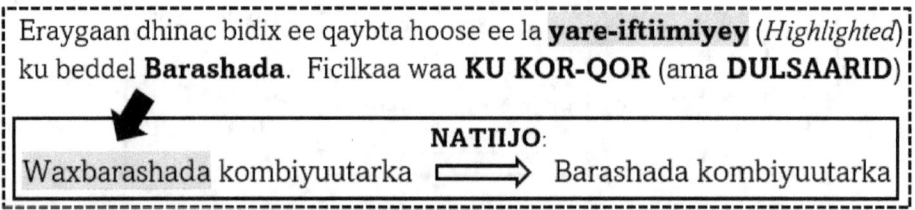

FAAH-FAAHIN DHEERI AH (*Further details*):

Kukor-qoriddu ama **dulsaaridda** (*Overwrite*) waxaa aad looga adeegsadaa barnaamijyada "**Eray maamuulayaasha**" (*Word Processing*). Waana arrin fududeeysa *wax-ka-beddelidda iyo habaynta* qoraalada. Tusaale, markii aad doonaysid in aad **eray** ama **erayo** hore u qornaa aad beddeshid, waxaad si sahlan maawuska (*Mouse*) ugu **yara-iftiimini** (*highlight*) eraygaa ama erayadaa, kaddibna waxaad qori erayga ama erayada cusub; waxaa eraygii ama erayadii hore *ku kor-qormaya* ama *dulsaarmayo* erayga ama erayada cusub ee la qorayo.

Sidoo kale, markii **faayil** hore u jiray intaad furtid oo *aad wax ka beddeshid*, kaddibna aad doonaysid in *aad wada haysatid* **faayilkii** hore iyo **faayilka cusub** ee xambaarsan is-beddelka cusub, waxaad adeegsan kartaa ficilka "**kukor-qoridda**" (*Overwrite*). Markaad adeegsanaysid barnaamijyada ku saleeysan **Windows**, waxaa arrintaa la soo xusay lagu hirgalin karaa talaabooyinkaan hoose:

a) **Fur** (*Open*) faayilka aad wax ka beddelaysid

b) Kaddibna ku **samee** faayilkaa isbeddelka aad doonaysid, iyo

c) Ugu dambayn, adeegso ficilka ah ***File, Save As***, kuna kor-qor magaca cusub kii hore dushiisa, kaddibna **riix** batanka **SAVE**.

Ficilkaa **kukor-qoridda**, ee kor xusan, wuxuu keeni in aad wada haysatid **faayilkii hore** iyo faayilka **cusub** ay ku keydsan yihiin is-beddeladii la sameeyay

PARALLEL PORT

ENGLISH	SOOMAALI
Parallel Ports ➔	Godad-ka Is-barbar Socda

MACNAHA ERAYGA EE LUQADDA SOOMAALIGA:

Godad-ka is-barbar socda (*Parallel ports*) waa **barkulan** (*Interface*) ama **godad** (*Port*) ku rakiban kombiyuutarada oo ay ku xirmaan qalabyada **hareeraha** (*Computer peripherals*) una gudbiya ama u aqbala daatada nidaam "**8 bitis markiiba**" (*8 bitis ama 1 baayit markiiba*)

MEANING IN ENGLISH (*Macnaha Erayga ee Luqadda Qalaad*):

A **parallel port** is an **interface** installed into a computer which connects it to the **peripherals** and transmits or receives data "**eight bits at a time**" (*8 bits or 1 byte at a time*).

TUSAALE (*Example*):

Waxaa qaybtaan hoose ka muuqda sawir muujinaya tusaale noocyada **godad-ka is-barbar socda** (*Parallel ports*) ee ah barkulan (*Interface*) uga rakiban kombiyuutarada qaybta dambe, khaas ahaan *kombiyuutaradii hore*; waxayna godadkaa u kala baxaan **dheddig** (*Female*) iyo **lab** (*Male*). Wuxuu barkulankaa fududeeyni isku xirka tusaale ahaan kombiyuutarka iyo daabecaha (*Printer*)

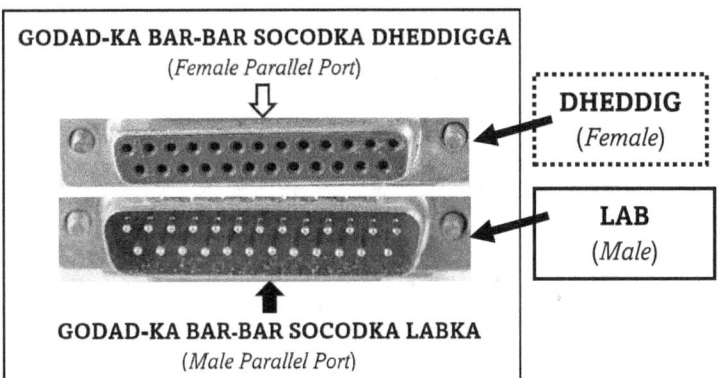

FAAH-FAAHIN DHEERI AH (*Further details*):

Godad-ka is-barbar socda (*Parallel ports*) waa **barkulan** (*Interface*) ama **afaf** (*Ports*) caadiyan kaga rakiban kombiyuutarka **wajiga dambe** ee u gudbiya daatada "**8 Bitis** (*8 Bits*) **markiiba**". Maaddaama ay gudbiyaan "**8 bitis**" markiiba, **godad-ka is-barbar socda** waa kuwa **xawaara** ahaan aad u **sareeya** (*High speed transmission*) haddii loo eego "**godad-ka taxanaha**" (*Serial ports*) ee gudbiya markiiba **1 bit** keliya.

Godad-ka is-barbar socda waxay ka mid yihiin afafkii ugu horeeyey ee lagu rakibo kombiyuutarada. Waxaana loo adeegsan jiray isku xirka khaas ahaan kombiyuutarada iyo daabecaha (*Printer*). Waxayna afafkaa u qaybsan yihiin noocyada **dheddigga** (*Female*) iyo **labka** (*Male*). Nooca **dheddigga** waa kuwa leh **afaf duleela**, halka kuwa **labka** ah ay leeyihiin **afaf taag-taagan**. Hase-yeeshee, sida godad-ka taxanaha (*Serial ports*), adeegsiga **godad-ka is-barbar socda** way ku sii yaraanayaan kombiyuutarada cusub ee maanta la farsameeyo; waxaana beddelay godad-ka lagu tilmaamo "**USB Ports**" oo ka cabbir yar, xawaara ahaana aad uga sareeya.

PASSWORD

ENGLISH	SOOMAALI
Password	Fure

MACNAHA ERAYGA EE LUQADDA SOOMAALIGA:

Furuhu waa *tixane xarfo* iyo *numbaro* qarsoon ee loo adeegsado **hubinta** aqoonsiga adeegsadaha markii lagu xirmayo *aalad elektaroonik ah, shabakad, ama barnaamij kombiyuutar*

MEANING IN ENGLISH (*Macnaha Erayga ee Luqadda Qalaad*):

A **password** is a string of secret characters and numbers used to **verify** the identity of a user when accessing an *electronic device, network, or computer program*

TUSAALE (*Example*):

Farsawirka hoose wuxuu muujinayaa tusaale **adeegsade** doonaya in uu ku xirmo kombiyuutar (*Login Process*). Wuxuu kombiyuutarka soo qori: **Geli Magaca Adeegsadaha** (*Enter username*) & **Geli Furaha** (*Enter your password*). Markii jawaabaha labadaa su'aal sax wada noqdaan, ayuu kombiyuutarku furmi.

FG: Marka uu adeegsaduhu qorayo xarfaha **furaha sirta ah**, ama "**password**", *kombiyuutarku wuu qarinayaa xarfahaa; wuxuuna u beddalayaa sumadaha "**********" si aan loo arag furahaa sirta ah*

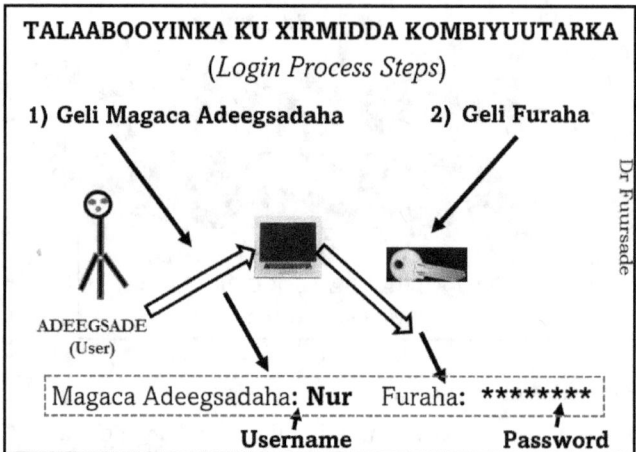

FAAH-FAAHIN DHEERI AH (*Further details*):

Furaha sirta waa tiro xarfo qarsoon ee qayb ka ah **furidda/gelidda/ku xirmidda** goobaha ay ku keydsan yihiin **xog** ama **shay** loogu talagalay shaqsiyaad gaar ah oo keliya. Adeegsiga **furaha** (*Password*) wuxuu **hubinaya** in fasaxa gelidda ay helaan oo keliya shaqsiyaadkii loogu talagalay.

Furuhu waa **difaaca** ugu horeeya ee ilaalinta **daatada** iyo **xogta** kombiyuutarada iyo sidoo kale gelidda goobaha xasaasiga ah. Wuxuuna badiba daba socdaa **magaca milkilaha** akoontiga oo loo yaqaano "**Magaca Adeegsadaha**" (*Username*). Dhinaca kale, markaad **fure** u samaysanaysid kombiyuutar ama goobo xasaasi ah, waxaa haboon in uu furuhu: 1) Noqdo mid ka kooban **xarfo** iyo **nambaro** isku dhafan, 3) Tirada **xarfaha** iyo **nambarada** ay noqdaan ilaa 8 *xaraf*, 4) Furaha la **beddelo** muddo kaddib, 5) Raacdid **shuruucda** goobta aad u samaysanaysid furahaa, 6) iwm

PATCH

ENGLISH		SOOMAALI
Patch	➔	Kabid

MACNAHA ERAYGA EE LUQADDA SOOMAALIGA:

Dhinaca barnaamijyada kombiyuutar, **kabid** (*Patch*) waa isbeddel lagu sameeyo: 1) Barnaamij kombiyuutar oo *si hagaagsan u shaqaynayo*, hasa-yeeshee, la doonayo in la *tayeeyo qaybo ka mid ah*, ama 2) Barnaamij kombiyuutar ee *qaybo gaar* oo dheeri ah lagu *kordhinayo* xoojinta amniga barnaamijka awgii

MEANING IN ENGLISH (*Macnaha Erayga ee Luqadda Qalaad*):

In technology, a **patch** is an update that is applied to: 1) A software program that *is working perfectly* which *requires some improvement*, or 2) A software where *some particular features* are being *added* to improve the program security

TUSAALE (*Example*):

Waxaa farsawirka hoose ka muuqda tusaale **labo** barnaamij:

   a) **Barnaamij** hore u **diyaarsanaa** ee shaqaynaya, kaa oo ku xusan *qaybta bidix* ee farsawirka iyo
   b) **Barnaamijkaa** hore ee **la kabay** (*Patch Program*) kana muuqda *qaybta midig*

Qaybta **la kabay** waa $Z = X + Y$ oo lagu beddelay $Z = X + 0.9*Y$. Barnaamijkii hore wuu shaqaynayey oo ma *ciladeesnayn*, hasa-yeeshee, waxaa la go'aansaday in *qayb yar* la beddelo si tayada barnaamijka kor loogu qaado. Waxaana halkaa ka dhashay "**Barnaamij La Kabay**" (*Patch Program*)

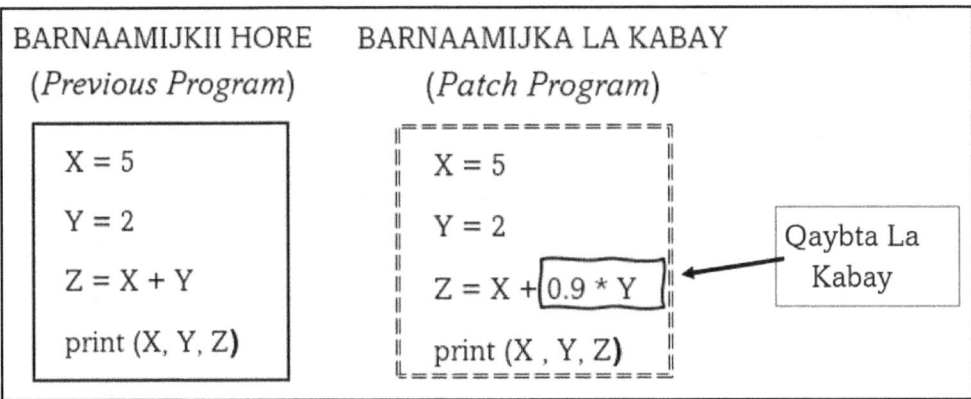

FAAH-FAAHIN DHEERI AH (*Further details*):

Kabidda barnaamijyada (*Software patch*) waa nidaam **barnaamij** *hore loo adeegsanayey* oo qaybo ka mid ah wax laga beddelayo ama qaybo cusub lagu darayo. Sababaha loo kabayo waxaa ka mid ah:

   1) In qaybo yar-yar ee cusub lagu kordhinayo barnaamijka, ama
   2) In qaybo hore u jiray la yara beddelo si amniga ama tayada barnaamijka loo hagaajiyo

Kabidda barnaamijyada waa nidaam aad looga adeegsado dhinaca **softaweerada**. Sababahaa ayaa suuqa loo keenaa **barnaamijkii sanadkii hore** ama sanooyinkii hore oo *la soo kabay*

PERIPHERAL

ENGLISH	SOOMAALI
Peripheral ➔	Hareere

MACNAHA ERAYGA EE LUQADDA SOOMAALIGA:

Hareere kombiyuutar (*Computer peripheral*), ee loo soo gaabiyo **hareere**, waa qalab kombiyuutarada banaanka looga rakibo, laakiin aan loo tixgelin qaybaha tiirka u ah qaab-dhismeedka kombiyuutarka

MEANING IN ENGLISH (*Macnaha Erayga ee Luqadda Qalaad*):

A **computer peripheral**, or just **"peripheral"**, is a device that is attached to a computer, but not considered as part of the core computer architecture

TUSAALE (*Example*):

Qalabyada kombiyuutar ee lagu tilmaamo **hareere** (*Pheripheral*) waxaa ka mid ah: a) *Maawus*, b)*Kiiboor*, c) *Daabece*, d) *Shaashad*, iyo e) Tiro kale ee aan qaybtaan hoose ka muuqan

FAAH-FAAHIN DHEERI AH (*Further details*):

Kombiyuutarku wuxuu ka kooban yahay tiro unugyo ah ee wada shaqeeya oo qaybo ka mid ah lagu tilmaamo **"unugyada halboowlaha ah"** ah, kuwa kalena lagu qeexo **unugyada hareeraha** ah. Unugyada **halboowlaha** u ah kombiyuutarada waxaa ka mid ah: *maskaxda* (*CPU*), *hooyga unugyada* (*Motherboard*), **keydka xasuusta dhaw** ama ***RAAM***-ka (RAM), **keydka adag** (*Hard disk*), iyo tiro kale, kuwaa oo dhamaantood ku wada rakiban gudaha **unugga kombiyuutarka** (*Inside the system unit*)

Dhinaca kale, qalabyada kombiyuutar ee lagu tilmaamo **hareeraha** (*Peripheral*) waa kuwa kombiyuutarka badiba banaanka looga rakibo, kuwaa oo ay ka mid yihiin:

1) Maawus (*Mouse*)
2) Kiiboor (*Keyboard*)
3) Shaashad (*Monitor*)
4) Daabece (*Printer*)
5) Dhaga-gashiga (*Headphones*)
6) Muuqaal duube (*Video Camera*)
7) Cod-soosaare (*Speaker*) iyo tiro kale

PIXEL

ENGLISH	SOOMAALI
Pixel ➔	Dhibicyare

MACNAHA ERAYGA EE LUQADDA SOOMAALIGA:

Dhibicyare (*Pixel*) waa **dhibic** ka mid ah **dhibcaha** yar-yar, ee caadiyan *afar-geeska* ah, oo ay ka kooban yihiin *sawirada* iyo *muuqaalada* ku bandhigan shaashadaha kombiyuutar laakiin aan muuqan

MEANING IN ENGLISH (*Macnaha Erayga ee Luqadda Qalaad*):

A **pixel** is one of the very small, usually, *square* **dots** that make up **pictures** and **images** displayed on computer screens but not visible

TUSAALE (*Example*):

Waxaa qaybtaan hoose ka muuqda **labo farsawir** (*Two sketches*) ee isku mid ah laakiin ku kala duwan **tirada dhibicyaraha** (*Number pixels*) ay ka kooban yihiin. **Farsawirka 1aad** wuxuu ka kooban yahay **tiro aad iyo aad u fara badan** ee **dhibicyare-yaal** ah. Saa darteed, wuxuu farsawirka u muuqdaa mid aan dhibco ka samaysnayn oo xariiqimo keliya wada ah; waana farsawir tayo wanaagsan. Dhinaca kale, **farsawirka 2aad** wuxuu ka kooban *tiro dhibicyarayaal ah oo aad uga tiro yar* kuwa farsawirka 1aad; dhibicyaduna way muuqdaan, kuwaa oo ka dhigay farsawirka mid tayo hooseeya

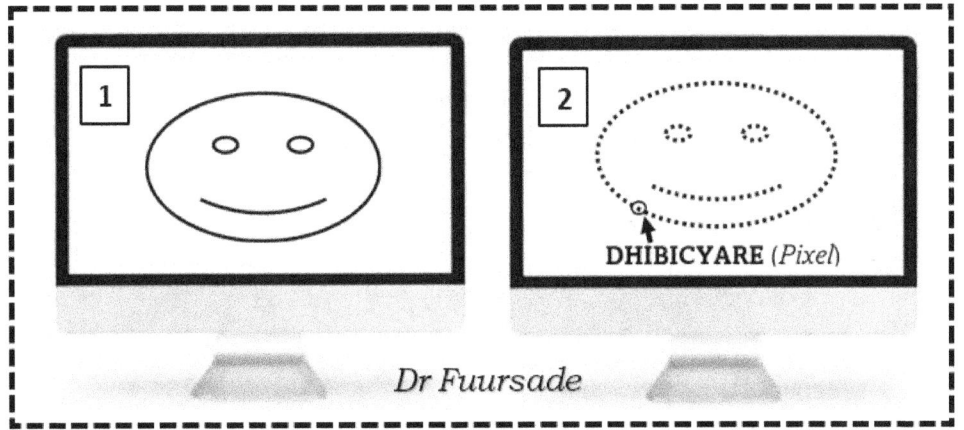

FAAH-FAAHIN DHEERI AH (*Further details*):

Sawir kasta ee ka soo muuqda shaashad kombiyuutar wuxuu ka kooban yahay tiro **dhibicyareyaal** ah, laakiin aad u fara badan. Tayada sawirkane wuxuu badiba ku xiran yahay **tirada dhibicyare-yaasha** u sawirkaa ka kooban yahay. Haddii ay tiradaa yar tahay, tayada sawirka wuuu xumaanayaa.

Erayga "**pixel**" ee *Luqadda Ingiriiska* waa eray la sameeyey muddo aan fogeyn, kana koobaan **labo eray** oo la isku lamaaniyey oo kala ah: **Pic**ture iyo **el**ement. Waxaa erayga hore laga soo amaahday **saddex xaraf** ee hore (**Pic**), halka erayga labaadna laga soo amaahday **labada xaraf** (**el**) ee hore. Waxaana kaddib xarafka "c" ee erayga hore lagu beddelay "x"; sidaa darteed, ayuu eraygaa ku noqday: **Pixel** (**Pix+el**). Cilmi kalena kuma jiro; taa waxay ku tusi in erayada qalaad ee teknoloji qaarna dhawaan la **abuuray**, kuwana la soo **amaahday**. Sidaa darteed, erayga **dhibicyare** waa eray cusub oo soo bandhigaya *macnaha* iyo *firkirka* uu ku saleeysan yahay erayga qalaad ee "**Pixel**".

POST (Online)

ENGLISH	SOOMAALI
Post (*Online*) ➜	Qad-dhig

MACNAHA ERAYGA EE LUQADDA SOOMAALIGA:

Qad-dhiggu (*Post online*) waa soo dhigidda ama ku baahinta *fariin qoraal, maqaal, sawir, cod, muuqaal ah*, iwm, goobaha **internet**-ka oo ay dadweynaha isku weeydaarsadaan fikradaha iyo fariimaha, sida *baraha bulshada*.

MEANING IN ENGLISH (*Macnaha Erayga ee Luqadda Qalaad*):

To **post online** means to put a *text message, article, picture, audio, video,* etc., somewhere on the internet forums where people exchange ideas and messages, such as *social media*.

TUSAALE (*Example*):

Waxaa qaybtaan hoose ka muuqda tusaale muujinayaa macnaha erayga **qad-dhig** (*Post online*). Tusaalahaa wuxuu la xariira qoraal uu qoraaga buuggan ee **@*Engfuursade*** soo **qad-dhigay** boggiisa X (*Twitter*) taariikhda markii ay ahay **19-Jan-2022**, kuna saabsan **caqabadaha** horyaala **dhalinyarada Soomaaliyeed** ee waayaahaan ka qalin jabisa jaamacadaha dalka iyo talooyin la xariira.

FAAH-FAAHIN DHEERI AH (*Further details*):

Qad-dhiggu waa **fariimo** (*Messages*) la soo **dhigo** qaybaha kala duwan ee baraha bulshada (*Social media*). Waana nidaam maanta aad looga adeegsado caalamka ee dhinaca gudbinta fariimaha iyo fikradaha. Dhinaca kale, waxay shirkadaha, ganacsatada, siyaasiyiinta, qorayaasha (*Writers*), iwm, u adeegsadaan **qad-dhigga** arrimo ay ka mid yihiin:

a) Suuq-gayn (*Marketing*) iyo soo bandhigga *qalab, hawlo cusub*, iwm
b) Soo bandhigga *fariimo, fikrado, baahiyo, dareeno, dhacdooyin* loo gudbinayo dadweynaha
c) In ay ogaadaan *baahiyada* iyo *dareenka* macaamiisha, iyo guud ahaan dadweynaha, iwm

Nasiib darro, faarimo badan ee baraha bulshada maanta lagu soo **qad-dhigo** kuna qoran *Luqadda Soomaaliga* ayaa ah fariimo aad u tayo hooseeya inkastoo iyaguna ay jiraan tiro yar ee aad u wanaagsan.

PRIMARY KEY

ENGLISH	SOOMAALI
Primary Key ➔	Furaha Koowaad

MACNAHA ERAYGA EE LUQADDA SOOMAALIGA:

Furaha koowaad (*Primary key*) waa *taag* ama *taagag* (*Column or columns*) gaar ah ee ka mid ah aruurada **xog-dhigyada** (*Database tables*) ee loo naqshadeeyo in ay ka dhigaan daatada *safafka aruurada* (*Table rows*) kuwa **halyaal** ah (*Unique*), sidaa darteed ay aqbalin qiimo **maqane** ah (*Not accept NULL values*)

MEANING IN ENGLISH (*Macnaha Erayga ee Luqadda Qalaad*):

A **primary key** is a special column or columns in a **database table** designated to **uniquely** identify each table record and to not accept **NULL** values.

TUSAALE (*Example*):

Farsawirka hoose waxaa ku bandhigan tusaale **aruur** (*Table*) lagu magacaabo **ARDAYDA**. Wuxuuna aruurkaa ka kooban yahay 4 taag iyo 6 saf. Magacyada afarta taag waa: **ID, MAGAC, MAADDO, & NATIIJO**. Taagga lagu magacaabo **ID** wuxuu u taagan yahay **furaha koowaad** (*Primary key*).

Furaha 1aad: ID (*Primary Key: ID*)

6 SAF (*Rows or records*)

ARDAYDA

ID	MAGAC	MAADDO	NATIIJO
5001	Ahmedwali	Xisaab	85%
5002	Bishaara	English	97%
5003	Asli	Teknoloji	92%
5004	Diiriye	Taariikh	84%
5005	Samadoon	Teknoloji	90%
5006	Aar	English	93%

① ② ③ ④

4 TAAG (*Four Columns or fields*)

Safka 1aad wuxuu tilmaami magacyada taagagga (*Names of columns*) ee kala ah: **ID, MAGAC, MAADDO, & NAATIJO**

Dr Fuursade

Mar haddii taagga **ID**-ga lagu qeexo in uu yahay **furaha koowaad**, xog-dhiggu ma oggolaanayo in labo **ID** oo isku qiima ah lagu keydiyo aruurkaa ama in qiimaha **ID**-gaa la gelinayo goobtaa uu noqdo "**Maqane**" (Ama **NULL**). Furaha koowaad awgii arday kasta wuxuu yeelani ID u gaar ah. Tusaale, ardayga **Ahmedwali** wuxuu sitaa **ID=5001**. Kombiyuutarku ma aqbalayo in arday kale la siiyo **ID=5001** ee aan ka ahayn **Ahmedwali**; sidoo kale, kombiyuutarku ma aqabalayo in **ID**-gaa **Ahmedwali** laga dhigo "**Maqane**" (*NULL*) maaddaama taagga **ID** lagu qeexay **furaha koowaad** (*Primary key*). Dhinaca kale, waxaa caadiyan la qeexaa taagga noqonaya **furaha koowaad** markii **aruurka** la **naqshadaynayo**.

FAAH-FAAHIN DHEERI AH (*Further details*):

Xog-dhigyadu, gaar ahaan kuwa lagu tilmaamo **xog-dhigyada xiriiraysan** (*Relational databases*), waxay ka kooban yihiin tiro **aruuro** (*Tables*) ah ee kala duwan, oo mararka qaarkood ka badan boqolaalo. Aruur kastana wuxuu keydiyaa daato gaar ah. Waxaana taag ama taagag ka mid ah aruurka kasta loo naqshadeeyaa in ay noqdaan **furaha koowaad** (*Primary key*) ee aruurkaa. Sababta loo qeexo furaha koowaad waa sare u qaadidda tayada daatada lagu keydinayo aruurada, arrintaa oo ugu dambayn sababaysa in xogta laga soo saarayo xog-dhigga ay noqoto xog wax-tar leh ee dhalisa go'aamo wanaagsan.

PRINTER

ENGLISH   **SOOMAALI**

Printer   ➔   Daabece

MACNAHA ERAYGA EE LUQADDA SOOMAALIGA:

Daabece waa qalab elektaroonik ah ee aqbala *fariimo qoraal ama sawiro ah* ee ka yimaada **kombiyuutar** ama **qalab** kale ee elektaroonik ah ee uu **daabecaha** ku xiran yahay, kuna daabaca caadiyan warqad

MEANING IN ENGLISH (*Macnaha Erayga ee Luqadda Qalaad*):

A **printer** is an electronic device that accepts *text or graphic output* from a **computer** or other **electronic** devices which the **printer** is connected to and prints it usually on a paper.

TUSAALE (*Example*):

Waxaa jira dowr nooc oo daabaceyaal ah (*Printers*) oo kala taya sareeya. Waxaa sawirka hoose ka muuqda tusaale nooc ka mid ah kuwa aad loo adeegsado

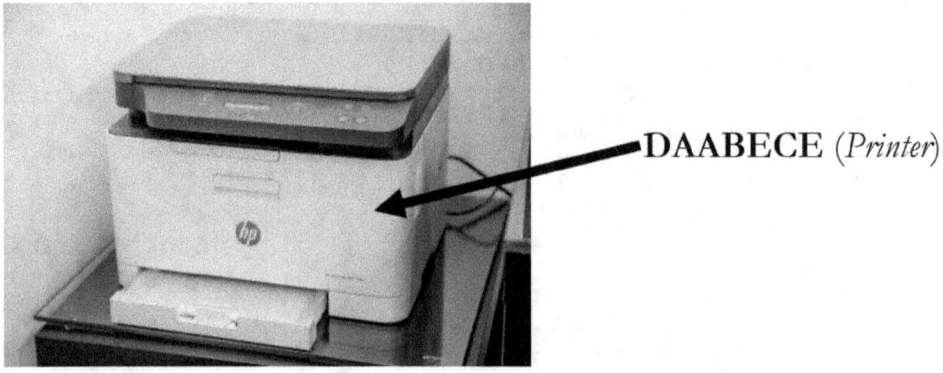

DAABECE (*Printer*)

FAAH-FAAHIN DHEERI AH (*Further details*):

Daabecayaashu (*Printers*) waa kala **nooc, cabbir, tayo,** iyo **qiimo**. Kuwa ka mid ah waxay ku shaqeeyaan **xarig-la'aan** (*Wireless printers*); kuwana waxay wataan **xarig** lagula xiro **kombiyuutarka**. Kuwa **xariq-la'aanta** ah waxaa adeegsan kara **telefoonada gacanta** iyo **qalabyada** kale ee ku xiran **shabakadaha** uu **daabecaha** ku xiran yahay.

Noocyada kala duwan ee daabeceyaashu waxaa ka mid ah:

a) **Daabecaha khadda wata** (*Inkjet Printer*)
b) **Daabecaha laysarka ah** (*Laser Printer*)
c) **Daabecaha kul-ku-shaqeeyaha** (*Thermal Printer*)
d) **Daabecaha 3-geesoodka** (*3D Printer*)
e) **Daabecaha dhamaan-mid ah** (*All-in-one Printer*) oo noqda mar **daabece**, mar **sawire** (*Photocopy*), mar **iskaanar** (*Scanner*), mar **fakis** (*fax*), iwm

PRODUCTION DATA

ENGLISH	SOOMAALI
Production Data ➔	Daatada Soo-saarka

MACNAHA ERAYGA EE LUQADDA SOOMAALIGA:

Daatada soo-saarka waa **daatada** la uruuriyo xilliyada ay socdaan **hawl-dhacyada goobaha shaqo** (*During transaction of workplaces*), sida *adeegyada, hawlaha iibka, hawl-dhacyada bangiyada* (*Bank transactions*), iwm, daatadaa oo si joogtaysan loogu keydiyo xog-dhigyo (*Databases*)

MEANING IN ENGLISH (*Macnaha Erayga ee Luqadda Qalaad*):

Production data is **data** collected during **business** transactions, such as during *services, sales, bank transactions*, etc., which are permanently **stored** in databases

TUSAALE (*Example*):

Farsawirka hoose waxaa ka muuqda tusaale adeegsade (*User*) wax ka iibsanaya goob ganacsi. Inta uu adeeggaa socdo, waxaa la uruuriyaa **daato** la xariirta sifooyinka iibkaa (*Sales attributes*). Waxaana is-weeydaarsiga qalab iyo dhaqaale, ee ka dhex dhaca macaamiisha iyo goobaha ganacsi, lagu tilmaamaa **hawldhac** (*Transaction*). Waxaana daatada la xariirta *hawl-dhacyadaa*, ee loo yaqaano **daatada soo-saarka**, lagu keydiyaa **xog-dhigga** (*Database*) ay goobta ganacsi leedahay ee lagu tilmaamo **xog-dhigga soo-saarka** (*Production database*).

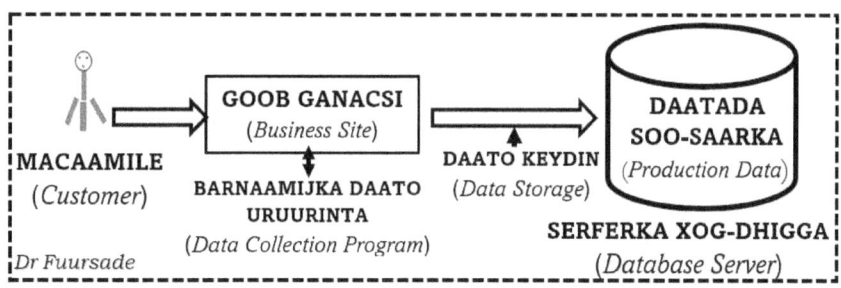

FAAH-FAAHIN DHEERI AH (*Further details*):

Goobaha shaqo iyo **ganacsi** waxay uruuriyaan daato la xariirta **adeegyada** inta ay socdaan isweedaarsiga dhaqaalaha, badeecadaha, iwm. Daatadaa waxaa lagu tilmaamaa "**Daatada Soo-saarka**" (*Production data*) maaddaama ay tahay daato la xariirta adeegyada & badeecadaha. **Uruurinta daatadaa** kuma koobna oo keliya *goobaha la soo xusay*. Waxaa **daato uruuriya** goobo ay ka mid yihiin tusaale ahaan goobo *caafimaad, waxbarasho, is-gaarsiin, baro bulsho, goobo maddadaalo, xafiisyo dawladeed, iwm*. Waxaa isla markaaba **daatadaa** si joogta ah loogu keydiyaa **xog-dhigyo** (*Databases*).

Inkastoo daatadaa loo keydiyo si loo **fuliyo hawlaha** iyo in laga soo saaro **xog waxtar** u leh goobta uruurisa, maanta waxaa *daatadaa* loo tixgaliyaa sidii **badeeco** oo kale. Waxaana jira **hay'ado** badan ee iibsada **daatada soo-saarka ah** (*Production data*) si ay uga dhaliyaan **faa'iido dhaqaale**. Waxayna hay'adaaha ku sameeyaan daatadaa ay iibsadaan hawlo lagu magacaabo "**Nuxur-miirka daatada**" (*Data Mining*) si ay uga soo miiraan **xog wax-tar leh** ee la sii iibiyo. Ujeeddooyinkuna waa ogaashaha iyo fahamka buuxa ee: *a) Dabeecadaha macaamiisha, b) Badeecadaha ay jecel yihiin macaamiisha, c) Waqtiyada badiba la fuliyo hawlaha iyo adeegyada, d) Dakhliga ka dhasha hawlaha iyo sidoo kale kharajka la xariira, e) Nidaamka ay macaamiisha wax u iibsadaan (Kaash ama Kaar Bangi), f) Goobaha adeegyada bixiya, g) Xogo kale ee la xariira macamiisha,* iwm

QUALITY ASSURANCE (QA)

ENGLISH	SOOMAALI
Quality Assurance ➔	Hubinta Tayada

MACNAHA ERAYGA EE LUQADDA SOOMAALIGA:

Hubinta tayada (*Quality assurance*) waa *habka* iyo *hawlaha* la adeegsado si loo **hubiyo** in *hawl* ama *shay* la diyaarinayo, sida **barnaamij kombiyuutar**, uu buuxiyey **shuruudaha looga baahan yahay**

MEANING IN ENGLISH (*Macnaha Erayga ee Luqadda Qalaad*):

Quality assurance is the *process* and *tasks* used to **ensure** that a *service* or a *product*, such as a **software program** being developed, meets **specified requirements**

TUSAALE (*Example*):

Waxaa qaybtaan hoose ka muuqda farsawir muujinaya **hawlo** ka mid ah kuwa ugu muhiimsan ee loo baahan yahay in la **dhamaystiro** muddada ay socoto tijaabada **hubinta tayada** barnaamijyada.

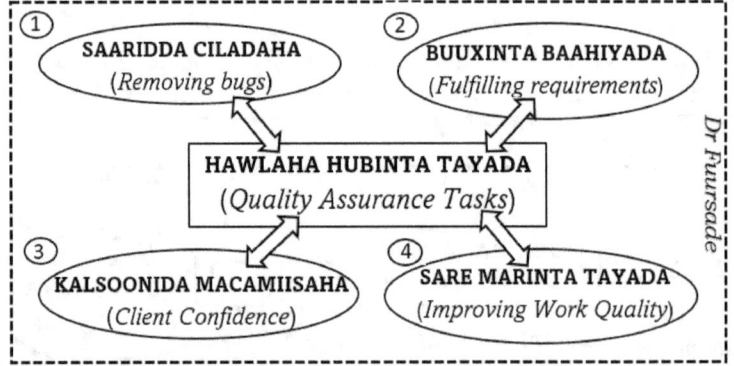

FAAH-FAAHIN DHEERI AH (*Further details*):

Guud ahaan, **guulaha mashruucyadu** ma'aha oo keliya in xoogga la saaro in **mashruuc** lagu dhamaystiro **muddadii** iyo **miisaaniyaddii** loogu talagalay ama in uu barnaamij kombiyuutar fulinayo keliya hawl. Hasa-yeeshee, tartanada ka jira caalamka awgeed, waa in la hubiyo in **tayada hawsha** ama **barnaamijka ay** tahay mid aad loogu qanacsan yahay oo soo jiita kalsoonida macaamiisha.

Sidaa darteed, **diyaarinta barnaamijyada** kombiyuutar waxaa qayb weyn ka ah **tijaabooyin** fara badan ee la hirgaliyo ka hor inta aan barnaamijyada loo bandhigin macaamiishii loogu talagalay. Waxayna **tijaabooyinkaa** kala yihiin, una kala horeeyaan habkaan: 1) **Tijaabada hubinta tayada** (*Quality Assurance Testing or QA testing*) iyo 2) **Tjaabada aqbalaadda adeegsadaha** (*User acceptance testing or UAT*).

Hawlaha la xariira **tijaabada hubinta tayada** (*Quality Assurance Testing*) waxaa ka mid ah: *1) Saaridda ciladaha, 2) Buuxinta baahiyada macaamiisha, 3) Helidda kalsoonida iyo fikradaha macaamiisha, iyo 4) Sare marinta tayada barnaamijka*. Markii la dhamaystiro tijaabadaa oo la xaliyo ciladihii soo baxay, waxaa ugu dambayn la hirgaliyaa **Tjaabada aqbalaadda adeegsadaha** (*User acceptance testing or UAT*) inta aan barnaamijka lagu wareejin macaamiisha, si loo hubiyo in ay macaamiisha qanacsan yihiin.

RAM

ENGLISH	SOOMAALI
RAM ➔	RAAM

MACNAHA ERAYGA EE LUQADDA SOOMAALIGA:

RAAM, oo dhinaca Luqadda Ingiriiska u taagan *Random Access Memory* oo la soo gaabiyey **RAM**, waa nooc ka mid ah *keydka xasuusta ku-meelgaarka (Temporary memory storage)* kombiyuutarada oo **si ku-meel gaar** ah loogu **keydiyo** *daatada* iyo *barnaamijyada* markaa la akhrinayo ama wax laga beddelayo

MEANING IN ENGLISH (*Macnaha Erayga ee Luqadda Qalaad*):

RAM (*An abbreviation of Random-Access Memory*) is a form of *computer memory* used to **temporarily** store the *data* and *programs* that are being read and changed at that moment

TUSAALE (*Example*):

Sawirka hoose wuxuu muujinayaa tusaale nooc ka mid ah **RAAM**-ka ku rakiban **kombiyuutarada**

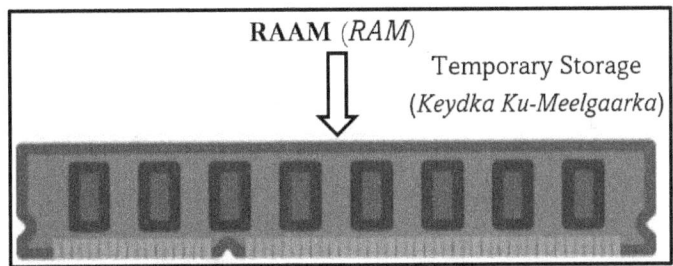

FAAH-FAAHIN DHEERI AH (*Further details*):

Kombiyuutarada waxay leeyihiin labo nooc oo keyd ah: a) *Keydka joogtada ah* iyo b) *Keydka ku meel-gaarka ah ama RAAM*. **Keydka joogtada** ah waa mid daatada iyo barnaamijyada kombiyuutar u keydiya *si joogta ah (Permanent storage)*; tusaale, **keydka adag** (*Hard Disk*). Dhinaca kale, **RAAM**-ku (**RAM**) waxaa loo adeegsadaa keydinta *ku meel-gaarka ee hawlaha* iyo *daatada* markaa la adeegsanayo. Haddii markaa kombiyuutarka *la damiyo*, ama *uu iskiis u damo*, dibna loo kiciyo, *daatada* iyo *fariimaha* ku keydsan **RAAM**-ka way *dhumayaan*, halka kuwa ku keydsan **keydka adag** (*Hard disk*) ay *waaraan*

RAAM-ku waa unug laga maarmaan u ah aaladaha elektaroonikada ah sida **kombiyuutarada**, **telefoonada gacanta**, iyo **qalabyada** kale ee elektaroonikada ah, maaddaama uu dowr weyn ku leeyahay fulinta hawlaha markaa la fulinayo. **RAAM** la'aantii, **kombiyuutaradu** ma qabteen hawlo tayo leh. Tusaale ahaan, haddii uu **RAAM**-ka ku yar yahay **kombiyuutarka**, waxaa dhici in ay hawsha **kombiyuutarku** noqoto mid aad u gaabiso oo xitaa laga yaabo in ay hawshaa gabi ahaanba ay curyaanto.

Waxaa kalee jira nooc kale ee ka mid ah xasuusta kombiyuutarka ee loo yaqaano "**ROM**" (*Read-Only Memory looguna dhawaaqo ROOM*). Waxay keydisaa daato waarta oo aan dhumin, markii xitaa kombiyuutarka la damiyo. **RAAM**-ka iyo **ROOM**-ku waxay ku rakiban yihiin **hooyga unugyada** (*Motherboard*); waxayna ka agdhaw yihiin maskaxada kombiyuutarka (**CPU**) oo si joogta ah u adeegsato xogta ku keydsan unugyada.

READ-ONLY

ENGLISH	SOOMAALI
Read-Only ➜	Akhris-Keliya

MACNAHA ERAYGA EE LUQADDA SOOMAALIGA:

Akhris-keliya waa **sifo** tilmaamaysa in **dokumeenti** ama **faayil** la akhrin karo keliya, hasa-yeeshee, aan wax: a) *Laga beddeli karin*, b) *Lagu qori karin*, ama c) *Lagu kor-qori karin*

MEANING IN ENGLISH (*Macnaha Erayga ee Luqadda Qalaad*):

Read-only is an **attribute** which indicates that a **document** or a **file** can only be read, but it cannot be: a) *Changed*, b) *Written*, or c) *Overwritten*

TUSAALE (*Example*):

Waxaa qaybtaan hoose ka muuqda farsawir muujinaya **saddex shay** ee ka mid ah kuwa lagu sifeeyo **akhris-keliya** (*Read-only objects*) oo kala ah: 1) Faayil (*File*) ku sifaysan "**akhris-keliya**" (*Sida faayil sifadiisa loo rogay mid la akhrin karo keliya*), 2) Faayilalka ku keydsan diskiyada aruursan (*Compact disk ama CD ROM*), iyo 3) Aaaladda ROM-ka (*Read-only memory chip ama xasuusta la akhrin karo keliya*)

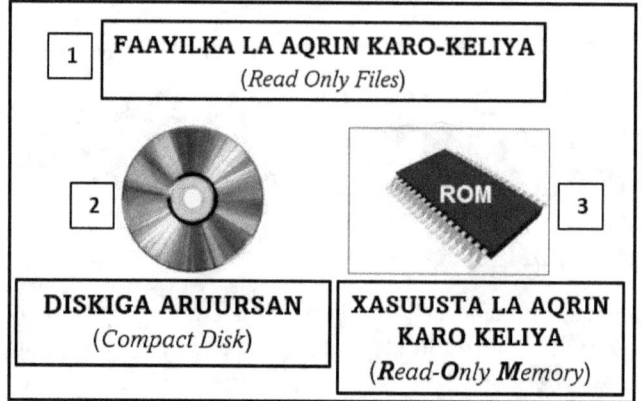

FAAH-FAAHIN DHEERI AH (*Further details*):

Shay lagu qeexo **akhrin-keliya** (*Read-only*) waa shay daatada ku keydsan aan **wax laga beddeli** karin. Tusaale shay lagu qeexo **akhrin-keliya** waxaa ka mid ah faayilalka ku keydsan cajalka la yiraahdo "**Compact Disk** ama **CD-ROM**" ama *diskiga aruursan*, oo ah diski **barnaamijyo** lagu duubo ee la adeegsan jiray waayihii **internet**-ka ka hor. Tusaale kale waa **cajaladaha** la socdo kombiyuutarada ee loo adeegsado in ay fasiraan hababka uu barnaamij kombiyuutar u shaqeeyo, loona yaqaano "*Instruction Manuals*". Ugu dambayn, tusaale kale ee **akhrin-keliya ah**, waa faayilalkaa sifooyinkooda loo rogay nooca *Akhrin-keliya* ah (*Read-only*), sidaa darteed aan *wax-laga-beddeli-karin*.

Ugu dambayn, waxaa tusaale kale ee shay **akhrin-keliya** ah qalabka lagu sifeeyo **xasuusta aan dhumin** (*Non-volatile memory*) laguna magacaabo **ROM** (*Read-Only Memory*). Qalabkaa waa mid ku rakiban "**hooyga unugyada**" (*Motherboard*) kombiyuutarada ee keydiya **daatada** uu kombiyuutarka akhriyo marka kasta uu kacayo (*Data read during startup*). Waxaana **daatadaa** lagu soo keydiyey **ROM**-ka markii qalabkaa lagu rakibayey *hooyga unugyada*. Daatadaa, oo ah mid *aan waxna laga beddeli karin*, waxay laga maarmaan u tahay soo kicinta kombiyuutarka (*Computer Booting*).

REMOTE ACCESS

ENGLISH	SOOMAALI
Remote Access ➜	Gelid Fog

MACNAHA ERAYGA EE LUQADDA SOOMAALIGA:

Gelid fog waa awoodda ku **xirmidda** qalab ama shabakad ee aan ahayn kuwa **agagaarkaada** ku rakiban, oo xitaa ku rakibnaan karta **qaarad** kale

MEANING IN ENGLISH (*Macnaha Erayga ee Luqadda Qalaad*):

Remote access is the ability to **connect** to another device or network that is not in your **surrounding**, which could even be in another **continent**.

TUSAALE (*Example*):

Waxaa farsawirka hoose ka muuqda tusaale cilmibaare (*Researcher*) jooga magaalada **Beledweyne**, **Soomaaliya** ee ku xirmaya **serfer** lagu magacaabo **ABC** ee ku rakiban goob ka tirsan magaalada **Monrovia** ee dalka **Liberia**. Ku *xirmidda qalabka goobtaa fog* waxaa lagu tilmaamaa **gelid fog**

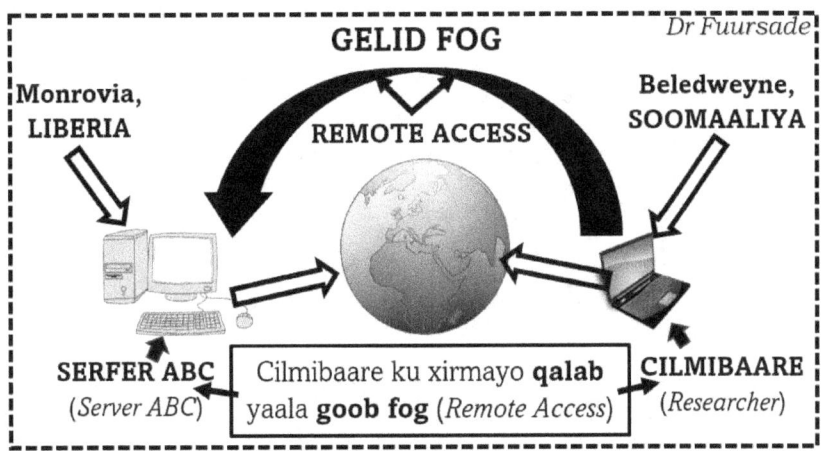

FAAH-FAAHIN DHEERI AH (*Further details*):

Gelidda fog waxay dhalisay fursad in uu shaqsi yeesho awood uu ku xirmo kombiyuutar ku rakiban goob fog. Ku xirmiddaana waxay keentay fursadda in la shaqayn karo ama wax la baran karo iyadoo aan loo xaadirin **goobaha shaqo** ama **waxbarasho** oo ay qalabyada lagu shaqeeyo yaalaan.

Si loo hirgaliyo **gelid fog** *ee* **ammaan ah**, waxaa la adeegsadaa **VPN** (*Virtual Private Network*) oo ah nidaam abuuraya ku **xirmid amaan** ah ee qalabyada ku rakiban goobaha fog. Amnigaa uu dhaliyey **VPN** awgii, shaqsi kale ma akhrin daatadaa inta ay ku dhex wareegayso goobtaada iyo goobta fog uu qalabka ku rakiban yahay.

Waxaa **VPN**-kaa lagu hirgaliyaa iyadoo la adeegsanayo *softaweer, hardaweer, iyo qaabayn* (*Configuration*). **VPN**-ka ka sakoow, waa in qalabyada loo adeegsanayo **gelidda fog** (*Remote access*) ku wada xiran yihiin **internet**-ka. Ugu dambayn, waa in ay adeegsadayaasha haystaan **caddaymihii** loo baahnaa si loogu xirmo qalabka goobta fog, sida tusaale ahaan *magac adeegsade, fure ansax ah, magaca qalabka lagu xirmayo, cinwaanka goobta qalabka fog yaalo*.

REMOTE EDUCATION

ENGLISH	SOOMAALI
Remote Education ➔	Tacliinta Fasalka Fog

MACNAHA ERAYGA EE LUQADDA SOOMAALIGA:

Tacliinta fasalka fog waa **tacliin** ilaa heer jaamacadeed ah ee la mid ah tii **fasalka caadi** ahayd ee *fool-ka-foolka ahaa* (*Face-to-face*), hasa-yeeshee, lagu gudbinayo dhinaca **internet**-ka

MEANING IN ENGLISH (*Macnaha Erayga ee Luqadda Qalaad*):

Remote education is a type of **education** up to **university** level which is offered the same way as the *face-to-face* **classes** but delivered through the **internet**

TUSAALE (*Example*):

Sii loo hirgaliyo **tacliinta fasalka fog**, waxaa loo baahan yahay **kombiyuutar, internet,** iyo in ardaygu iska-diwaangeliyo *jaamacad, dugsi,* ama *goobo* kalee waxbarasho. Waana in uu ardayga raaco *fasal, barnaamij, iyo jadwal waxbarasho* kana qayb galo casharada iyadoo la adeegsanayo **internet**-ka

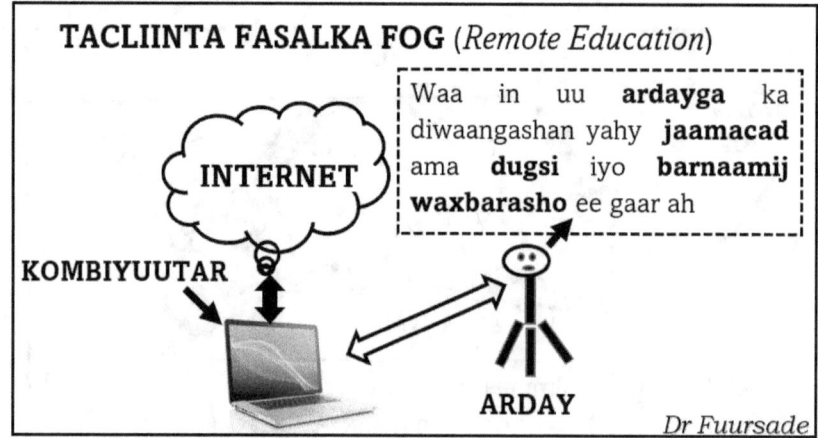

FAAH-FAAHIN DHEERI AH (*Further details*):

Tacliinta fasalka fog waa tacliin la mid ah tii *fasalka caadi ahayd* ee *fool ka foolka* laakiin lagu gudbinayo dhinaca **internet**-ka. Fasalka, duruusta, iyo jadwalka waxay ku baxayaan dhinaca **internet**-ka. Ardayda iyo macalinka waxay kala joogaan goobo kala duwan; waxayna ku wada xariirayaan *qadka internet-ka* iyagoo mararka qaarkood isku muuqda. Ardaydu imtixaan baa laga qaadaya marku fasalka dhamaado; waxaana la guddoonsiinayaa *darajo* iyo *shahaado* ardaygii gudba imitixaanada

Tacliinta fasalka fog waxay aad u kobacday markii uu cudurka **COVID-19** ku baahay caalamka, arrintaa oo qasabtay in la joojiyo kulamadii *fool-ka-foolka* ahaa ee *jaamacadaha* iyo *dugsiyada* laakiin qasab ahayd in hawlaha la xariira tacliinta la sii wado. Waxaana sidoo kale tacliinta fasalka fog kor u sii qaaday kobaca xoogeystay ee teknolojiyada dijitaalka. Waxayna **teknolojiyadaa** keentay in **tacliinta** lagu baahiyo lana gaarsiiyo **daafaha** kala duwan ee caalamka. Waxayna arrintaa sababtay in **tacliintii** shalay loogu **safri** jiray **jaamacado** iyo **waddaamo** gaar ah in ay maanta ardaydu fursad u heleen iyagoo goobahooda ka dhaqaaqin. Hasa-yeeshee, waa in ardaydu haystaan **internet** quwad weyn ee joogta ah iyo in ay jaamacad iska diwaangaliyaan.

REMOTE LEARNING

ENGLISH	SOOMAALI
Remote Learning ➔	Waxbarashada Fasalka Fog

MACNAHA ERAYGA EE LUQADDA SOOMAALIGA:

Waxbarashada fasalka fog (*Remote Learning*) waa **waxbarasho** lagu gudbiyo **qad-ka** (*Online*), lana mid ah *tacliinta fasalka fog* (*Remote Education*) laakiin aan qasab ahayn in ay noqoto heer jamacadeed ama mid shahaadooyin lagu qaato.

MEANING IN ENGLISH (*Macnaha Erayga ee Luqadda Qalaad*):

Remote learning is a type of **learning** offered **online** which is similar to *remote education* but which is not necessarily a higher education program or not required to provide certificates

TUSAALE (*Example*):

Sii loo adeegsado **waxbarashada fasalka fog**, waxaa loo baahan yahay **kombiyuutar, internet**, iyo in ardaygu **iska-diwaangeliyo** goob waxbarasho sida *jaamacad*, *dugsi*, ama *goobo* kalee waxbarasho. Kaddib markuu is-diwaangeliyo, wuxuu **ardaygu** raacayaa jadwal iyo macalin cayiman ee duruus ku bixinaya qadka

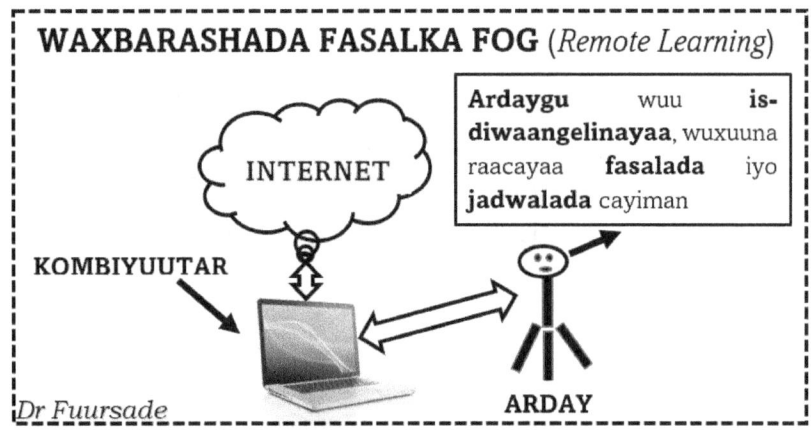

FAAH-FAAHIN DHEERI AH (Further details):

Waxbarashada fasalka fog (*Remote learning*) waa nooc waxbarasho ee guud ahaan la mid ah **tacliinta fasalka fog** (*Remote education*) laakiin *aan qasab ahayn in la baxsho shahaado heer jaamacadeed*. Dhinaca kale, waxaa **waxbarashada fasalka fog** bixin karo *shaqsi, shirkad, dugsi, jaamacad*, iwm, halka ay **tacliinta fasalka fog** bixiyaan oo keliya hay'ado cayiman ee la aqoonsan yahay.

Dhinaca kale, waxay **waxbarashada fasalka fog** noqon kartaa mid socoto muddo xitaa saacado keliya halka **tacliinta fasalka fog** ay tahay tacliin lagu qaadanayo **shahaado** loona baahan yahay **muddo dheer**. Shuruudaha **waxbarashada fasalka fog** waxaa ka mid ah iska **diwaangelinta goob** bixisa barnaamijyo ee dhinaca qadka, haysashada **kombiyuutar** iyo **internet** awood leh, iyo ka qayb-galada casharada (F.G.: *Sida hore loo soo xusay, ilaa hadda aad uma cadda farqiyada u dhaxeeya noocyada kala duwan ee waxbarashada iyo tacliinta lagu bixiyo qadka internet-ka; mararka qaarkood way isku milmaan iyadoo ay ku xiran tahay nooca waxbarasho iyo goobta laga bixiyo*).

RISK ASSESSMENT

ENGLISH	SOOMAALI
Risk Assessment ➔	Qiimaynta Qatarta

MACNAHA ERAYGA EE LUQADDA SOOMAALIGA:

Dhinaca teknolojiyada xogta, **qiimaynta qatarta** (*Risk Assessment*) waa bartilmaamidda qatarta ku imaan karta qaab-dhismeedyada teknoloji, sida *shabakadaha, hardaweerada, softaweerada, daatada, xog-dhigyada, iwm*, iyo sidoo kale qiimaynta saamaynta ay qatartaa yeelan karto

MEANING IN ENGLISH (*Macnaha Erayga ee Luqadda Qalaad*):

In information technology, **risk assessment** refers to the **identification** of the potential threats facing the *IT infrastructure* including *networks, hardware, software, data, databases, etc.,* as well as the **assessment** of the potential consequences

TUSAALE (*Example*):

Farsawirka hoose waxaa ku bandhigan tiro iyo noocyo ka mid ah qatarta guud ahaan ku imaan karta *daatada, hardaweerada, softaweerada, adeegyada teknoloji, iwm,* ee loo baahan yahay in la **qiimeeyo**:

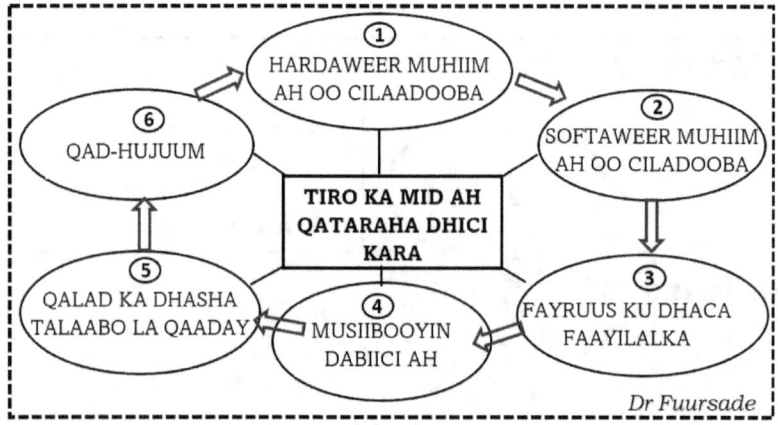

FAAH-FAAHIN DHEERI AH (*Further details*):

Badiba hawlaha caalamka ee maanta la fuliyo waxaa sal u ah adeegsiga teknolojiyada. Sidaa darteed, **qiimaynta qataraha** ku imaan kara qaybaha **teknoloji** ee goobaha shaqo waa talaabo laga maarmaan ah. **Qiimayntaa** ma'ahan hawl mar keliya la fuliyo ee waa hawl u baahan **qorsho joogtaysan**. Waana **tilaabada koowaad** ee **maareynta qatarta** (*Risk Management*). Madaxda iyo shaqaalaha goobaha teknoloji waa in ay si buuxda u fahamsan yihiin qatarta dhici karta, ayna u diyaarsan yihiin talaabooyin qeexan ee lagu maareyn karo qatarahaa haddii ay dhacaan.

Qataraha teknoloji ee la aqoonsan yahay ee kor ku xusan ka sakoow, waxaa **Soomaaliyaa** arrimaaha u sii dheer *qaraxyada joogta* ah ee dhinaca argagixisada ee dhalin kara dhibaatooyin saamayn weyn ee dhinaca teknoloji. Waxaa sidoo kale jira in **Soomaaliya** aan weli aqoon buuxda looga lahayn adeegsiga teknolojiga cusub, inkastoo adeegsigaa u tiir u yahay adeegyada dalka ugu muhiimsan maanta, sida xawilaadaha iyo bangiyada. Sidaa darteed, waxaa loo baahan yahay in iyaduna la qiimeeyo saamaynta ay leeyihiin labadaa arrimood ee la soo xusay (*Terrorism and shortage of knowledge*).

RISK MANAGEMENT

ENGLISH	SOOMAALI
Risk Management ➔	Maareynta Qatarta

MACNAHA ERAYGA EE LUQADDA SOOMAALIGA:

Dhinaca teknolojiyada, **maareynta qatarta** (*Risk Management*) waa **talaabooyinka** la xariira: 1) *Bartilmaamidda qataraha dhici kara*, 2) *Qiimaynta qataraha dhici kara*, 3) *Darsidda xalalka quseeyn kara*, 4) *Hirgalinta xalalkaa* iyo 5) *Falanqaynta natiijooyinka* ka dhasha talaabooyinka la hirgaliyey

MEANING IN ENGLISH (*Macnaha Erayga ee Luqadda Qalaad*):

In information technology, **risk management** refers to the **steps** concerning: 1) *The identification of potential risks*, 2) *Assessment of identified risks*, 3) *Study of potential solutions*, 4) *Implementation of the solutions* and 5) *Analysis of the results* of the implemented steps.

TUSAALE (*Example*):

Farsawirka hoose waxaa ku bandhigan **talaabooyinka** ugu muhiimsan ee la qaado si loo **maareeyo qatarta** ay qaab-dhismeedyada teknoloji la kulmaan (*Risk management steps*):

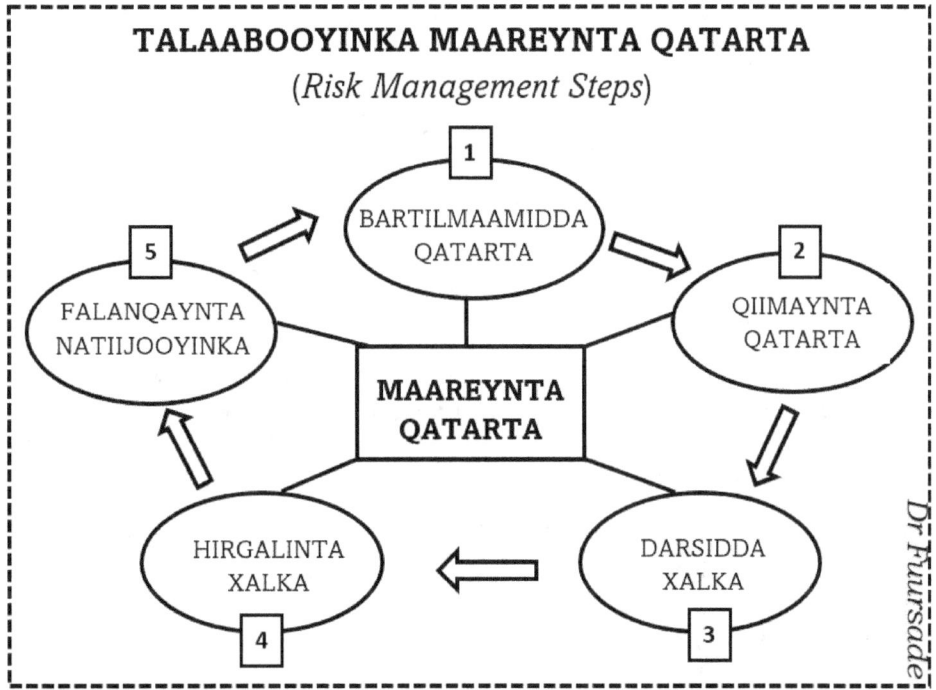

FAAH-FAAHIN DHEERI AH (*Further details*):

Maareynta qatarta qabsata *daatada* iyo *aaladaha teknoloji* ee goobaha shaqo waa **talaabo** u baahan diyaargaroow buuxa. Waxaana dhab ah in goobihii **darsa qatarahaa**, **xalna** u hor dejiya qatartaa ay yihiin kuwa run ahaantii ka **hormara** kuwa aan hawlahaa qorshayn. Maaddaama ay waayaan dambe adeegsiga **aaladaha teknoloji** iyo **daatada** ku keydsan ay tiir u noqdeen adeegyada la fuliyo, waa muhiim in ay diwaangashan yihiin talaabooyin qeexan ee la raaco markii ay dhibaatooyin dhacaan.

ROM

ENGLISH	SOOMAALI
ROM ➔	ROOM

MACNAHA ERAYGA EE LUQADDA SOOMAALIGA:

ROM, oo uu taagaan "**R**ead **O**nly **M**emory" looguna dhawaaqo "**ROOM**", waa *nooc* ka mid ah **keydka xasuusta** (*Memory storage*) ee aaladaha elektaroonikada ee *si joogta ah u keydiya daato muhiim ah* ee *hore loogu soo keydiyey*

MEANING IN ENGLISH (*Macnaha Erayga ee Luqadda Qalaad*):

ROM, which stands for **R**ead-**O**nly **M**emory, is a type of *memory storage* which *permanently stores important data previously stored* on *electronic devices*

TUSAALE (*Example*):

Waxaa sawirkaan hoose ka muuqda tusaale nooc ka mid "**ROM-ka**"(ROOM-ka) :

ROM (*Read Only Memory*): Waxaa qalabkaan ku keydsan xog *la akhrin kara keliya oo aan tirmayn*

FAAH-FAAHIN DHEERI AH (*Further details*):

ROOM-ka (*oo u taagan* **ROM** *dhinaca Luqadda Ingiriiska ama* **R**ead **O**nly **M**emory) waa unug ku rakiban gudaha **hooyga unugyada** (*Motherboard*) ee keydiya **xog** uu kombiyuutarka u baahan yahay in uu akhriyo marka kasta uu **kacayo**. Xogtaa waa mid "**la akhrin karo keliya**" (*Read-only*) oo aan *wax laga beddeli karin*. Waxaana xogtaa **ROOM**-ka (ROM) looga soo keydiyey warshadda sancaysa unuggaa.

ROOM-ku (*ROM*) wuu ka duwan yahay **RAAM**-ka, oo u taagaan *Random Access Memory* (**RAM**). Inkastoo daatada ku keydsan **RAAM**-ka ay tahay *mid ku-meel gaar ah* oo daato kale lagu kor-qori karo ama tirmi markii kombiyuutarka la damiyo, daatada ku keydsan **ROOM**-ka (ROM) waa daato *joogta ah* oo aan mid kale lagu *kor-qori karin* isla markaan aan tirmayn haddii xitaa kombiyuutarka la damiyo.

ROOM-ku (*ROM*) wuxuu keydiyaa fariimaha ugu horeeya oo uu kombiyuutarka akhriyo markuu kacayo. Akhriskaa kaddib, waxaa hawsha kombiyuutarka la wareegaya **maskaxda kombiyuutarka** ("**CPU**"-da). Fariimaha ku keydsan **ROOM**-ka (*ROM*) waxaa ka mid ah qaabka uu kombiyuutarka u kaco (*Booting*), sida ay *unugyada* kala duwan u kala hor *kacayaan*, iyo *hubinta* in unugyada muhiimka ee kombiyuutarka ay caafimaad qabaan. Haddii uu **ROOM**-ka (*ROM*) ciladoobo, kombiyuutarku ma kacayo.

ROUTER

ENGLISH	SOOMAALI
Router ➔	Rawtar

MACNAHA ERAYGA EE LUQADDA SOOMAALIGA:

Rawtarka waa aalad awood u siinaysa qalabyada **isku xiran** (*Wired devices*) iyo kuwa **xarig la'aanta ah** (*Wireless*) in ay ku xirmaan **internet**-ka iyo in ay wada **xariiraan** oo ay u shaqeeyaan shabakad-ahaan (*Work as a network*)

MEANING IN ENGLISH (*Macnaha Erayga ee Luqadda Qalaad*):

A **router** is a device that lets all your **connected** and **wireless** devices to **connect** to the **internet** and to talk to one another and form a *network*.

TUSAALE (*Example*):

Farsawirka hoose waxaa ku bandhigan tusaale goob ay ku rakiban yihiin *moodem*, *rawtar*, *labo kombiyuutar* iyo hal *telefoon ee nooca casriga ah*. Labada *kombiyuutar iyo telefoonka* waa *xariig la'aan*, waxaana shabakad isku xiran ka dhigaya **rawtarka**. Waxayna **internet**-ku ku helayaan *hab xarig la'aan* ah.

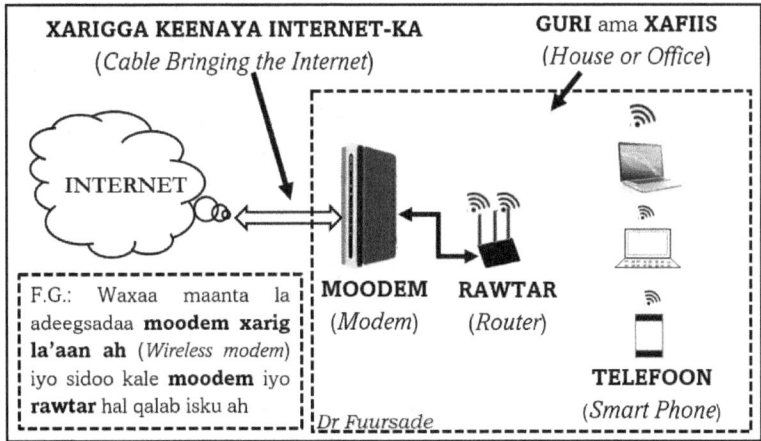

FAAH-FAAHIN DHEERI AH (*Further details*):

Internet-ku wuxuu *guryaha* iyo *xafiisyada* badiba maanta ku yimaadaa xargo (*Cables*), oo aan si toos ah **internet**-ka ugu gudbin karin qalabyada lagu xirayo, sida tusaale ahaan *kombiyuutarada, telefoonada,* iwm, maaddaama ay qalabyadaa adeegsadaan **nidaam dijitaal** ah (*Digital*). Sidaa darteed, waxaa loo baahan yahay qalab la yiraahdo **moodem** (*Modem*) si **daatadaa** ku qulqulaysaa xargahaa loogu rogo *hab dijital* ah. Sidoo kale, wuxuu **moodem**-ku markale suuragelinayaa in daatada *dijitaalka* ah ee qalabyadaa dibedda u soo celinayaan uu u rogo hab ay xargaha qaadan karaan.

Dhinaca kale, **rawtarka** waa aalad *faariin qaybiso* ah isla markaana isku xirta qalabyada goobta yaala, sida *kombiyuutarada, telefoonada casriga, iPads,* iwm, kala siinaysana daatada laga soo gudbiyey internet-ka. Tusaale, saddexda qalab ee ka muuqda farsawirka kore in ay wada xiriiraan oo ay noqdaan hal shabakad isla maarkaana wada helaan **internet** iyo **fariimaha** loo soo kala diray waxaa sabab u ah **rawtar**-ka. Ugu dambayn, inkastoo farsawirka muujinaya **moodem** iyo **rawtar** kala gaar ah, *teknolojiyada cusub* waxay maanta soo kordhisay in *labadaa qalab ay hal unug isku noqdaan*.

RUNNING A PROGRAM

ENGLISH	SOOMAALI
Running a program ➔	Socodsiin barnaamij

MACNAHA ERAYGA EE LUQADDA SOOMAALIGA:

Dhinaca kombiyuutarada, "**socodsiin barnaamij**" (*Running a program*) waxay macnaheedu tahay *hawl-gelinta* barnaamij tarjuman (*Execute a compiled program*) iyo soo bandhigidda natiijada barnaamijkaa

MEANING IN ENGLISH (*Macnaha Erayga ee Luqadda Qalaad*):

In computer terminology, "**run a computer program**" means *execute* a compiled program and present the results

TUSAALE (*Example*):

Qaybta hoose waxaa ku bandhigan farsawiro muujinaya talaabooyinka la xariira *socod-siinta barnaamij* kombiyuutar iyadoo la kala adeegsanayo **wadar-tarjume** (*Compiler*) ee ku xusan *dhinaca bidix* iyo **sadar-tarjume** (*Interpreter*) ee ku xusan dhinaca midig. *Tarjumidda* iyo *socod-siinta* ee barnaamijka **wadar-tarjumaha** waa labo talaabo oo kala duwan, halka **sadar-tarjumuhu** isku mar hal talaabo ku fulinayo *tarjumidda* iyo *socod-siinta* barnaamijka.

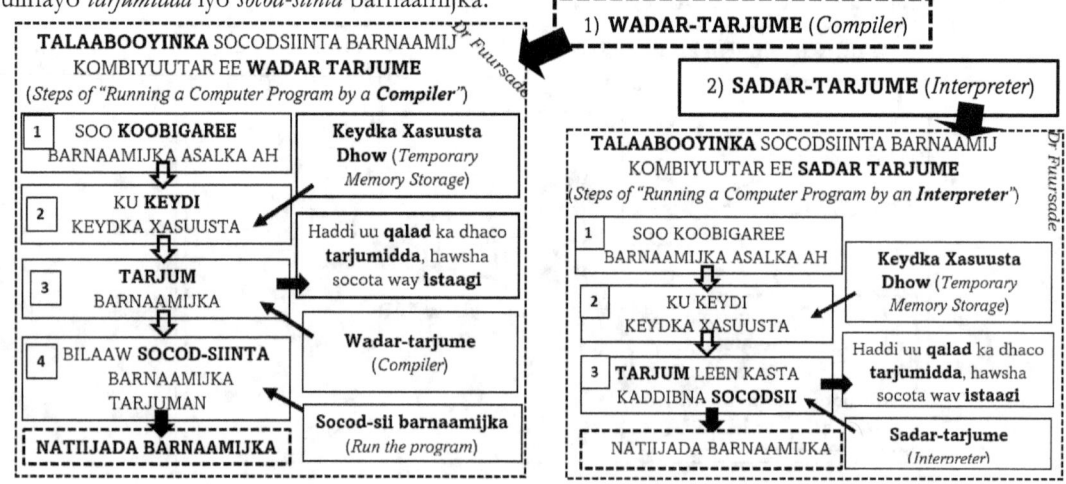

FAAH-FAAHIN DHEERI AH (*Further details*):

Waxaa jira **luqado** kala duwan ee lagu qoro barnaamijyada kombiyuutar. Hasa-yeeshee, wuxuu **qoraaga barnaamijka** (*Computer programmer*) marka hore xushaa *luqadda kombiyuutar* uu doonayo in uu adeegsado, wuxuuna kaddib diyaariyaa **barnaamijka asalka ah** (*Source program*) oo ku qoran "***Luqaddaa Heerka Kore***". Markii la diyaariyo **barnaamijka asalka** ah kaddib, talaabada ugu horeeysa ee hawsha ee ka dhacaysa <u>keydka xasuusta ku meelgaarka</u> (***Random Access Memory***) waa bilaabidda **tarjumidda barnaamijka**; wuxuuna isla markaa barnaamijka ku qormi, kuna keydsami **keydka xasuusta** kombiyuutarka. Waxaa tarjumiddaa fuliya **wadar-tarjume** (*Compiler*) ama **sadar-tarjume** (*Interpreter*) taa oo ku xiran nooca luqadda la xushay. Markii la tarjumo kaddib, waxaa bilaabanaya **socod-siinta barnaamijka** (*Running the program*), sida ku xusan farsawirka kore. Hasa-yeeshee, haddii uu qalad ka dhaco tarjumidda, ma dhacayso **barnaamij fulin** (*No program execution*). Waxaa hawlahaa oo idil hagaya maskaxda kombiyuutarka (**CPU**). Ugu dambayn, waxaa soo baxaya *natiijada barnaamijka* haddii ayna cilad dhicin.

RUNTIME

ENGLISH   **SOOMAALI**

Runtime   →   Waqti-Fulin

MACNAHA ERAYGA EE LUQADDA SOOMAALIGA:

Waqti-fulin (*Runtime*) waxay tilmaami **waqtiga** u dhaxeeya markii ay **socodsiinta** barnaamijka (*Running the program*) ka bilaabato keydka xasuusta (*Computer memory*) ilaa markii ay ka **dhamaato**

MEANING IN ENGLISH (*Macnaha Erayga ee Luqadda Qalaad*):

Runtime refers the **time** between when the program begins **running** within the memory until it is **completed**

TUSAALE (Example):

Waxaa qaybta hoose ka muuqda labo farsawir ee kala muujinaya socodsiinta barnaamijyada kombiyuutar ee ku saleeysan: 1) **Wadar-tarjume** (*Compiler*) iyo 2) **Sadar-tarjume** (*Interpreter*). Markii la adeegsanayo **wadar-tarjume**, *tarjumidda* iyo *socod-siinta* barnaamijka waa labo talaabo oo kala duwan (*Eeg farsawirka 1aad ee qaybta hoose*). Dhinaca kale, markii la adeegsanayo **sadar-tarjume** (*Interpreter*), **tarjumidda** (*Interpretation*) iyo **waqti-fulinta** (*Running the program*) waa isku hal talaabo, maaddaama labadaa hawl ay isku mar dhacayaan (*Eeg farsawirka 2aad ee qaybta hoose*).

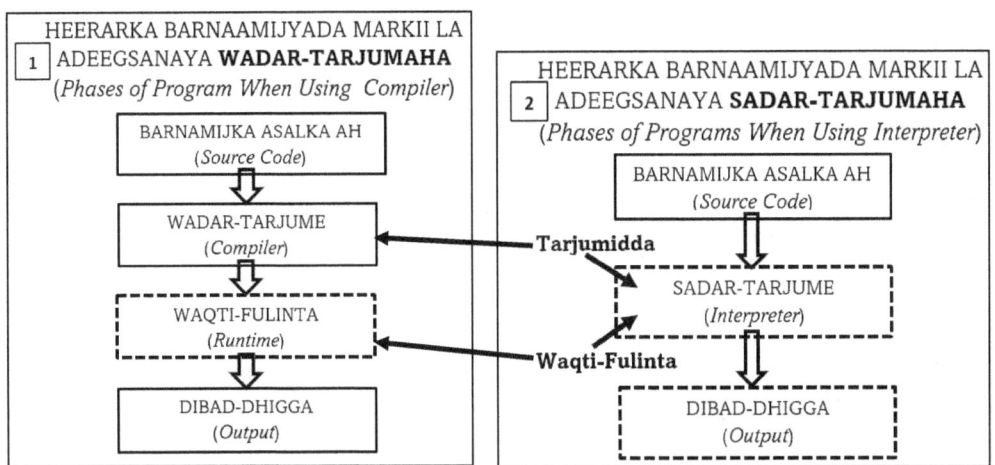

FAAH-FAAHIN DHEERI AH (Further details):

Barnaamijyada kombiyuutar waxaa lagu qoraa **luqadaha heerka kore** (*High level language*). Hasa-yeeshee, kombiyuutaradu ma fahmi karaan luqadahaa. Sida darteed, waa in luqadahaa loo tarjumo luqad uu kombiyuutarku fahmi karo. Waxaa tarjumiddaa hirgaliya "**wadar-tarjume**" (*Compiler*) ama "**sadar-tarjume**" (*Interpreter*) iyadoo ay ku xiran tahay nooca barnaamijka la adeegsanayo. Markii la tarjumo kaddib, waxaa la fuliyaa amarada. Muddadaa ay socota fulinta amarada ayaa lagu tilmaamaa **waqti-fulinta** (*Runtime*), taa oo ku xiran nooca *barnaamijka* iyo *tarjumaha* la xariira ee la adeegsanayo.

Markii la adeegsanayo barnaamij kombiyuutar ee ku saleeysan **wadar**-tarjume, *waqti-fulintu* waxay dhacdaa tarjumidda kaddib. Sida darteed, *tarjumidda* iyo *waqti-fulinta* waa <u>labo talaabo oo kala duwan</u> markii la adeegsanayo **wadar-tarjume**. Dhinaca kale, markii la adeegsanayo **sadar-tarjume**, *waqti-fulintu* waxay dhacdaa markii barnaamijka *la tarjumayo*. Tarjumiddu iyo waqti fulinta waa hal talaabo.

RUNTIME ERROR

ENGLISH	SOOMAALI
Runtime Error ➔	Ciladda Waqti-fulinta

MACNAHA ERAYGA EE LUQADDA SOOMAALIGA:

Ciladda waqti-fulinta waa **cilad** ama **qalad** uu la kulmo barnaamij kombiyuutar, ee si saxan u tarjuman (*Successfully compiled*), xilliga uu barnaamijka ku guda jiro **waqti-fulinta** (*During execution time*)

MEANING IN ENGLISH (*Macnaha Erayga ee Luqadda Qalaad*):

A **runtime error** is an **error** encountered when a program is **running** (*During execution time*) after being successfully compiled

TUSAALE (*Example*):

Waxaa qaybtaan hoose ku bandhigan farsawiro muujinaya xilligga ay **ciladda waqti-fulinta** (*Runtime error*) dhacdo markii barnaamij kombiyuutar la socodsiinayo. Farsawirka **1aad**, ee ka muuqda qaybta bidix, waa marka la adeegsanayo **wadar-tarjume** (*Compiler*). Markaa **ciladda waqti-fulintu** (*Runtime error*) waxay dhacdaa xilliga barnaamijka la **socod-siinayo**. Farsawirka **2aad**, ee ka muuqda qaybta midig, waa marka la adeegsanayo **sadar-tarjume** (*Interpreter*). Markaa **ciladda waqti-fulintu** (*Runtime error*) waxay dhacdaa inta ay socoto tarjumidda maaddaama ay *tarjumidda* iyo *fulintu* isku mar dhacaan.

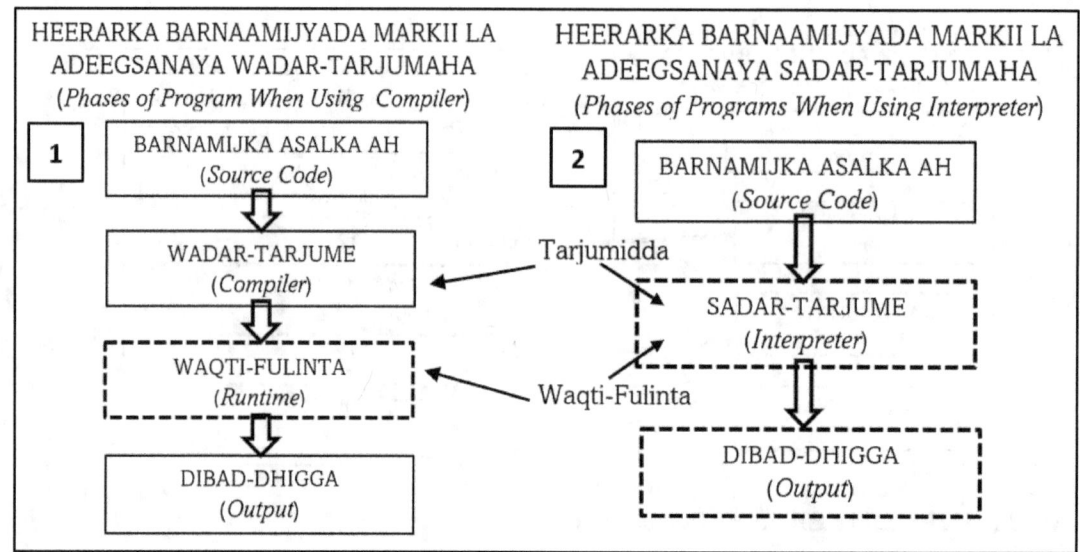

FAAH-FAAHIN DHEERI AH (*Further details*):

Barnaamijyada kombiyuutar waxay la kulmaan cilado kala duwan. Waxaan guud ahaan ciladahaa loo qaybiyaa: **Ciladaha waqti tarjumidda** (*Compilation errors*) iyo **ciladaha waqti fulinta** (*Runtime errors*). Ciladaha hore waxay dhacaan xilliga ay tarjumidda socoto. Dhinaca kale, waqtiga ay dhacaan **ciladaha waqti-fulinta** (*Runtime error*) waxay ku xiran tahay nooca barnaamijka **tarjumaha** ah. Markii la adeegsanayo **wadar-tarjume** (*Compiler*), **ciladaha waqti-fulintu** waxay dhacaan markii barnaamijka la **tarjumo** kaddib. Dhinaca kale, markii la adeegsanayo **sadar-tarjume** (*Interpretrer*), **ciladaha waqti-fulintu** (*Runtime errors*) waxay dhacaan markii barnaamijka la tarjumayo maaddaama ay *tarjumidda* iyo *waqti-fulinta* isku mar dhacaan

SaaS

ENGLISH	SOOMAALI
SaaS →	SaaS

MACNAHA SOOMALIGA:

SaaS waa erayo la soo gaabiyey oo macno ahaan u taagan *Software as a Service* ama *Softaweer loo tixgaliyey sida Adeeg* ee tilmaamaya *adeegsiga softaweero* ku keydsan **daruuraha** (*Cloud*), oo si loo adeegsado ay adeegsadayaashu (*Users*) bixinayaan khidmo

MEANING IN ENGLISH:

SaaS, which stands for *Software as a Service*, refers to the *use of software* stored in the cloud where users pay fee for its use

TUSAALE (*Example*):

Waxaa qaybtaan hoose ka muuqda farsawir (*Sketch*) muujinaya **adeegsade** (*User*) adeegsanaya softaweer ku keydsan **daruuraha**, goobtaas oo ah xaruun ka mid caalamka oo ay ku **keydsan** yihiin **softaweero** la **kiraysto**. Waxaa adeegsigaa kirada ah lagu tilmaamaa "SaaS"

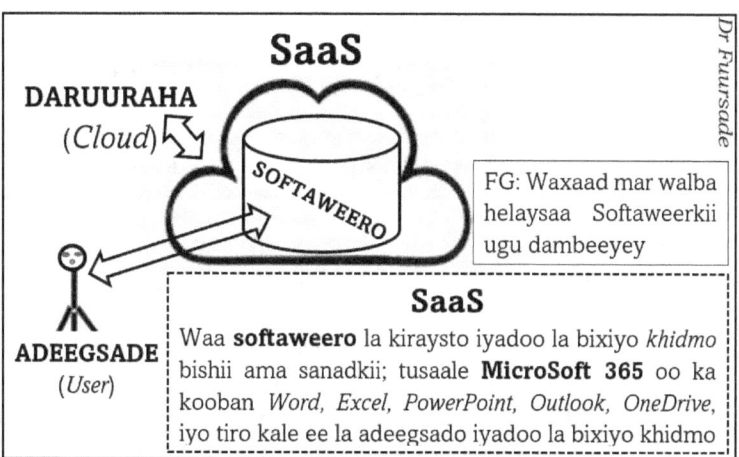

FAAH-FAAHIN DHEERI AH (*Further details*):

Waayihii hore softaweerada waa la soo iibsan jiray. Laakiin, **SaaS** waa **keyd softaweero** ah oo ay adeegsadayaashu kiraystaan iyagoo adeegsanayo **dulmaraha weebka** (*Web browser*) iyo **internet**. Softaweeradaa waxaaa milkiyaddeeda leh shirkado; waxayna ku keydsan yihiin **daruuraha** (*Cloud*), taasoo macnaheedu tahay goob ka mid caalamka oo internet-ahaan *loogu xirmi karo keliya*. Goobtaa waxay noqon kartaa **xaruun** magaaladaada ku taala ama geeska kale ee caalamka. Kiraystahu uma baahna in uu ogaado magaalada ama dhismaha oo ay softaweeradaa ku keydsan yihiin.

Si loo adeegsado **SaaS**, waa in uu **adeegsaduhu** is diwaan geliyo oo uu bixiyo **khidmo**, caadiyan ah **sanadle**. Waxaana kaddib adeegsadaha la siinayaa **Magac** (*Username*) iyo **Fure** (*Password*). Sidoo kale, adeegsaduhu uma baahna in uu ka **wel-walo dayactirka** iyo **sare-u-qaadidda** tayada **softaweeradaa** (*Software Upgrade*). Adeegsiga iyo kiraysiga **SaaS** wuxuu u dhigmaa sida adeegsiga iyo kiraysiga *korontada* iyo *biyaha* ee laga kiraysto shirkahadaha bixiya adeegyadaa ee la siiyo khidmada.

SEARCH ENGINE

ENGLISH   **SOOMAALI**

Search Engine → Matoorka Xog-Baarista

MACNAHA ERAYGA EE LUQADDA SOOMAALIGA:

Matoorka xog-baarista waa **softaweer** ku rakiban **internet**-ka ee ka baara **xogta** ay codsadaan adeegsadayaasha (*Users*)

MEANING IN ENGLISH (*Macnaha Erayga ee Luqadda Qalaad*):

A **search engine** is a **software** that runs on the **internet** which searches **information** requested by users

TUSAALE (*Example*):

Farsawirka hoose wuxuu muujinayaa tusaale la soo koobay ee la xariira habka uu guud ahaan **matoorka xog-baarista** ee **Google** u soo uruursho xogta; wuxuuna habkaa ku saleeysan saddexda talaabo ee kala ah: 1) **Baar** (*Crawl*), 2) **Kala hormari** (*Index*), iyo 3) **Kala darajeey** (*Rank*).

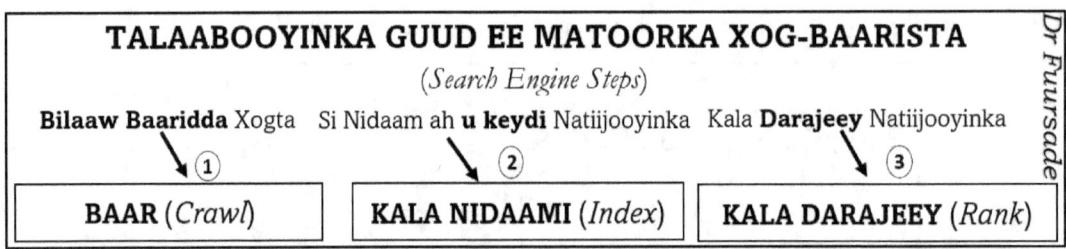

"**Crawl**" (*Crawl*) waa nidaam uu barnaamijka xog-baaristu si joogta ah kaga baarayo bogagga kala duwan ee **Shabakadda Ballaaran ee Caalamka** (*World Wide Web*) xog cusub, maddaama ay **xogta internet-ku** *si joogta ah isku beddesho*. Erayga "**Crawl**" waa eray macnahiisa yahay "*Garguurasho*", laakiin loola jeedo "*baar*" (*Search*) ama *ku dhex garguuro* bogagga kala duwan ee weebka. Dhinaca kale, "**Index**" waa nidaam xogta cusub ay baaristu (*Crawling*) soo hesho si nidaamsan loogu keydinayo "Xog-dhig" (*Database*). Ugu dambayn, "**ranking**" waa nidaam *xogta* ama *erayada* la soo xulay ee lagu keydiyey *xog-dhigga*, la kala siinayo darajooyin kala duwan, halkaasoo bogagga ugu muhiimsan lagu lifaaqayo qiimo sare, si ay baarayasha u hor arkaan bogaggaa. *Kala darajaynta erayadaa* (*Ranking*) waxaa go'aaminaya **hab-xalo** ama *habab* (*Algorithms*) gaar ah ee ku keydsan barnaamijyada xog baarista.

Adeegsadaha (*User*) waxaa looga baahan yahay oo keliya in uu ku xirmo barnaamij *codsi qabte iyo jawaab muujiye ah* ee **internet-ka**, sida *Google*. Wuxuu kaddibna adeegsaduhu qorayaa codsigiisa, caadiyan **codsi kooban** tusaale ahaan *eray* ama *tiro erayo* ah ee la xariira *mawduuca* uu baarayo. Wuxuu ugu dambayn *riixayaa batanka* "**Search**" oo macnaheedu yahay "*baar*", kadibna waxaa jawaabta codsigaa laga baarayaa xogtii nidaamsanayd ee la kala darajeeyey, *jawaabna* loo soo celinayaa adeegsadaha.

FAAH-FAAHIN DHEERI AH (*Further details*):

Matoorka xog-baarista (*Search Engine*) waa barnaamij kombiyuutar ee ka **baara** bogagga weebka **xog** uu adeegsaduhu (*User*) codsado, kaddibna soo bandhiga **natiijooyinka** baaristaa. Waxaa xogtaa badiba laga baaraa *Shabakadda Ballaaran ee Caalamka*. **Matoorada** ugu waa-weyn ee baara xogta ee maanta aad loo adeegsado waxaa ka mid ah: *Google*, *Bing*, *AOL.com*, *Yahoo*, *Ask.com*, iwm.

SELECT

ENGLISH   **SOOMAALI**

Select   ➔   Xulo

MACNAHA SOOMALIGA:

Dhinaca kombiyuutarada, **xulo** (*Select*) waa: a) *Yare-iftiiminta* (*Highlighting*) eray ama tiro erayo ah *ama* b)*Ku Riixidda* **batanka bidix** (*Click*) ee maawuska **faayilal** (*Clicking a file*) ama **galal** (*Folders*)

MEANING IN ENGLISH (*Macnaha Erayga ee Luqadda Qalaad*):

In computers, **select** is the: a) *Highlighting* of a word or group of words *or* b) *Clicking* **files** *or* **folders** with the left button of the mouse

TUSAALE (*Example*):

Waxaa qaybtaan hoose ka muuqda qoraal erayadiisa ugu horeeya la **xushay**, kuwaa oo noqday *erayo yare-iftiiman (Highlighted text)*

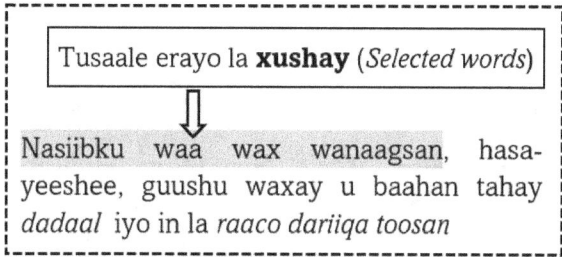

Dhinaca kale, waxaa qaybtaan hoose ka muuqda farsawir muujinaya tiro faayilal ah ee galka ABC. Waxaa halkaa laga **xushay** (ama la *yare-iftiimiyey*) *labo faayil* oo ka mid ah faayilalkaa:

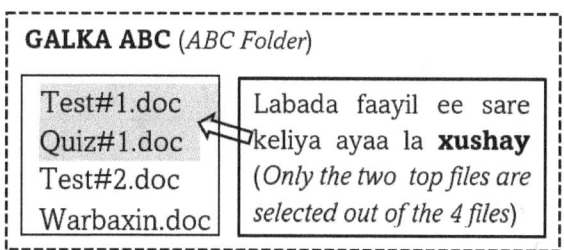

FAAH-FAAHIN DHEERI AH (*Further details*):

Si lagu xusho *eray* ama *erayo* (*Select a word or group of words*), waa la **yare-iftiimiyaa** (*Highlight*) erayadaa iyadoo la adeegsanayo caadiyan maawuska. Sidoo kale, haddii aad doonaysid in aad xulatid *hal faayil* ama *hal gal* keliya, waxaad ku **riixi** kartaa **maawuska** (*Click with the mouse*). Hasa-yeeshee, haddii aad xulanaysid tiro faayilal ama galal ah ee isku xiga, sida tusaalaha kore, waxaad marka hore xulani faayilka (*Ama galka*) ugu horeeya; kaddibna *riix* fartana ku hay **batantka SHIFT** (⇧) ee *kiiborka* isla markaana adoo weli haya **batanka SHIFT**, ku riix *batanka bidix* ee maawuska *faayilka* ama *galka* ugu dambeeya ee aad doonaysid. Haddii laakiin ay faayilalka ay isku xigin, marka hore far ka mid ah gacantaada bidix ku riix batanka **CTRL** ee *kiiboorka*; kaddibna adoo weli farta ku haya batankaa, ku xulo batanka bidix ee maawuska *faayilalka* ama *galalka* aad doonaysid in aad xulatid.

SEMI-CONDUCTOR

ENGLISH	SOOMAALI
Semi-conductor ➔	In-gudbiye

MACNAHA ERAYGA EE LUQADDA SOOMAALIGA:

In-gudbiye (*Semi-conductor*) waa maaddo (*Material*) sifooyin gaar ah leh ee loo adeegsado sancaynta aaladaha elektaroonikada, sida *taraansistarada*.

MEANING IN ENGLISH (*Macnaha Erayga ee Luqadda Qalaad*):

A **semi-conductor** is a material that has specific properties and used for the production of electronic devices, such as transistors.

TUSAALE (*Example*):

Waxaa farsawirka hoose ku xusan tusaaloyin la xariira tiro ka mid ah aaladaha teknolojiyada cusub ee laga sanceeyo "**in-gudbiyaha**" (*Semi-conductor*):

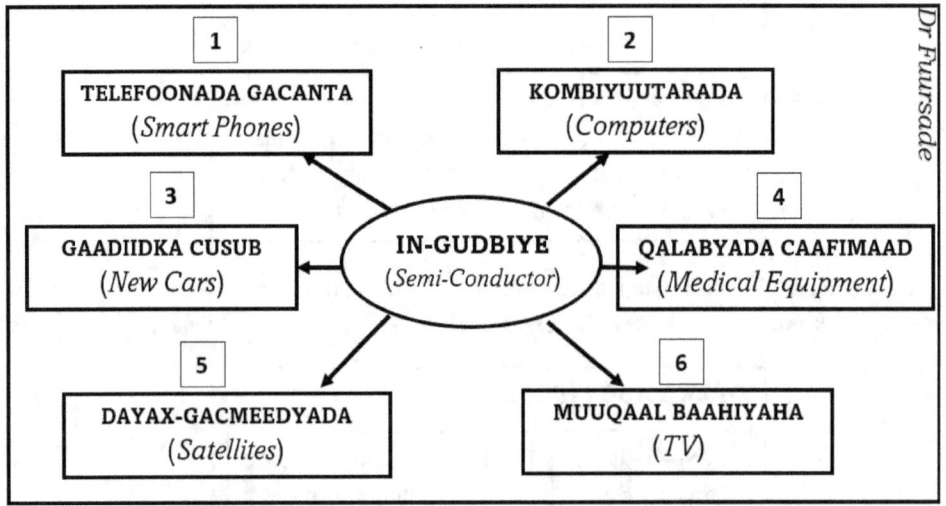

FAAH-FAAHIN DHEERI AH (*Further details*):

Maaddo ahaan, **in-gudbiyuhu** wuxuu ka sameeysan yahay "**silikoon**" (*Silicon*), oo ah maaddada ugu badan ee laga helo dhulka korkiisa. Waana maaddo sifadeedu u dhaxaysa **koronto gudbiye** (*Conductor*) iyo **koronto ma-gudbiye** (*Insulator*) taa oo ku xiran xaaladda laga dhigo maaddadaa.

Tusaale, markii heerkulka **in-gudbiyaha** hoos loo dhigo (*Low temperature*) ama lagu kordhiyo maddooyinka kale, **in-gudbiyuhuu** wuxuu u dhaqmaa koronto **ma-gudbiye** (*Insulator*). Dhinaca kale, markii heerkulkiisa kor loo qaado (*Higher temperature*), wuxuu u dhaqmaa **koronto gudbiye** (*Conductor*). Labadaa sifo, oo ay u dheer yihiin in qalabyada laga farsameeyo *in-gudbiyaha* aad loo yarayn karo oo laga dhigi karo *jabyare* (*Chip*), waxay sababeen in loo adeegsado farsamada aalado badan ee elektaroonik ah. Saa darteed, in-gudbiye (*Semi-conductor*) la'aantii si sahlan laguma helayn *internet*, *kombiyuutar*, iyo aaladaha kalee casriga ah ay ka mid yihiin: *Telefoonada gacanta, TV-yada casriga ah, qalabyada cusub ee dhinaca caafimaadka, warshadaha, isgaarsiinta, dayax-gacmeedyada, iwm*

SERIAL PORT

ENGLISH	SOOMAALI
Serial Port ➜	God-ka Taxanaha

MACNAHA ERAYGA EE LUQADDA SOOMAALIGA:

God-ka taxanaha (*Serial Port*) waa **barkulan** (*Interface*) ama **afaf** ku rakiban kombiyuutarada oo: 1) Ay ku xirmaan qalabyada hareeraha (*Computer peripherals*) iyo 2) Daatadane u gudbiya ama u aqbala nidaam ah "**hal bit markiiba**"

MEANING IN ENGLISH (*Macnaha Erayga ee Luqadda Qalaad*):

Serial ports are **interfaces** installed into a computer which: a) Are used to connect to peripherals, and b) Transmit or receive data "**one bit at a time**".

TUSAALE (*Example*):

Waxaa qaybtaan hoose ka muuqda sawiro muujinaya noocyada **godad-ka taxanaha ah** (*Serial ports*) oo caadiyan kombiyuutarada uga rakiban qaybta dambe, gaar ahaan kombiyuutaradii hore

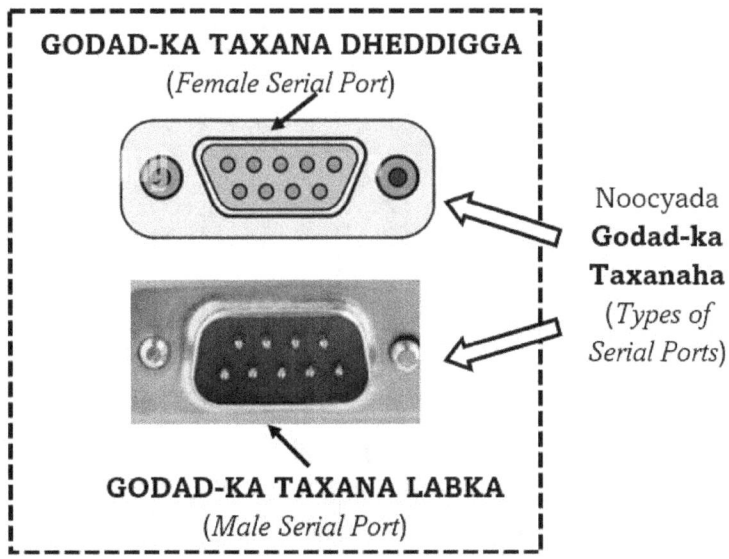

GODAD-KA TAXANA DHEDDIGGA (*Female Serial Port*)

GODAD-KA TAXANA LABKA (*Male Serial Port*)

Noocyada **Godad-ka Taxanaha** (*Types of Serial Ports*)

FAAH-FAAHIN DHEERI AH (*Further details*):

Godad-ka taxanaha (*Serial port*) waa **godad** caadiyan kaga rakiban kombiyuutarada **wajiga dambe**, una gudbiya daatada: "**1 Bit** (*Bit*) **markiiba**". Maaddaama la gudbinayo "**1 bit**" markiiba, **afafka taxanaha** waa kuwa **xawaara** ahaan aad u **gaabiya** (*Low speed transmission*).

Godad-ka taxanaha waxay ka mid yihiin afafkii ugu horeeyey ee la hirgaliyey. Waxaana loo adeegsan jiray isku xirka *kombiyuutarada* iyo *daabecaha, moodemka, iyo maawuska*. Waxayna u qaybsan yihiin noocyada **dheddigga** (*Female*) iyo **labka** (*Male*). Nooca **dheddigga** waa kuwa leh afaf **duleela**, halka **labka** ay yihiin kuwa leh afaf **taag-taagan**. Hasa-yeeshee, adeegsiga **duleelada taxanaha** guud ahaan way ku sii yaraanayaan kombiyuutarada cusub ee maanta la soo saaro; waxaana beddelay godad-ka lagu magacaabo "**USB Ports**"

SERVER

ENGLISH	SOOMAALI
Server ➔	Serfer

MACNAHA ERAYGA EE LUQADDA SOOMAALIGA:

Serfer waa kombiyuutar **quwad weyn** ama barnaamij kombiyuutar ee adeeg siiya **kombiyuutaro** kale, ama **barnaamij** kale ee **kombiyuutar**, iyo **adeegsadayaasha** (*Users*) ku xiran; waxaana *adeegsadayaashaa* iyo *kombiyuutaradaa ku xiran* serferka lagu tilmaama **macaamiil** (*Clients*)

MEANING IN ENGLISH (*Macnaha Erayga ee Luqadda Qalaad*):

A **server** is a powerful computer or a computer program that provides a service to another computer or computer programs and its users; those *users* and *connected computers* are known as **clients**

TUSAALE (*Example*):

Waxaa qaybta hoose ka muuqda farsawir (*Sketch*) muujinaya **hal kombiyuutar** ee **serfer** ah ee adeeg siinaya **3 kombiyuutar ee macaamiil** ah (*Clients*). Qaab-dhismeedkaa wuxuu noqon karaa "**Shabakadda goobaha gudaha**" (*Local area network*) ee ku sii xiran **internet**-ka

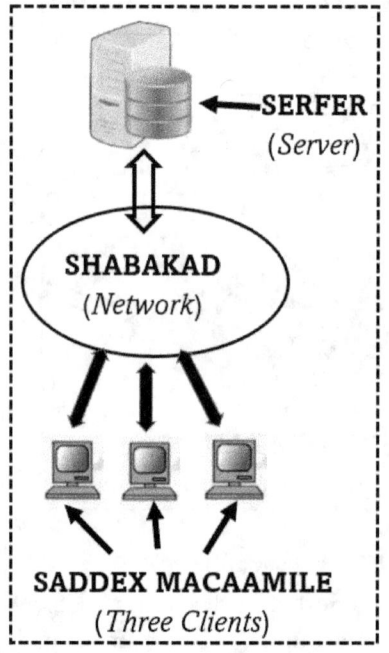

FAAH-FAAHIN DHEERI AH (*Further details*):

Serferadu waa kombiyuutaro **quwad weyn** ee maamula *daato* iyo *barnaamijyo*, una adeega badiba macaamiil (*Clients*). Isku xirka **serferka** iyo **kombiyuutarada macaamiisha** (*Client machines*) waa shabakad loo yaqaano "**Qaab-dhismeedka macaamile-serfer**" (*Client-Server Architecture*). Shabakadahaa waxay caadiyan ku rakiban yihiin **isku goob**. **Macaamiishu** waxay u soo gudbiyaan **serferka** codsiyo hawlo la rabo in la fuliyo; wuxuu kaddibna **serferka** u soo celiyaa jawaabo la xariira codsiyadooda.

SERVICE PROVIDER

ENGLISH   **SOOMAALI**

Service Provider   ➔   Adeeg Bixiye

MACNAHA ERAYGA EE LUQADDA SOOMAALIGA:

Adeeg bixiye waa *hay'ad* ama *shirkad* siiso adeegyo dadweynaha ama hay'ado kale

MEANING IN ENGLISH (*Macnaha Erayga ee Luqadda Qalaad*):

A **service provider** is an *agency* or *company* that provides services to public or other agencies

TUSAALE (*Example*):

Waxaa farsawirka (*Sketch*) hoose ka muuqda tiro ka mid ah **adeeg bixiyaasha** (*Service providers*) ugu waa-weyn caalamka ee dhinaca farsamada iyo technolojiyada:

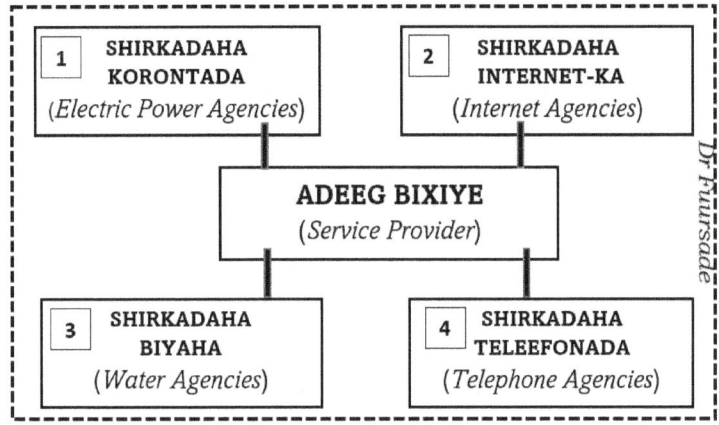

FAAH-FAAHIN DHEERI AH (*Further details*):

Adeeg bixiyaashu waxay dadweynaha siiyaan **adeegyo** loo baahan yahay. Tusaale, shaqsi ama shirkad intaay hawlo (*Services*) iskeed u qabsan lahayd, waxay hawlahaa ka **codsadaan** in ay fuliyaan **shaqsiyaad**, **hay'ado**, ama **shirkado kale** iyagoo bixinaya **khidmo** u dhiganta **adeeggaa** la siiyo. Wuxuu nidaamkaa kor u qaadaa tayada hawlahaa maaddaama ay adeegyadaa fulinayaan hay'ado gaar ah ee ku takhasusay bixinta hawlaha laga codsaday. Tusaale ahaan, intaa uu shaqsi soo gadan lahaa **matoor koronto** oo isagu *maamulo, hagaajiyo, shiidaal u raadsado, dayactiro*, iwm, waxaa uga sahlan in uu korontada ka soo qaato shirkadaha **bixiya adeegyada koronto**, oo uu siiyo khidmo u dhiganta inta uu isticmaalay.

Adeeg bixiyaasha caalamka ee ku takhasusay adeegyada gaarka ah waxaa ka mid ah:

a) Shirkadaha **korontada**
b) Shirkadaha **internet**-ka
c) Shirkadaha **biyaha**
d) Shirkadaha **telefoonada**
e) Shirkadaha **gaadiidka** laga ijaarto
f) Shirkadaha **shaqooyinka** dadka geeya & iwm

SKETCH

ENGLISH	SOOMAALI
Sketch ➔	Farsawir

MACNAHA ERAYGA EE LUQADDA SOOMAALIGA:

Farsawirku waa *sawir* tilmaamaya **shay** ama **muuqaal** ama **fikir** ee si deg-deg ah lagu sameeyo, iyadoo la adeegsanayo *gacan* ama *qalab dijitaal* ah, oo aan la muujinayn **faah-faahino** badan

MEANING IN ENGLISH (*Macnaha Erayga ee Luqadda Qalaad*):

A **sketch** is a *drawing* of an **object** or **scene** or an **idea** made rapidly using the *hand* or a *digital device* without displaying many **details**

TUSAALE (*Example*):

Waxaa qaybtaan hoose ka muuqda tusaale **farsawir** (*Sketch*) shabakad kombiyuuter (*Computer network*) ee ka kooban hal serfer (*Server*), iyo saddex kombiyuutar ee macaamiil ah (*Clients*).

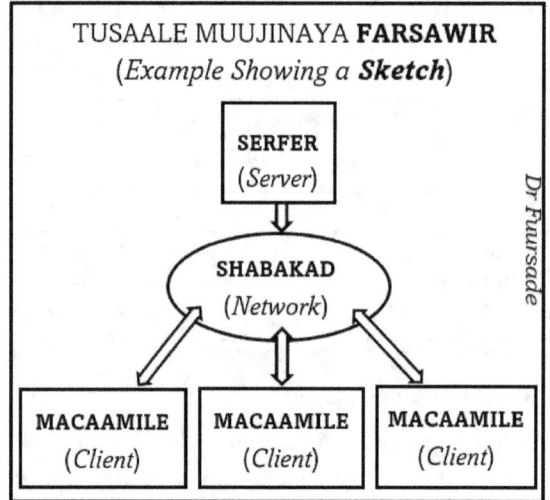

FAAH-FAAHIN DHEERI AH (*Further details*):

Farsawirku (*Sketch*) waa sawir si *deg-deg* ah loo sameeyo oo aan weli si buuxda u dhamaystirnayn. **Sababaha** loo adeegsado **farsawirada** waxaa ka mid ah:

- Soo bandhigga sawirka shay ama fikir ku jira maskaxda shaqsi wax curinaya
- Soo bandhigga qaybaha ugu muhiimsan ee shay la darsayo ama laga doodayo
- Fasiraadda habka uu qalab ama qalabyo isku xiran u xiriirayaan (*How they are connected*)
- Sawirka ugu horeeya ee shay la rabo in la sanceeyo iyo iwm

Farsawirada (*Sketches*) waxaa loo samayn karaa **siyaabo kala duwan** iyadoo la adeegsanayo:

1) Carada dhulka iyo ul ama qori (*Sand and stick*), 2) Qalin iyo warqad (*Pen or pencil and paper*), 3) Warqado waa weyn, qalmaan, iyo qad (*Large papers, pens, pencils, and ink*), 4) Kombiyuutar (*Computer*), sida farsawirka kore, iyo 5) Tiro kale

SOFT COPY

ENGLISH		SOOMAALI
Soft Copy	→	Koobi Fudud

MACNAHA ERAYGA EE LUQADDA SOOMAALIGA:

Koobi fudud (*Soft copy*) waa *faayil* ama *dokumenti* "**la mid ah**" mid asal ah (*Copy of an Original file*), kuna keydsan aalad elektaroonik ah

MEANING IN ENGLISH (*Macnaha Erayga ee Luqadda Qalaad*):

A **soft copy** or "*softcopy*" is a "*copy*" of an original *file* or a *document* stored in an electronic device

TUSAALE (*Example*):

Waxaa farsawirka hoose ka muuqda **faayil asal ah** (*Source file*) ee lagu magacaabo **Test#1** kuna keydsan kombiyuutarka lagu magacaabo **Kombiyuutar#1**. Waxaa **Kombiyuutar#2** lagu keydiyey *faayil la mid ah* **Test#1** ee Kombiyuutar#1. Waxaana halkaa ka dhashay "**koobi fudud**" (*Soft copy*).

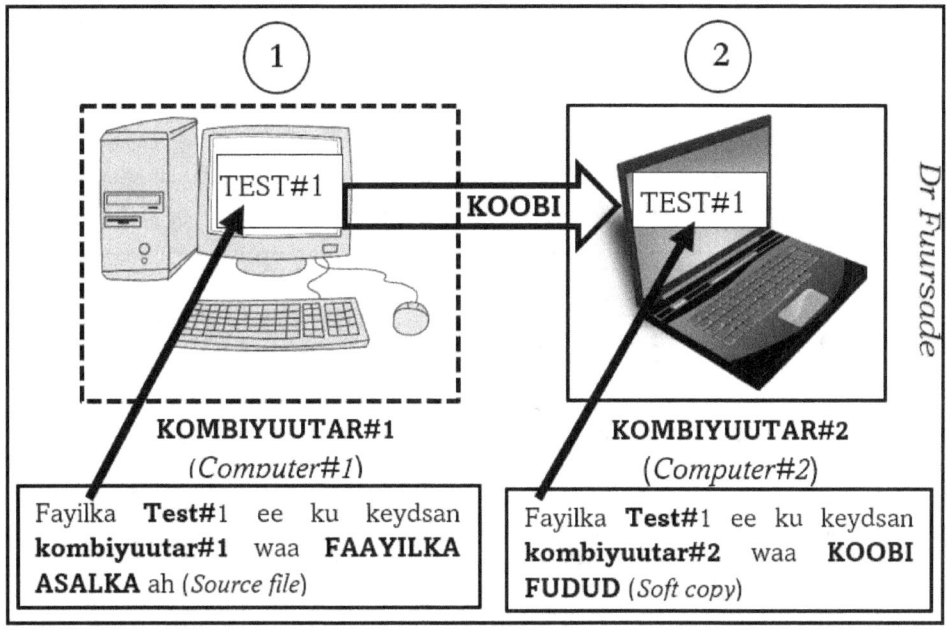

FAAH-FAAHIN DHEERI AH (*Further details*):

Koobi fudud (*Soft copy*) waa **faayil** ku keydsan aalad elektaroonik ah ee **la labeeyey** (*Duplicated*), laguna keydiyey aalad kalee elektaroonik ah ama isla aaladdii hore ee uu ku keydsanaa faayilka asalka ah. Waxaana halkaa ka dhashay *faayil labaad* ee la mid ah *kii asalka ahaa*. **Faa'iidada** la xariirta **koobiga fudud** waxay tahay in la farsameeyey faayil *baakab* (*Backup*) ama *kayd* ah, oo si fudud oo elektaroonik ah loola wadaagi karo dad ama hay'ado kale.

Dhinaca kale, **hawlaha** la xariira **koobiga fudud** waxay tahay in loo baahan yahay in aad haysatid **qalab elektaroonik** ah si aad u samaysid (*Create*), u furtid (*Open*), ama u akhrisid (*Read*) koobigaa fudud. Culayska kale ee la xariira **koobiga fudud** waxaa ka mid ah in loo baahan yahay in aad loo ilaaliyo qalabyada uu ku keydsan yahay *koobigaa fudud* haddii uu faayilka keydinayo **xog xasaasi** ah.

SOFTWARE

ENGLISH	SOOMAALI
Software ➔	Softaweer

MACNAHA ERAYGA EE LUQADDA SOOMAALIGA:

Softaweer waa *talaabooyin* iyo *fariimo* faraya *kombiyuutarka* hawlaha la fulinaya

MEANING IN ENGLISH (*Macnaha Erayga ee Luqadda Qalaad*):

Software consists of *steps* and *instructions* that tell a *computer* what to do

TUSAALE (*Example*):

Softaweerada iyo hardaweerada waxay u taagan yihiin sida **nafta** (*Softaweer*) iyo **jirka** (*Hardaweer*) Aadanaha. Waxaana softaweerada ugu muhiimsan ka mid ah: **Barnaamijyada maamulayaasha** (*Operating systems*) iyo **Barnaamijyada hawlfuliyaasha** (*Application Programs*). Barnaamijyada maamulayaasha waa barnaamijyo maamula qalabyada adag ama hardaweerka ee uu kombiyuutarka ka kooban yahay, kana dhiga kombiyuutarka qalab lagu shaqaysan karo. Barnaamijyada hawlfuliyaasha waa barnaamijyo u adeega adeegsadaha (*User*) oo lagu fuliya hawlaha gaarka ah sida *diyaarinta dokumentiyada, ka shaqaynta xisaabaadka, diridda iimeelada, fariimaha*, iwm.

Farsawirka (*Sketch*) hoose wuxuu muujinaya qaabka ay u wada shaqeeyaan *adeegsadaha, barnaamijyada hawlfuliyaasha, barnaamijka maamulaha, iyo hardaweerka*. Sida ka muuqata farsawirka, barnaamijka maamulaha ah wuxuu xiriiriyaa *barnaamijyada hawlfuliyaasha, hardaweerka, iyo adeegsadaha*

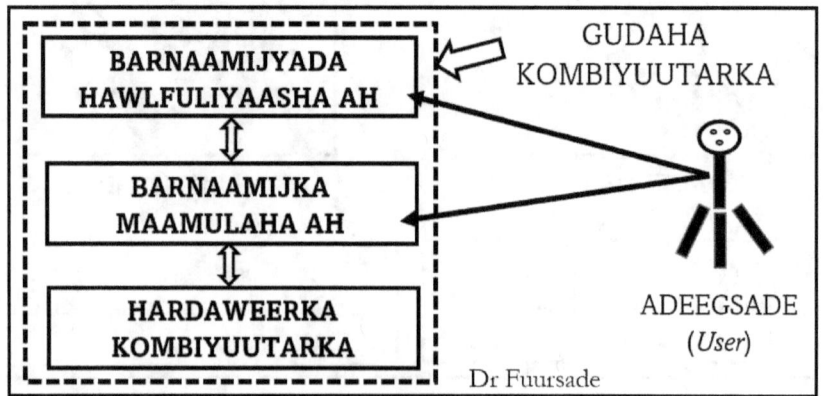

FAAH-FAAHIN DHEERI AH (*Further details*):

Kombiyuutar kasta waxaa ku rakiban hal barnaamij ee *maamula ah* (*One Operating System*) iyo tiro barnaamijyo *hawl-fuliyaal ah* (*A number of application programs*). Waxaa qaybtaan hoose ku xusan noocyo ka mid ah softaweerada ugu muhiimsan ee kombiyuutarada lagu duubo, kuwa oo kala ah:

a) **Barnaamijka maamulaha ah** (*Operating systems*), sida **MS Windows** ee loo adeegsado maamulidda kombiyuutarada yar-yar, **UNIX** ee loo wada adeegsado maamulidda kombiyuutarada waa-weyn iyo kuwa yar-yar, iyo **iOS** ee loo adeegsado **iPhone**-ka, iwm iyo

b) **Barnaamijyada hawlfuliyaasha** (*Application programs*) ee ah barnaamijyo u fuduudeeya **adeegsadaha** (*User*) fulinta hawlaha, tusaale *MS Word, MS Access, MS Excel, MS PowerPoint*, iwm

SOFTWARE TESTER

ENGLISH	SOOMAALI
Software Tester ➔	Tijaabiye Softaweer

MACNAHA ERAYGA EE LUQADDA SOOMAALIGA:

Tijaabiye softaweer waa **xirfadle** ka **baara** barnaamijyada kombiyuutar **ciladaha** ku jiri kara inta aan barnaamijka loo bandhigin macaamiisha

MEANING IN ENGLISH (*Macnaha Erayga ee Luqadda Qalaad*):

A **software tester** is a **skilled** professional who **tests** computer applications for any potential **bug** (*Error*) before it is released to customers

TUSAALE (*Example*):

Farsawirka hoose waxaa ka muuqda **tijaabiye softaweer** (*Software tester*) oo ka baaraya **cilad** (*Bug*) barnaamij kombiyuutar ee **cilaadaysan**. Ciladdu waa qaybta **z=y/x** oo uu **x** yahay **0** (*Eber*).

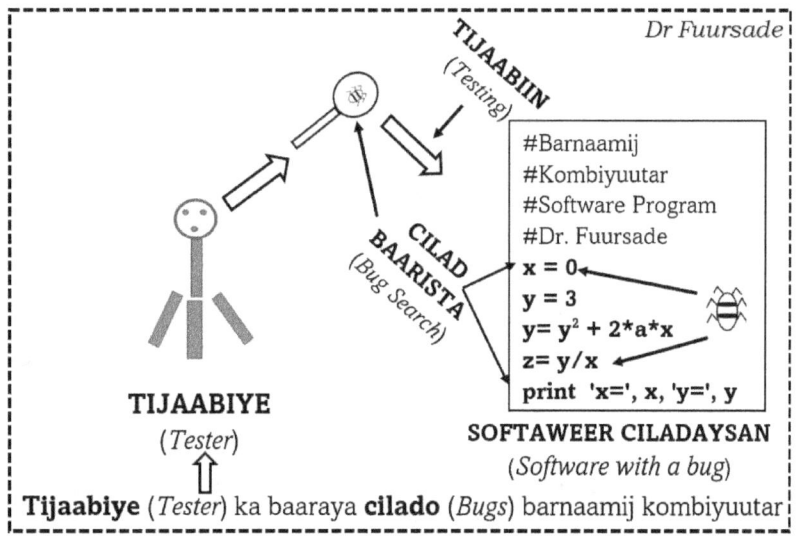

FAAH-FAAHIN DHEERI AH (*Further details*):

Nidaamyada uu **tijaabiye softaweer** adeegsado waxaa ka mid ah:

- **Tijaabada qayb-qayb** ee barnaamijka (*Unit testing*) si loo bartilmaamo qaybaha ciladaysan
- **Tijaabada mar qura ee dhamaan barnaamijka oo idil** oo isku wada rakiban (*System testing for the whole program*) maaddaama ay dhici karto in barnaamijku qayb-qayb u shaqaynayo laakiin ay cilad imaan karto markii qaybaha kala duwan la isku wada rakibo
- **Tijaabada culays-qaadka barnaamijka** (*Load testing*) oo ah markii *culays weyn* la saaro barnaamijka, tusaale ahaan, mar qura barnaamijka lagu xiro tiro badan ee adeegsadayaal ah
- **Tijaabada aqbalaadda adeegsadaha** (*User acceptance testing ama UAT*) kaasoo ah tijaabada ugu dambaysa inta aan barnaamijka la suuq geyn. Waxaana tijaabinaya *adeegsadayaasha dambe* (*End users*) ee barnaamijka, kuwaa oo ah macaamiisha loogu talagalay in ay ugu dambayn adeegsadaan barnaamijkaa. Waxayna caadiyan tijaabadaa ka dhacdaa goobta adeegsadaha.

SOURCE CODE

ENGLISH	SOOMAALI
Source Code ➔	Koodka Asalka

MACNAHA ERAYGA EE LUQADDA SOOMAALIGA:

Koodka asalka (*Source code*) waa tiro **fariimo** ah ee loogu tala galay fulinta hawlo. Waxaana fariimaha diyaariya barnaamij **qore** kombiyuutar (*Computer programmer*) iyadoo la adeegsanayo mid ka mid ah luqadaha kombiyuutar

MEANING IN ENGLISH (*Macnaha Erayga ee Luqadda Qalaad*):

Source code refers to a set of **instructions** used to implement tasks and written by a **programmer** using one of the computer languages

TUSAALE (*Example*):

Waxaa farsawirka hoose ku bandhigan **habxal** (*Algorithm*) muujinaya **shax talaabooyinka** (*Flowchart*) ee loo rogay **kood asal** ah (*Source code*). **Habxalku** wuxuu ku xusan yahay dhinaca bidix ee farsawirka halka dhinac midigna uu ku bandhigan yahay **koodka asalka** ah ee matalaya habxalkaa. Afarta fariimood ee koodka asalka ah waxay kala matalayaan afarta fariimood ee habxalka. FG: Eeg habka *fariimaha* ku xusan **habxalka** loogu rogay *fariimo* kombiyuutar iyadoo la adeegsanayo *amaro* (*Statements*), *doorsoomayaal* (*Variables*), *xisaabaad* (*Arithmetic*), iyo *sumado* (*Symbols*).

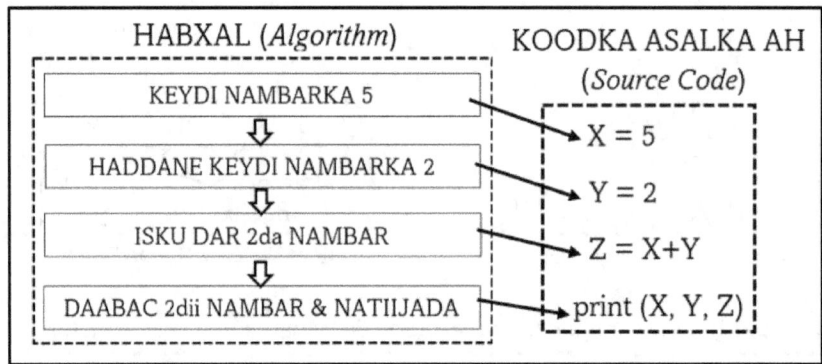

Barnaamijkaa kore wuxuu ku qoran yahay "**Luqadda Heerka Kore**" (*High Level Language*); wuxuuna ka kooban **xarfo**, **nambaro**, iyo **sumado** ay dadku akhrin karaan, laakiin kombiyuutarku wuxuu u baahan yahay in loo tarjumo. Sabaabtaa ayaa loogu magac daray "**Luqadda Heerka Kore**".

FAAH-FAAHIN DHEERI AH (*Further details*):

Koodka asalka ah (*Source code*) wuxuu ka kooban yahay *fariimo* hirgalinaya talaabooyin lagu soo qeexo *habxal*. Waxaana koodkaa lagu qoraa **xarfaha ALIFBA**'da, **nambarada**, iyo **sumadaha** caadiga ah. Si loogu tarjumo luqad uu kombiyuutarka fahmi karo, waa in **barnaamijkaa asalka ah** (*Source code*) loo gudbiyo **tarjume** (*Compiler* or *Interpreter*) kasoo u rogaya luqad uu **kombiyuutarka fahmi** karo. Markaa kaddib ayuu kombiyuutarka fulinayaa amaradaa, soona saarayaa **natiijada barnaamijka** F.G.: Barnaamij kasta ee kombiyuutar wuxuu adeegsadaa fariimo iyo amaro u gaar ah.

SPAM

ENGLISH	SOOMAALI
Spam ➜	Yaac

MACNAHA ERAYGA EE LUQADDA SOOMAALIGA:

Dhinaca teknolojiyada dijitaalka, **yaac** (*Spam*) waa ku "**yaacinta**" tiro **fariimo, xayeeysiisyo, qoraalo**, iwm, ee la dhibsado, laguna hagaajiyo shaqsiyaad iyo cinwaano aan codsanin oo aan raali ka ahayn iyadoo la adeegsanayo *iimeelo, xafiisyada boostada (Mail), iyo adeegyo kalee* **internet**-ka

MEANING IN ENGLISH (*Macnaha Erayga ee Luqadda Qalaad*):

From digital technology point of view, **spam** is to send someone annoying **messages, advertisements, documents**, etc., through *email, post office services, and other internet services* without the request or consent of the receivers of those spams

TUSAALE (*Example*):

Arrimaha ku xusan **yaaca** (*Spam*) waxay caadiyan u badan yihiin mawduucyo la xariira xayeesiisyo ay ka mid yiihiin:

- ✓ Adeegyo la xariira **shaqo-bixin, iibsiga** (*Buying*), iyo **iska iibinta** (*Selling*)
- ✓ **Waxbarashada** iyo **tababarada**, khaas dhinaca qadka (*Online Learning and Training*)
- ✓ **Qamaarka** lagu ciyaaro qadka Internet-ka (*Online Gambling*)
- ✓ Arrimo la xariira ka **shaqaynta guryaha** (*Work-from-home jobs*)
- ✓ **Digniino** la xariira *faayruusyo* iyo arrimo kale ee loo **muujiyo** in ay yihiin **xasaasi**, iwm

FAAH-FAAHIN DHEERI AH (*Further details*):

Ujeeddooyinka ugu waa-weyn ee adeegsiga "**yaaca**" (ama "*spam*"-ka) waxaa ka mid *dad, kooxo, gancasiyo, shirkado* dano iyo faa'iido doon ah. Sababaha fududeeynayo adeegsiga "**yaaca**" waxaa ka mid ah:

- Iyadoon hawlaha **yaaca** (*Spam*) kharaj badan u baahnayn maaddaama badiba la adeegsanayo **internet**-ka
- Cinwaanka *iimeel*-kaada iyo kan **gurigaada**, iyo **telefoonkada** oo la soo helo
- Qolooyin ka faa'iidaysi ahaan u iibisay **magacaada, cinwaankaada, iimeelaada**, iwm

Hababka la isaga ilaaliyo **yaaca** (*Spam*) waxaa ka mid ah:

- In *iimeelada* aad ka shakiso cinwaankooda aad u tixgalisid in ay yihiin "**yaac**" ama **faayruus**
- In aad furin *iimeelada* aad ka shakiso
- In aad siin *iimeelkaada, telefoonkaada, cinwaankaada guri* dad, koox, ama shirkado ay hawl idin ka dhaxayn
- In aadan talaabo ka qaadin *fariimaha* ku xusan yaaca, iwm

STAND-ALONE COMPUTER

ENGLISH	SOOMAALI
Stand-Alone Computer ➔	Kombiyuutarka Keligii Taaganaha (*Ama Keli-taagane*)

MACNAHA ERAYGA EE LUQADDA SOOMAALIGA:

Kombiyuutarka keligii taaganaha (*Stand-alone computer*), ama *keli-taagane*, waa kombiyuutar si iskii ah loo adeegsadan karo oo aan loo baahnayn in uu ku xirnaado kombiyuutaro kale ama internet-ka

MEANING IN ENGLISH (*Macnaha Erayga ee Luqadda Qalaad*):

Stand-alone computer refers to a computer that can be used on its own without the need to have it connected to another computer or the internet

TUSAALE (*Example*):

Farsawirka hoose waxaa ku bandhigan **kombiyuutar miis-saar** ah (*Desktop*) ee nooca **keli-taaganaha** ah (*Stand-Alone Computer*). Adeegsaduhu wuxuu adeegsanayaa *daatada* iyo *barnaamijyada* ku keydsan kombiyuutarkaa keliya. Qasab ma'aha in kombiyuutarkaa lagu xiro kombiyuutar kale ama shabakad si looga faa'iidaysto; waxaana caadiyan ku xiran **daabece** (*Printer*)

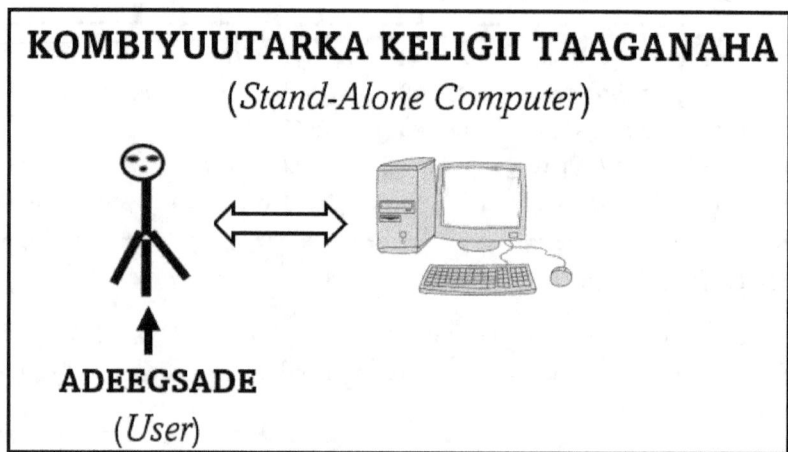

FAAH-FAAHIN DHEERI AH (*Further details*):

Kombiyuutarka keligii taagan (*Stand-alone Computer*) waa kombiyuutar aan shabakad ama kombiyuutar kale u baahnayn si loogu shaqeeysto. Adeegsaduhu wuxuu si buuxda u adeegsan karaa *daatada* iyo *barnaamijyada* ku keydsan kombiyuutarkaa; waxaana badiba ku xiran **daabece** (*Printer*). Hasa-yeeshee, **kombiyuutarka keligii taagane** waxaa mararkii loo baahdo lagu xiri karaa **internet**-ka ama **shabakado** kale si uu daato ama barnaamijyo uga soo degsado.

Waayihii **siddeetamadii** (*1980-madii*) kombiyuutarada xafiisyada waxay ahaan jireen kombiyuutaro **miis-saar** ah oo **keli taaganayaal** ah. Waxaana kaddib loo wareegay "**Shabakadaha goobaha gudaha**" (*Local area networks*) oo fududeeyey in la wadaago *softaweero, daato,* iyo *qalabyo* sida *daabecaha* (*Printer*). Hasa-yeeshee, ma jiraan maanta *kombiyuutaro iskood u taagan*; waxay dhamaantood u baahan yihiin in ay si joogta ah ugu xirnaadaan **internet**-ka iyo **shabakado** kale; waxayna u wada badan yihiin kombiyuutaro **xarig la'aan** wada ah (*Wireless computers*)

SUBFOLDER

ENGLISH	SOOMAALI
Subfolder ➔	Gal-hoosaad

MACNAHA ERAYGA EE LUQADDA SOOMAALIGA:

Dhinaca **teknolojiyada**, **gal-hoosaad** waa **gal** ku keydsan gudaha **gal** kale

MEANING IN ENGLISH (*Macnaha Erayga ee Luqadda Qalaad*):

In technology, a **subfolder**, also called a **subdirectory**, is a **folder** stored within another **folder**

TUSAALE (*Example*):

Farsawirka hoose waxaa ku bandhigan farsawir (*Sketch*) muujinaya **gal** lagu magacaabo **LUQADAHA** ee ku keydsan **keydka adag** *(Hard disk)* ee lagu magacaabo **C** iyo labo **gal-hoosaad** ee ku sii dhex keydsan galka **LUQADAHA.** Labada gal-hoosaad waxaa la kala yiraahdaa **SOOMAALI & INGIRIIS**. Farsawirka ma muujinaya waxa ku sii dhex keydsan gudaha labadaa gal-hoosaad inkastoo ay xusid mudan tahay in *gala-hoosaadyadaa* yeelan karaan *gal-hoosadyo kale* (*Other subfolders*) ee ku sii keydsan gudahooda iyo sidoo kale faayilal.

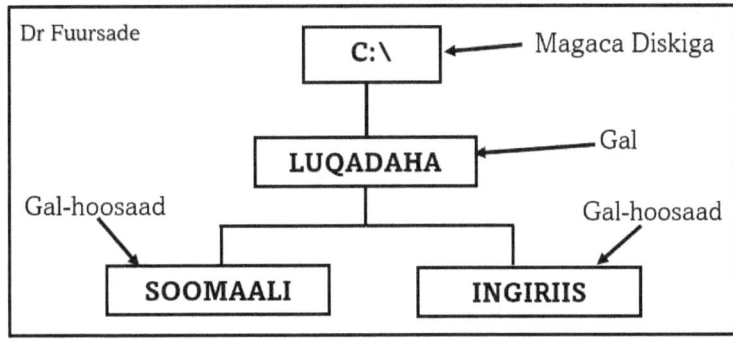

FAAH-FAAHIN DHEERI AH (*Further details*):

Galalka kombiyuutaradu waxay u dhigmaan **galalka** caadiga ah ee xafiisyada laga adeegsado. Sida **galalkaa**, waxay **galalka** kombiyuutaradu keydin karaan **faayilal** iyo **galal** kale, galalkaa kale oo markaa lagu magacaabo **gal-hoosaadyo**.

Guud ahaan, tirada *gal-hoosaadyada* iyo *faayilalka* lagu abuuri karo gudaha gal-hoosaad waxay ku xiran tahay *tiro qodobo* ah oo ay ka mid yihiin *baaxadda hawlaha la wado, noocyada daatada la keydinayo, tirada faayilalka la qorshaynayo, baaxadda keydka adag (Hard disk) ee la adeegsanayo*, iwm. Waxaan loo baahan yahay, intaan aan unugyadaa la soo xusay lagu samayn gudaha kombiyuutarka, in la dejyo naqshad muujinaysa *qaab-dhismeedka* la doonayo. Waxaana caadiyaan naqshaddaa dejiya *maamulaha* ama *xirfadle* hawshaa yaqaano.

Waxaa naqshadda *galalka* iyo *gal-hoosaadyada* la qorsheeyo lagu hirgaliyaa **Barnaamijka Maaamulaha** (*Operating System*), sida tusaale ahaan **MS Windows**. Dhinaca kale, inkastoo waayihii hore la adeegsan jiray amaro la qoro si loo abuuro *galalka* iyo *gal-hoosaadyada*, wuxuu **Nidaamka Barkulanka Astaamaysan** (*Graphical User Interface*), ee waayahaan dambe la adeegsado, soo kordhiyey in hawsha abuuritaanka unugyadaa loo adeegsado *maawuska* iyo *xulsidayaal* (*Menus*).

SUBMENU

ENGLISH	SOOMAALI
Submenu ➔	Xul-hoosaad

MACNAHA ERAYGA EE LUQADDA SOOMAALIGA:

Markii **amar** (*Command*) ka mid ah **xulside** (*Menu*) uu soo bandhigo **liis amaro** cusub, waxaa **liiskaa** cusub lagu magacaabaa **xul-hoosaad** (*Submenu*).

MEANING IN ENGLISH (*Macnaha Erayga ee Luqadda Qalaad*):

When a **command** on the **menu** has another **list** of commands, the new **list** is called **submenu**

TUSAALE (*Example*):

Farsawirka hoose waxaa ku bandhigan **tusaale** muujinaya farqiga u dhaxeeya **xulside** (*Menu*) iyo **xul-hoosaad** (*Submenu*). Waxaa qaybta bidix ee sawirka ka muuqda **xulside**. Hasa-yeeshee, markuu adeegsaduhu xusho, tusaale ahaan, amarka "**New**" ee ka tirsan **xulsidahaa**, waxaa soo muuqanaya **xulside** kale. Waxaana **xulsidahaa labaad** lagu tilmaamaa **xul-hoosaad**, oo macnaheedu yahay **xul** ku hoos keydsan **xul** kale.

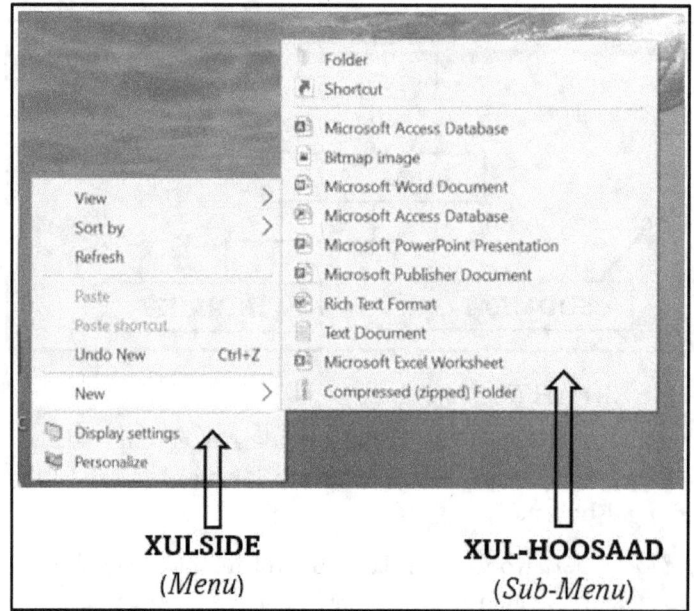

XULSIDE
(*Menu*)

XUL-HOOSAAD
(*Sub-Menu*)

FAAH-FAAHIN DHEERI AH (*Further details*):

Xulsidaha ka muuqda farsawirka kore wuxuu guud ahaan ka kooban **9 amar** (*Commands*). **Todobo** ka mid ah waa la xulan karaa halka **labo amar** aan la xulan karin. Todobada amar ee la **xulan** karo waxay kala yihiin: *View, Sort by, Refresh, Undo New, New, Display Settings,* and *Personalize* halka **labada amar** ee aan la xulan karin ay kala yihiin *Paste* iyo *Paste Shortcut*. Dhinaca kale saddexda **xulside**, ee kala ah *View, Sort by,* iyo *New*, oo ay horyaalaan sumadda **falaarta** ah "**>**", waa kuwa soo bandhigaya **xulal-hoosaad** marki la xusho. Tusaale, sida ka muuqaata sawirka kore, markuu adeegsaduhu xusho xulsidaha **New**, waxaa soo ifbaxaya **xul-hoosaad** cusub oo ka kooban **tiro xulal ah** (*Ama amaro ah*) oo uu adeegsaduhu si sahlan oo muuqaal ah u xulan karo isagoo adeegsanayo maawuska.

SYNTAX

ENGLISH	SOOMAALI
Syntax ➔	Qaabxiriir

MACNAHA ERAYGA EE LUQADDA SOOMAALIGA:

Qaabxiriir waa shuruucda **qeexda** qaabka ay isku raacayaan **sumadaha** (*Symbols*), **doorsoomayaasha** (*Variables*), **xarakaynta** (*Punctuations*), iyo **amarada** (*Commands*) ay ka kooban yihiin **fariimaha luqadaha kombiyuutar** (*Computer language instructions*)

MEANING IN ENGLISH (*Macnaha Erayga ee Luqadda Qalaad*):

Syntax refers to the **rules** that define the **structure** of the **symbols, variables, punctuation,** and **commands** that the **instructions of computer languages** consist of

TUSAALE (*Example*):

Waxaa qaybtaan hoose ku bandhigan tusaalooyin ifinaya *macnaha* iyo *adeegsiga* **qaabxiriirka** luqadaha kombiyuutar (*Syntax of computer programs*). Waxay tusaalooyinkaa ku bandhigan yihiin luqad ka mid ah **luqadaha kombiyuutar** ee maanta aad loo adeegsado ee lagu magacaabo "**Python**" (*Baaytoon*). **Leenka 1aad** waa fariin (*Instruction*) lagu daabacayo natiijada: **ID = 101**:

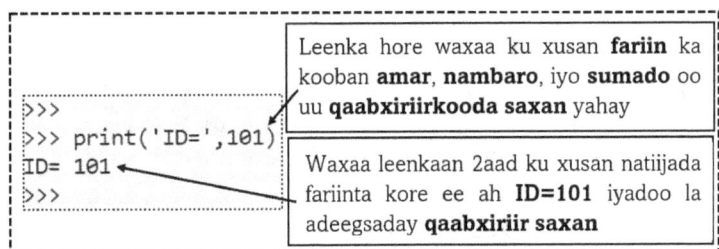

Tusaalaha 2aad: Hoos ka eeg **qaladka dhacaya** haddii la qaldo **qaabxiriirka** (*Wrong syntax*):

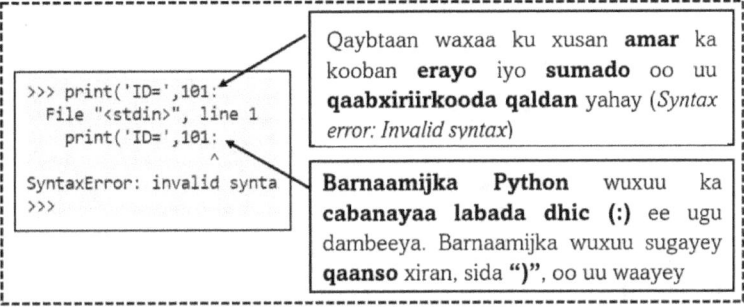

FAAH-FAAHIN DHEERI AH (*Further details*):

Si ay **hawlaha** u fuliyaan, waxay **luqadaha** kala duwan ee **kombiyuutaradu** (*Computer Languages*) adeegsadaan **fariimo**. Waxayna **fariimahaa** ka kooban yihiin *amarro, doorsoomeyaal, nambaro, sumado,* iyo *xarakayn* loo bandhigay ama loo qoray qaab gaar ah ee lagu tilmaamo **qaabxariir** (*Syntax*); waxayna **luqad** kasta adeegsataa **qaabxariir** (*Syntax*) u gaar ah. Sidaa darteed, luqadaha **kombiyuutar** isma fahmi karaan (*Waa sida ay isku fahmi karin luqadaha kala duwan ee bani'aadamka maaddaama ay luqad kasta leedahay erayo u gaar ah, una kala **qaabaysan** yihiin habab kala duwan*).

TABLE

ENGLISH	SOOMAALI
Table ➔	Aruur

MACNAHA ERAYGA EE LUQADDA SOOMAALIGA:

Dhinaca maareynta daatada, **aruur** (*Table*) waa qaab-dhismeed (*Structure*) lagu keydiyo **daato**, loona keydiyo **safaf** (*Rows*) iyo **taagag** (*Columns*). **Safafku** (*Rows*) ama "xirmooyinku" (*Records*) waa qaybaha jiifa; waxayna matalaan tiro daato ah oo israacsan. Dhinaca kale, qaybaha **taag-taagan** waxay leeyihiin **magac**; waxaana loo yaqaanaa "**taagag**" (*Columns*). Safka ugu horeeya ee aruurku wuxuu muujinayaa magacyada **taagagga** (*Names of the columns*), kana mid ma'aha **safafka daatada** lagu keydiyo aruurka ee waa qayb ka mid ah **qaab-dhismeedka** (*Structure*) aruurka

MEANING IN ENGLISH (*Macnaha Erayga ee Luqadda Qalaad*):

In data management, a **table** is a structure that stores data into **rows** or *records* and **columns**. The **rows** run horizontally and represent related data, known as records. On the other hand, **columns** have names, run vertically, and represent specific **fields**. The **first row** of the table is reserved for the **names** of the **columns**, and it is not counted as a data **row** but is part of the table structure

TUSAALE (*Example*):

Aruurka hoose waxaa lagu magacaabaa **ARDAYDA**; wuxuuna qaab-dhismeedkiisu ka kooban yahay **4 taag** (*Columns*) ee kala ah: **TIRSI, MAGAC, MAADDO**, iyo **NATIIJO**. Waxaana ku keydsan **6 saf** ama **xirmo** (*Rows or Records*) oo daato ah oo kala matalaya **6 arday**. Safka ugu horeeya ee aruurka wuxuu qeexayaa **magacyada taagagga**, kana mid ma'aha xirmooyinka aruurka

ARDAYDA

TIRSI	MAGAC	MAADDO	NATIIJO
5001	Ahmedwali	Xisaab	85%
5002	Bishaara	English	97%
5003	Asli	Teknoloji	92%
5004	Diiriye	Taariikh	84%
5005	Samadoon	Teknoloji	90%
5006	Aar	English	93%

Safka 1aad wuxuu muujini magacyada **taagagga** (*Column names*)

6 SAF (*6 Rows or records*)

4 TAAG (*Columns or fields*)

Dr Fuursade

FAAH-FAAHIN DHEERI AH (*Further details*):

Aruurada (*Tables*) waxay keydiyaan daato laga soo uruuriyo, tusaale ahaan, adeegyo ka socda goob shaqo. Waxayna u habaysan yihiin **taagag** (*Columns*) iyo **safaf** (*Rows*). **Aruuradaa** waxay si nidaamsan ugu keydsan yihiin gudaha **xog-dhigyo** (*Tables are stored inside a database in an organized way*).

Tirada **aruurada** ku keydsan **xog-dhigyada waa-weyn** (*Large databases*) waxay qiyaas ahaan u dhexeeyaan *boqolaalo* ilaa *kumanaan aruur*. Dhinaca kale, tirada *safafka aruurada* xog-dhigyada waa-weyn (*Number of rows in big database tables*) waxay kor u dhaafaan *milyano*, halka tirada taagagga (*Number of columns*) ee halkii aruur ay caadiyan ka badnayn tobaneeyo taag (*10 columns*).

TECHNOLOGY

ENGLISH   **SOOMAALI**

Technology   →   Teknoloji

MACNAHA ERAYGA EE LUQADDA SOOMAALIGA:

Teknolojiyadu waa *adeegsida* iyo *dabaqidda aqoonta* laguna soo saarayo *aalado, adeegyo,* iyo *nidaamyo* sare u qaada nolosha bani'aadamka, horseedana horumar; tusaalooyin la xariira teknolojiyada, khaas ahaan teknolojiyada dijitaalka (*Digital Technology*), waxaa ka mid ah naqshadaynta iyo sancaynta **kombiyuutarada**, **softaweerada**, **internet**-ka, iyo **aaladaha** la xariira

MEANING IN ENGLISH (*Macnaha Erayga ee Luqadda Qalaad*):

Technology is the *use* and *application* of *knowledge* to produce **tools**, **services**, and **processes** that enhances the **life** of **human beings** and results into **development**; examples of technology, specially in digital area, is the development of **computers**, **software**, **internet**, and related **tools**

TUSAALE (*Example*):

Farsawirka 1aad ee qaybta hoose wuxuu muujinayaa tusaale yar ee qaabka caalamka isugu xirmay, **teknolojiyada dijitaalka** (*Digital technology*) awgeed. Farsawirka 2aad wuxuu isaguna muujinayaa qaabka ay **teknolojiyada cusub** (*New technology*) awood ugu siisay bani'aadamka in **gaadiid** lagu kor dejiyo **meeraha Maaris** (*Mars Planet*), dhulkane laga hago.

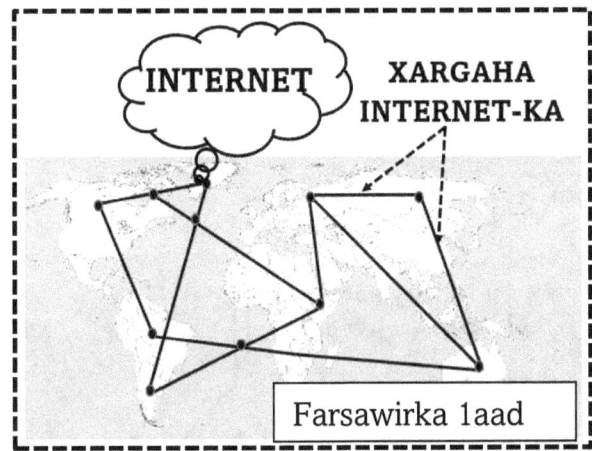

Farsawirka 1aad

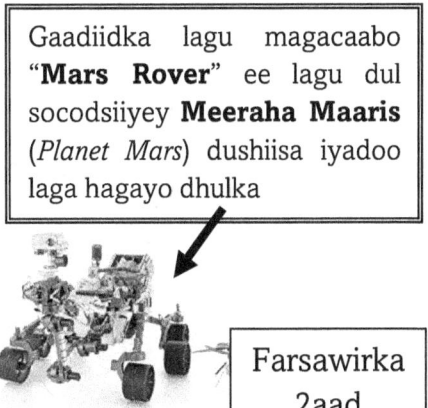

Gaadiidka lagu magacaabo "**Mars Rover**" ee lagu dul socodsiiyey **Meeraha Maaris** (*Planet Mars*) dushiisa iyadoo laga hagayo dhulka

Farsawirka 2aad

FAAH-FAAHIN DHEERI AH (*Further details*):

Horumarka **teknoloji** wuxuu ku socdaa xawli sare. Waxaana la qirsan yahay in aan la saadaalin karin heerka ay **teknolojiyadu** u saamayn doonto **dhaqanka** iyo **nolosha** bani'aadamka xitaa **10 sano** kaddib. Waxaana horumarkaa fududeeyey *adeegsiga* iyo *dabaqidda aqoonta* ee lagu soo saaray *aalado iyo nidaamyo waxtar leh*, arrimahaa oo lagu qeexo **teknolojiya**. Sidaa darteed, waa lama huraan in ay **Soomaaliya** guud ahaan aqoonteeda kobciso, isla markaana hirgaliso *siyaasad* xoojinayso *barashada* iyo *adeegsiga* **teknolojiyada** cusub si dalka loo horumariyo. Waana in ay jaamacadaha dalka ku ekaanin oo keliya *gudbinta aqoonta*, laakiin, lagu lamaaniyo "*dabaqidda aqoonta*" si *loo abuuro shaqooyin, dalkana u kobco, horumarna loo gaaro*. Sidaa darteed, waa lama huraan in ay *Wasaaradda Waxbarashada* iyo *jaamacadaha dalka* la yimaadaan **siyaasad** iyo **talaabooyin qeexan** ee la xariira hirgalinta aqoonta.

TECH-SAVVY

ENGLISH   **SOOMAALI**

Tech-Savvy   →   Tek-xariif

MACNAHA ERAYGA EE LUQADDA SOOMAALIGA:

Tek-xariif (*Tech-savvy*) waa shaqsi *aqoon* iyo *xirfad sare* u leh **adeegsiga teknolojiyada**

MEANING IN ENGLISH (*Macnaha Erayga ee Luqadda Qalaad*):

A **tech-savvy** is someone who has *great knowledge* and *skills* in the **use of technology**

TUSAALE (*Example*):

Sida ka muuqata farsawirka hoose, **tek-xariif** waa *shaqsi aqoon* iyo *xirfad sare* u leh qaybo ay ka mid ah teknolojiyada:

FAAH-FAAHIN DHEERI AH (*Further details*):

Tek-xariif waa shaqsi **xirfado sare** u leh mawduucyo ay ka mid yihiin:

a) *Adeegsiga aaladaha kala duwan ee teknolojiyada,* b) *Adeegsiga internet-ka iyo qaybaha la xariira,* c) *Qoridda barnaamijyada kombiyuutar,* d) *Farsamada qalabyada teknoloji,* e) iwm.

Waxayna shaqsiyaadkaa maanta u badan yihiin dhalinyaro **iskood wax isku baray** iyagoo ka faa'iidaystay kobaca **teknoloji** iyo **internet** ee ku baahay caalamka.

TOOLBAR

ENGLISH	SOOMAALI
Toolbar ➔	Looxa Astaamaha

MACNAHA ERAYGA EE LUQADDA SOOMAALIGA:

Looxa astaamaha (*Toolbar*) waa **loox** caadiyan ku rakiban **goobta sare** ee shaashadaha kombiyuutar, kana hooseeya **looxa xulsidaha** (*Menu bar*), kaa oo ay ku rakiban yihiin tiro astaamo ah (*Number of icons*) ee matalaya **amaro** lagu fulin karo riixidda batanka maawuska.

MEANING IN ENGLISH (*Macnaha Erayga ee Luqadda Qalaad*):

A **toolbar** consists of several icons typically grouped at the **top** of the computer **screens** and below the **menu bar**, which represents **commands** that can be executed with a click of the mouse.

TUSAALE (*Example*):

Waxaa qaybtaan hoose ku bandhigan farsawir muujinaya **labo loox,** ee ka mid ah barnaamijka *MicroSoft PowerPoint*, ee kala matalaya: a) **Looxa xulsidaha** (*Menu bar*) ee ka kooban *8 xulside* ee uu ugu horeeyo "**File**", kuna xusan qaybta sare iyo b) **Looxa astaamaha** (*Toolbar*) ee ka hooseeya *looxa xulsidaha* ay ku bandhigan yihiin tiro <u>astaamo</u> ah (*Icons*) ee matalaya amaro lagu fulin karo *maawuska*.

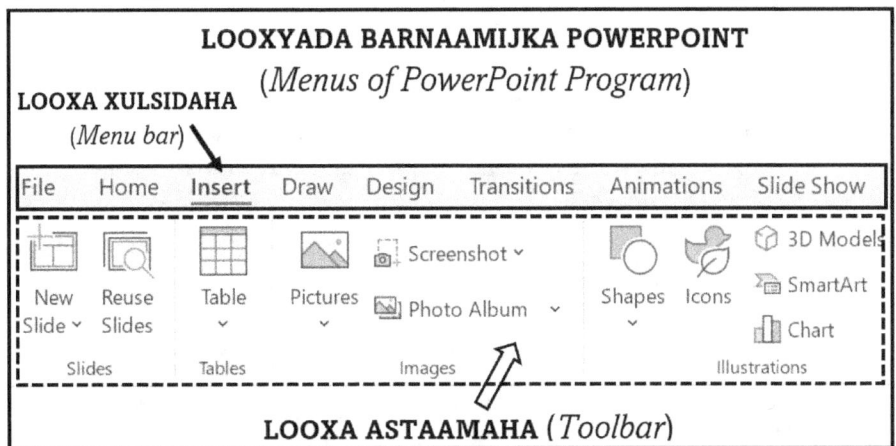

FAAH-FAAHIN DHEERI AH (*Further details*):

Looxa astaamaha (*Toolbars*) waa loox ay ku rakiban yihiin tiro **astaamo** ah (*Icons*) oo ay soo bandhigaan barnaamijyada ku saleeysan **Nidaamka Barkulanka Astaamaysan** (*Graphical User Interface*). Waxayna caadiyan ku rakiban yihiin **qaybaha sare** ee shashadaha iyagoo ku hoos rakiban **looxa xulsidaha** (*Menu bar*). Waxay astaamahaa u taagan yihiin **amaro** (*Commands*), khaas ahaan kuwa aad loo adeegsado. Tiro ahaan astaamahu waa kuwa xaddidan.

Inkastoo labaduba fuliyaan amaro, farqiga u dhaxeeya **looxa xulsidaha** iyo **looxa astaamaha** wuxuu yahay in **looxa xulsidahu** (*Menu Bar*) u soo bandhigayo amarada hab **qoraal ah**. Tusaale, haddii aad maawuska ku riixdid amarka **File**, waxaa kuu soo baxaya tiro amarro kale ee is-kor saaran, sida **New, Open, Save**, iwm, ee loo yaqaan **xul-hoosadyo**. Dhinaca kale, **looxa astaamuhu** (*toolbar*) wuxuu ka kooban yahay **astaamo** matalaya **amaro** badiba hore laga fulin karo markii *batanka bidix* ee **maawuska** lagu riixo (*Click with the mouse*).

TRANSACTION

ENGLISH   **SOOMAALI**

Transaction ➔ Hawl-dhac

MACNAHA ERAYGA EE LUQADDA SOOMAALIGA:

Hawl-dhac waa *xiriir hawleed* ka dhex dhaca labo unug, arrintaa oo keenta isbeddalo; tusaale, is-weeydaarsiga ama isu gudbinta *qalab, daato, adeegyo*, ama *lacag* ee ka dhex dhaca labo unug

MEANING IN ENGLISH (*Macnaha Erayga ee Luqadda Qalaad*):

Transaction refers to *work interaction* between two entities which results in changes; for instance, the exchange or transfer of *goods, data, services,* or *funds* between two ends

TUSAALE (*Example*):

1) Tusaalahaan 1aad wuxuu muujinayaa **hawl-dhac lacageed** (*Financial transaction*) ee ka dhex dhacaya akoontiyada **Hana** iyo **Iman**

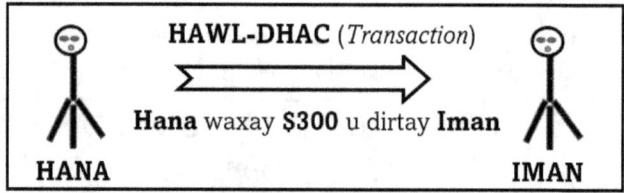

Isu-gudbinta lacageed ee ka dhex dhacay akoontiyada **Hana** iyo **Iman** waxaa lagu qeexaa **hawl-dhac** (*Transaction*)

2) Tusaalahaan 2aad ee hoose wuxuu muujinayaa in aruurka lagu magaacabo **IMTIXAAN** ay marka hore ku keydsanaayeen imtixaanada **4 arday**. Waxaa kaddib imtixaan galay ardayga lagu magacaabo *Khalid* (ID=5001). Arrintaa waxay dhalisay in aruurka **IMTIXAAN** lagu kordhiyo natiijada ardayga *Khalid*. Hawsha la xariirta arrintaa waxaa iyaduna lagu qeexaa **hawl-dhac**

ARDAYDA			IMTIXAAN (*Markii hore*)			IMTIXAAN		
ID	MAGAC	KULIYADDA	ID	MAADDADA	NATIIJO	ID	MAADDADA	NATIIJO
5001	Khalid	Injineeriya	5001	C++	96%	5001	C++	96%
5002	Zakariya	Caafimaadka	5002	Python	90%	5002	Python	90%
5003	Ikram	Cilmiga	5003	Java	87%	5003	Java	87%
5004	Adam	Cilmiga	5004	Java	91%	5004	Java	91%
						5001	Python	95%

Aruurka **IMTIXAAN** waxaa lagu kordhiyey **natiijada imtixaanka** arday kale. Sidaa darteed, waxaa halkaa ka dhacay "**Hawldhac**" (*Transaction*)

FAAH-FAAHIN DHEERI AH (*Further details*):

Hawl-dhac waa hawlaha dhacaya markii **isbeddel** lagu sameeyo tusaale ahaan **lacag** ku keydsan akoonti bangi ama daatada ku keydsan aruur (*Table*). **Isbeddelkaa** wuxuu reebaa **raad**. Waxaana **raadkaa** lagu tilmaamaa "**hawl-dhac**" (*hawlo dhacaya*). Guud ahaan, goob kasta ee laga fuliyo ganacsi ama adeegyo waxaa *ka dhaca tiro aad u fara badan* ee **hawl-dhacyo ah** (*Transactions*), tusaale hawl-dhacyada lacageed (*Financial transaction*) ee bangiyada (*Banks*) iyo xawilaadaha (*Remittances*), iwm

TRANSISTOR

ENGLISH	SOOMAALI
Transistor ➔	Taraansistar

MACNAHA ERAYGA EE LUQADDA SOOMAALIGA:

Taraansistar waa aalad aad iyo aad u yar ee **elektaroonik** ah ee u shaqeeysa labo **hab** oo kala duwan ee kala ah: a) Mar uu **daaran** yahay (**ON**) ee uu soo *gudbinayo koronto* una taagan yahay **nambarka labaalaha** (*Binary digit*) ee **1** (**Kow**) iyo b) Mar uu **dansan** yahay (**OFF**) oo *ay koronto ku socon* una taagan yahay **nambarka labaalaha** (*Binary digit*) ee **0** (**Eber**).

MEANING IN ENGLISH (*Macnaha Erayga ee Luqadda Qalaad*):

A **transistor** is a miniature **electronic** component that works in two different ways which are: a) One time where it is **ON** and lets *the current through* to represent the **binary digit 1** (**One**) and b) The other time where *the current* is **OFF** to represent the **binary digit 0** (**Zero**)

TUSAALE (*Example*):

1) Waxaa qaybtaan hoose ku bandhigan tusaale sawir taraansistar:

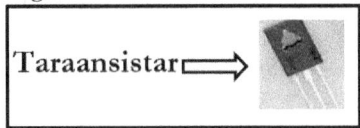

2) Dhinaca kale, farsawirkaan hoose wuxuu muujinayaa labo taraansistar oo mid **dansan** yahay (**OFF**), halka midka labaad uu **daaran** yahay (**ON**). Marka uu taraansistarka dansan yahay wuxuu matalaa nambarka **eber** (0), halka marka uu daaran yahay matalo nambarka **kow** (1).

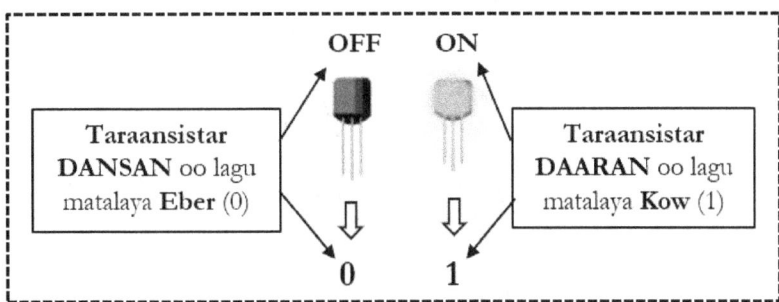

FAAH-FAAHIN DHEERI AH (*Further details*):

Taraansistarada waxaa laga farsameeyaa "**in-gudbiye**" (*Semi-conductor*). Waxayna dowr weyn ku leeyihiin *naqshadaha* iyo *farsamada* dhamaan aaladaha elektaroonikada, oo ay gudahooda ku rakiban yihiin *tiro aad iyo aad* u fara badan ee *taraansistaro* ah. Adeegsiga *taraansistarada* waxay sare u qaadeen tirada iyo horumarka alaadaha elektaroonikada ah sida *kombiyuutarada*. Waxaana badiba lagu tilmaama in ay yihiin maskaxyada **yar-yar** ee kombiyuutarada maaddaama ay qaybaha ugu muhiimsan ee kombiyuutarada, sida *maskaxda kombiyuutarada* (*CPU*), ay ka samaysan yihiin *tiro aad iyo aad* u fara badan ee taraansistaro ah. *Xarfaha, nambarada, sawirada,* iwm, ay soo bandhigaan kombiyuutarada, waxay ka dhashaan isku dhafka tiro taraansistaro ah ee la isku rakibay, ay marna qaar daaran yihiin (*oo u dhigma 1*), marna qaar dansan yihiin (*oo u dhigma 0*).

TROJAN HORSE

ENGLISH	SOOMAALI
Trojan Horse ➔	Faraska Taroojan

MACNAHA ERAYGA EE LUQADDA SOOMAALIGA:

Faraska Taroojan, ee loo soo gaabiyo *"Taroojan"*, waa **faayruus** (*Cudur*) ku soo dega (*Download*) kombiyuutarada laakiin u muuqda in uu yahay barnaamij *amaan* iyo *sax* ah.

MEANING IN ENGLISH (*Macnaha Erayga ee Luqadda Qalaad*):

Trojan Horse, or *"Trojan"*, is a type of **virus** that downloads onto a computer but disguised as a *safe* and *true* program.

TUSAALE (*Example*):

Farsawirka hoose waxaa ka muuqda *tusaale* muujinaya sumadda faayruuska loo yaqaano **Taroojan**. Adeegsiga magaca **Taroojan** iyo sidoo kale sawirka **faraskaa** waxay la xariiraan sheekadii iyo xeeladdii, sida taariikhda ku xusan, ay **Giriigga** ku qabsadeen **Tarooy** (*Troy*). Waxay waagaa **Giriiggu** u haddiyeeyeen **Tarooy faras** weyn ee ka samaysan al-waax oo ay **ciidamo** ku qarsoonaayeen. Ciidamadaa ayaa mar ay habeen tahay ka soo daatay **faraskii** ay ku dhuumanayeen, sidaana ku qabsady **Tarooy** sida sheekadaa ku xusan. Sidoo kale, **Taroojan** waa barnaamij kombiyuutar ee dhuumaaleysanaya, una muuqda barnaamij **waxtar** leh sidii **faraskii Tarooy** (*Trojan Horse*), laakiin **wata qatar weyn**; wuxuuna ku soo dhex dhuuntaa barnaamijyo kale; wuxuuna habkaa ula wareegaa kombiyuutarada sidii Giriigga ula wareegeen Tarooy.

FAAH-FAAHIN DHEERI AH (*Further details*):

Faayruusyada waa cuduro ku soo gala kombiyuutarada habab **qarsoodi ah** ee kala duwan. Waxayna faayruusyadaa yihiin dhowr **nooc** oo kala **duwan**, kuwa **dhib yar** wata iyo kuwa xambaarsan **qatar weyn** oo **baahsan**. Waaana muhiim in la haysto nidaamyo la isaga difaaco

Faraska Taroojan waa **barnaamij** u muuqda *"mid amaan ah"* (*As safe program*), laakiin **qatar weyn** wata. Faayruuska **Taroojan** ma'aha **cudur kaligii iskaga dhaca** kombiyuutarka ee waa mid lagu soo dhex qariyo badiba barnaamijyada laga soo **degsado serferada** internet-ka. Wuxuuna cudurkaa badiba la socdaa faayilalka ku lifaaqan **iimeelada** u soo dhaca adeegsadaha (*User*). **Iimeeladaana** (*Emails*) waxay caadiyan u muuqdaan kuwa **amaan** ah ama **waxtar leh**, sidii faraskii **Taroojan**.

TWO-FACTOR AUTHENTICATION

ENGLISH	SOOMAALI
Two-Factor Authentication ➔	Xaqiijinta Labada-Fure

MACNAHA ERAYGA EE LUQADDA SOOMAALIGA:

Xaqiijinta labada-fure waa nooc gaar ah ee lagu **xaqiijiyo adeegsadaha** (*User Authentication*), nidaamkaa oo qasbaya in uu **adeegsadahu** soo bandhigo **fure labaad** si loo hubiyo aqoonsigiisa

MEANING IN ENGLISH (*Macnaha Erayga ee Luqadda Qalaad*):

Two-factor authentication is a specific type of **user authentication** where a user will be required to provide a **second password** to verify his/her identity.

TUSAALE (*Example*):

Sida ka muuqata farsawirka hoose, markuu **adeegsaduhu** geliyo **magaca** (*Username*) iyo **furaha sirta** ah ee hore (*Password*), wuxuu **kombiyuutarka** ama **aaladda elektaroonikada** ah codsani **fure labaad**, haddii *magaca* iyo *furaha sirta* ee adeegsaduhu hore u geliyey ay *sax wada noqdaan*. **Furahaa labaad** waa nambar lagu soo gudbiyo hab kale ee hore loo diiwaangaliyey, sida fariin lagu soo hagaajiyo **telefoonka gacanta** (*Smart phone*) ama **iimeel**-ka (*Email*) adeegsadaha leeyahay; waxaana nambarkaa ama furahaa labaad lagu magacaabo **PIN** (*Personal Identification Number oo u taagan Nambarka Aqoonsiga u Gaarka ah Shaqsiga*). Markii **adeegsaduhu** geliyo nambarka **PIN**-ka, ee loogu soo diray tusaale ahaan *telefoonka gacanta*, ayeey **ku xirmiddu** dhamaystirmi. Waxaana nidaamkaa ee leh **labada fure** loo yaqaanaa **xaqiijinta labada-fure** (*Two-factor authentication*).

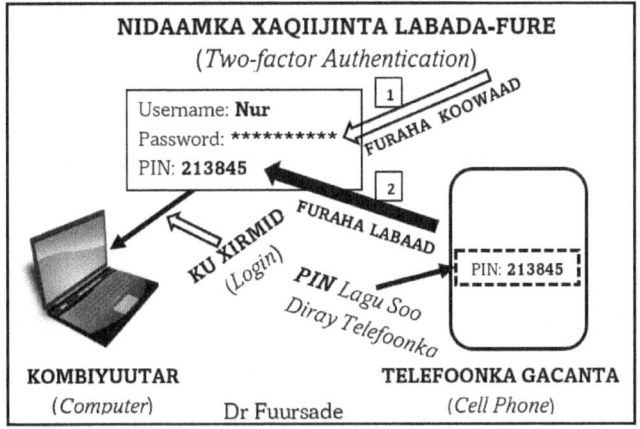

FAAH-FAAHIN DHEERI AH (*Further details*):

Xaqiijinta labada-fure waa nidaam xoojiya **amniga** ku xirmidda aaladaha elektaroonikada ah iyo gelidda **goobaha** xasaasiga ah. Waana nidaam ka hortaga **weerarada qad-dambiilayaasha** (*Cybercriminal attacks*) iyo **qad-jabsadayaasha** (*Hackers*). Nidaamkaa wuxuu ku qasbi adeegsaduhu in uu soo bandhigo **labo fure-sirood** oo midka hore yahay **furihii sirta caadiga ahaa** ee loo yaqaano "**Password**". Furaha labaadna, ee loo yaqaano **PIN**, waa nambar kalee sir ah ee adeegsadaha loogu soo gudbinayo *nidaam kale* oo hore loo diwaangeliyey, sida *telefoonka gacanta* ama *iimeel*, markuu qalabka aqbalo *furaha koowaad ee sirta ah*. Waxaa ugu dambayn *adeegsadaha* loo fasaxayaa *furidda qalabka* ama *gelidda goobta* markuu **fure-sireed**-ka labaad ee la soo gudbiyey uu sax noqdo.

UNDERLINE

ENGLISH		SOOMAALI
Underline	→	Hoos-xariiq

MACNAHA ERAYGA EE LUQADDA SOOMAALIGA:

Hoos-xariiq (*Underline*) waa **hab** qayb ka mid ah erayada qoraalada **hoostooda xariiqin la mariyo**

MEANING IN ENGLISH (*Macnaha Erayga ee Luqadda Qalaad*):

Underline is a **style** where a **line is drawn** under some of the words in a text

TUSAALE (*Example*):

Sidii hore loo soo xusay, barnaamijka **Microsoft Word** wuxuu leeyahay loox la yiraahdo **looxa astaamaha** (*Toolbar*) oo laga xusho **farmuuqaalada** (*Fonts*) iyo **qaabka qoraalka** loo habeeyo (*Formatting*) sida hoos-xariiqe (*Underline*), **muuq-weyne** (*Bold*), *jaleece* (*Italic*), iwm. Waxaa farsawirka hoose ka muuqda qayb ka mid ah **looxa astaamaha** (*Toolbar*) ee **MS Word** ee fududeeya **eray habaynta** (*Formatting*) qoraalada, sida xulashada *hoos-xariiqa*, farmuuqaalada (*Fonts*), iwm

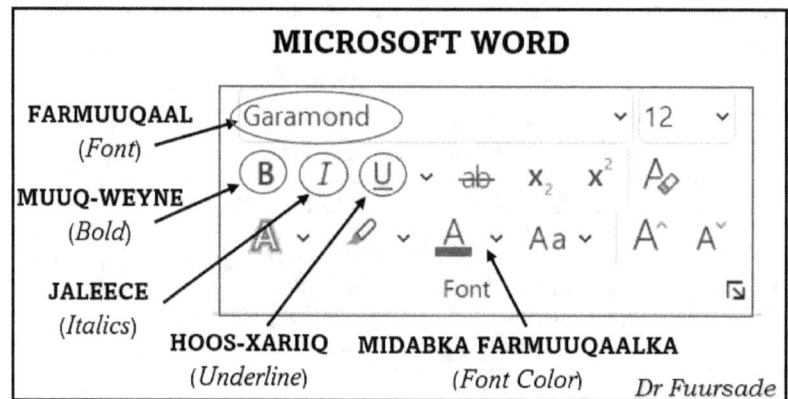

Waxaa qaybtaan hoose ka muuqda qoraal kooban ee safka (*Leenka*) hore hoos xariiqan yahay:

*Qofka bani'aadamka ah ma heli karo nolol wanaagsan oo deggan haddii ay maskaxdiisuu ku hawlan tahay **nacayb** iyo **aar-goosi***

FAAH-FAAHIN DHEERI AH (*Further details*):

Markii qoraalada la "**hoos-xariiqo**" (*Underlined*), waxaa qaybta hoose ee qoraalka ka soo muuqananayo **xariiqin** (*Line*). Wuxuuna **hoos-xariiqaa** ka mid yahay **habaynta erayada** (*Word formatting*). Sida qaybaha kale ee **eray habaynta** (*Formatting*), waxaa **eray** ama tiro **erayo** ah loo **hoos-xariiqaa** si ay **isha akhristaha** ugu dhacdo qaybtaa, loona siiyo muhiimad gaar ah. Hasa-yeeshee, waxaa habboon in tirada erayada la hoos-xariiqayo ay **xaddidan** yihiin.

Markii aad adeegsanaysid *Microsoft Word,* waxaa eray ama erayo loo **hoos-xariqaa** (*To underline a word or number of words*) habkaan: "Marka hore xulo (*Select*) erayga ama erayada, kaddibna riix batanaka **U** (*Underline*) ee *Looxa Astaamaha*". Waxay erayadaa la xushay wada noqonayaan kuwa **hoos-xariiqan**.

UNIQUE

ENGLISH	SOOMAALI
Unique ➔	Halyaal (*Keli-jire*)

MACNAHA ERAYGA EE LUQADDA SOOMAALIGA:

Halyaal (*Unique*), ama **keli-jire**, waa **sifo** tilmaamaysa in uu *shay, arrin, tiro*, iwm, yahay **keli-jire** ama midka keliya ee noociisa ah ee jira

MEANING IN ENGLISH (*Macnaha Erayga ee Luqadda Qalaad*):

Unique is an attribute indicating that an *object, case,* a *number*, etc., is the **only one** of its kind

TUSAALE (*Example*):

Waxaa qaybtaan hoose ku xusan labo tusaale ee ifinaya macnaha sifada **halyaal-nimadu** (*Uniqueness*). Tusaalaha **1aad** waxaa ku xusan jumlooyin tilmaamaya macnaha **halyaal-nimadu** (*Uniqueness*):

> a) Shaqsi kasta ee bani'aadam ah waa **halyaal** (*Unique*); ma **jiro** qof la mid ah
> b) Shaqsi kasta ee bani'aadam ah waxaa ku rakiban tiro **xog-dhalyo** ah (*Biometric features*) ee **halyaal** ah (*Unique*) ee shaqsi kale la **wadaagin**, sida *sawirada faraha, nooca codadka, qaab-dhismeedka indhaha*, iwm iyo
> c) Markii la joogo goobaha shaqo, shaqsi kasta waxaa la siiyaa **tirsi** (ama *ID*) u gaar ah ee **halyaal** ah (*Unique*), oo uu shaqsi kale la wadaagin, si loo aqoonsado shaqsigaa

Tusaalahaan **2aad** wuxuu muujinaya arday ka socota tiro magaalooyin **Soomaaliyeed**, kuwaa oo ka qayb galaya tartan **orod**. Xeerka tartankuna (*Rules of the game*) wuxuu yahay in magaalo kasta ay soo dirsan karto oo keliya *hal arday*. Sidaa darteed, taagagga **TIRSI**-ga iyo **MAGAALADA** waxay yihiin taagag (*Columns*) keydinaya daato **halyaal ah** (*Unique values*) maaddaama labo arday la wada siin karin **TIRSI** (*Same ID Number*) isku mid ah ama labo arday ka wada imaan karin *hal magaalo*. Laakiin, sida ka muuqata aruurka, taagagga *magaca* iyo *dugsiga* ma'aha taagag **halyaal** ah. Waxaana aruurkaa ka xusan *dugsiyo* iyo *arday* isku *magac* ah, laakiin *xeerku* oggol yahay maaddaama *ay kala tirsi iyo magaalo yihiin*

ORODKA

TIRSI	MAGACA	DUGSIGA	MAGAALADA
1001	Bishaara	Dugsiga Sare ee Hawl-Wadaag	Muqdisho
1002	Asli	Dugsiga Sare ee Beeraha	Baydhabo
1003	Horia	Dugsiga Sare ee Hawl-Wadaag	Belet-Weyn
1004	Ahmedwali	Dugsiga Sare ee Cilmiga	Boosaaso
1005	Horia	Dugsiga Hoose ee 1da Luulyo	Kismaayo
1006	Saxan	Dugsiga Sare ee Beeraha	Dhuusamareeb
1007	Dirie	Dugsiga Sare ee Cilmiga	Afgooye

Dr Fuursade

F.G.: Kama muuqdaan aruurka labo arday oo ka wada socoto hal **magaalo** ama labo arday ee isku **TIRSI** ah, madaama ay **TIRSI**-ga iyo **MAGAALADA** yihiin "**halyaalo**" (*Unique*) ama *keli-jireyaal*

FAAH-FAAHIN DHEERI AH (*Further details*):

Halyaal waa **sifo** muujinaysa in *shay* ama *daato* ay tahay **keli-jire**, oo ayna jirin mid la mid ah. Waana sifo dowr weyn ku leh *keydinta* iyo *maaraynta* daatada lagu keydiyo xog-dhigyada (*Databases*).

UPLOAD

ENGLISH		SOOMAALI
Upload	➔	Kor-rarid

MACNAHA ERAYGA EE LUQADDA SOOMAALIGA:

Dhinaca kombiyuutaradu, **kor-rariddu** (*Upload*) waa ka raridda **faayil** ama **daato** ku keydsan **kombiyuutarka** adeegsadaha, loona rarayo **daruuraha** (*Cloud*), goobtaa oo ah **serfer** ku xiran internet-ka

MEANING IN ENGLISH (*Macnaha Erayga ee Luqadda Qalaad*):

In computers, **uploading** is the transfer of a **file** or **data** from user's **computer** to the **cloud**, which is a **server** connected to the internet

TUSAALE (*Example*):

Farsawirka (*Sketch*) hoose wuxuu muujinayaa tusaale **faayil** lagu magacaabo **Ardayda.xls** ee loo **kor-rarayo** (*Upload*) **daruuraha** (*Cloud*). Waxaa faayilka laga qaadaya kombiyuutar la yiraahdo "**XYZ**" ee adeegsadaha, kuna xiran **internet**-ka.

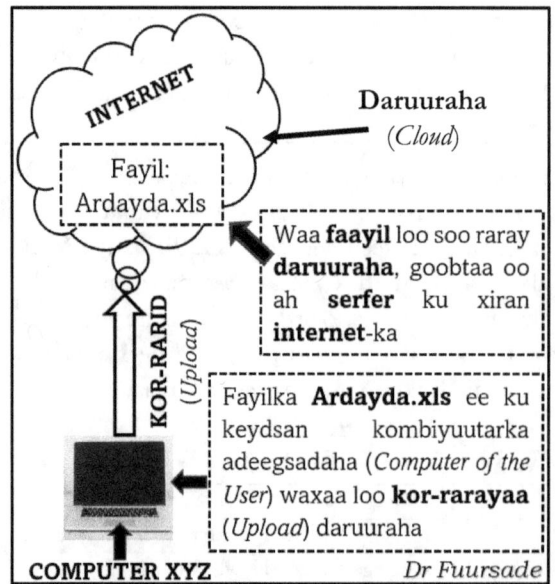

FAAH-FAAHIN DHEERI AH (*Further details*):

Markii **faayil** ama **daato** laga qaadayo kombiyuutarka **adeegsadaha** (*User's Computer*) ee ku xiran internet-ka laguna keydinayo **daruuraha**, oo u taagan kombiyuutar ku rakiban goob ka mid ah internet-ka, waxaa ficilkaa lagu tilmaamaa "**kor-rarid**" (*Upload*). Dhinaca kale, "**soo-dejin**" (*Download*) waa markii **faayil** ama **daato** ku keydsan **daruuraha** la keenayo ama loo soo dejinayo kombiyuutarka adeegsadaha. Waxaa xusuusin mudan haddii daatada la **rarayo** ama la **soo-dejinayo** ay tahay daato mug weyn (*Large data*) in loo bahan yahay in ay kombiyuutarada leeyihiin **keyd xasuus ku meel-gaar** ee **aad weyn** (*Large memory storage*), kuna xiran yihiin **internet** quwad weyn isla markaana goob (*Space*) ka banaan tahay **keydka adag** (*Hard disk*) ee kombiyuutarka la geynayo.

URL

ENGLISH	SOOMAALI
URL ➜	URL (Yuu Aar El)

MACNAHA ERAYGA EE LUQADDA SOOMAALIGA:

URL (*Yuu Aar El*), oo u taagan *Uniform Resource Locator*, waa cinwaanka goob ka mid ah **goobaha weebka** (*Address of a Website*), ama bog ka mid ah **bogagga weebka** (*Web pages*), ama **faayil** gaar ah kuwaa oo ku keydsan **internet**-ka

MEANING IN ENGLISH (*Macnaha Erayga ee Luqadda Qalaad*):

URL, which stands for *Uniform Resource Locator*, is the address of a location of a specific **website**, **web page**, or **file** on the **Internet**

TUSAALE (*Example*):

Qoralka hoos ka muuqda waa tusaale **URL** (*Yuu Aar El*):

Tusaalahaan wuxuu soo bandhigi *bogga weebka* ee **Kulliyadda Injineeriya** ee **Jaamacadda Ummadda Soomaaliyeed**

https://snu.edu.so/academics/faculties/ing/

Wuxuu **URL**-ka (**Yuu Aar El**) u qaybsan yahay dhowr **qaybood** oo kala ah:

1) Qaybta ugu horeeysa ee "**https://**" waxaa la yiraahda "**Borotokool**" (*Protocol*). Wanaa qayb u sheegaysa "**Dulmaraha weebka**" (*Web browser*) qaabka lagula xariirayo ama luqadda lagu la hadlayo **goobta weebkaa** (*Website*).

2) Qaybta 2aad, ee ah **www.snu.so**, waa magaca **goobta weebka** (*Website*) ee **Jamacadda Ummadda Soomaaliyeed**. Waxaa qaybtaas mararka qaarkood lagu tilmaamaa "**Magaca xerada**" (*Domain name*). Waxaana ku keydsan dhamaan **bogagga weebka** ee **Jaamacadda Ummadda Soomaaliyeed** oo idil (*Location where all web pages of the university are stored*) iyo

3) Qaybta ugu dambaysa ee ah "**/academics/faculties/ing/**" waxay muujinee **bog weeb** (*Web page*) ee ka mid ah goobta weebka (*Website*) ee **Jaamacadda Ummadda Soomaaliyeed** ee keydisa xogta **Kulliyadda Injineeriya**

FAAH-FAAHIN DHEERI AH (*Further details*):

URL (*Yuu Aar El*) waa cinwaan laga adeegsado dhinaca **internet**-ka. Wuxuuna u dhigmaa sida cinwaanada guryaha ee lagu bartilmaamo guri kasta. **URL**-ka wuxuu tilmaamaya barta internet-ka ay ku rakiban tahay **goob weeb** (*Website*) ama **bog weeb** (*Web page*) ee gaar ah. Dhinaca kale, "**www**" waxay u taagan tahay "**World Wide Web**" (Ama *shabakadda ballaaran ee caalamka*).

URL wuxuu gaar ahaan tilmaamaa cinwaanka dhinaca internet-ka ee:

a) Bog weeb (*Web page*)
b) Goob weeb (*Web site*), ama
c) Faayil (*File*), sida muuqaal (*Video*), codad (*Sound*), sawir (*Picture*), iwm

USB PORT

ENGLISH	SOOMAALI
USB Port ➔	God-ka USB-ga

MACNAHA ERAYGA EE LUQADDA SOOMAALIGA:

God-ka USB-ga waa *af* ama *duleel* ku rakiban **kombiyuutarada** iyo aaladaha kale ee **elektaroonikada** ah, kuwaa oo fududeeya: 1) Isu gudbinta **daatada** ee aaladaha elektaroonikada iyo 2) U gudbinta **awoodda koronto** aaladahaa elektaroonikada

MEANING IN ENGLISH (*Macnaha Erayga ee Luqadda Qalaad*):

A **USB** (**U**niversal **S**erial **B**us) port is an **interface** installed into **computers** and other **electronics devices** that makes it easy to: a) Transfer data between the electronic devices and b) Provide power to electronic devices

TUSAALE (*Example*):

Waxaa qaybtaan hoose ka muuqda sawir muujinaya noocyo ka mid ah **godad-ka USB**-ga (*USB Ports*) iyo **isku-xiraha** (*Connector*) aaladaha elektaroonikada ee maanta la adeegsado:

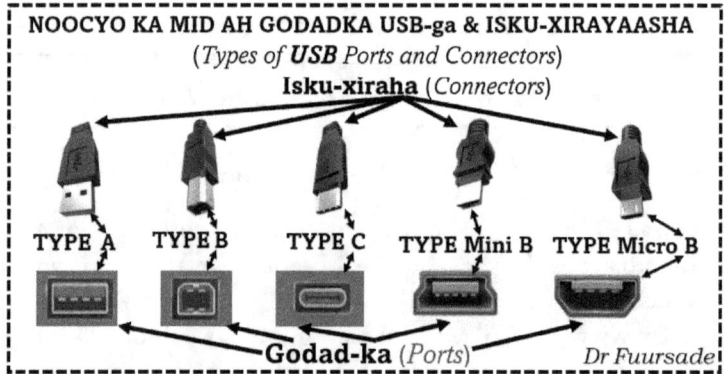

FAAH-FAAHIN DHEERI AH (*Further details*):

Godadka USB-ga (*USB Ports* oo u taagan **U**niversal **S**erial **B**us) waa **godad** maanta aad loo adeegsado ee isku xira kombiyuutarada iyo qalabyada **hareeraha** (*Peripherals*) sida *daabecaha*, *maawuska*, iwm, iyo u soo gudbinta *awoodda koronto* aaladahaa elektaroonikada. Waxayna beddeleen godadkii hore ee la adeegsan jiray ee kala ahaa **godadka is-barbar socday** (*Parallel ports*) iyo **godadka taxanaha** (*Serial ports*) ahaa. Waxaana kombiyuutarada cusub ku rakiban tiro dhowr ah ee godadka **USB**-ka. Sidoo kale, waxay godadkaa ku rakiban yihiin *telefoonada casriga ah, shaashadaha kombiyuutarada, gaadiidka cusub* ee *cirka* iyo *dhulka, qalabyada wax-sawira*, iyo tiro *aalado kale*.

Godadka USB-ga waa kuwa ka taya sareeya kuwi hore loo adeegsan jiray. Noocyada **USB**-ga ee maanta la adeegsado waxaa ka mid: 1) **USB nooca A** (*USB type A*) ee ku rakiban *kombiyuutarada, gaadiidka cusub*, iwm, 2) **USB nooca B** (*USB type B*) ee badiba loo adeegsado *daabecaha* (*Printer*) inkastoo uu badnayn adeegsigooda, 3) **USB nooca C** (*USB type C*) ee ah nooc adeegsigooda aad ugu faafay kombiyuutarada *dhab-saarka ah* (*Laptops*), *telefoonada casriga*, iyo *qalabyada kale*, 4) **USB type "Mini B"** oo ah mid af yar oo aad loo adeegsadan jiray waqtiyadii hore iyo 5) **USB "Micro B"** waa nooca **"Mini B"** oo la sii yaraayey, laakiin aan aad loo adeegsan waqtigaan.

USER

ENGLISH	SOOMAALI
User ➔	Adeegsade

MACNAHA ERAYGA EE LUQADDA SOOMAALIGA:

Dhinaca kombiyuutarada, **adeegsade** (*User*) waa **shaqsi** *isticmaala* ama *adeegsada* **kombiyuutar, shabakad kombiyuutar, barnaamij kombiyuutar,** iyo qalabyada kale ee elektaroonikada ah

MEANING IN ENGLISH (*Macnaha Erayga ee Luqadda Qalaad*):

In computers, a **user** is a **person** who *uses* a **computer, computer network, computer program,** and other electronic devices

TUSAALE (*Example*):

Farsawirka hoose wuxuu muujinayaa tusaale **adeegsade** (*User*) isticmaalaya **kombiyuutar**

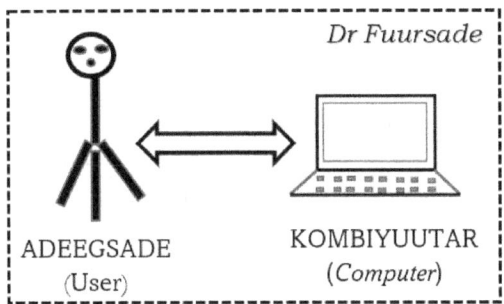

Farsawirkaan labaad ee hoose wuxuu isaguna muujinayaa tusaale **adeegsade** (*User*) isticmaalaya **shabakad kombiyuutar** ee ku xiran **internet**-ka

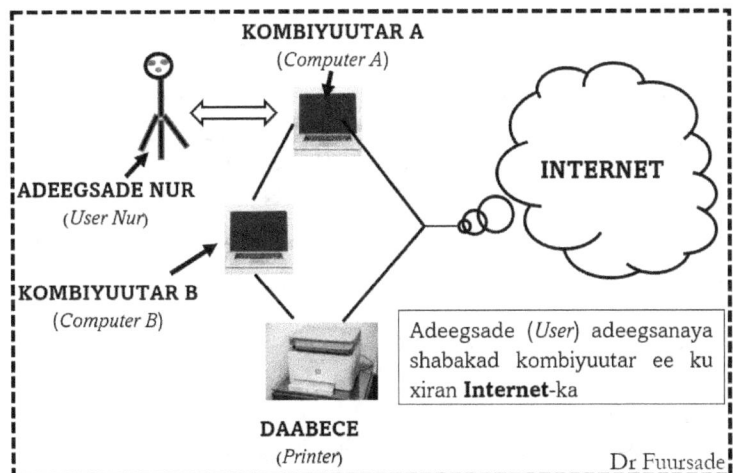

FAAH-FAAHIN DHEERI AH (*Further details*):

Adeegsade kombiyuutar **ma'aha** shaqsi ku takhasusay **cilmiga kombiyuutarada** ee waa shaqsi adeegsada qalabyada elektaroonikada ah iyo barnaamijyada ku keydsan.

USER ACCEPTANCE TESTING (UAT)

ENGLISH   **SOOMAALI**

User Acceptance Testing   ➜   Tijaabada Aqbalaadda Adeegsadaha

MACNAHA ERAYGA EE LUQADDA SOOMAALIGA:

Tijaabada aqbalaadda adeegsadaha (*User Acceptance Testing or **UAT***) waa nooc ka mid ah **tijaabooyinka** lagu sameeyo barnaamijyada kombiyuutar laakiin ay sameeyaan **macaamiisha** (*Customers or users*) laguna sameeyo goobta barnaamijka loogu talagalay, ujeeddaduna tahay hubinta in barnaamijka u shaqaynayo sidii loogu ballan qaaday macaamiisha

MEANING IN ENGLISH (*Macnaha Erayga ee Luqadda Qalaad*):

User **a**cceptance **t**esting (*UAT*) is a type of testing **performed** on software programs but carried out by **customers** and tested in the real environment with the purpose of **verifying** that the application **works** as intended for the customer

TUSAALE (*Example*):

Waxaa farsawirka (*Sketch*) hoose ka muuqda talaabooyin ka mid ah **heerarka** ugu muhiimsan ee la mariyo *naqshadaynta* iyo *hirgalinta* barnaamijyada kombiyuutar laga **bilaabo** *diyaarinta barnaamijka* ilaa laga gaaro **ku rakibidda** barnaamijka goobtii loogu talagalay

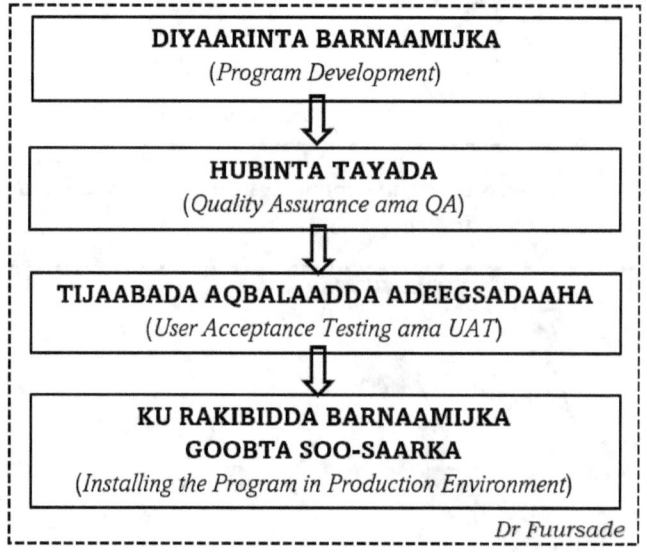

FAAH-FAAHIN DHEERI AH (*Further details*):

Barnaamijyada kombiyuutar waxaa la mariyaa **dhowr heer** oo ay ugu muhiimsan yihiin: a)*Daraasadda, naqshadaynta, iyo diyaarinta* barnaamijka, b) *Hubinta tayada barnaamijka* (QA), c)*Tijaabada aqbalaadda adeegsadaha* (UAT), iyo d) *Ugu dambayn, u gudbinta barnaamijka goobta soo-saarka* (*Transferring the program to the production environment*). **Tijaabada aqbalaadda adeegsadaha** (*User Acceptance Testing or **UAT***) waa tijaabada ugu dambaysa ka hor inta aan barnaamijka lagu **wareejin** macaamiisha. Tijaabadaa waxaa lagu sameeyaa **goob** ka mid ah **goobaha macaamiisha**; waxaana tijaabadaa sameeya **macaamiisha**; waxayna halkaa **macaamiisha** ku caddeeynayaan in ay aqbaleen kuna **qanacsan** yihiin barnaamijka iyo in kale.

USERNAME

ENGLISH	SOOMAALI
Username ➔	Magaca Adeegsadaha

MACNAHA ERAYGA EE LUQADDA SOOMAALIGA:

Magaca adeegsadaha (*Username*) waa magac si halyaal ah (*Unique*) u tilmaamaya **shaqsi** adeegsanaya aalad elektaroonik ah

MEANING IN ENGLISH (*Macnaha Erayga ee Luqadda Qalaad*):

A **username** is a name that uniquely identifies **someone** who uses an electronic device

TUSAALE (*Example*):

Farsawirka hoose wuxuu muujinayaa dowrka **magaca adeegsadaha** (*Username*) markii lagu xirmayo kombiyuutar (*Login process*). Magacaa waa shayga ugu horeeya ee uu kombiyuutarka caadiyan codsado. Wuxuu kaddib kombiyuutarka codsadaa **furaha sirta ah** (*Password*), sida ka muuqata farsawirka hoose:

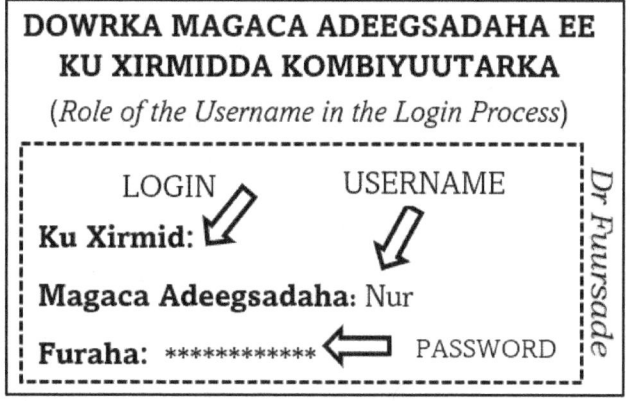

FAAH-FAAHIN DHEERI AH (*Further details*):

Magaca adeegsadaha (*Username*) waa **aqoonsiga** la isticmaalo *si loogu xirmo* **kombiyuutar**, **barnaamij kombiyuutar** (*Computer program*), **shabakad** (*Network*), **qadka** internet-ka, iwm. Waxaa mararka qaarkood magaca **adeegsadaha** loo yaqaanaa "**magaca akoontiga**", ama **tirsiga** adeegsadaha (*User ID*), ama **tirsiga** ku-xirmidda (*Login ID*). Caadiyaan, adeegsaduhu isaga ayaa samaysta magacaa inkastoo goobaha qaarkood adeegsadaha la siiyo magac diyaarsan.

Dhinaca kale, waxaa jira **xeerar** tilmaamaya **qaababka** loo qeexo magaca **adeegsadaha**. Tusaale ahaan, waxaa **qeexiddaa** ka mid ah: a) *Qaybaha uu magaca ka kooban yahay* sida *xarfo keliya* ama *isku dhafka xarfo* iyo *nambaro*, iyo b) *Tirada xarfaha* uu ka kooban yahay, oo mararka *qaarkood noqda ugu yaraan 4 xaraf*. Guud ahaan, wadarta magaca **adeegsadaha** iyo **furaha sirta ah** (*Password*) waa qayb ka mid ah **nidaamka ku-xirmidda** (*Login process*). Waxaana jira goobo aan looga baahnayn **magaca adeegsadaha** iyo **furaha**, laakiin beddelkooda la adeegsado qaybo ka mid ah **xog-dhalyada** (*Biometric features*) sida *sawirka wajiga, qaab-dhismeedka indhaha, sawirka faraha, nooca codka*, iwm. Mararkaa, **xog-dhalyadaa** ayaa u taagan wadarta **magaca adeegsadaha** iyo **furaha sirta ah**.

VARIABLE

ENGLISH   **SOOMAALI**

Variable   →   Doorsoome

MACNAHA ERAYGA EE LUQADDA SOOMAALIGA:

Dhinaca barnaamijyada kombiyuutar, **doorsoome** (*Variable*) waa *tilmaamta ama tixraaca* **goob** ka mid ah **keydka xusuusta** kombiyuutarada (*Computer memory*) oo **si ku-meel gaar** ah loogu keydiyo **daato**

MEANING IN ENGLISH (*Macnaha Erayga ee Luqadda Qalaad*):

In computer programs, a **variable** is *the reference to* an **area** within the computer **memory** where **data** is **temporarily** stored

TUSAALE (*Example*):

Waxaa qaybtaan hoose ka muuqda farsawir muujinaya tusaale (*Sketch*) iyo talaabooyin kooban ee la xariira habka ay **doorsoomaha** (*Variable*) iyo **keydka xasuusta kombiyuutarka** (*Computer memory*) u wada shaqeeyaan:

1) Caadiyan, barnaamij qoraha kombiyuutar (*Computer programmer*) ayaa barnaamij kombiyuutar gudahiis ku qora fariin (*Statement*), sida tusaale ahaan fariinta: **X=5**
2) Wuxuu isla markiiba *Barnmaajika Maamulaha* ah (*Operating System*) cayimayaa **goob** ka mid **keydka xusuusta** (ama **RAM**), ee lagu tilmaamo **X**, kuna **keydinayaa nambarka 5**
3) Qoraha barnaamijka uma baahna in uu ogaado **goobtaa** laakiin wuxuu u tixraacayaa magaca doorsoomaha **X** (*Variable X*) oo tilmaamaya goobta
4) Markuu u baahdo qiimahaa, wuxuu qoraha xusayaa magaca **doorsoomaha** ee **X**

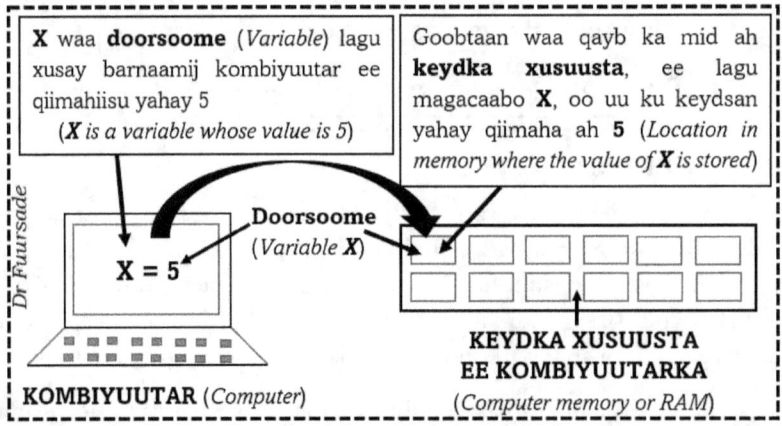

FAAH-FAAHIN DHEERI AH (*Further details*):

Doorsoome waa magac tilmaamaya **goob** ka mid ah **keydka xusuusta** kombiyuutarka, *ee loo yaqaano* **R**andom **A**ccess **M**emory *ama* **RAM**, ee lagu keydiyo barnaamijyada kombyuutar iyo **daatada** markaa la adeegsanayo. **Daatada** ku keydsan **doorsoomaha** way isbeddeli kartaa intuu barnaamijka socdo. Tusaale, haddii markii hore **X=5**, haddane la qoro **X=X+2**; qiimaha cusub ee ku keydsan **doorsoomaha** wuxuu noqoni: **X=5+2=7**. Dhinaca kale, haddii mar la damiyo kombiyuutarka, **doorsoomaha** iyo **daatada** kale ee halkaa ku keydsan keydka xasuusta **way dhumi** ama **tirtirmi**.

WARM BOOT

ENGLISH	SOOMAALI
Warm Boot ➔	Kicin Kulul

MACNAHA ERAYGA EE LUQADDA SOOMAALIGA:

Kicin kulul (*Warm boot*) waa **dib-u-kicinta** kombiyuutar daaran iyadoo aan la **daminin** awoodda koronto

MEANING IN ENGLISH (*Macnaha Erayga ee Luqadda Qalaad*):

A **warm boot** is the **restart** of a computer **without** turning **OFF** power

TUSAALE (*Example*):

Waxaa farsawirka hoose ka muuqda **kombiyuutar miis-saar** ah (*Desktop computer*) ee ku saleeysan **barnaamijka maamulaha** ee *Windows* kaasoo lagu sameeynayo "*Kicin kulul*". Waxaa badiba mar qura la riixaa, *kombiyuutarka oo daaran*, **3da batan** ee kala ah **CTRL+ALT+DELETE** ee kiiboorka. Waxaana kaddib dib u kacaya barnaamijka maaamulaha, kombiyuutarka oo damin.

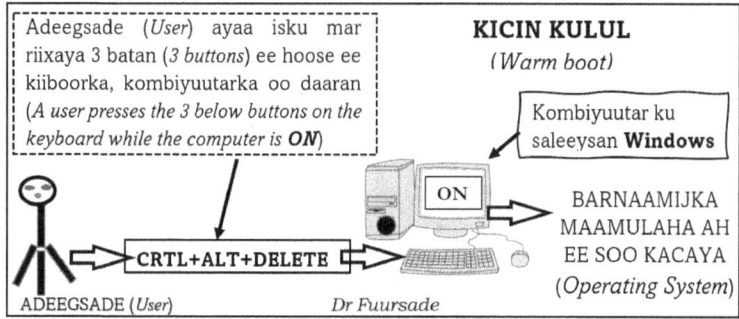

Haddii kale, waxaad ku hirgalin kartaa "**kicin kulul**" (*Warm boot*) adoo adeegsanayo saddexdaan talaabo, sida ka muuqata farsawirka hoose: 1) Ku riix maawuska batanka "**Start**", 2) Kaddibna riix batanka "**Power**"-ka, iyo 3) Ugu dambayn, riix batanka **Restart**-ka

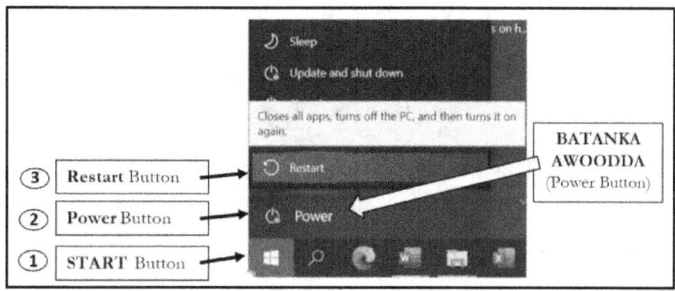

FAAH-FAAHIN DHEERI AH (*Further details*):

Kicinta kulul (*Warm booting*) way ka duwan tahay "**kicinta qaboow**" (*Cold booting*), wayna ka dhaqsiya badan tahay. Markii aad sameeynaysid "**kicinta kulul**", dabka kombiyuutarku ma damayo sida "**kicinta qaboow**". Waxaa keliya ee damaya, dibna u kacaya waa **Barnaamijka mamulaha** ah (*Operating system*) iyadoo uu kombiyuutarka weli daaran yahay. Sababaha loo adeegsado "**kicinta kulul**" waa xalinta *ciladaha qabsada softaweerada, sida kombiyuutarka oo is xira* (*Computer becomes locked*).

WEB

ENGLISH	SOOMAALI
Web ➔	Weeb

MACNAHA ERAYGA EE LUQADDA SOOMAALIGA:

Weeb waa magaca kooban ee shabakad ku baahsan caalamka, loona yaqaano *Shabakadda Ballaaran ee Caalamka (World Wide Web)*; waxayna ka koobaan tahay **bogag** isku xiran ee ku keydsan kombiyuutaro kala duwan ee ku xiran internet-ka. Bogagga weebka waxaa lagu dulmaraa (*Browse*) barnaamij la yiraahdo **dulmaraha weebka** (*Web browser*)

MEANING IN ENGLISH (*Macnaha Erayga ee Luqadda Qalaad*):

A **web** is a short name for a network spread around the world and known as *World Wide Web*; it consists of connected pages that are hosted in different computers which are connected to the internet. The **pages** in the web can be accessed through a program called a **web browser**

TUSAALE (*Example*):

Farsawirka hoose waxaa ka muuqda tusaale shan adeegsade ee ku wada xiran **internet**-ka, oo kala adeegsanaya **5 qalab** oo kala ah: 1) *Telefoon#1*, 2) *Kombiyuutar BBB*, 3) *Telefoon#2*, 4) *Kombiyuutar XYZ*, iyo 5) *Kombiyuutar ABC*. Sida ka muuqata farsawirka, saddexda kombiyuutar waxay ku xiran yihiin **weebka** halka labada telefoon ay kala adeegsanayo **WhatsApp** iyo **Iimeel**. Hasa-yeeshee, waxay **shanta** adeegsade ku wada xiran yihiin internet-ka. Taa waxay ku tusi: a) In **weebku** yahay qayb ka tirsan **internet**-ka iyo, b) In **internet**-ku leeyahay qaybo kale ee ka duwan weebka.

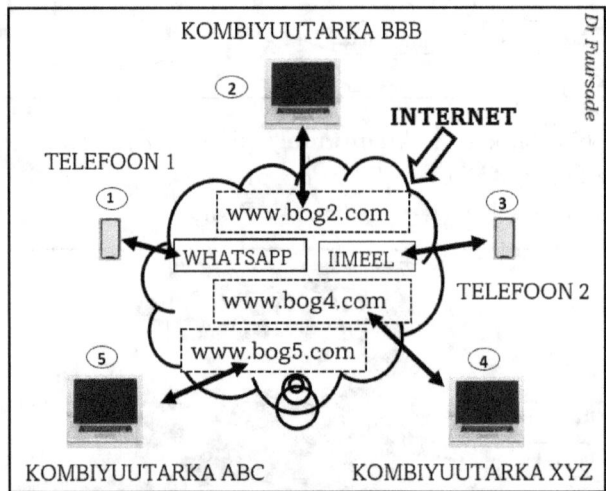

FAAH-FAAHIN DHEERI AH (*Further details*):

Weeb (*Web*) ama "**World Wide Web**" waa shabakad ku baahsan caalamka ee ka kooban bogag magacooda lagu bilaabo "**www**". Si loo akhriyo bogaggaa, waxaa la adeegsadaa barnaamij lagu magacaabo **dulmaraha weebka** (*Web browser*). Waxayna bogaggaa yihiin qayb ka mid ah **internet**-ka. Hasa-yeeshee, **internet**-ku ma'aha **weebka** keliya, sida ka muuqata farsawirka kore. Waxaa jira qaybo kale, sida **Baraha Bulshada** (*Social Media*), **WhatsApp**-ka, iyo **Iimeelada**, oo aan ka mid ahayn weebka laakiin ah qaybo kale ee laga adeegsado dhinaca internet-ka.

WEB BROWSER

ENGLISH	SOOMAALI
Web Browser ➔	Dulmaraha Weebka

MACNAHA ERAYGA EE LUQADDA SOOMAALIGA:

Dulmaraha weebka (*Web Browser*) waa **barnaamij kombiyuutar** ee awood kuu siinaya in aad dulmartid bogagga kala duwan ee **weeb**-ka (*www*) oo aad ka eegatid *qoraalada, sawirada, muqaalada,* iwm, ee ku xusan bogaggaa adoo joogo goob kasta ee caalamka laakiin *aad ku xiran tahay internet-ka*

MEANING IN ENGLISH (*Macnaha Erayga ee Luqadda Qalaad*):

A **web browser** is a **software program** that gives you access to different web pages letting you access to *text, pictures, video,* etc, in those pages from anywhere in the world provided you *are connected to the internet*

TUSAALE (*Example*):

Waxaa qaybtaa bidix ee farsawirka hoose ka muuqda **shabakad** muujinaysa **5 dhibcood**, kuwaa oo u taagan **5 ka mid** ah malaayiinta **goobood ee goobaha weebka** (*Websites*) ee ku rakiban **Shabakadda Ballaaran ee Caalamka** (*World Wide Web*), iyadoo loo soo koobo **weeb**-ka (*Web*). Dhinaca kale, waxaa qaybta midig ee farsawirka hoose ku xusan saddex astaamood (*Three icons*) oo iyaguna matalaya saddex ka mid ah barnaamijyada **dulmarayaasha weebka** (*Web browsers*) ee maanta aad loo adeegsado, kuwaa oo kala ah **Safari**, **Google Chrome**, iyo **Mozilla Firefox**.

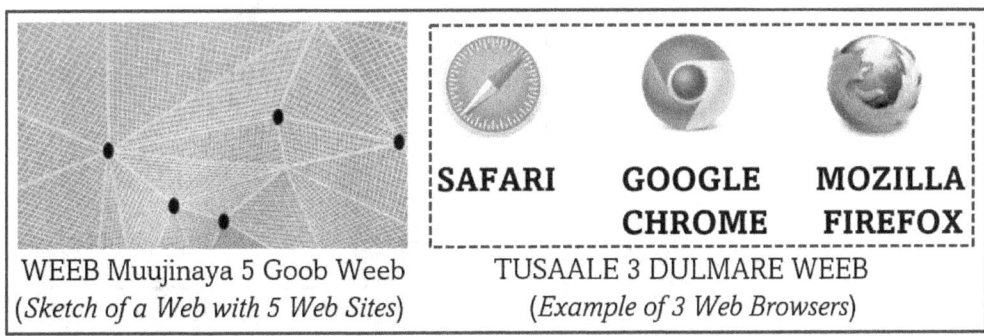

WEEB Muujinaya 5 Goob Weeb
(*Sketch of a Web with 5 Web Sites*)

TUSAALE 3 DULMARE WEEB
(*Example of 3 Web Browsers*)

FAAH-FAAHIN DHEERI AH (*Further details*):

Weebku waa shabakad baaxad weyn ee ku baahsan caalamka. Waxaana loo baahan yahay in aad ku xiran tahay *internet* iyo in aad adeegsanaysid barnaamijyo gaar ah si aad u booqato bogagga ku keydsan goobahaa. Waxaa barnaamijyadaa lagu magacaabaa **dulmarayaasha weebka** (*Web browsers*), halka **goobaha** la dulmarayo lagu tilmaamo "Shabakadda Ballaaran ee Caalamka" (*World Wide Web*) ama "*www*"). Tiro ka mid ah barnaamijyada dulmarayaasha weebka (*Web browsers*) ee aad loo adeegsado maanta waxaa ka mid ah: a) *Safari*, b) *Google Chrome*, iyo c) *Mozilla Firefox*

Hawlaha ugu muhiimsan ay fuliyaan barnaamijyada **dulmarayaasha weebka** (*Web browsers*) waxaa ka mid ah: a) Fududeynta eegidda xogta ku bandhigan goobaha weebka, b) In aad xog ka soo **degsatid** bogagga weebka, iyo c) In aad xulatid oo aad **dulmartid** (*Browse*) bogag gaar ah ee aad markaa doonaysid (*Web page*), iwm

WEB HITS

ENGLISH	SOOMAALI
Web Hits ➔	Faayil-dejinta Weebka

MACNAHA ERAYGA EE LUQADDA SOOMAALIGA:

Faayil-dejinta weebka (*Web hits*) waa **tirada** faayilalka ku soo dega kombiyuutarkaada (*Downloaded to your computer*) inta aad ku xiran tahay goob weeb (*Web site*)

MEANING IN ENGLISH (*Macnaha Erayga ee Luqadda Qalaad*):

A **web hit** represents the **number** of files downloaded to your computer while you are connected to a website.

TUSAALE (*Example*):

Farsawrika hoose waxaa ka muuqda **adeegsade** ku xirmay **goob weeb** (*Website*), kaddibna soo **degsaday** (*Download*) **bogga weebka** (*Web page*) farsawirka ku xusan. Waxaa boggaa ku keydsan **afar faayil** (*Labo sawiro ah iyo labo dokumentiyo ah*). Inkastoo goobta la booqday ay tahay **hal goob weeb** (*One website*), **faayil-dejinta weebka** (*Web hits*) ku xusan farsawirka waxay noqoni **shan faayil** (*Afar faayil ee la soo dejiyey iyo hal loo xisaabaya bogga weebka ee lagu xirmay*)

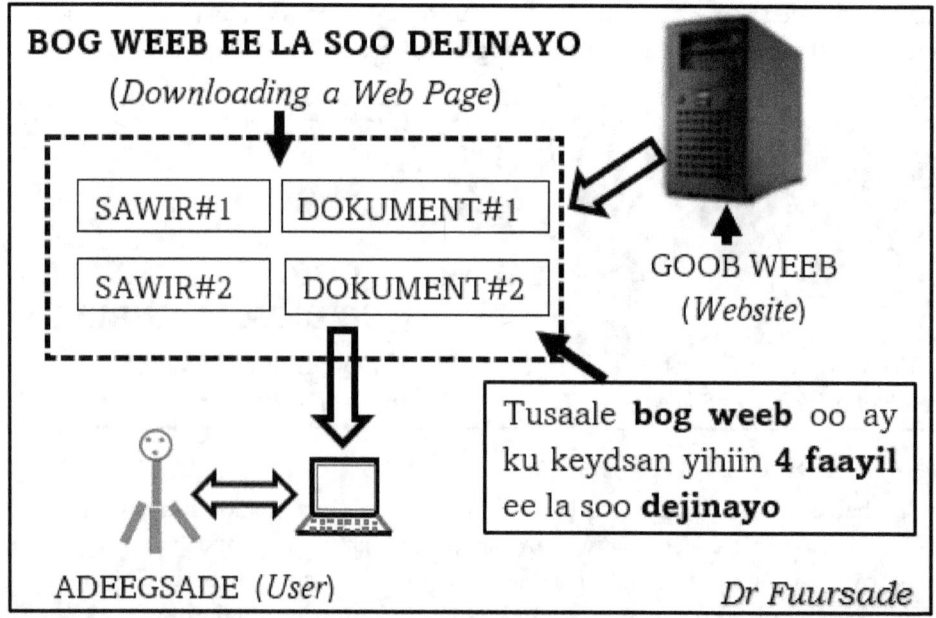

FAAH-FAAHIN DHEERI AH (*Further details*):

Bogagga weeb-ka ee kuu soo muuqda, markii aad ku xirantid goobaha weebka, waxaa caadiyan ku keydsan tiro *faayilal, sawiro, codad* ah, iwm. Waxaa tirada guud lagu tilmaamaa **faayil-dejinta weebka** (*Web hits*). Farsawirka kore wuxuu muujinayaa in hal bog weeb la booqday (*Ama la soo dejiy*ey), hasayeeshee, **faayil-dejinta weebka** (*Web hits*) ay noqotay **shan** (*Afar faayil ee ku keydsan bogga la soo dejiyey iyo 1 faayil ee loo xisaabayo bogga weebka la booqday*).

WEB PAGE

ENGLISH   **SOOMAALI**

Web Page ➔ Bog Weeb

MACNAHA ERAYGA EE LUQADDA SOOMAALIGA:

Bog weeb (*Web page*) waa bog ka mid ah **goob weeb** (*Website*) ee loo soo bandhigo martida adeegsanaysa **dulmaraha weebka** (*Web browser*), sida *Firefox, Google Chrome, Safari*, iyo tiro kale

MEANING IN ENGLISH (*Macnaha Erayga ee Luqadda Qalaad*):

A **web page** is a page provided by a **website** and presented to a visitor in a **web browser**, such as *Firefox, Google Chrome, Safari*, and others.

TUSAALE (*Example*):

Tusaale, haddii aad ku xirantid **internet**-ka oo aad furtid mid ka mid ah **dulmarayaasha weebka** (*Web browsers*), sida saddexda *dulmare weeb* ee ka muuqda farsawirka hoose

Kaddibna, aad **looxa cinwaanka** (*Toolbar*) ku qortid erayada: **https://somali-music.com/artists/halimo-magool** ee ku xusan farsawirkaan hoose:

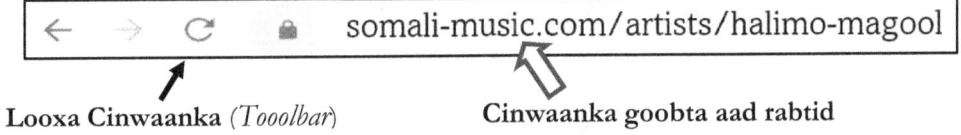

Looxa Cinwaanka (*Tooolbar*)   **Cinwaanka goobta aad rabtid**

Kaddibna aad riixdid furaha **"ENTER"** (*Enter Key*), waxaa kuu soo baxaya bog weeb ay ka muuqdaan heesihii fanaanaddii weynayd ee AUN **Xaliima Khaliif Omar** (*Magool*) haddii aan boggaa la beddelin.

FAAH-FAAHIN DHEERI AH (*Further details*):

Bogga weebka wuxuu badiba ka kooban yahay **qoraalo** (*Text*), **sawir-shaxano** (*Graphics*), **codad**, **muuqaalo** (*Video*), **bog-xiriiriyaal** (*Hyperlinks*), iyo qaybo kale. Wadarta bogagga hal shirkad ama hay'ad leedahay waxaa lagu keydiyaa hal **goob weeb** (*Website*). Xogta ka soo muuqanaysa shaashadaha, markaad furtid bog ka mid ah bogagga weebka, waxaa laga soo dejiyaa (*Downloaded*) serfero caadiyan ku rakiban goobo fog. Waxaana hawshaa fududeeya **dulmaraha weebka** (*Web browser*). Tiro ahaan, waxaa xilliyadaan **internet**-ka ku keydsan in ka badan hal *bilyan* ee goobo **weeb** (*Web sites*), kuwaa oo tiradooda sii kordhaysa. Halkii goobna waxaa ku rakiban ugu yaraan **tobaneeyo bog** oo ay ku keydsan yihiin xog u gaar ah goobtaa. Dhinaca **luqadaha** loo adeegsado diyaarinta bogaggaa, waxaa ka mid ah: **HTML, Java Script, PHP, Python, JAVA, C, C++**, iwm

WEB SERVER

ENGLISH	SOOMAALI
Web Server ➜	Serferka Weebka

MACNAHA ERAYGA EE LUQADDA SOOMAALIGA:

Serferka weebka (*Web server*) waa *kombiyuutar* iyo *barnaamijyo* la xariira ee keydiya isla markaana maamula bogagga ku keydsan **goob weeb** (*Website*), una gudbiya xogtaa **macaamiisha** (*Clients*) soo codsata

MEANING IN ENGLISH (*Macnaha Erayga ee Luqadda Qalaad*):

A **web server** is a *computer* and related *software* that stores and manages the pages of a **website** and transmits to **clients** that request them

TUSAALE (*Example*):

Waxaa farsawirka hoose ka muuqda tusaale **serfer weeb** (*Web server*) ee markaa adeeg siinaya **macaamile** ku soo xirmay serferkaa. Wuxuu **macaamilaha** (*Client*) adeegsanayaa **telefoonka casriga ah** isagoo u gudbinaya **serferka weebka** codsiyo (*Request*) in xog loo soo **dejiyo** (*Download*). Wuxuuna **serferka weebka** soo gudbinaya jawaabo la xariirta **codsiyada** macaamilaha. Barnaamijka uu **macaamilaha** adeegsanaya waxaa la yiraahdaa **dulmaraha weebka** (*Web browser*) tusaale, *Internet Explorer, Google Chrome, Mozilla Firefox, etc.*, ee ku duuban qalabka macaamilaha,.

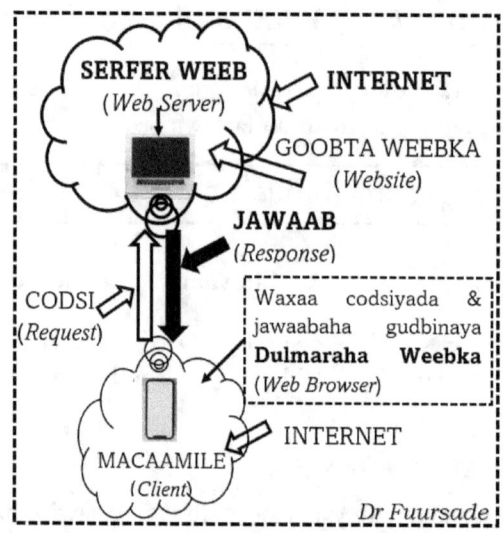

FAAH-FAAHIN DHEERI AH (*Further details*):

Markii aad ku xirantid *internet*-ka oo aad furatid **goob weeb** (*Website*) adoo adeegsanaya kombiyuutar ama qalabyada kale ee ku xirma internet-ka, sida *telefoonka casriga ah*, waxaa isla markiiba ku xirmi *kombiyuutar* iyo *barnaamij* la xariira ee loo yaqaano "**Serferka Weebka**" (*Web Server*); kombiyuutarkaa wuxuu *keydiya* oo *maamula* bogagga u ka kooban yahay *goobta weebkaa*. Waxaa codsiyadaada kuu soo gudbinaya, ku tusayana jawaabaha barnaamijka lagu qeexo **Dulmaraha Weebka** (*Web Browser*) ee ku duuban qalabka aad adeegsanaysid, barnaamijkaa oo ka dhex shaqeeyaa *qalabkaada* iyo *serferka weebka*.

WEB SURFING

ENGLISH	SOOMAALI
Web Surfing ➔	Bog-Raaca Weebka/Hir-raaca Weebka

MACNAHA ERAYGA EE LUQADDA SOOMAALIGA:

Bog-raaca ama **hir-raaca weeb-ka** (*Web surfing*) waa u boodidda **bog** ilaa **bog** ee **shabakadda ballaaran ee caalamka** (*World Wide Web*) iyadoo la adeegsanayo **bog-xiriiriyaal** (*Hyperlinks*)

MEANING IN ENGLISH (*Macnaha Erayga ee Luqadda Qalaad*):

Web surfing is the jumping from **page** to **page** on the *World Wide Web* using **hyperlinks**

TUSAALE (*Example*):

Farsawirka hoose wuxuu muujinayaa adeegsade (*User*) lagu magacaabo *Horia* oo ku hawlan **bog-raaca weebka** (*Web surfing*). Waxay *Horia* marka hore ku xirantay bogga www.bog1.com. Waxayna kaddib u wareegtay bogga www.bog6.com, kana sii aadday bogga www.bog3.com, kaddibna www.bog5.com iyo www.bog2.com, ugu dambayn waxay *Horia* ku hakatay bogga www.bog4.com. U boodidda *bog* ila *bog* waxaa suura geliya "**bog-xiriiriyaal**" (*Hyperlinks*) ka xusan bogagga weebka la booqday. Waxaana talaabadaa ee loogu kala gudbiya **bog ila bog** lagu tilmaamaa "**Bog-raaca weebka**" ama "**Hir-raaca weebka**" (*Web surfing*)

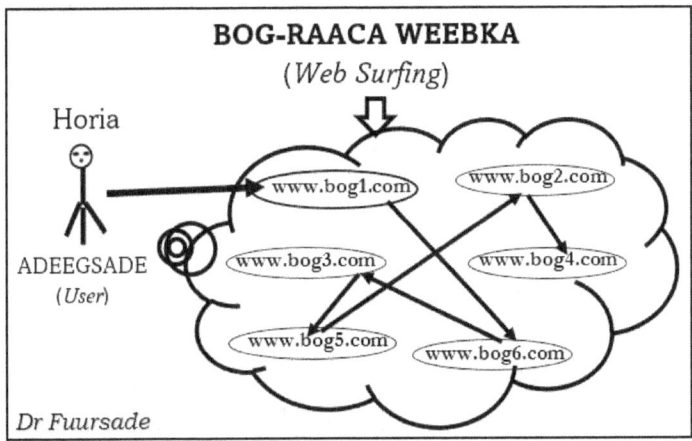

FAAH-FAAHIN DHEERI AH (*Further details*):

Waxaa **internet**-ka ku keydsan **daato** aad u fara badan ee lagu tilmaamo "**bad daato ah**" (*Sea of data*), daataadaa oo ku kala keydsan **goobo weeb** (*Websites*) iyo **kombiyuutaro** (*Web servers*) ku kala baahsan goobo kala duwan ee caalamka. Waxaana u gudbidda *bog* ilaa *bog* fududeeya **bog-xiriiriyaal** (*Hyperlinks*), kuwaa oo isku xira **bogagga weebka**. U gudbiddaa *bog ila bog* waxaa lagu tilmaamo **bog-raaca** ama **hir-raac weebka** (*Web surfing*).

Haddii loo eego **dulmaridda weebka** (*Web browsing*), **bog-raaciddu** waa markii tusaale ahaan adeegsaduhu ku dhex wareegayo *goobo kala duwan iyadoo la adeegsanayo badiba bog-xiriiriyaal*. Waana *arrin waqti badan* qaadata oo ugu dambayna aan lagu gaarin *natiijo* macno weyn leh. Dhinaca kale, **dulmaridda weebka** waa markii **xog gaar** ah laga baarayo tiro **goobo weeb** ah ee cayiman.

WEB TRAFFIC

ENGLISH   **SOOMAALI**

Web Traffic → Dhaq-dhaqaaqa Weebka

MACNAHA ERAYGA EE LUQADDA SOOMAALIGA:

Dhaq-dhaqaaqa weebka (*Web traffic*) ama "**Booqashada Weebka**" (*Web Visit*) waa **tirada adeegsadayaasha** (*Number of Users*) ku soo xirma ama soo booqda mid ka mid ah **goobaha weebka**

MEANING IN ENGLISH (*Macnaha Erayga ee Luqadda Qalaad*):

Web traffic or **web visit** is the **number** of users who connect to or visit a certain **website**

TUSAALE (*Example*):

Adeegsadaha weebka (*Web user*) markuu ku xirmo **weeb**-ka wuxuu khaas ahaan ku xirmaa mid ka mid ah **goobaha weebka** (*Websites*); markaa uu ku xiran yahay, waxaa dhinaca serferka hawsha ka wada **serferka weebka** (*Web server*), halka dhinaca adeegsadahane (*User side*) uu hawsha ka wado **dulmaraha weebka** (*Web browser*). **Codsiyada** iyo **jawaabaha** waxaa is-dhaafsanaya **dulmaraha weebka** (*Web browser*) iyo **serferka weeba** (*Web server*). Waxaana mar kasta ee uu adeegsade ku xirmo **serferka weebka** kordha tirada **dhaq-dhaqaaqa weebka** (*Web traffic*) ama **booqasho weebka** (*Web visit*). Farsawrika hoose waxaa ka muuqda **adeegsade** codsiyo u gudbinaya **serfer weeb** (*Web server*), jawaabna u soo noqonaysa

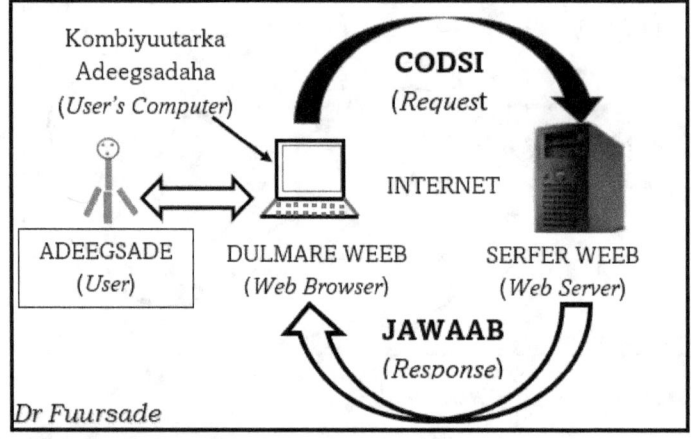

FAAH-FAAHIN DHEERI AH (*Further details*):

Dhaq-dhaqaaqa weebka (*Web traffic*) ama **booqashada weebka** (*Web visit*) waa **xiriirka** ka dhex-dhaca **adeegsadaha** weeb-ka (*Web user*) iyo **goob weeb** ee cayiman (*Specific web site*). Mar hadduu **xiriirkaa** dhaco, waxaa arrintaa lagu tilmaamaa "**dhaq-dhaqaaq**" (*Traffic*) ama "**Booqasho**" (*Visit*). Dhinaca waqtiga, haddii adeegsaduhu ku xirnaado goobta weebka **shan ilbiriqsi** (*5 sec*) ama **shan saac** (*Five hours*) waxaa labaduba loo tixgalinayaa **hal dhaq-dhaqaaq** ama **hal booqasho** (*One visit*). Dhinaca kale, haddii isla shaqsi mar kale soo booqdo isla goobtii weebka (*Same website*) uu ka baxay xitaa ilbiriqsiyo ka hor, waxaa arrintaa loo xisaabayaa booqasho cusub. **Tirada dhaq-dhaqaaqa** weebka (*Number of web traffic*) waa arrin tilmaamaysa **muhiimadda** goob weeb (*Importance of a website*).

WEBSITE

ENGLISH	SOOMAALI
Website ➔	Goob Weeb

MACNAHA ERAYGA EE LUQADDA SOOMAALIGA:

Goob weeb (*Website*) waa tiro bogag weeb ah (*Web pages*) ee ka tirsan internet-ka una uruursan unug ahaan, keydiyana *qoraalo, sawiro, muuqaalo, codad, iwm*

MEANING IN ENGLISH (*Macnaha Erayga ee Luqadda Qalaad*):

A website is a number of web pages on the internet that groups related web pages which contain *text, images, video, audio, etc.*

TUSAALE (*Example*):

Dhibicda madoow ee ka muuqata bartamaha farsawirka hoose waa tusaale goob weeb (*Websites*) ee ka trisan internet-ka oo ay ku keydsan yihiin saddex bog weeb oo kala ah: *Bog1, Bog2, and Bog3*. Waxaa goobtaa ku xirmaya macaamile (*Client*) adeegsanaya kombiyuutar lagu magacaabo **ABC**, soona degsanayaa bogga weebka lagu magacaabo *Bog1*, isagoo adeegsanayo mid ka mid ah barnaamijyada dulmarayaasha weeb-ka (*Web browsers*), sida tusaale ahaan *Google Chrome*.

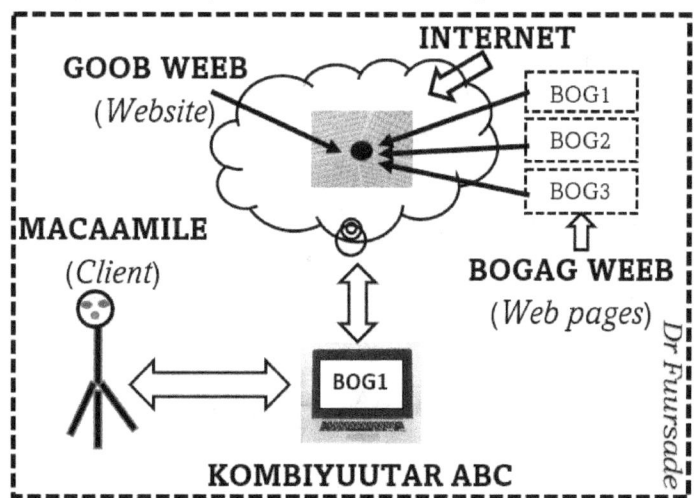

FAAH-FAAHIN DHEERI AH (*Further details*):

Goob weeb (*Website*) waa tiro bogag ah ee is-raacsan ee ku keydsan serfer, bogagga oo lagu diyaariyo barnaamijyo kombiyuutar sida **HTML** (*Hypertext Markup Language*). Sii aad ugu bandhigtid goobtaa dadweynaha caalamka, waa in ay bogaggaa ku keydsan yihiin mid ka mid ah serferada ku xiran **internet**-ka, isla markaane leh cinwaan gaar ah. Tusaaale ahaan, haddii aad looxa cinwaanka (*Address bar*) ku qortid: https://snu.edu.so/, kaddidna aad riixdid furaha **ENTER** ee kiiboorka, waxaa kuu soo baxaya goobta weebka **Jaamacadda Ummadda Soomaaliyeed** (*Somali National University*), ay ku keydsan yihiin tiro bogag ah (*Haddii aan cinwaankaa la beddelin*). Barnaamijka maamula iyo kombiyuutarka keydiya goobaha weebka (*Web sites*) iyo daatada goobahaa waxaa lagu magacaabaa **"Serferka Weebka"** (*Web Server*). Boogga ugu horeeya ee kuu soo baxa markii aad furtid goob weeb, waxaa iyaduna lagu magacaabaa **"Bogga Hooyga"** (*Home Page*).

WiFi (Waay Faay)

ENGLISH	SOOMAALI
WiFi ➔	WiFi (Waay Faay)

MACNAHA ERAYGA EE LUQADDA SOOMAALIGA:

Waay Faay waa **shabakad** aan **lahayn xargo** ee awood u siinaysa qalabyo sida *kombiyuutarada, telefoonada casriga ah, iPads,* iyo *qalabyada* kalee dijitaalka ah, sida *daabece, iwm,* ee yaala goob xaddidan in ay isku wada xirmaan isla markaan ku wada xirmaan **internet**-ka

MEANING IN ENGLISH (*Macnaha Erayga ee Luqadda Qalaad*):

WiFi is a **network** with **no wiring** that allows devices such as *computers, smart phones, iPads,* and other *digital equipment* such as *printers, etc.*, which are placed in nearby locations to be **inter-connected** and access the **internet**

TUSAALE (*Example*):

Waxaa farsawirka (*Sketch*) hoose ka muuqda tusaale shabakad **WiFi** ah ee isku xiraysa qalabyo ku rakiban goob kooban, sida *xafiis, guri, iwm.* Ugu horeyn, sida farsawirka ka xusan, **moodemka** (*Modem*) ayaa **internet**-ka dibedda ka keenaya, una soo gudbinaya **rawtar**-ka. Wuxuuna kaddib **rawtar**-ka (*Router*) <u>isku xirayaa</u> isla markaana si <u>xarig la'aan ah</u> ugu sii gudbinayaa **internet**-ka saddexdaa qalab ee ku xiran shabakaddaa.

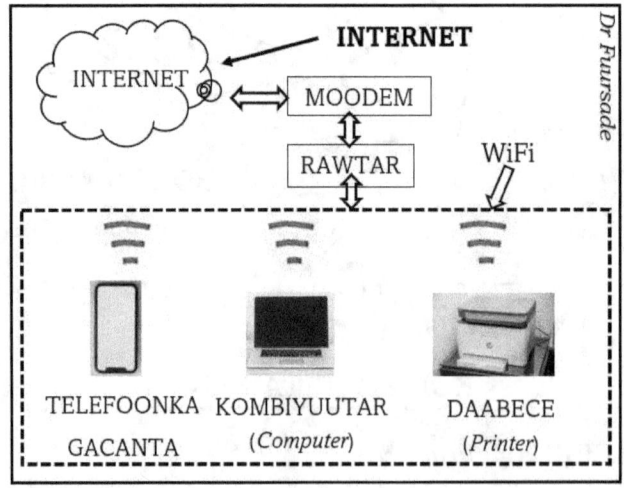

FAAH-FAAHIN DHEERI AH (*Further details*):

WiFi waa **shabakad xarig la'aan ah** (*Wireless network*) ee isku xirta qalabyo ku rakiban goob xaddidan, sida *guri, xafiis, maqaayad,* iwm. Waana nooc ka mid ah **Shabakadaha Goobaha Gudaha** laakiin *xarig la'aan* ah (**W**ireless **L**ocal **A**rea **N**etwork ama **WLAN**). Si ay qalabyada goobtaa yaala u helaan *internet* isla markaan *noqdaan shabakad,* waxaa la adeegsadaa *moodem* iyo *rawtar*. Waxay labadaa aalad sababayaan in qalabyada goobtaa yaala ay *helaan* **internet** isla markaana ay *wada xariiraan*. Inkastoo farsawirka muujinaya **moodem** iyo **rawtar** kala gaar ah, waxaa maanta labadaa unug laga dhigay hal unug oo wada ah **moodeem** iyo **rawtar**.

F.G.: Waxaa xusid mudan in la rakibi karo shabakad ku saleeysan WiFi oo aan aan lahayn internet

WIRELESS

ENGLISH	SOOMAALI
Wireless →	Xarigla'e

MACNAHA ERAYGA EE LUQADDA SOOMAALIGA:

Xarigla'e (*Wireless*) waa gudbinta *daato* iyadoo aan la adeegsanayn xargo

MEANING IN ENGLISH (*Macnaha Erayga ee Luqadda Qalaad*):

Wireless is the transmission of *data* without using cables or wires

TUSAALE (*Example*):

Waxaa farsawirka hoose ka muuqda tusaale adeegsade isticmaalaya internet **xarig la'aan** ah (*Wireless internet*) oo aan ahayn **WiFi**. Wuxuu adeegsadahaa haystaa *telefoon gacanta ah* ee ku xirmaya **bir-dheere** (*Cell tower*) ka agdhow ee ugu soo gudbinaya **internet** hab *xarig la'aan ah*. Habkaa ee loo yaqaano "shabakadda dhaq-dhaqaaqda" (*Mobile network*) waa nooc ka mid ah *internet-ka xarig la'aanta ah*.

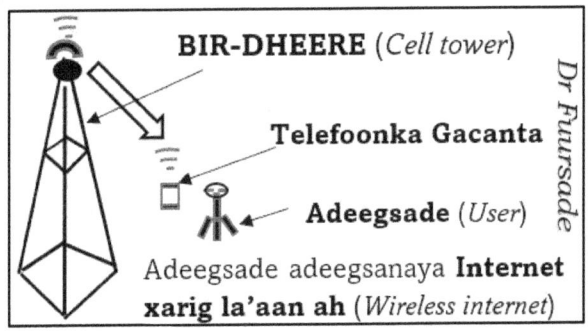

FAAH-FAAHIN DHEERI AH (*Further details*):

Internet-ka **xarig la'aanta** (*Wireless internet*) waa **internet** aan ku saleeysnayn **xargo** (*Cables*) iyo **WiFi**. Waxaana hababkaa ka mid ah adeegsiga qalab la yiraado **bir-dheere** (*Cell tower*) oo ay ku rakiban yihiin *aaladaha isgaarsiinta* iyo *anteenayaal*. Markii ay *qalbyada xarig la'aanta*, sida teleefoonada gacanta ah ay ku xirmaan *bir-dheeraha* ka agdhow goobta markaa la marayo, waxay qalabyadaa xarig la'aanta ah awood u yeelanayaan in ay helaan **internet**-ka ku saleeysan **hirarka raadiyaha** (*Radio waves*); waxaa sidoo kale jira nooc kale ee *internet xarig-la'aan* ah oo ay soo gudbiyaan **dayax-gacmeedyada** (*Satellite internet*).

Guud ahaan, teknolojiyada **xarig la'aanta** (*Wireless technology*) waxay maanta noqotay mid laga maarmaan ah. Waxayna sababtay in laga maarmo **xargihii** la adeegsan jiray ee isku xirayey qalabyadaa, arrintaa oo yareeysay *hawlihii* iyo *kharajkii* ku bixi jiray *xir-xiridda iyo dayactirka qalabyada*. Waxayna teknolojiyadaa dhalisay tiro faa'iidooyin ah ay ka mid yihiin:

a) **Internet**-ka oo ku *baahay* goobo badan oo ay xargaha internet-ka gaari karin sida *baadiyaha*
b) **Daatada** oo loo gudbiyo si *dhaqso ah* iyo ku xirmidda **internet**-ka iyo *dayactirka* oo fududaaday
c) Tirada **qalabyada** ku xirmaya **internet**-ka oo *kordha* marna *yaraada* iyadoo ay ku xiran tahay dadka wata qalabyadaa ee goobtaa iimaanaya, ka tagaya, ama maraya (*People with mobile devices*)
d) Adiga iyo qalabkaada oo ku *dhex dhaqaaqi* karo goob baahsan iyadoo *internet*-ka go'in iyo tiro kale

WORD PROCESSOR

ENGLISH	SOOMAALI
Word Processor ➜	Eray Maamule

MACNAHA ERAYGA EE LUQADDA SOOMAALIGA:

Eray Maamule (*Word Processor*) waa **barnaamij kombiyuutar** ee loo adeegsado maamulidda *erayada* iyo *dokumentiyada*, sida *keydinta, wax ka beddelidda, guda-dhigga, habaynta, iyo daabacaadda* erayo ama dokumentiyo

MEANING IN ENGLISH (*Macnaha Erayga ee Luqadda Qalaad*):

Word processor is a **software program** used to manage *words* and *documents* such as *to store, edit, input, format, and print* words or documents

TUSAALE (*Example*):

Waxaa farsawirka hoose ka muuqda qayb ka mid ah dokumenti lagu diyaariyey barnaamijka **Eray Maamulaha** (*Word Processor*) ee lagu magacaabo "**MS Word**" ee Shirkadda **MicroSoft**. Wuxuuna dokumentigaa muujinayaa dowrka iyo awoodda barnaamijyada **Eray Maamulayaasha** ah; tusaale, eega qaabka qoraalka loo *habeeyey* (*Format*), habka loo **muuq-weyneeyey** (***Bold***) qaybo ka mid ah dokumentiga, habka loo *bartameeyey* (*Centered*) cinwaanka, iyo guud ahaan muuqaalka guud ee bogga. Hawlahaa waxaa fuliyey barnaamijka **Eray Maamulaha** ee lagu magacaabo **MS Word**.

BACKEND

ENGLISH	SOOMAALI
BACKEND ➜	WAJIGA DAMBE

MACNAHA SOOMAALIGA:

Wajiga dambe (*Backend*) waa eray si guud ahaan ah loogu tilmaamo qaybta ay **xog-dhigyada** iyo **unugyada** la xariira ay kaga keydsan yihiin **shabakadaha** (*Networks*) iyo **internet**-ka

MEANING IN ENGLISH (*Macnaha Ingiriiska*):

The **backend** is a general term used to describe the area where the **database** and related **components** reside within a **network** or the **internet**

TUSAALE (EXAMPLE):

Farsawirkaan koowaad wuxuu muujinayaa qaabka ay adeegsadaha (*User*), wajiga hore (*Frontend*), wajiga dambe (*Backend*) u wada shaqeeyaan:

FAAH-FAAHIN DHEERI AH (*Further details*):

Eray maamulahu (*Word Processor*) waa barnaamij kombiyuutar ee loo adeegsado *diyaarinta* iyo *habaynta* dokumentiyada. Barnaamijkaa wuxuu adeegsadaha (*User*) fursad u siini in uu si sahal ah *ku abuuro* (*Create*) dokumenti, *wax uga beddelo* (*Edit*), *daabaco* (*Print*), *tirtiro* (*Delete*) qaybo ka mid ah, iyo in uu *keydiyo* (*Save*) dokumentiga, iwm. Waxaa sidoo kale barnaamijyada erayada maamula loo adeegsan karaa in erayo ka mid ah dokumentiga la *habeeyo* (*Format*), sida in la **muuq-weyneeyo** (***Bold***), *jeleeciyo* (*Italic*), hoos-xariiqo (*Underline*), yara-iftiimiiyo (*Highlight*), weeyneeyo (*Enlarge*), midabeeyo (*Color*), iyo in si sahal ah loo dhaqaajiyo (*Cut & paste*) erayo gaar ah ee ka mid ah dokumentiga, iwm

WORLD WIDE WEB (WWW)

ENGLISH	SOOMAALI
World Wide Web ➔	Shabakadda Ballaaran ee Caalamka

MACNAHA ERAYGA EE LUQADDA SOOMAALIGA:

Shabakadda ballaaran ee caalamka, ee loo yaqaano **World Wide Web** loona soo gaabiyo "**www**" ama **weeb**, waa tiro aad u faro badan ee **bogag** ah ee isku wada xiran ee ku baahsan caalamka, laguna xirmi karo iyadoo la adeegsanayo *internet*-ka iyo *dulmarayaasha weebka* (*Web browsers*).

MEANING IN ENGLISH (*Macnaha Erayga ee Luqadda Qalaad*):

World wide web ('www' or 'web' for short) refers to a huge **number of interconnected** pages spread around the world that can be accessed through the *internet* and *web browsers*

TUSAALE (*Example*):

Waxaa qaybta hoose ka muuqda farsawir si guud u muujinaya macnaha **Shabakadda Ballaaran ee Caalamka** (*World Wide Web*). Wuxuuna farsawirka (*Sketch*) muujinyaa tusaale adeegsade (*User*) ku xiran **internet** ee **bog-raacayo** (*Surfing*) bogagga weebka ee **Shabakadda Ballaaran ee Caalamka**. Wuxuuna adeegsaduha booqashadiisa (*Visit*) ka bilaabay goobta weebka (*Website*) ee www.bog1.com, wuxuuna kadib dulmaray (*Browse*) goobaha kala ah: www.bog6.com, www.bog3.com, www.bog5.com, www.bog2.com; wuxuuna ugu dambayn ku hakaday goobta www.bog4.com

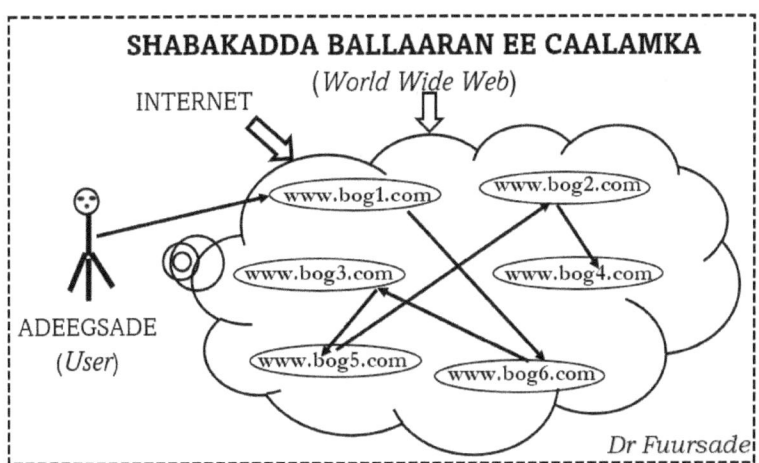

FAAH-FAAHIN DHEERI AH (*Further details*):

Shabakadda ballaaran ee **caalamka**, ee loo yaqaano *World Wide Web* ama **www** ama **weeb**, waa *bogag* isku wada xiran ee soo bandhigaya *qoraalo, sawiro, codad, muqaalo,* iwm, ee loo yaqaano **bogagga weebka** (*Web pages*), kuna baahsan caalamka. Dhinaca kale, dad badan ayaa u haysta in **bogagga weebka** iyo **internet**-ku ay isku mid yihiin. Hasa-yeeshee, waa labo shay oo kala duwan. **Internet**-ku waa *qalabyo elektaroonik* ah ee isku wada xiran halka **bogagga weebku** ay yihiin **bogag** iyaguna isku wada xiran laakiin ku wada keydsan *qalabyadaa elektaroonikada ah* ee ku xiran **internet**-ka. Waxaa kalee jira in **internet**-ku leeyahay qaybo kale ee ka duwan *bogagga weebka*, sida *Baraha Bulshada* (*Social media*), *WhatsApp*, *iimeel*, iwm. Waxaana bogaagga weebka lagu dulmara (*Browse*) baarnaamijka loo yaqaano "**Dulmaraha weebka**" (*Web browser*).

LIFAAQA 1aad:

LIISKA ERAYADA 16-ka CASHAR ee BUUGGA ee TARJUMAN

(List of the Translated Terms of the 16 Lectures)

CASHARKA 1aad (*Lesson 1*)
13 ERAY (13 *Words*)

KALA HOREYNTA ERAYADA	ENGLISH	SOOMAALI	TAXANAHA ERAYDA
1	Computer	Kombiyuutar	1
2	Hardware	Hardaweer	2
3	Software	Softaweer	3
4	Keyboard	Kiiboor	4
5	Monitor	Shaashad	5
6	Printer	Daabece	6
7	Mouse	Maawus	7
8	Peripheral	Hareere	8
9	Desktop Computer	Kombiyuutarka Miis-saarka	9
10	Laptop Computer	Kombiyuutarka Dhab-saarka	10
11	Stand-Alone Computer	Kombiyuutarka Kaligii Taaganaha (*Keligii-Taagane*)	11
12	Mainframe Computer	Kombiyuutarka Jirweynaha (*Ama Jirweyne*)	12
13	Technology	Teknoloji	13

CASHARKA 2aad (*Lesson 2*)
12 ERAY (12 *Words*)

KALA HOREYNTA ERAYADA	ENGLISH	SOOMAALI	TAXANAHA ERAYDA
1	Computer Science	Cilmiga Kombiyuutarka	14
2	Information Technology	Teknolojiyada Xogta	15
3	Operating System	Barnaamijka Maamulaha	16
4	Application Program	Barnaamij Hawlfuliye	17
5	Computer Programmer	Barnaamij-Qore Kombiyuutar	18
6	Motherboard	Hooyga Unugyada	19
7	CPU	Maskaxda Kombiyuutarka	20
8	RAM	RAAM	21
9	ROM	ROOM	22
10	Input	Guda-dhig	23
11	Output	Dibad-dhig	24
12	Hard Disk	Keydka Adag	25

CASHARKA 3aad (*Lesson 3*)
14 ERAY (14 *Words*)

KALA HOREYNTA ERAYADA	ENGLISH	SOOMAALI	TAXANAHA ERAYDA
1	File	Faayil	26
2	File Type	Nooca Faayilka	27
3	File Extenstion	Faraca Faayilka	28
4	Folder	Gal	29
5	Subfolder	Gal-hoosaad	30
6	Server	Serfer	31
7	Backup	Baakab	32
8	User	Adeegsade	33
9	Username	Magaca Adeegsadaha	34
10	Password	Fure	35
11	Login	Ku-Xirmid	36
12	Access Code	Koodka oggolaashaha	37
13	Authentication	Xaqiijin	38
14	Two-Factor Authentication	Xaqiijinta labada-fure	39

CASHARKA 4aad (*Lesson* 4)
14 ERAY (14 *Words*)

KALA HOREYNTA ERAYADA	ENGLISH	SOOMAALI	TAXANAHA ERAYDA
1	Cold Boot	Kicin Qaboow	40
2	Warm Boot	Kicin Kulul	41
3	Blackout	Madoobaad	42
4	Hard Copy	Koobi Adag	43
5	Soft Copy	Koobi Fudud	44
6	Semi-Conductor	In-gudbiye	45
7	Transistor	Taraansistar	46
8	Binary	Labaale	47
9	Bit	Bit	48
10	Byte	Baayit	49
11	Computer Ports	Godad-ka Kombiyuutarada	50
12	Serial Ports	Godad-ka Taxanaha	51
13	Parallel Ports	Godad-ka is-barbar Socda	52
14	USB Ports	Godad-ka USB-ga	53

CASHARKA 5aad (*Lesson 5*)
11 ERAY (11 *Words*)

KALA HOREYNTA ERAYADA	ENGLISH	SOOMAALI	TAXANAHA ERAYDA
1	Word processor	Eray Maamule	54
2	Cursor	Bartuse	55
3	Icon	Astaan	56
4	Menu	Xulside	57
5	Menu Bar	Looxa Xulsidaha	58
6	Submenu	Xul-hoosaad	59
7	Toolbar	Looxa Astaamaha	60
8	Drop-Down Menu	Xulsidaha Soo-daata	61
9	Font	Farmuuqaal	62
10	Format	Habayn	63
11	Read-Only	Akhris-keliya	64

CASHARKA 6aad (Lesson 6)

12 ERAY (12 Words)

KALA HOREYNTA ERAYADA	ENGLISH	SOOMAALI	TAXANAHA ERAYDA
1	Highlight	Yare-iftiimin	65
2	Select	Xulo	66
3	Bold	Muuq-weyne	67
4	Underline	Hoos-xariiq	68
5	Italic	Jaleece	69
6	Overwrite	Kukor-qor	70
7	Clipboard	Sii-haye	71
8	Copy & Paste	Koobi & Dhaji	72
9	Cut & Paste	Gooy & Dhaji	73
10	Footer	Hoos-dhig	74
11	Header	Kor-dhig	75
12	Footnote	Qormohoose	76

CASHARKA 7aad (*Lesson 7*)
16 ERAY (16 *Words*)

KALA HOREYNTA ERAYADA	ENGLISH	SOOMAALI	TAXANAHA ERAYDA
1	Data	Daato	77
2	Data Type	Nooca Daatada	78
3	Table	Aruur	79
4	Column	Taag	80
5	Information	Xog	81
6	Database	Xog-dhig	82
7	Unique	Halyaal (*Keli-jire*)	83
8	NULL	Maqane	84
9	Primary Key	Furaha Koowaad	85
10	Id Number	Tirsi	86
11	Foreign Key	Furaha Qalaad	87
12	Database Server	Serferka Xog-dhigga	88
13	Production Data	Daatada Soo-saarka	89
14	Misinformation	Xog-qaldan	90
15	Disinformation	Been-abuur	91
16	Constraint	Xaddide	92

CASHARKA 8aad (Lesson 8)
15 ERAY (15 Words)

KALA HOREYNTA ERAYADA	ENGLISH	SOOMAALI	TAXANAHA ERAYDA
1	Data Management	Maareynta Daatada	93
2	Data Center	Xaruunta Daatada	94
3	Model	Matale	95
4	Data Model	Matalaha Daatada	96
5	Data Protection	Ilaalinta Daatada	97
6	Data Quality (QA)	Tayada Daatada	98
7	Data Broker	Dilaalka Daatada	99
8	Data Mining	Nuxur-miirka Daatada	100
9	Flat File	Faayil Fidsan	101
10	Transaction	Hawl-dhac	102
11	Business Transaction	Hawl-dhac Ganacsi	103
12	Quality Assurance	Hubinta Tayada	104
13	User Acceptance Testing (UAT)	Tijaabada Aqbalaadda Adeegsadaha	105
14	Big Data	Daatada Mugga Weyn	106
15	Data Science	Cilmiga Daatada	107

CASHARKA 9aad (*Lesson 9*)
15 ERAY (*15 Words*)

KALA HOREYNTA ERAYADA	ENGLISH	SOOMAALI	TAXANAHA ERAYDA
1	Internet	Internet	108
2	Intranet	Intaranet	109
3	Address Bar	Looxa Cinwaanka	110
4	Remote Access	Gelid Fog	111
5	Cloud	Daruuraha	112
6	Cloud Computing	Adeegsiga Daruuraha	113
7	SaaS	SaaS	114
8	Download	Soo-dejin	115
9	Upload	Kor-rarid	116
10	Help Desk	Miiska Taakulaynta	117
11	Log File	Faayilka Dhacdooyinka	118
12	Device Driver	Qalab Hage	119
13	Malware	Cudur-side	120
14	Trojan Horse	Faraskii Taroojan	121
15	Antivirus	Cudur-dile	122

CASHARKA 10aad (*Lesson 10*)
12 ERAY (*12 Words*)

KALA HOREYNTA ERAYADA	ENGLISH	SOOMAALI	TAXANAHA ERAYDA
1	Service Provider	Adeeg Bixiye	123
2	Modem	Moodem	124
3	Router	Rawtar	125
4	Firewall	Shabakad-Ilaaliye	126
5	Wifi	Waay Faay (WiFi)	127
6	Wireless	Xarigla'e	128
7	Hotspot	Barkulul	129
8	Handshaking	Is-gacan Gelin	130
9	Bandwidth	Mugballac	131
10	Search Engine	Matoorka Xog-baarista	132
11	Google (As a verb)	Guugal-garayn	133
12	Email	Iimeel	134

CASHARKA 11aad (*Lesson 11*)
15 ERAY (*15 Words*)

KALA HOREYNTA ERAYADA	ENGLISH	SOOMAALI	TAXANAHA ERAYDA
1	Network	Shabakad	135
2	Network Topology	Hab-dhismeedka Shabakadaha	136
3	Local Area Network	Shabakadda Goobaha Gudaha	137
4	World Wide Web	Shabakadda Ballaaran ee Caalamka	138
5	Web	Weeb	139
6	Hyperlink	Bog-xiriiriye	140
7	Home Page	Bogga Hooyga	141
8	Web Page	Bog Weeb	142
9	URL	URL (*Yuu Aar El*)	143
10	Web Browser	Dulmaraha Weebka	144
11	Web Server	Serferka Weebka	145
12	Website	Goobta Weebka	146
13	Web Hits	Faayil-Dejinta Weebka	147
14	Web Traffic	Dhaq-dhaqaaqa Weebka	148
15	Web Surfing	Bog-raaca Weebka	149

CASHARKA 12aad (*Lesson 12*)
13 ERAY (*13 Words*)

KALA HOREYNTA ERAYADA	ENGLISH	SOOMAALI	TAXANAHA ERAYDA
1	Cookie	Xog-yare	150
2	Interface	Barkulan	151
3	Frontend	Wajiga Hore	152
4	Backend	Wajiga Dambe	153
5	Graphical User Interface	Nidaamka Barkulanka Astaamaysan	154
6	End User	Adeegsadaha Dambe	155
7	Online	Qadka	156
8	Online Education	Tacliinta Qadka	157
9	Online Learning	Waxbarashada Qadka	158
10	Post (Online)	Qad-dhig	159
11	Remote Education	Tacliinta Fasalka Fog	160
12	Remote Learning	Waxbarashada Fasalka Fog	161
13	E-Commerce	Ganacsiga Qadka	162

CASHARKA 13aad (*Lesson 13*)
15 ERAY (*15 Words*)

KALA HOREYNTA ERAYADA	ENGLISH	SOOMAALI	TAXANAHA ERAYDA
1	Biometric	Xog-dhalyo	163
2	Digital	Dijitaal	164
3	Digital Identity	Aqoonsiga Dijitaalka	165
4	Digital Literacy	Akhris-qorista Dijitaalka	166
5	Digital Divide	Farqiga Dijitaalka	167
6	Digital Economy	Dhaqaalaha Dijitaalka	168
7	Digital Footprints	Raadka Dijitaalka	169
8	Digital Citizen	Muwaadinta Dijitaalka	170
9	Digital Nomad	Reer-Guuraaga Dijitaalka	171
10	Cybercriminal	Qad-dambiile	172
11	Hacker	Qad-jabsade	173
12	Cyberattack	Qad-hujuum (Qad-weerar)	174
13	Cybersecurity	Qad-Amni	175
14	Cyberbullying	Qad-handadaad	176
15	Cyberspace	Barxadda Qadka	177

CASHARKA 14aad (*Lesson 14*)

14 ERAY (*14 Words*)

KALA HOREYNTA ERAYADA	ENGLISH	SOOMAALI	TAXANAHA ERAYDA
1	Knowledge Base	Aqoon-dhig	178
2	Knowledge Management	Maareynta Aqoonta	179
3	Brain Drain	Maanguur	180
4	Intellectual Property	Hantida Maanka	181
5	Artificial Intelligence	Caqliga Macmalka	182
6	Baseline	Bar-hoosaad	183
7	Metrics	Fal-cabbir (*Fal-beeg*)	184
8	Abstract	Maanjiraal	185
9	Meta-data	Daato-qeexe	186
10	Risk Assessment	Qiimaynta Qatarta	187
11	Risk Management	Maareynta Qatarta	188
12	Incident	Cilad	189
13	Incident Management	Maareynta Ciladda	190
14	Disaster Recovery	Ka Kabsashada Musiibada	191

CASHARKA 15aad (*Lesson 15*)
13 ERAY (*13 Words*)

KALA HOREYNTA ERAYADA	ENGLISH	SOOMAALI	TAXANAHA ERAYDA
1	Variable	Doorsoome	192
2	Algorithm	Habxal	193
3	Flowchart	Shaxda Talaabooyinka	194
4	High Level Language	Luqadda Heerka Kore	195
5	Low Level Language	Luqadda Heerka Hoose	196
6	Syntax	Qaab-xariir	197
7	Source Code	Koodka Asalka Ah	198
8	Interpreter	Sadar-tarjume	199
9	Compiler	Wadar-tarjume	200
10	Running A Program	Socod-siin barnaamij	201
11	Runtime	Waqti-Fulinta	202
12	Runtime Error	Ciladda Waqti-Fulinta	203
13	Patch	Kabid	204

CASHARKA 16aad (Lesson 16)
13 ERAY (13 Words)

KALA HOREYNTA ERAYADA	ENGLISH	SOOMAALI	TAXANAHA ERAYDA
1	Open-Source Software	Softaweerka Asal-furanka	205
2	Software Tester	Tijaabiye Softaweer	206
3	Load Testing	Tijaabada Culays-qaadka	207
4	Data Warehouse	Bakhaarka Daatada	208
5	Tech-savvy	Tek-xariif	209
6	Newbie	Tek-jadiid	210
7	Pixel	Dhibicyare	211
8	Sketch	Farsawir	212
9	Graphics	Sawir-shaxan	213
10	Machine Learning	Waxbarashada Qalabka	214
11	GPS	Goob-tilmaame	215
12	Spam	Yaac	216
13	Burner Account	Akoonti Daahsan	217

LIFAAQA 2aad

LIISKA ERAYADA GUUD EE TARJUMAN (English-Somali)

LIISKA	ENGLISH	SOOMAALI
1	Abstract	Maanjiraal
2	Access Code	Koodka oggolaashaha
3	Address Bar	Looxa Cinwaanka
4	Algorithm	Habxal
5	Antivirus	Cudur-dile
6	Application Program	Barnaamij Hawl-fuliye
7	Artificial Intelligence	Caqliga Macmalka
8	Authentication	Xaqiijin
9	Backend	Wajiga Dambe
10	Backup	Baakab
11	Bandwidth	Mugballac
12	Baseline	Bar-hoosaad
13	Big Data	Daatada Mugga Weyn
14	Binary	Labaale
15	Biometric	Xog-dhalyo
16	Bit	Bit
17	Blackout	Madoobaad
18	Bold	Muuq-weyne
19	Brain Drain	Maanguur
20	Burner Account	Akoonti Daahsan
21	Business Transaction	Hawl-dhac Ganacsi
22	Byte	Baayit
23	Clipboard	Sii-haye
24	Cloud	Daruuraha
25	Cloud Computing	Adeegsiga Daruuraha
26	Cold Boot	Kicin Qaboow
27	Column	Taag
28	Compiler	Wadar-tarjume
29	Computer	Kombiyuutar
30	Computer Ports	Godad-ka Kombiyuutarada
31	Computer Programmer	Barnaamij-Qore Kombiyuutar

32	Computer Science	Cilmiga Kombiyuutarka
33	Constraint	Xaddide
34	Cookie	Xog-yare
35	Copy & Paste	Koobi & Dhaji
36	CPU	Maskaxda Kombiyuutarka
37	Cursor	Bartuse
38	Cut & Paste	Gooy & Dhaji
39	Cyberattack	Qad-hujuum (Qad-weerar)
40	Cyberbullying	Qad-handadaad
41	Cybercriminal	Qad-dambiile
42	Cybersecurity	Qad-Amni
43	Cyberspace	Barxadda Qadka
44	Data	Daato
45	Data Broker	Dilaalka Daatada
46	Data Center	Xaruunta Daatada
47	Data Management	Maareynta Daatada
48	Data Mining	Nuxur-miirka Daatada
49	Data Model	Matalaha Daatada
50	Data Protection	Ilaalinta Daatada
51	Data Quality	Tayada Daatada
52	Data Science	Cilmiga Daatada
53	Data Type	Nooca Daatada
54	Data Warehouse	Bakhaarka Daatada
55	Database	Xog-dhig
56	Database Server	Serferka Xog-dhigga
57	Desktop Computer	Kombiyuutarka Miis-saarka
58	Device Driver	Qalab Hage
59	Digital	Dijitaal
60	Digital Citizen	Muwaadinta Dijitaalka
61	Digital Divide	Farqiga Dijitaalka
62	Digital Economy	Dhaqaalaha Dijitaalka
63	Digital Footprints	Raadka Dijitaalka
64	Digital Identity	Aqoonsiga Dijitaalka
65	Digital Literacy	Akhris-qorista Dijitaalka
66	Digital Nomad	Reer-Guuraaga Dijitaalka

67	Disaster Recovery	Ka Kabsashada Musiibada
68	Disinformation	Been-abuur
69	Download	Soo Dajin
70	Drop-Down Menu	Xulsidaha Soo-daata
71	E-Commerce	Ganacsiga Qadka
72	Email	Iimeel
73	End User	Adeegsadaha Dambe
74	File	Faayil
75	File Extenstion	Faraca Faayilka
76	File Type	Nooca Faayilka
77	Firewall	Shabakad-Ilaaliye
78	Flat File	Faayilka Fidsan
79	Flowchart	Shaxda Talaabooyinka
80	Folder	Gal
81	Font	Farmuuqaal
82	Footer	Hoosdhig
83	Footnote	Qormohoose
84	Foreign Key	Furaha Qalaad
85	Format	Habayn
86	Frontend	Wajiga Hore
87	Google (As a verb)	Guugal-garayn
88	GPS	Goob-tilmaame
89	Graphical User Interface	Nidaamka Barkulanka Astaamaysan
90	Graphics	Sawirshaxan
91	Hacker	Qad-jabsade
92	Handshaking	Is-gacan Gelin
93	Hard Copy	Koobi Adag
94	Hard Disk	Keydka Adag
95	Hardware	Hardaweer
96	Header	Kor-dhig
97	Help Desk	Miiska Taakulaynta
98	High Level Language	Luqadda Heerka Kore
99	Highlight	Yare-iftiimin
100	Home Page	Bogga Hooyga
101	Hotspot	Barkulul

102	Hyperlink	Bog-xiriiriye
103	Icon	Astaan
104	Id Number	Tirsi
105	Incident	Cilad
106	Incident Management	Maareynta Ciladda
107	Information	Xog
108	Information Technology	Teknolojiyada Xogta
109	Input	Guda-dhig
110	Intellectual Property	Hantida Maanka
111	Interface	Barkulan
112	Internet	Internet
113	Interpreter	Sadar-tarjume
114	Intranet	Intaranet
115	Italic	Jaleece
116	Keyboard	Kiiboor
117	Knowledge Base	Aqoon-dhig
118	Knowledge Management	Maareynta Aqoonta
119	Laptop Computer	Kombiyuutarka Dhab-saarka
120	Load Testing	Tijaabada Culays-qaadka
121	Local Area Network	Shabakadda Goobaha Gudaha
122	Log File	Faayilka Dhacdooyinka
123	Login	Ku-Xirmid
124	Low Level Language	Luqadda Heerka Hoose
125	Machine Learning	Waxbarashada Qalabka
126	Mainframe Computer	Kombiyuutarka Jirweynaha (Jirweyne)
127	Malware	Cudur-side
128	Menu	Xulside
129	Menu Bar	Looxa Xulsidaha
130	Meta-data	Daato-qeexe
131	Metrics	Fal-cabbir (*Fal-beeg*)
132	Misinformation	Xog-qaldan
133	Model	Matale
134	Modem	Moodem
135	Monitor	Shaashad
136	Motherboard	Hooyga Unugyada

137	Mouse	Maawus
138	Network	Shabakad
139	Network Topology	Hab-dhismeedka Shabakadaha
140	Newbie	Tek-jadiid
141	NULL	Maqane
142	Online	Qadka
143	Online Education	Tacliinta Qadka
144	Online Learning	Waxbarashada Qadka
145	Open-Source Software	Softaweerka Asal-furanka
146	Operating System	Barnaamijka Maamulaha
147	Output	Dibad-dhig
148	Overwrite	Kukor-qor
149	Parallel Ports	Godad-ka Is-Barbar Socda
150	Password	Fure
151	Patch	Kabid
152	Peripheral	Hareere
153	Pixel	Dhibicyare
154	Post (Online)	Qad-dhig
155	Primary Key	Furaha Koowaad
156	Printer	Daabece
157	Production Data	Daatada Soo-saarka
158	Quality Assurance	Hubinta Tayada
159	RAM	RAAM
160	Read-Only	Akhris-keliya
161	Remote Access	Gelid Fog
162	Remote Education	Tacliinta Fasalka Fog
163	Remote Learning	Waxbarashada Fasalka Fog
164	Risk Assessment	Qiimaynta Qatarta
165	Risk Management	Maareynta Qatarta
166	ROM	ROOM
167	Router	Rawtar
168	Running a Program	Socod-siin barnaamij
169	Runtime	Waqti-Fulinta
170	Runtime Error	Ciladda Waqti-Fulinta
171	SaaS	SaaS

172	Search Engine	Matoorka Xog-baarista
173	Select	Xulo
174	Semi-Conductor	In-gudbiye
175	Serial Ports	Godad-ka Taxanaha
176	Server	Serfer
177	Service Provider	Adeeg Bixiye
178	Sketch	Farsawir
179	Soft Copy	Koobi Fudud
180	Software	Softaweer
181	Software Tester	Tijaabiye Softaweer
182	Source Code	Koodka Asalka Ah
183	Spam	Yaac
184	Stand-Alone Computer	Kombiyuutarka Kaligii Taagan
185	Subfolder	Gal-hoosaad
186	Submenu	Xul-hoosaad
187	Syntax	Qaab-xariir
188	Table	Aruur
189	Technology	Teknoloji
190	Tech-savvy	Tek-xariif
191	Toolbar	Looxa Astaamaha
192	Transaction	Hawl-dhac
193	Transistor	Taraansistar
194	Trojan Horse	Faraskii Taroojan
195	Two-Factor Authentication	Xaqiijinta labada-fure
196	Underline	Hoos-xariiq
197	Unique	Halyaal (Keli-jire)
198	Upload	Kor-rarid
199	URL	URL (*Yuu Aar El*)
200	USB Ports	Godad-ka USB-ga
201	User	Adeegsade
202	User Acceptance Testing (UAT)	Tijaabada Aqbalaadda Adeegsadaha
203	Username	Magaca Adeegsadaha
204	Variable	Doorsoome
205	Warm Boot	Kicin Kulul
206	Web	Weeb

207	Web Browser	Dulmaraha Weebka
208	Web Hits	Faayil-Dejinta Weebka
209	Web Page	Bog Weeb
210	Web Server	Serferka Weebka
211	Web Surfing	Bog-raaca Weebka
212	Web Traffic	Dhaq-dhaqaaqa Weebka
213	Website	Goobta Weebka
214	Wifi	Waay Faay (WiFi)
215	Wireless	Xarigla'e
216	Word processor	Eray Maamule
217	World Wide Web	Shabakadda Ballaaran ee Caalamka

LIFAAQA 3aad

LIISKA ERAYADA GUUD EE TARJUMAN (Soomaali – Ingiriis)

TIRADA	SOOMAALI	ENGLISH
1	Adeeg Bixiye	Service Provider
2	Adeegsadaha Dambe	End User
3	Adeegsade	User
4	Akhris-qorista dijitaalka	Digital Literacy
5	Akoonti Daahsoon	Burner Account
6	Aqoon-dhig	Knowledge Base
7	Aqoonsiga dijitaalka	Digital Identity
8	Akhris-keliya	Read-Only
9	Aruur	Table
10	Astaan	Icon
11	Baakab	Backup
12	Baayit	Byte
13	Bakhaarka Daatada	Data Warehouse
14	Barkulan	Interface
15	Barkulul	Hotspot
16	Barnaamij Qore Kombiyuutar	Computer Programmer
17	Barnaamijka Hawl-fuliyaha Ah	Application Program
18	Barnaamijka Maamulaha Ah	Operating System
19	Barta Bar-bardhigga	Baseline
20	Bartuse	Cursor
21	Barxadda Qadka	Cyberspace
22	Been-abuur	Disinformation
23	Bit	Bit
24	Bogga Hooyga	Home Page
25	Bogga Weebka	Web Page
26	Bog-raaca Weebka (Hir-raaca Weebka)	Web Surfing
27	Bog-xiriiriye	Hyperlink
28	Caqliga Macmalka	Artificial Intelligence
29	Cilad	Incident
30	Ciladda Waqti-Fulinta	Runtime Error
31	Cilmiga Daatada	Data Science
32	Cilmiga Kombiyuutarka	Computer Science

33	Cudur-dile	Antivirus
34	Cudur-side	Malware
35	Daabece	Printer
36	Daatada Mugga Weyn	Big Data
37	Daatada Soo-saarka	Production Data
38	Daato	Data
39	Daato-qeexe	Metadata
40	Daruuraha	Cloud
41	Dhaqaalaha dijitaalka	Digital Economy
42	Dhaq-dhaqaaqa Weebka	Web Traffic
43	Dhibicyare	Pixel
44	Dibad-dhig	Output
45	Dijitaal	Digital
46	Dilaaliinta Daatada	Data Broker
47	Doorsoome	Variable
48	Duleelada Is-barbar-socodka	Parallel Port
49	Duleelada Kombiyuutarka	Computer Ports
50	Duleelada Taxanaha	Serial Port
51	Duleelada USB-ga	USB Port
52	Dulmaraha Weebka	Web Browser
53	Eray Maamule	Word Processor
54	Faayil	File
55	Faayil Dejinta	Web Hits
56	Faayil Fidsan	Flat File
57	Faayilka Dhacdooyinka	Log File
58	Fal-cabbir (*Fal-beeg*)	Metrics
59	Faraca Faayilka	File Extenstion
60	Faraska Taroojan	Trojan Horse
61	Farmuuqaal	Font
62	Farqiga dijitaalka	Digital Divide
63	Farsawir	Sketch
64	Furaha Koowaad	Primary Key
65	Furaha Qalaad	Foreign Key
66	Fure	Password
67	Gal	Folder
68	Galhoosaad	Subfolder

69	Ganacsiga Qadka	E-Commerce
70	Gelid Fog	Remote Access
71	Goobta Weebka	Website
72	Goob-tilmaame	GPS
73	Gooy & Dhaji	Cut & Paste
74	Guda-dhig	Input
75	Gugal-karayn	Google (As a verb)
76	Habayn	Format
77	Hab-dhismeedka Shabakadaha	Network Topology
78	Habxal	Algorithm
79	Halyaal (Keli-jire)	Unique
80	Hantida Maanka	Intellectual Property
81	Hardaweer	Hardware
82	Hareere	Peripheral
83	Hawldhac	Transaction
84	Hawldhac Ganacsi	Business Transaction
85	Hoos-dhig	Footer
86	Hoos-xariiq	Underline
87	Hooyga Unugyada	Motherboard
88	Hubinta Tayada	Quality Assurance
89	Hulo	Select
90	Iimeel	Email
91	Ilaalinta Daatada	Data Protection
92	In-gudbiye	Semi-Conductor
93	Intaranet	Intranet
94	Internet	Internet
95	Is-Gacan Gelin	Handshaking
96	Jaleece	Italics
97	Ka kabsashada Musiibooyinka	Disaster Recovery
98	Kabid	Patch
99	Keydka Adag	Hard Disk
100	Kicin Kulul	Warm Boot
101	Kicin Qaboow	Cold Boot
102	Kiiboor	Keyboard
103	Kombiyuutar	Computer
104	Kombiyuutar-adeegsiga Daruuraha	Cloud Computing

105	Kombiyuutarka Dhab-saarka	Laptop Computer
106	Kombiyuutarka Jirweynaha	Mainframe Computer
107	Kombiyuutarka Keligii Taagan	Stand-Alone Computer
108	Kombiyuutarka Miis-saarka ah	Desktop Computer
109	Koobi & Dhaji	Copy & Paste
110	Koobi Adag	Hard Copy
111	Koobi Fudud	Soft Copy
112	Koodka Asalka	Source Code
113	Koodka Oggolaanshaha	Access Code
114	Kor-dhig	Header
115	Kor-rarid	Upload
116	Ku xirmid	Login
117	Kukor-qorid	Overwrite
118	Labaale	Binary
119	Looxa Astaamaha	Toolbar
120	Looxa Cinwaanka	Address Bar
121	Looxa Xulsidaha	Menu Bar
122	Luqadda Heerka Hoose	Low Level Language
123	Luqadda Heerka Kore	High Level Language
124	Maanguur	Brain Drain
125	Maanjiraal	Abstract
126	Maareynta Aqoonta	Knowledge Management
127	Maareynta Ciladaha	Incident Management
128	Maareynta Daatada	Data Management
129	Maareynta Khatarta	Risk Management
130	Maawus	Mouse
131	Magaca Adeegsadaha	Username
132	Maqane	NULL
133	Maskaxda Kombiyuutarka	CPU
134	Matalaha Daatada	Data Model
135	Matale	Model
136	Matoorka Xog-Baarista	Search Engine
137	Miiska Taakulaynta	Help Desk
138	Moodem	Modem
139	Mug Ballac	Bandwidth
140	Mugdi-Buuxa	Blackout

141	Muuq-weyne	Bold
142	Muwadinka dijitaalka	Digital Citizen
143	Nidaamka Barkulanka Astaamaysan	Graphical User Interface
144	Nooca Daatada	Data Type
145	Nooca Faayilka	File Type
146	Nuxur-miirka Daatada	Data Mining
147	Qaab-xariir	Syntax
148	Qad-amniga	Cybersecurity
149	Qad-dambiile	Cybercriminal
150	Qad-dhig	Post (Online)
151	Qad-handadaad	Cyberbullying
152	Qad-hujuum (Qad-weerar)	Cyberattack
153	Qad-jabsada	Hacker
154	Qad-ka	Online
155	Qalab Hage	Device Driver
156	Qiimaynta Khatarta	Risk Assessment
157	Qormo-hoose	Footnote
158	Raadka dijitaalka	Digital Footprints
159	RAAM	RAM
160	Rawtar	Router
161	Reer-guuraaga dijitaalka	Digital Nomad
162	ROOM	ROM
163	SaaS	SaaS
164	Sadar-tarjume	Interpreter
165	Sawir-shaxan	Graphics
166	Serfer	Server
167	Serferka Weebka	Web Server
168	Serferka Xog-dhigga	Database Server
169	Shaashad	Monitor
170	Shabakad	Network
171	Shabakad Ilaaliye	Firewall
172	Shabakadaha Ballaaran ee Caalamka	World Wide Web
173	Shabakadaha Goobaha Gudaha	Local Area Network
174	Shaxda Talaabooyinka	Flowchart
175	Sii-Haye	Clipboard
176	Socod-siinta Barnaamij	Running A Program

177	Softaweer	Software
178	Softaweerka Salka Furan	Open-Source Software
179	Soo-dejin	Download
180	Taag	Column
181	Tacliinta Fasalka Fog	Remote Education
182	Tacliinta Qadka	Online Education
183	Taraansistar	Transistor
184	Tayada Daatada	Data Quality
185	Tek-jadiid	Newbie
186	Teknolojiya	Technology
187	Teknolojiyada Xogta	Information Technology
188	Tek-xariif	Tech-savvy
189	Tijaabada Aqbalaadda Adeegsadaha	User Acceptance Testing (UAT)
190	Tijaabinta Culays-qaadka	Load Testing
191	Tijaabiye Softaweer	Software Tester
192	Tirsi	Id Number
193	URL (Yuu Aar El)	URL
194	Wadar-tarjume	Compiler
195	Wajiga Dambe	Backend
196	Wajiga Hore	Frontend
197	Waqti-Fulinta	Runtime
198	Waxbarashada Fasalka Fog	Remote Learning
199	Waxbarashada Qadka	Online Learning
200	Waxbarashada Qalabyada	Machine Learning
201	Weeb	Web
202	WiFi (Waay Faay)	Wifi
203	Xaddide	Constraint
204	Xaqiijin	Authentication
205	Xaqiijinta Labada-fure	Two-Factor Authentication
206	Xarig La'e	Wireless
207	Xaruunta Daatada	Data Center

208	Xog	Information
209	Xog-dhalyo	Biometric
210	Xog-dhig	Database
211	Xog-qaldan	Misinformation
212	Xog-yare	Cookie
213	Xul-hoosaad	Submenu
214	Xulsidaha Soo-daata	Drop-down Menu
215	Xulside	Menu
216	Yaac	Spam
217	Yare-iftiimin	Highlight

LIFAAQA 4aad

QORAAL KOOBAAN EE TAARIIKHDA TEKNOLOJIYADA SOOMAALIYA

Waxaa lifaaqan ku bandhigan warbixin kooban ee aan ka qoray taariikhda teknolojiyada Soomaaliya oo aan ku bandhigay *tuwiitarka* taarikhda markay ahayd Juun 12keedi, 2022

Waxaa qoraalkaan lagu faah-faahinaya dowrkii ay Shirkadda "*Fuursade Engineering & Computer Services*" ku lahayd taariikhda teknolojiyada Soomaaliya, khaas dhinaca barashada teknolojiyada. Waxaan shirkaddaa ka aas-aasnay Muqdisho bishii July ee 1987, kaddib markii aan soo dhamaystay waxbarashadaydi MS & PhD ee University of Missouri-Columbia, USA. Waxayna shirkaddu ka mid ahayd shirkadihii teknolojiyada ee ugu horeeyey geeska Afrika iyo Soomaaliya. Waxaa gaar ahaan waqtigaa dalka ka jiray hal shirkad oo kale oo la yiraahdo "Afritech".

Shirkadda Fuursade waxay lahayd qaybo badan oo uu ugu weynaa dugsiga "Fuursade Computers". Barnaamijyadii lagu baran jiray dugsiga waxaa ka mid ahaa: *MS DOS, WordPerfect, LOTUS123, dBase III Plus, Fortran Programming, iyo Computer Hardware*. Dugsiga wuxuu adeegsan jiray kombiyuutaro waayahaa ahaa kuwa casri ahaa inkastoo haddii maanta loo eego ay yihiin kuwa aad iyo aad u awood yar. Waxay u badnaayeen Olivetti PC (*Italian Product & IBM Compatible*), 640 MB RAM, 40 MB hard disk, oo ay ku rakibanaayeen floppy Disk, oo wayahaan aan la adeegsan.

Ardayda iskood wax uga baran jirtay ka sakoow, waxaa dugsiga Fuursade Computers wax ka baran jiray arday badan oo ay ka mid ahaayeen *shaqaalihii dawladda, dhalinyaro rabtay in la qabsadaan teknolojiyada, iyo dad ajaanib ah oo u shaqayn jiray hay'adaha caalamiga ah*. Sidoo kale, Shirkadda Fuursade waxay barnaamijyo u qori jirtay *shirkadihii, hay'adihii, wasaaradihii, iyo bangiyadii dalka*. Waxaa xusid mudan in shirkaddu qortay barnaamijkii ugu horeeyey ee *Bangigii Ganacsiga Soomaaliyeed*.

Fadlan ka eeg qaybaha soo socda maqaal ku saabsan shirkaddii Fursade Engineering & Computer Services ee lagu qoray wargeyska *"Seattle Times"*, USA, taariikhda markii ay ahayd March 23, 1993. Waxaana maqaalkaa qoray Paul Alexander ee ka tirsanaa *"Associated Press"*. Waxaa kalee maqaalkaa ka eegi kartaa bogga internet-ka ee ku xusan qaybtaan hoose:

https://archive.seattletimes.com/archive/?date=19930323&slug=1692091

The Seattle Times   Newsletters   Log In   Subscribe

CORONAVIRUS   LOCAL   BIZ   SPORTS   ENTERTAINMENT   LIFE   HOMES   OPINION | JOBS   EXPLORE

Amid Dust And War, Somalis Struggle Into Computer Age – A Few Students Defy The Difficulties

Mar 23, 1993

Paul Alexander

AP

MOGADISHU, Somalia - There's no municipal power, the ever-present dust kills equipment and the commute is tough, but Mogadishu's only computer school keeps drawing more students.

There are few jobs in Somalia, let alone high-tech ones. But the trainees hope to get work with an aid agency or simply prepare for a time when food is plentiful and a trip outside the house is less than a hazardous adventure.

"We are the ones who have an obligation to think about the future," said Abdirahman Sid Ahmed, a former electrical engineering professor who serves as the school's general manager. "We teach them applications, but we also have to teach them how computers interact in every phase of life today."

Fursade Engineering and Computer Services opened in 1987 and has been operating almost continuously except for a few months in 1991, when fighting in Somalia's civil war was at its worst. Hundreds of thousands have died in the chaos and a widespread famine.

A U.S.-led military coalition arrived in December to secure aid deliveries from forays by clan gunmen and bandits. But with lingering security problems after dark, night school is still a ways off.

"It feels good to teach again," Ahmed said. "We're the only computer school in the whole country. Before the war, there were others, but we're the only one that opened up again."

Outside, donkey-drawn carts and herds of camels trot down the street alongside military convoys and battered vehicles that sometimes seem to be held together by baling wire.

Inside, students are learning WordPerfect, Lotus 1-2-3 and dBase, the drone of an electric generator barely audible. All students are eager to learn, despite the language barrier. The school keeps adding classes.

"We teach in both English and Somali," said instructor Ahmed Mohamed. "A little knowledge of English is needed to get started. We explain things in Somali, but they have to improve their English to get anywhere."

In another room, a technician is trying to repair a balky hard-disk drive. Equipment waiting to be repaired or stripped for parts is stacked on metal shelves that take up one full wall. The major problems are dust sifting through the broken windows, heat and power fluctuations.

There are 17 functioning IBM-compatible computers - the most recent about two years old - set up in two rooms, two students per terminal.

The tuition is 840,000 Somali shillings for three months. That translates to about $168, a lot of money for most people.

The two-hour classes are held five days a week, with the other two days set aside for cleaning and maintenance. About 70 percent of the 150 students are men, but they work side-by-side with women who are fully covered in accordance with Muslim tradition.

Link:
https://archive.seattletimes.com/archive/?date=19930323&slug=1692091

LIFAAQA 5aad

SOOMAALIYA: MUHIIMADDA KOBCINTA TACLIINTA & TEKNOLOJIYADA
(Importance of the Development of the Education & Technology of Somalia)

Waxaa qaybtaan hoose ku bandhigan tuwiit aan qoray Diseembar 3, 2021 ee ku saabsan kobcinta tacliinta iyo teknolojiyada (*Dr Fuursade Twitter Account: @EngFuursade*)

LIFAAQA TUWIIT-KA:

Teknolojiyada cusub waxay *30-kii sanoo ugu dambeeyey* caalamka ugu sii baahaysay si xawli ah. Inkastoo loo adeegsado siyaabo kala duwan ee taabanaya *nolosha iyo horumarka bulshooyinka caalamka*, adeegyada maanta ugu mugga weyn ee teknolojiyadaa waxaa ka mid ah:

1) Fulinta adeegyada *iyo* hawlaha farsamo (*Adeegyada dawliga & kuwa gaarka, adeegyada caafimadka, naqshadaynta iyo hirgalinta farsamada, wax-soo saarka, iwm*)
2) Adeegyada tacliinta (*Bixinta casharada dugsiyada, jaamacadaha, aqoon is-weydaarsiyada, tacliinta iyo waxbarashada qadka, iwm*)
3) Cilmi-baarisyada iyo aqoon kororsiga (*Cilmi-baarisyada jaamacadaha, hay'adaha, shirkadaha, iyo aqoon kororsiga dadweynaha, iwm*)
4) Xiriirka bulsho (*Baraha bulshada, email-ada, telefoonada, fariimaha, iwm*)
5) Maddaddaalada iyo baahinta wararka (*Daawashada ciyaaraha, filimada, gudbinta waraarka gudaha iyo caalamka, iwm*) iyo
6) Arrimo kalee muhiim ah ee qoraalkaan koobaan fasaxayn in la soo bandhigo

Waxaa, hasa-yeeshee, jira tiro caqabado ah ee guud ahaan hor yaala *waddamada soo kobcaya (Developing Countries)* iyo gaar ahaan dadka danta yar ee dhinaca barashada, adeegsiga, iyo ka faa'iideysiga teknolojiyadaa. Waxaana caqabadahaa hormuud u ah:

a) Farqiga dijitaalka (*Digital divide*) ee ah farqiga u dhaxeeya shaqsiyaadka, bulshooyinka, iyo dalalka *awoodda u leh adeegsiga teknolojiyada* & kuwa aan awoodda u *lahayn*. Farqigaa wuxuu horseedaa dheelitir la'aan dhinacyada *aqoonta, qalabka teknoloji, dhaqaalaha, caafimaadka, shaqada, iwm*

b) Aqoonta iyo teknolojiyada oo badiba ku qeexan *luqado gaar ah*, oo ay ugu horeeysa *Luqadda Ingiriiska* taasoo *culays* iyo *caqabad* ku ah *dalal* iyo *shaqsiyaad* badan ee ka tirsan caalamka, gaar ahaan dalalka soo kobcaya
c) Hoggaamo aan garaysnayn muhiimadda ka faa'iidaysiga teknolojiyadaa iyo
d) Teknolojiyada ee aan ku baahsanayn dalalka danta yar iyo tiro kaloo caqabado ah

Inkastoo ay jiraan *caqabadahaa*, tiro ka mid ah *waddamada soo kobcaya* ayaa ku dhaqaaqay *dadaalo, siyaasado*, iyo *qorsho* la xariira adeegsiga, baahinta, iyo tayeenta *teknolojiyada cusub*. Nasiib darro, *Soomaaliya ka mid ma'aha waddamadaa; mana dhici doonto* inta ay *Soomaaliya* adeegsanayso <u>nidaamka dawladnimo</u> ee ku saleeysan *danaysi, qabiil, jufo, 4.5,* iyo *dooraashooyin dadban*.

Si looga gudbo *caqabadaha*, waa lama huraan in ay dhacdo doorasho *gole barlamaan* ee la yimaada *fikir, aragti*, iyo *karti* lagu qeexo laguna hirgaliyo *siyaasado qaran* ee aas-aas u noqda horumarka dalka, oo ay ugu horeeyaan kobcinta *tacliinta* iyo *teknolojiyada*. Talaabooyinkaa waxay keeni in ay *Soomaaliya* cagta saarto jihadii la baadi goobayey ilaa habeenkii la qaatay xornimada ee 1960. Haddii kale, xaaladaha socda awgood, waxaa *shaki weyn ku jira sii jiritaanka qaranimada Soomaaliyeed*.

F.G.: Wuxuu qoraalka kore qayb ka ahaa lifaaqa tuwiitka oo la baafiya Diseembar 3, 2021 (*Cinwaanka twitter-ka ee qoraaga waa @EngFuursade*)

www.ingramcontent.com/pod-product-compliance
Lightning Source LLC
Chambersburg PA
CBHW062311220526
45479CB00004B/1139